你不了解的抗美援朝战争

齐德学 著

辽宁人民出版社

ⓒ 齐德学　2017

图书在版编目（CIP）数据

你不了解的抗美援朝战争 / 齐德学著 .— 2 版 .— 沈阳：辽宁人民出版社，2017.4（2025.1 重印）
ISBN 978-7-205-08728-9

Ⅰ.①你… Ⅱ.①齐… Ⅲ.①抗美援朝战争—史料 Ⅳ.① E297.5

中国版本图书馆 CIP 数据核字（2016）第 229896 号

出版发行：辽宁人民出版社
地　址：沈阳市和平区十一纬路 25 号　邮编：110003
电　话：024-23284321（邮　购）　024-23284324（发行部）
传　真：024-23284191（发行部）　024-23284304（办公室）
http://www.lnpph.com.cn

印　　　刷：辽宁新华印务有限公司
幅面尺寸：170mm×240mm
印　　张：25
字　　数：388 千字
出版时间：2017 年 4 月第 2 版
印刷时间：2025 年 1 月第 7 次印刷
责任编辑：马　辉　董　喃
特约编辑：王　雪
装帧设计：仙境书品
责任校对：刘再升　等
书　　号：ISBN 978-7-205-08728-9
定　　价：75.00 元

目录 / CONTENTS

第一部分　抗美援朝战争概况　　1

　　抗美援朝战争是怎么回事及其重大意义 //2

第二部分　朝鲜内战爆发和美国武装干涉朝鲜内战　　17

　　朝鲜战争爆发的原因是什么 //18
　　美国为什么武装干涉朝鲜内战并侵入台湾海峡 //30
　　美国为什么打着联合国的旗号侵略朝鲜 //37
　　"联合国军"由哪些国家军队组成 //41
　　历任"联合国军"总司令和美第八集团军司令官是谁 //44

第三部分　中共中央决策出兵抗美援朝　　49

　　东北边防军是怎么回事 //50
　　谁最早对美军仁川登陆作出判断 //55
　　美国当局为什么不顾中国政府警告，命令部队越过三八线北进 //57
　　中共中央决策出兵抗美援朝的背景和原因是什么 //60
　　以志愿军名义抗美援朝是谁建议确定的 //66
　　高岗、林彪反对出兵抗美援朝吗 //68
　　中共中央决策出兵抗美援朝是苏联压力的产物吗 //72
　　苏联为什么不出兵支援朝鲜 //79
　　抗美援朝战争在军事上的基本战略目标是什么 //81
　　如何理解"抗美援朝、保家卫国"八个字 //84

第四部分　抗美援朝战争基本过程

抗美援朝战争开始时敌我双方武器装备差距有多大 //88
美军优势武器装备在战场上是如何耍威风的 //90
敌我双方武器装备优劣悬殊给志愿军作战造成了哪些困难 //94
抗美援朝战争的第一枪如何打响 //104
第二次战役志愿军为什么能一举将美军从鸭绿江边打回到三八线 //106
第二次战役志愿军第九兵团冻饿减员较大的原因是什么 //110
中国人民志愿军和朝鲜人民军联合司令部是怎么回事 //114
志愿军该不该越过三八线作战 //118
彭德怀为什么在第四次战役紧张进行时回到北京 //126
如何评价第五次战役 //134
志愿军第一八〇师遭受损失的原因是什么 //140
是什么迫使美国调整朝鲜战争政策，同意停战谈判 //144
停战谈判的焦点问题是什么 //155
志愿军为什么计划第六次战役而又未实施 //160
"零敲牛皮糖"是怎么回事 //168
反"绞杀战"是怎么回事 //171
坑道工事是怎么回事 //182
反细菌战是中国方面的造假宣传吗 //188
轮番作战和轮换作战是怎么回事 //200
上甘岭战役是怎么回事 //207
志愿军为什么进行反登陆作战准备 //215
志愿军为什么进行1953年夏季反击战役 //221
志愿军为什么进行金城战役 //227
年轻的志愿军空军是如何显身手的 //233
志愿军炮兵在战争中发挥了什么作用 //246

第五部分　战争和志愿军总体情况　　　251

抗美援朝战争有哪些基本特点 //252
中共中央和中央军委是如何控制朝鲜战局的 //255
东北总后方基地在抗美援朝战争中发挥了什么作用 //261
抗美援朝运动是怎么回事 //264
中苏联盟在抗美援朝战争中发挥了什么作用 //274
抗美援朝战争中毛泽东、斯大林、金日成是什么关系 //279
抗美援朝战争中志愿军参战部队累计有多少 //285
中国人民志愿军历任司令员和政治委员是谁 //291
抗美援朝战争中志愿军的组织指挥体系是什么 //310
抗美援朝战争中牺牲病故的志愿军师以上领导干部有多少 //314

第六部分　抗美援朝战争的结局和影响　　　319

为什么朝鲜战争开始于三八线又停在三八线附近 //320
抗美援朝战争向国际社会表明了什么 //323
为什么说抗美援朝战争志愿军在军事上打胜了 //330
抗美援朝战争胜利的基本经验是什么 //335
为什么战争双方公布美军伤亡损失差距那么大 //338
台湾问题没有解决是因为抗美援朝吗 //340
抗美援朝战争在中国人民解放军历史上出现哪些第一次 //342
朝鲜战争在世界战争史上出现哪些第一次 //347
抗美援朝战争中毛泽东军事思想有哪些新发展 //354
抗美援朝战争使人民解放军作战观念发生了哪些变化 //361
抗美援朝战争对人民解放军现代化建设有什么影响 //366
抗美援朝战争对当时中国国内恢复和建设有什么影响 //369
什么是抗美援朝精神 //373
志愿军将领被授予将帅军衔的有多少 //375

后　记　　　393

第一部分

抗美援朝战争概况

抗美援朝战争是怎么回事及其重大意义

中共中央为什么决策抗美援朝、保家卫国

在新中国刚刚成立一年，正当中国人民在以毛泽东为主席的中共中央和中央人民政府领导下，贯彻落实中国共产党七届三中全会精神，准备集中精力，整治旧中国留下的千疮百孔的烂摊子，争取用三年左右时间恢复国民经济的时候，美国当局将一场战争强加在中国人民头上，中共中央被迫组成中国人民志愿军开赴朝鲜作战，从1950年10月至1953年7月，同以美国为首的侵朝"联合国军"进行了长达两年零九个月的较量，这就是抗美援朝战争。这场战争成了新中国历史上第一场战争。

1950年6月25日，朝鲜南北双方在如何实现统一和统一于谁的问题上的长期斗争，终于演变成为一场大规模内战，朝鲜战争爆发了。

然而，美国当局从其称霸全球和全球遏制共产主义的战略需要出发，立即派出部队武装干涉朝鲜内战，支援南朝鲜李承晚集团作战。同时，派其海军第七舰队侵入台湾海峡，其空军第二十航空队进占台湾基地，干涉中国内政，阻止中国人民解放台湾。6月27日，美国总统哈里·杜鲁门公开发表声明，宣布了上述侵略行动。美国还在联合国积极活动，乘具有否决权的苏联代表为抗议美国阻止中华人民共和国恢复在联合国的合法席位而缺席和中国的合法代表权被台湾蒋介石集团占据之机，于7月7日操纵联合国安全理事会，通过了组成侵朝"联合国军"的决议。"联合国军"以美国军队为主，由英国、法国、加拿大、澳大利亚等共16个国家和地区部队组成，由美国任命其驻远东军总司令道格拉斯·麦克阿瑟为"联合国军"总司令。从而，把美国对朝鲜的侵略行动披上"联合国"的外衣。由此，使本来是为解决统一问题的朝鲜内战，变成了侵略和反侵略的一场国际性战争。7月中旬，李承晚集团也将南朝鲜军交"联合国军"指挥。

对于美国的侵略行为，新中国领导人毛泽东、周恩来于6月28日分别发表讲话和声明，予以严厉抗议和谴责。同时，毛泽东、周恩来等也高瞻远瞩，敏锐地估计到，尽管朝鲜人民军作战发展顺利，但由于美国大规模介入，使朝鲜战事复杂化，朝鲜战争可能

长期化，美国甚至直接威胁中国大陆安全或直接侵犯中国东北地区，中国人民不能不有所防范。

此时，中共中央刚刚在6月初的七届三中全会上确定，用三年左右时间完成国民经济恢复任务，并于6月中旬的第一届全国政协第二次全体会议上作了部署。鉴于除尚需解放台湾等少数沿海岛屿和大陆的西藏外，全国规模的战争已结束，为保证国民经济恢复，确定将已达到550万的人民解放军复员150万人，参加经济建设，其余除以必要力量准备解放台湾、西藏和担负新解放区剿匪作战任务外，也全部担负了恢复国家建设的生产任务。然而，为应付时局变化，中共中央和中央军委不得不将原来的部署进行调整。于7月上半月，抽调原部署在中原地区作为国防机动部队的第十三兵团（辖3个军，其中第三十八、第三十九军主力已投入农业生产建设，另各一个师担负剿匪任务，第四十军于海南岛战役结束后在广东休整，正准备北上中原）和已集体转业在东北齐齐哈尔地区从事农业生产的第四十二军及3个炮兵师等部队共25万余人组成东北边防军，集结在东北南部地区集中整训，以保卫东北边防和准备必要时支援朝鲜人民反抗侵略作战。8月中旬以后，朝鲜战争已在洛东江一线形成僵局。鉴于朝鲜战局形势已不可乐观，8月下旬，中央军委决定解除华东第九兵团攻台准备任务，指定该兵团和西北第十九兵团（各辖3个军）为东北边防军二线部队，置于关内机动地区。

与此同时，中国政府一直主张和平解决朝鲜问题，要求从朝鲜和台湾撤出一切外国军队。然而美国当局不但对此不屑一顾，而且继续扩大战争。从8月27日起，其侵略朝鲜的飞机不断侵入中国领空，轰炸扫射中国边境城镇乡村，美国侵略朝鲜的海军军舰并无理盘查中国商船。美国为挽救在战场上的败局，调集军队于9月15日在朝鲜西海岸仁川实施大规模登陆，截断了朝鲜人民军后路，并大举向三八线推进。中国领导人的判断得到了验证，朝鲜战局发生逆转。9月27日，美国当局指令麦克阿瑟越过三八线继续向北进攻，武装占领整个朝鲜。29日，美军地面部队全线进抵三八线。

在这种情况下，9月30日，周恩来在中国人民政治协商会议全国委员会庆祝中华人民共和国成立一周年大会上的报告中，代表中国政府和人民向美国当局发出警告："中国人民热爱和平，但是为了保卫和平，从不也永不害怕反抗侵略战争。中国人民决不能容忍外国的侵略，也不能听任帝国主义者对自己的邻人肆行侵略而置之不理。"[①] 10月3日，周恩来总理通过印度驻华大使转达，再次警告美国："美国军队正企图越过三八线，扩大战争。美国军队果真如此做的话，我们不能坐视不顾，我们要管。""我们主张朝

---

① 《建国以来周恩来文稿》第三册，中央文献出版社，2008年，第360页。

鲜事件应该和平解决","朝鲜战事必须即刻停止,侵朝军队必须撤退"①。

然而美国当局认为,周恩来的警告只不过是对联合国的恫吓,中国不会插手解决朝鲜问题,不敢同组织有序的美国三军进行较量。于是,美国当局一意孤行,在南朝鲜军于10月1日越过三八线以后,美国于10月7日,操纵联合国安理会通过了所谓"统一朝鲜"的决议。同日,美军大举越过三八线北进。朝鲜民主主义人民共和国处境危急,中国大陆的安全受到严重威胁。

10月1日,朝鲜民主主义人民共和国首相金日成和外相朴宪永联名致函毛泽东主席:请求中国人民给以特别的援助,即在敌人越过三八线以北地区的情况下,急盼中国人民解放军直接出动,援助朝鲜人民作战。与此同时,中国人民特别是与朝鲜一江之隔的东北地区的人民,纷纷要求志愿援助朝鲜人民,抗击美国侵略。

面对这种严峻形势,10月上旬和中旬,毛泽东主席多次主持召开中央书记处和政治局会议,全面深入地分析了形势,充分研究了出兵参战问题。当时,新中国成立仅仅一年时间,经济、政治、军事各方面困难相当严重,尤其军队武器装备严重落后,同现代化的美军作战困难更大。中央政治局成员中,一种意见主张暂不出兵,另一种意见积极主张出兵。唇亡则齿寒,户破则堂危,邻居失火不能不救。毛泽东指出:我们可以提出几十条、几百条,甚至几千条困难,但是对于美帝国主义的侵略,不能不给以回击②。如果"我们不出兵让敌人压至鸭绿江边,国内国际反动气焰增高,则对各方都不利,首先是对东北更不利,整个东北边防军将被吸住,南满电力将被控制"。我们采取积极政策,"对中国,对朝鲜,对东方,对世界都极为有利"。总之,"应当参战,必须参战。参战利益极大,不参战损害极大"③。中央政治局经过慎重分析研究,认识达到一致,为了挽救朝鲜危局,保卫中国安全,维护亚洲和世界和平,毅然作出了"抗美援朝、保家卫国"重大战略决策,决定组成中国人民志愿军开赴朝鲜作战,支援朝鲜人民抗击美国侵略。

10月8日,毛泽东以中国人民革命军事委员会主席名义签署组成中国人民志愿军的命令。命令指出:"(一)为了援助朝鲜人民解放战争,反对美帝国主义及其走狗们的进攻,借以保卫朝鲜人民、中国人民及东方各国人民的利益,着将东北边防军改为中国人民志愿军,迅即向朝鲜境内出动,协同朝鲜同志向侵略者作战并争取光荣的胜利。(二)中国人民志愿军辖十三兵团及所属之三十八军、三十九军、四十军、四十二军,

---

① 《周恩来军事文选》第四卷,人民出版社,1997年,第66—68页。
② 《周恩来军事文选》第四卷,人民出版社,1997年,第137—138页。
③ 《建国以来毛泽东军事文稿》上卷,军事科学出版社、中央文献出版社,2010年,第253页。

及边防炮兵司令部与所属之炮兵一师、二师、八师。上述各部须立即准备完毕，待令出动。（三）任命彭德怀同志为中国人民志愿军司令员兼政治委员。"①

据此，东北边防军改组为中国人民志愿军，在彭德怀和高岗的主持下，紧急展开了出国作战的动员和准备。

中共中央为争取战争胜利作出了哪些战略部署

中共中央决策出兵抗美援朝，是美国当局将战争逼到中国人民头上，中国人民没有别的选择，不得已而为之。曾在20世纪70年代担任美国总统国家安全事务助理和国务卿的亨利·基辛格，在其1994年出版的《大外交》一书中说："毛泽东有理由认为，如果他不在朝鲜阻挡美国，他或许将会在中国领土上和美国交战；最起码，他没有得到理由去作出相反的结论。"②然而，志愿军到朝鲜同美军作战，也确实面临着许多实际困难。

首先，中美两国经济力量对比悬殊。美国已有175年资本主义发展历史，工业发达，技术先进，在两次世界大战中发了横财，第二次世界大战后跃居为资本主义世界最强大的国家。1950年，其钢产量为8772万吨，国民生产总值为2848亿美元③。而新中国刚刚成立一年，由于近代以来不断遭受帝国主义列强侵略掠夺，因此工业发展极为缓慢，技术水平严重落后，几乎没有像样的工业，经济力量十分薄弱。1950年，中国的钢产量为60.6万吨，仅相当于同期美国的1/144，工农业生产总值为574亿元人民币，以人民币与美元2.5∶1的比值计算，尚不足同期美国国民生产总值的1/12。

其次，军队武器装备对比悬殊。美军武器装备是世界上最先进的，美国具有强大的海军和空军，并从干涉朝鲜内战一开始就将其投入作战，已投入到战场上的飞机达1200架，海军各种舰、船、艇300艘。而志愿军此时既无空军也无海军。美军一个陆军师装备有坦克140余辆、装甲车35辆、各种炮950余门，并且质量好、口径大、射程远、弹药充足，均由汽车牵引或由吉普车载运，部队全部机械化和摩托化，装备各种汽车3800余辆。而志愿军没有坦克和装甲车，一个军装备的各种炮才520余门，并且质量老旧、型号杂、口径小、射程近、弹药不足，均由骡马驮载或由人员携行，部队没有机械化和摩托

---

① 《建国以来毛泽东军事文稿》上卷，军事科学出版社、中央文献出版社，2010年，第235页。
② [美]亨利·基辛格：《大外交》，顾淑馨、林添贵译，海南出版社，1998年，第431页。
③ 《各国概况》，人民出版社，1972年，第870页。另军事科学出版社1990年12月版的《中国人民志愿军抗美援朝战史》第3页说1507亿美元。

化装备，只临时配备运输汽车100辆。美军步兵使用的枪支多为自动、半自动枪，而志愿军使用的枪支都是在抗日战争和解放战争中的缴获品，所谓"万国"牌的，很少有自动枪、半自动枪。美军一个师装备有线和无线通信机2500多部，而志愿军一个军仅有同类通信工具400余部。

这种情况，对志愿军作战极为不利。中共中央在决策出兵时，也对志愿军参战后战局形势可能出现的变化作了几种估计，归纳起来有如下三种可能：

第一，在朝鲜境内歼灭和驱逐美国及其他国家的侵略军队。这是最理想的结果。但这种形势的出现，是建立在苏联为中国人民志愿军提供武器装备，并出动空军直接支援志愿军作战基础上的。在7月中央军委组建东北边防军时，斯大林曾通知苏联驻中国大使转告周恩来，在美军越过三八线时，中国东北边防军以志愿军名义出动作战，苏联"将尽力为这些部队提供空中掩护"①。

第二，尽管中国军队是以非官方的志愿军名义参战，但美国仍可能对中国公开宣战，或至少以其空军轰炸中国许多大城市及工业基地，以其海军攻击中国沿海地带，并且由于志愿军武器装备落后，不但不能大量歼灭美军，而且可能打成僵局，甚至被迫撤回，不但不能解决朝鲜问题，而且影响中国整个恢复和建设计划，引起国内许多人不满。这是最不利的结果。

第三，在苏联不能出动空军直接支援作战的情况下，志愿军实施灵活作战指挥，充分发挥自己在作战上的战术特长，能够在朝鲜坚持作战，能够攻打除大、中城市以外的其他地区，那么，有可能迫使美国通过谈判解决问题，但条件是美军必须撤出朝鲜，首先是撤至三八线以南。

毛泽东、周恩来、刘少奇、朱德等中国领导人，对这三种可能的态度是，力争第一种可能，力避第二种可能，接受第三种可能。尽管中共中央政治局在讨论出兵决策时，许多政治局成员对出兵抗美援朝有顾虑，主张不出兵或缓出兵，但经过讨论达成一致，决策出兵抗美援朝后，中共中央、中央军委、中央人民政府均把抗美援朝作为党、政府和军队的中心任务，摆在了全国各项工作的首位，并为争取抗美援朝战争胜利作了全面部署和准备。

第一，调整军事战略和部署。将军事斗争重点由准备解放台湾转为进行抗美援朝战争；将军队建设重点由加强海军、空军建设转为加强空军和炮兵、装甲兵建设，原定从苏联贷款购买海军装备的费用大部改用于购买空军飞机和陆军武器装备，以保证志愿军

---

① 见菲利波夫致苏联驻中国大使的电报，1950年7月5日。

在朝鲜作战的需要；将国防部署重点由上海、天津、广州三点为中心的三个区域转为东北地区，并决定从全国各战略区为志愿军抽调后续部队；解除野战军担负的生产任务，调整从1951年1月开始全军以提高文化为主的整训计划，转为军事整训；调整复员计划，减少复员数量；为防止美国和蒋介石联合登陆进犯，毛泽东电令中南军区和华东军区，在广东方向必须使用5~7个军，在福建方向使用4个军，以保证战胜可能进犯之敌。

第二，部署沿海防御和城市防空。周恩来责成海军司令部制订了从上海开始，北到长山列岛、营口、安东海岸的布雷计划，共布水雷4500枚。军委将当时空军仅有的一支航空兵作战部队——第四混成旅部署于上海担负防空任务，此后陆续组建的歼击机航空兵师，除参加抗美援朝作战外，也分别部署于广州、青岛、天津、北京、唐山等城市担任防空任务。还商请苏联出动歼击机航空兵，协助中国担任东北南部主要城市及唐山、青岛、广州等城市的防空。将国内仅有的高射炮兵置于沿海各大中城市，并由周恩来负责组成全国防空筹委会，筹划和部署全国主要城市和工业基地防空问题。

第三，制定军兵种发展规划，请求苏联援助装备和出动空军支援作战。8月下旬，周恩来即主持召开由军委各总部、各军兵种负责人参加的国防会议，研究部署了空军、海军、炮兵、装甲兵等制定三年发展规划和需在1950年完成的参战准备计划，并决定向苏联订购武器装备。中共中央决策出兵后，毛泽东立即派周恩来和准备到苏联养病的林彪前往苏联，请求苏联援助武器装备和出动空军支援志愿军作战。苏方除说苏联空军未准备好暂时不能出动外（后来又改为即使准备好也不能掩护中国志愿军作战），其他均得应允。中国军兵种发展建设规划和预定1950年完成的参战准备计划，也均得到落实。

第四，确定以东北行政区为抗美援朝战争总后方基地。10月8日，毛泽东签署的关于组成中国人民志愿军的命令中即规定："中国人民志愿军以东北行政区为总后方基地，所有一切后方工作供应事宜，以及有关援助朝鲜同志的事务，统由东北军区司令员兼政治委员高岗同志调度指挥并负责保证之。"中共中央、中央人民政府、中央军委和各总部，对总后方基地的工作给予全力支持。11月5日，周恩来指出："对于东北全部支援部队工作，我们已想见其繁重。只要东北提出要求，我们愿全力以赴，帮助你们解决困难。凡为东北已决定者，我们定做你们后盾，支持你们贯彻下去。有些事情职权属于中央，但你们仍可便宜行事，只要通知一声，当由中央追认。凡能统一于东北者，我们无不赞成统一于东北。"①

第五，调整财政方针，一切服从战争。为保证国民经济恢复，中央人民政府原来制

---

① 《周恩来军事文选》第四卷，人民出版社，1997年，第87页。

定1951年财政预算时，考虑将财经工作的基点放在国民经济恢复上，即将1950年财政预算军费占40%左右，降至1951年的30%左右，而以财政预算总支出的70%左右用于经济建设和文化教育事业。为保证抗美援朝战争的需要，中央人民政府一方面增加了1950年的军费支出，实际达到财政总支出的43.2%；一方面调整了1951年的财政方针，将基点放在抗美援朝战争上，财政预算支出以战争第一，一切服从战争，一切为了战争的胜利。调整后，中共中央批准的1951年财政预算，国防费支出占总支出的48.85%。

第六，加速剿匪、土地改革和镇压反革命的步伐。为有力支援志愿军在朝鲜作战，也为恢复国内建设提供稳固的社会基础，中共中央在作出出兵决策后，把抗美援朝战争作为全国中心任务的同时，也把新解放区剿匪、土地改革和在全国镇压反革命的工作，作为与抗美援朝战争相联的中心工作，限期剿灭股匪，调整土改计划，加快土改步伐，加大镇压反革命的力度，在全国开展了镇压反革命工作。

第七，开展全国性的抗美援朝运动。10月下旬成立了中国人民抗美援朝总会，各大行政区和各省市也相继成立了抗美援朝总分会和分会。由抗美援朝总会和各分会负责组织，按中共中央指示，首先在全国普遍深入地开展了仇视、鄙视、蔑视美帝国主义的"三视"教育，消除国内一部分人民中存在的恐美、亲美、崇美心理。尔后则将这一运动引向深入，以做好本职岗位工作和以其他实际行动支援抗美援朝战争。

中共中央、中央人民政府和中央军委作出的这些部署，有力地保证了抗美援朝战争的胜利。

迫使美国调整朝战政策的五次战役是如何实施的

美国当局轻视中国人民反抗侵略的决心和力量，美军越过三八线以后，10月15日，美国总统杜鲁门、参谋长联席会议主席奥马尔·布莱德雷在太平洋上的威克岛与麦克阿瑟会谈时，均赞同麦克阿瑟的分析，认为中国出兵参战的可能性很小，不足为患。他们乐观地估计，在11月感恩节前即可结束朝鲜战争。尔后，麦克阿瑟即分兵多路，以团或营为单位放胆向鸭绿江和图们江长驱直入。然而，他们错了。10月19日，中国人民志愿军在司令员兼政治委员彭德怀的率领下开始入朝。10月25日，即在战场上与美国为首的"联合国军"展开了较量。

从10月25日到1951年6月中旬，为抗美援朝战争第一阶段，即运动战阶段。这一阶段，志愿军实行以运动战为主与部分阵地战、游击战相结合的方针，帮助朝鲜人民军立即转入战略反攻，连续进行五次较大规模的战役，迅速打出了有利战争的局面，将美国为首的"联合国军"从鸭绿江边打回到三八线，并将战线稳定在三八线南北地区，迫使美国接受停战谈判。这期间的作战特点是：战役规模的夜间作战和很少有间歇的连续作战，攻防转换频繁，情况变化急剧，每个战役都具有战略的性质，关系战争全局，影响战争的进程。

第一次战役，从10月25日开始至11月5日结束。主要战场在西线清川江以北地区。志愿军利用美军的判断错误，敌进我进，在开进中与敌遭遇，予敌突然打击。初次与美军相遇即重创其"王牌"部队骑兵第一师，歼灭其1个团大部，并歼南朝鲜军第六师大部，东西两线共歼敌1.5万余人，将"联合国军"西线部队打退至清川江一线以南，初步改变了西线战场的态势。

第二次战役，从11月6日开始至12月24日结束。分东、西两个战场，西线战场在清川江南北地区，东线战场在长津湖东西及以南地区。"联合国军"遭到志愿军第一次战役打击后，虽然不情愿地承认中国志愿军已入朝作战，但从美国白宫和五角大楼到东京的麦克阿瑟总部，都搞不清中国志愿军在朝鲜究竟有多少部队，也搞不清中国志愿军的目标是什么。麦克阿瑟认为中国志愿军部队最大的建制单位是师级，最多不过4万至6万人，最大的可能是象征性出兵，并且设想只有南朝鲜军队到达了边界地区，中方才敢于作战的。于是，美国当局批准，决定继续发动攻势，直指鸭绿江边，圣诞节前结束朝鲜战争。鉴于这种情况，毛泽东和彭德怀决定将计就计，示弱诱敌，东西两线均采取诱敌深入的方针，将敌诱至预定地区后，突然反击歼击之。麦克阿瑟真的上钩了，命令其东西两线部队向鸭绿江边进攻，东线美第七师1个团于11月21日进占鸭绿江边惠山镇。志愿军实现诱敌目的后，西线部队于25日晚首先在南朝鲜军进攻地段打开缺口，尔后实施双层战役迂回，将美军两个师和土耳其旅全部三面包围在价川南北的清川江畔地区；东线部队于27日晚将美军一个多师分割包围于长津湖地区。战至12月初，东西两线予美军4个师（包括美军另一"王牌"部队陆战第一师在内）和土耳其旅以歼灭性打击，并歼南朝鲜军两个师大部，共歼敌3.6万余人，其中美军2.4万余人。"联合国军"全线撤退，西线撤至三八线一线以南，东线在海军接应下从海上撤至大邱、釜山地区。志愿军帮助朝鲜人民收复除襄阳外的三八线以北全部国土，根本扭转了朝鲜战局。这一仗，劣势装备的志愿军，将美国当局打蒙了，将麦克阿瑟打怕了，极大地震动了全世界。美国军政当局承认，11月和12月的60天是他们最忧郁的日子，五角大楼说，美军在朝鲜战场上遭到了美军历史上丢脸的可耻失败①。

第三次战役，从12月31日开始至1951年1月8日结束。此时，"联合国军"已被志愿军吓破了胆，成了惊弓之鸟，望风而逃。志愿军和朝鲜人民军共歼敌1.9万余人，将战线前推80～110公里，进至三七线附近。

第四次战役，从1951年1月25日开始至4月21日结束。这时，美军战场指挥官马修·李奇微发现志愿军没有后续部队，并且补给不足，利用志愿军和人民军刚刚转入休整的时机，发起全线反扑。志愿军和人民军被迫停止休整，采取西顶东反的部署转入防御作战，在东线横城地区全歼反扑的南朝鲜军第八师3个团，并予美第二师1个团以重创。尔后部署三道防御阵地，全线转入运动防御，逐山逐水节节抗击。整个战役共歼敌7.8万余人，掩护第二番作战部队完成了开进集结。

第五次战役，从1951年4月22日开始至6月10日结束，是抗美援朝战争中双方动用兵力最多的一次战役。这次战役，志愿军是以第二番作战部队为主进行的，进行两个阶段的进攻作战。第一阶段重点在西线，以打美英军为主，予英第二十九旅以重创，予美第三、第二十四、第二十五师以沉重打击，突破"联合国军"两道防线，从三八线推进到汉城东西一线的汉江沿岸地区，共歼敌2.3万余人，保持了战场上的主动态势，但未达到预定歼敌5个师（其中3个美军师）两个旅的目的。第二阶段重点在东线，以打南朝鲜军为主，按预想实现了歼灭南朝鲜军3个师大部的目的，又歼敌2.3万余人。至此，第五次战役已结束，但在部署部队向后转移休整时，对"联合国军"反扑估计不足，造成转移中的被动，有的部队被隔断，第一八〇师因处置失当等原因而遭受严重损失，全线被迫转入阻击，至6月10日，将"联合国军"阻止在三八线南北地区。此次战役共歼敌8.2万余人，至此战争形成了相持局面。

在运动战阶段，志愿军依靠劣势武器装备，以一军（陆军，实际基本是步兵在少量炮兵支援下作战）对三军（"联合国军"的陆、海、空三军），以地面作战对"联合国军"的全方位立体作战，很快解决了能不能打的问题。主要经验是灵活运用谋略和战法。一是尽量隐蔽战役企图，利用突然性打敌不预。二是抓住和利用美军弱点予以打击。美军掌握制空权，但其飞机在夜间不能像昼间那样大规模出动，志愿军就充分利用夜间行动。美军机械化和摩托化装备利于战场机动，但对后方和道路依赖性大，怕切断后路，志愿军则采取迂回包围战术，切断其后路，只要美军后路被切断，其整个战役布势便发生动摇。美军装备精良，火力强，但步兵战斗精神差，对空中和地面火力依赖性

---

① [美]奥马尔·布雷德利：《将军百战归》，廉怡之译，军事译文出版社，1985年，第754页。

大，志愿军则尽量在进攻当夜完成包围，使美空军不便支援；与其近战，使其火炮和坦克不便发挥作用；隔离其步兵与坦克的联系，集中力量打其步兵和派出小分队直捣其团营指挥所及炮兵阵地，瘫痪其作用。三是根据自身的装备特点和作战能力确定打法。志愿军火力弱，虽一次可包围美军几个师，但包围后很难啃动、很难全歼，因此采取战役上迂回包围和战术上分割包围相结合的战法，将被围之敌切割成若干小块，以便集中兵力火力全歼；志愿军没有机械化、摩托化装备，实行战役追击困难，在美军突围逃跑后，则只实行相机追击，不徒行疲劳。这一阶段的作战大部分达到了理想的效果。

经过连续五次战役的较量，美国当局已看到，尽管美军在装备上占有巨大优势，但遇到中国人民志愿军这样的对手，也很难再打到鸭绿江边实现占领全朝鲜的目标。加之，在朝鲜长期打下去与美国以欧洲为重点的全球战略严重矛盾，并且美国人民和士兵强烈反战厌战，英法等国也不愿拴在美国的战车上继续打下去了，于是美国决策当局不得不于1951年5月中旬调整了朝战政策，放弃了占领全朝鲜的军事目标，而谋求通过谈判沿三八线一带实现停战。

以打促谈是如何实现的

从1951年6月中旬至1953年7月27日，为抗美援朝战争第二阶段，即阵地战阶段。这一阶段，中共中央确定了"充分准备持久作战和争取和谈达到结束战争"的总方针，并具体为志愿军确定了"持久作战、积极防御"和作战"与谈判的要求相配合，相适应"的作战方针，还根据运动战阶段的作战情况，确定对美英军实行战术的小包围，打小歼灭战，逐渐向打大歼灭战过渡的作战原则。阵地战是这一阶段的主要作战形式，志愿军创造性地解决了物资运输补给和坚守防御问题，越战越强，越战越主动，同朝鲜人民军一起，经过两年零一个月的边打边谈，终于迫使美国为首的"联合国军"签订停战协定，胜利实现朝鲜停战。这期间的作战特点是：打谈结合，战线稳定，依托阵地进行攻防，作战规模由小到大，小规模的战术性作战较多，志愿军比较充分地发挥了炮兵的作用，步兵、炮兵、坦克协同作战，空军参加了掩护后方的作战。

1951年6月中旬以后，战争双方都有一段时间进行战略调整，战场也显得较为沉寂。经过双方联络协商，于7月10日开始了停战谈判。

美国虽然在战争中遭到了失败，被迫谋求和谈，但仍表现出侵略者狂傲的姿态，使谈判十分艰难。停战谈判开始后，美方代表团蛮横无理、横生枝节。朝中代表团表现了极大的克制和耐心，为表示诚意，作出了某些让步。历经半个月舌战，才以朝中代表团所提方案为基础达成关于谈判议程协议。谈判议程包括：1.通过议程；2.确定军事分界线以建立非军事区；3.实现停火与休战的具体安排；4.关于俘虏的安排；5.向双方有关各国政府建议事项。

从7月26日开始，双方进入关于军事分界线问题实质性的谈判。美方代表不但坚决拒绝朝中方面以三八线为军事分界线的合理建议，而且狂妄地炫耀其海军空军"优势"，无理要求这种优势要在军事分界线的确定上得到"补偿"。美方代表团还标定了一份他们所要求的军事分界线地图，将军事分界线划在志愿军和人民军战线后方数十公里的地区。按照他们所划的军事分界线，志愿军和人民军将从当时双方实际接触线退出1.2万平方公里的地区。为达到这种企图，美方代表百般狡赖，并提出荒唐可笑的理由支持他们的主张。美方的无理要求遭到严词驳斥后，理屈词穷，便于8月中旬开始至10月下旬，连续发动了夏季和秋季局部攻势，企图迫使人民军和志愿军方面接受他们的无理要求。志愿军和人民军经过夏秋季防御作战，共歼敌15余万人。"联合国军"付出如此重大的伤亡代价，只占去640余平方公里阵地，这种得不偿失的进攻，遭到美国国会和参谋长联席会议的指责。美方代表不得不回到谈判桌上来，并且收敛了其骄横狂傲的态度，不得不放弃其无理要求，接受朝中方面提出的以双方军队实际接触线为军事分界线，并由此线各后撤2公里作为非军事区的建议。至11月27日，谈判双方达成了关于军事分界线的协议，并转入其他议程的谈判。

在此前后，美军为在谈判中对志愿军和人民军施加压力，于1951年8月和1952年年初先后以其空军发动了以瘫痪朝鲜北方铁路系统为主要目标的"绞杀战"和不顾国际公法、以在朝鲜普遍造成疫区、削弱中朝军事力量为目的的细菌战。为粉碎美军的"绞杀战"，中央军委命令年幼的志愿军空军以师为单位出动轮番作战；志愿军总部将在朝鲜的高炮部队的70%兵力部署在朝鲜北方铁路沿线地区，与空军共同打击美军飞机；同时集中铁道兵团4个师又1个团全力抢修铁路；以铁路运输部队利用美军轰炸的间隙突击抢运物资。在公路线上则较普遍地设置了防空哨，为运输车辆防空报警；动员在后方的部队普遍加修加固公路，沿途修有汽车待蔽所，供汽车昼间隐蔽；组织汽车运输部队以班组为单位行车，以减少遭空袭时的损失。经过后方各军兵种部队的密切协作，共同奋战，至1952年6月，粉碎了美军历时10个月的"绞杀战"，建成了以防空、抢修、抢运相结合，铁路运输与公路运输相结合的交通运输体系，即打不烂、炸不断的钢铁运输线。从而基本解决了志愿军参战以来运输一直困难的重大战略问题。战后，美国军方在总结这场战争的教训时曾指出，虽然美国空军控制了整个朝鲜战场，空军对联合国军取得胜利创造了不可忽视的业绩，但并"无法依靠空中轰炸来孤立战场或切断对方的增援和补给"。"空军并不能创造这种奇迹"。"轰炸之后，在短短几天之内，敌人的铁路和桥梁就可修复并重新投入使用，渗透路线也未被切断"①。经过中国国内和战场上的密切配合，采取政治上揭露控诉和具体防疫措施，至1952年冬，美军实施的细菌战，不但未能达到军事上的目的，而且在政治上、道义上遭到了可耻的失败。

在谈判达成关于军事分界线的协议后，劣势装备的志愿军如何坚守防御，守住战线，已经成为能否取得战争最后胜利的重大战略问题。为解决这个问题，志愿军创造了坑道工事，从1951年年底至1952年8月，同人民军一起在正面横贯东西海岸的战线上，构筑了以坑道为骨干的支撑点式的坚固阵地防御体系，并创造了坑道战术。依托这样的阵地，加上炮兵火力有所加强和有充分的给养保证，于1952年9月18日至10月31日，采取"零敲牛皮糖"战术，进行了秋季战术反击作战，对"联合国军"营以下兵力防守的60个阵地攻击77次（含人民军对3个阵地攻击3次），几乎是攻无不克，攻则必歼。10月14日至11月25日，又在上甘岭创造了坚守防御的典范。"联合国军"在志愿军防守的仅3.7平方公里的上甘岭阵地上，投掷炸弹5000余枚，发射炮弹190余万发，动用近200辆坦克和3个师6万余人的兵力，先后攻击40余天，付出2.5万余人的伤亡，未能攻克志愿军阵地。至此，"联合国军"已完全失去了地面作战的主动权。

抗美援朝战争发展到这时，正如毛泽东所讲的："我们方面发生的问题，最初是能不能打，后来是能不能守，再后来是能不能保证给养，最后是能不能打破细菌战。这四个问题，一个接着一个，都解决了。我们的军队是越战越强。""美国人攻不动我们的阵地，相反，他们总是被我们吃掉。"②

谈判桌上的谈判，经过朝中代表团的极大努力，至1952年5月，五项议程已有四项达成了协议，仅剩一项战俘问题，因美方代表团违反有美国签署的《日内瓦战俘公约》，无理提出并顽固坚持所谓"自愿遣返"原则，企图强迫扣留志愿军和人民军被俘人员，而使谈判陷入僵局。10月8日，美方又片面地宣布谈判无限期休会。到1952年年底，美国在战场上已到了走投无路的境地。随着德怀特·艾森豪威尔当选美国第三十四届总统，美国朝野和人民对迅速结束这场令人厌倦了的战争，呼声越来越高。然而美国当局并不想就此罢手。各种迹象表明，美国企图以正面进攻配合大规模侧后登陆进行最后的军事冒险，以达到所谓"体面"停战的目的。鉴于此，志愿军和人民军进行了规模巨大的反登陆作战准备，构筑了海岸坚固防御体系，并加强了海岸防御兵力，根本解决了海岸防

① [美]马修·李奇微：《朝鲜战争》，军事科学院外国军事研究部译，军事科学出版社，1983年，第257页。
② 《建国以来毛泽东军事文稿》中卷，军事科学出版社、中央文献出版社，2010年，第173、174页。

御比较薄弱的问题。美国的冒险计划只好胎死腹中，转而于1953年4月26日恢复了由其单方面中断6个月之久的停战谈判。

为早日实现朝鲜停战，志愿军决定以打促谈。志愿军在充分准备的基础上，采取稳扎狠打、由小到大的方针，从5月13日开始发起了夏季反击战役。根据美国和南朝鲜对谈判态度的不同变化，确定和调整重点打击目标，作战规模由小到大，至6月15日，进行两个阶段作战，共歼敌4.5万余人，有力地促进了谈判的进展，6月8日，谈判双方达成了关于战俘遣返问题协议，至15日，签署停战协定的各种准备工作基本就绪。

然而，南朝鲜李承晚集团公然破坏刚刚达成的战俘遣返协议，于6月17日夜至19日，以"就地释放"为名，强行扣留人民军被俘人员2.7万余人。为惩罚李承晚集团的破坏行为，保证实现有效停战，志愿军于7月13日至27日进行了抗美援朝战争最后一战——金城战役，在25公里正面上一举突破，歼灭南朝鲜军4个师大部，突进纵深最远达18公里，连同整个战线的配合作战，共歼敌7.8万余人，推进阵地192.6平方公里。在志愿军的打击下，美国当局被迫向李承晚当局施加了压力，李承晚当局也不得不表示同意停战。

1953年7月27日，谈判双方签署了《朝鲜停战协定》。中国人民两年零九个月的抗美援朝战争，至此胜利结束。

此后，中国人民志愿军又参加了维护朝鲜停战协定的斗争和帮助朝鲜人民恢复家园的工作。1958年10月，中国人民志愿军全部撤出朝鲜回国。

抗美援朝战争胜利对中国有什么意义

抗美援朝战争是新中国历史上的第一场战争，是中国人民在极端困难的情况下被迫进行的一场战争。中国人民志愿军依靠极端劣势的武器装备同朝鲜人民军一起，将美国为首的"联合国军"从鸭绿江边打回到三八线，并迫使美国签字停战，取得了战争的伟大胜利。从1950年6月25日至1953年7月27日，在三年零一个月的朝鲜战争期间，朝鲜人民军和中国人民志愿军共毙伤俘敌109万余人（美国和韩国官方公布的各自作战减员之和即为113万余人）。其中志愿军在两年零九个月的抗美援朝战争中共毙伤俘敌71万余人，自身作战减员36.6万余人，共击毁和缴获飞机4268架、坦克1492辆、装甲车92辆、汽车7949辆、缴获（不含击毁）各种炮4037门、各种枪73263支。志愿军损失飞机231架、坦克9辆、汽车6060辆，各种炮4371门（含被击毁）、各种枪37557支（含被击毁）。美国战费开支400亿美元，消耗作战物资7300余万吨。中国战费开支62.5亿元人民币，消耗作战物资560余万吨。

抗美援朝战争的胜利，无论对朝鲜、对中国、对东方，乃至对于整个世界都具有重要的意义。

首先，这场战争中国人民达到了"抗美援朝、保家卫国"的目的。挽救了朝鲜民主主义人民共和国，稳定了朝鲜半岛的局势，保卫了中国大陆的安全，维护了亚洲及世界的和平。

其次，抗美援朝战争极大地提高了中华人民共和国的国际威望。中国人民热爱和平，但也不怕帝国主义的战争挑衅。刚刚建立的中华人民共和国，面对着长期战争造成的千疮百孔的烂摊子，面对着各方面极为严重的困难，在朝鲜处境危急、中国国家安全受到严重威胁的情况下，敢于出兵同不可一世的美国在朝鲜较量，这充分表明了已经站起来的中国人民反抗侵略、保卫国家安全的决心，表明了中国人民伟大的无产阶级国际主义同爱国主义相结合的高尚品格，充分体现了中华民族的正气，这一举动本身就在国际上产生了巨大影响。中国人民志愿军，在武器装备那样落后、作战条件极端困难的情况下，竟然打败了世界头号强国美国军队，整个世界对中华人民共和国都不得不刮目相看了。中国人民志愿军在朝鲜战场上打出了中国人民军队在国际上的威望，打出了新中国在国际上的威望。抗美援朝战争的胜利，一扫中国近代以来历史上的耻辱，中国人民真正地扬眉吐气了。可以说，这场战争对于中国人民是自鸦片战争以来最了不起的正气篇。

第三，严厉地教训了美国，消除了国内外一些人的"恐美病"，极大地提高了人们敢于同国际霸权主义势力作斗争的信心。同时，对于亚洲和世界人民为民族解放和国家独立而反对帝国主义和殖民主义的斗争，也是极大的鼓舞。

第四，抗美援朝战争使改编为志愿军的人民解放军经受了现代战争的锻炼和考验，特别是取得了依靠劣势装备战胜现代化优势装备之敌的宝贵经验。先后共有27个军、空军10个师另3个大队、炮兵10个师又18个团、高炮5个师10余个团和60多个独立营、装甲兵8个团、铁道兵10个师又1个团、工兵10余个团等部队，经受了这场战争的锻炼。经过这场战争，人民解放军作战观念发生了许多重要转变，主要是：由单一步兵作战向现代多军兵种协同作战的转变；由单纯平面作战向现代立体作战的转变；由主要实行运动战向既注重运动战，又注重阵地战的转变；由单纯前方作战向现代前后方全面作战的转变；后勤保障由"小米加步枪、仓库在前方"向组织现代后勤保障的转变等等，极大地推动了中国军事学术的发展，有力地促进了20世纪50年代中国的军事变革。当时的许多经验，对人民解放军后来的教育、训练和作战，一直发挥重要作用。直到研究信息条件下的局部战争指导,仍具有重要借鉴价值。

第五,志愿军在战场上取得胜利,极大地鼓舞了国内人民,从而激发了全国人民的生产积极性,使得中国原计划三年的经济恢复,于1952年按时完成。更重要的是,抗美援朝战争的胜利,保证了中国第一个五年计划顺利进行和完成,为中国经济建设取得了长期安全和平的环境。

这场战争表明,弱国可以打败强国,依靠劣势装备也能在现代战争中打胜仗。主要经验是:一、在侵略者面前,敢打必胜,不怕输,不服输,敢于打,是取得胜利的前提。只要有这个决心和气势,对侵略者就是巨大的心理威胁。美国人在总结这场战争的教训时特别强调指出,"朝鲜战争的重大错误之一",就是作出决策仅仅是建立在对中国人企图做什么上的分析,而忽视了中国人能够做什么的分析,忽视了中国人民的力量,中国人说话是算数的。二、巨大的民族凝聚力,同仇敌忾,团结对敌,是取得胜利的力量源泉。中共中央、中央人民政府和中央军委将保证战争胜利摆在各项工作的首位,和中国人民轰轰烈烈的、普遍深入的抗美援朝运动具体证明了这一点。三、根据现代战争的新情况、新特点实施灵活的有创造性的战略战术指导,是取得作战胜利的关键。志愿军的战略战术指导充分显示了这一点。

这场战争也表明,武器装备落后虽然可以打赢现代战争,但作战中的困难也是相当大的。志愿军地面部队作战能力强,特别是后期,炮兵火力有所加强,志愿军越战越主动,夺取了地面战场的主动权。但志愿军没有海军参战,空军仅在后期有少量歼击机参战,因此,后方和海岸始终在美军控制之下,一直处于敌攻我防的状态,志愿军不能去攻击敌人的海军和敌军后方。这必然给志愿军作战带来很多难以想象的困难,并要付出重大代价。因此,在现代战争中,特别是信息技术条件下的战争中,要改变这种状态,就必须具备自己的"杀手锏"。而当时中国的经济水平和技术水平都达不到这个程度。经过30多年改革开放的今天的中国,已经发生了巨大变化。*

---

* 本节是作者写的一篇文章,题目为《新中国历史上的第一场战争》,收入《军旗飘飘》一书,解放军出版社,2000年。

第一部分

朝鲜内战爆发和
美国武装干涉朝鲜内战

朝鲜战争爆发的原因是什么

1950年6月25日,朝鲜爆发了大规模内战。朝鲜内战爆发不是偶然的,是有其历史必然性的。

一、第二次世界大战末期,美苏两国将朝鲜一分为二,埋下了朝鲜战争爆发的最初祸根

朝鲜,是亚洲大陆东北部伸向太平洋中的一个半岛,面积约22.7万平方公里,三面环海,北与中国接壤,东北角与俄罗斯相连,西隔黄海与中国大陆相望,东隔日本海与日本列岛相邻。

朝鲜是一个有着几千年历史的文明古国。公元1世纪朝鲜半岛上有高句丽、百济、新罗3个封建国家。7世纪新罗统一朝鲜半岛。10世纪高丽王朝取代新罗。14世纪末,李氏王朝取代高丽,定国号为朝鲜。19世纪末至20世纪初,曾改国号为韩国或大韩。1895年起,日本逐步控制了朝鲜半岛政治、经济大权。1910年被日本吞并。从此,朝鲜长期遭受日本帝国主义的蹂躏和践踏。直到第二次世界大战结束,日本帝国主义被打败宣布投降,朝鲜人民才从日本帝国主义的奴役下解放出来。然而,朝鲜虽然解放,但统一的朝鲜半岛却被人为地分割成为南北两个部分。

第二次世界大战进行到1943年年底的时候,朝鲜问题引起了反法西斯盟国的关注。当年12月1日,美国、英国、中国联合发表的《开罗宣言》中称"我三大盟国轸念朝鲜人民所受之奴役待遇,决定在相当的时期,使朝鲜自由独立"。

1945年2月,德国法西斯战败前夕,反法西斯同盟的苏联、美国、英国三国首脑——约瑟夫·斯大林、富兰克林·罗斯福和温斯顿·丘吉尔,在苏联克里米亚半岛南岸的雅尔塔举行会议,商议分区占领德国和柏林、苏联对日作战和战后世界的安排等问题,并签订了《雅尔塔协定》。《协定》规定了苏联对日作战条件。实际上,这次会议是三国划分战后势力范围的会议。战后世界政治格局的形成和许多国际问题的出现,都与这次

会议有着直接关系。朝鲜问题也不例外。会议期间，罗斯福同斯大林私下谈及朝鲜问题。这是美苏首脑首次就日本投降后朝鲜如何安排问题进行的商谈。罗斯福认为，朝鲜不具备自治能力，需由苏、中、美三国共同托管20～30年。斯大林提出：托管时间越短越好，并应有英国参加。两人就这个问题私下达成了谅解。

在德国法西斯战败投降后，1945年7月17日至8月2日，苏联部长会议主席斯大林、美国总统杜鲁门、英国首相丘吉尔（后为克莱门特·艾德礼）及三国外长，在柏林西南的波茨坦再次举行会议。这次会议是盟国在第二次世界大战中举行的最后一次会议。会议发表了《波茨坦协定》和《促令日本投降之波茨坦公告》。公告对朝鲜问题重申了《开罗宣言》中的内容。会间，苏联通报准备于8月8日对日宣战，并探询美国是否有同苏联在朝鲜联合登陆的意向。美国的愿望是最好由美国单独占领朝鲜，但当时美国的目标主要是占领日本本土，加之估计攻占朝鲜将付出重大代价，因而想把攻占朝鲜的战役连同"可能遭到的重大伤亡"留给苏联去承担，自己坐收渔利①。因此，美国表示美军近期内没有在朝鲜实施登陆作战的考虑。会议期间，美苏两国只划定了空中和海上对日作战分界线，而没有划定地面部队作战分界线。

1945年8月6日和9日，美军在日本广岛和长崎投掷了原子弹。8月8日，苏联对日宣战。美国万万没有料到，苏联对日宣战后，立即于9日对日本关东军发起进攻，并且发展很快。苏联第二十五集团军由契斯季亚科夫上将指挥，突入朝鲜，于10日占领雄基，12日和13日又连续实施登陆作战，解放了罗津和清津。日本法西斯穷途末路，于8月10日决定投降。消息传到华盛顿，美国决策者慌乱不已。因为当时距朝鲜最近的美军部队尚位于几百公里以外的冲绳岛，而苏联红军已经进入朝鲜，随时可以席卷整个半岛。只要苏联红军全力以赴，美军根本无法在朝鲜获取立足之地。美国不甘心朝鲜被苏联单独占领，唯一的办法是限制苏军的进攻行动，争取实现美苏军队共同占领朝鲜，同苏联在朝鲜划出一条接受日军投降的分界线。

8月10日，美国国务院、陆军部、海军部协调委员会举行会议，研究对策。在地图上，北纬38°线（下称"三八线"）恰好位于朝鲜半岛南北中央，于是美国陆军部建议以三八线为界，该线以北为苏军对日受降区，该线以南为美军对日受降区。这个建议立即得到协调委员会的同意，8月14日，杜鲁门正式批准这一方案，并将其写入8月15日就战后接受日军投降安排问题给斯大林的信中。斯大林得到这个提议，同美国作了妥协。8月16日，斯大林回信，对以三八线作为在朝鲜的美苏军队受降分界线，没有提出任何异议。

① ［美］哈里·杜鲁门：《杜鲁门回忆录》第二卷，李石译，生活·读书·新知三联书店，1974年，第376页。

9月2日，远东盟军总司令、美国陆军五星上将道格拉斯·麦克阿瑟发布第一号总命令，公开宣布了以三八线作为美苏军队在朝鲜接受日军投降的分界线。同时表明三八线不仅是受降区分界线，也是美苏军队在朝鲜占领区分界线。在此之前，苏联军队已经解放了朝鲜北半部，并于8月23日越过三八线，进入开城地区，逼近汉城。麦克阿瑟第一号总命令发布后，苏联红军根据美苏双方的默契撤到三八线以北地区。9月8日，美军开始在朝鲜南部的仁川、釜山登陆，进驻朝鲜南半部。朝鲜人民在经历日本殖民统治35年之后，终于迎来了解放的时日。在庆祝解放的欢呼声中，成千上万的朝鲜人涌上街头，迎接南下、北进的苏美军队。但是美苏军队进入朝鲜后，以三八线为界，切断了朝鲜南北地区的铁路、公路交通和电信联系，随后又封锁了三八线，朝鲜半岛被一分为二，形成了美军和苏军两个占领区。

三八线的划定是美苏两国在朝鲜问题上妥协的结果，也是美苏两国在第二次世界大战中的最后一次合作。就是这最后一次合作，埋下了5年后朝鲜战争爆发的最初祸根，也可以说是朝鲜战争爆发的历史原因。

二、美苏两国在朝鲜问题上的对立和斗争，造成朝鲜南北分裂和对立，是导致朝鲜战争爆发的根本原因

美苏两国本来就是社会制度和意识形态完全不同的国家，第二次世界大战中为了反法西斯的共同利益，临时结成同盟。反法西斯战争胜利后，共同利益消失，两国在国际事务上便立即转为尖锐对立和斗争，并在国际上形成了以苏联为首的民主阵营和以美国为首的资本主义阵营。两大阵营的对立和斗争左右着世界政治形势的发展变化。朝鲜是这两大阵营在东方对立斗争的重要阵地。1946年6月22日，美国总统特使埃德温·保莱在巡视朝鲜之后给杜鲁门的报告中说："尽管朝鲜是一个小国，从我们的整个军事力量来看，我们在这里担负的责任并不大，但是，这个地方却是一个进行思想斗争的战场，而我们在亚洲的整个胜利就决定于这场斗争。就在这个地方将测验出来，究竟民主竞争制度是不是适宜于用来代替失败了的封建主义，或者其他某种制度——共产主义，还更强些。"[1]这段话反映了苏美两国军队占领朝鲜后，在朝鲜问题上斗争的性质。

美国是资本主义国家，是资本主义世界（自由世界）的"领袖"。苏联是社会主义国家，是当时社会主义国家的核心和主要代表。美苏两国军队以三八线为界，在朝鲜南

---

[1] [美]哈里·杜鲁门：《杜鲁门回忆录》第二卷，李石译，生活·读书·新知三联书店，1974年，第380页。

方和北方分别接受日军投降和占领后，在各自占领区采取了不同政策，导致了朝鲜国家和民族的分裂。

美国占领军进入朝鲜南半部后，不顾朝鲜人民的意愿，更不考虑朝鲜人民多年来备受日本帝国主义欺凌的情感，决然在那里采取维持现状的政策。立即取缔在那里已经建立的人民政权——各级人民委员会，复活了日本帝国主义的殖民统治机构；在原日本总督府的基础上成立了南朝鲜"美国军政府"，各级官员由美军军官担任，利用压迫朝鲜人民的日本殖民机器来维护美国的新的殖民统治，朝鲜人民最为痛恨的日本警察居然也戴上"美国军政府"的臂章，照旧横行霸道；美国军政府并纠合地主、买办资本家等反动势力，镇压朝鲜爱国人士，竭力阻挠朝鲜人民建立独立统一的国家。美国的这种倒行逆施激起了朝鲜人民的无比愤怒，反美情绪不断高涨。美国占领军司令官约翰·霍奇，在占领南朝鲜3个月后给参谋长联席会议的报告中说："在南朝鲜，人们把分裂的局面归罪于美国，这个地区的人民越来越憎恨一切美国人。"[1]美国军政府出动军队，协同武装警察队，对反美斗争进行血腥镇压，大肆逮捕、监禁和屠杀朝鲜民众，实行白色恐怖统治。杜鲁门在回忆录中也承认说："大多数朝鲜人既不希望美国士兵，也不希望俄国士兵留在自己的国土上……1946年秋季，在我们占领的地区，曾发生过几起骚乱和示威运动，在少数情况下，我们的军队还不能不向进行示威的群众开枪射击。"[2]

与此相反，苏军进入朝鲜北半部后，于1945年8月15日便向朝鲜人民宣告"朝鲜已成为自由的国家"，"苏军将在和朝鲜的一切反日的民主政党广泛合作的基础上帮助朝鲜人民建立自己的民主政府"。苏联占领军在朝鲜北部除了设立军事管制机构——警备司令部之外，没有建立军政府，只是在第二十五集团军司令部中建立一个负责民政事务的机构——民政府。苏联占领军没有取缔朝鲜人自己建立的临时政权机构，而是承认各地已经存在的人民委员会，并采取措施将人民委员会不断完善，使之成为朝鲜北部的正式政权机构。这一政策措施得到了朝鲜人民的积极拥护。在苏联占领军的支持下，朝鲜北部在短时期内基本完成了社会经济的民主改革，经济得到恢复，人民生活得到保证，社会秩序稳定。

在朝鲜南方和北方开始走上不同发展道路的同时，美苏两国围绕朝鲜统一问题，形成了尖锐的对立和斗争。

关于对朝鲜实施四国托管问题，1945年12月16日至26日，在莫斯科召开的苏、美、英三国外长会议上，以苏联所提方案为基础达成了协议，后来中国国民党政府也参加了这

---

[1] [美]哈里·杜鲁门：《杜鲁门回忆录》第二卷，李石译，生活·读书·新知三联书店，1974年，第376页。
[2] [美]哈里·杜鲁门：《杜鲁门回忆录》第二卷，李石译，生活·读书·新知三联书店，1974年，第382页。

1946年3月,驻朝鲜美军、苏军联合委员会会议会场

个协议。这个协议的主要内容是,为重建朝鲜成为一个独立的国家创造条件,特设立一个临时的朝鲜政府;为协助成立这一临时政府,由驻朝鲜南部的美军司令部和驻朝鲜北部的苏军司令部的代表组成联合委员会,该委员会在咨商朝鲜各民主党派、社会组织,以及美、苏、英、中四国政府后,提出各项建议,然后由该委员会的两国政府作最后决定;四国在朝鲜的托管以五年为限。

根据这个"托管"协议,美苏驻朝鲜占领军联合委员会于1946年3月开始在汉城开会,讨论建立朝鲜临时民主政府和实行国际托管制度的有关细节。双方代表从会谈一开始就针锋相对,24天的会议毫无成果,最后只能无限期休会。1947年5月21日复会之后,双方虽然就同南北朝鲜各政党及社会组织咨商的程序和内容等问题达成协议,但双方在建立一个什么样的朝鲜政权问题上各持己见,尖锐对立。苏联希望朝鲜成为一个真正民主、独立和对苏联友好的国家,从而使之在将来不会成为进攻苏联的基地。美国则要求在朝鲜建立亲美政权,使朝鲜成为资本主义阵营的成员,作为在远东遏制共产主义的前哨基地。由于美苏两国尖锐的政治对立,在建立一个什么样的朝鲜统一政府问题上不可能形成一致意见,当然也使得美苏联合委员会的工作根本不可能取得成效。会谈再次陷入僵局。

在这种情况下,苏军代表在联合委员会上提出:苏美两国军队在1948年年初同时撤出朝鲜,给朝鲜人民以自己组织政府的机会。但美国政府拒绝讨论苏联的提议,因为美国很清楚,南朝鲜的局面完全靠美军的刺刀和坦克维持,如果美军撤出,允许朝鲜全境进行自由选举,由朝鲜劳动党领导的北朝鲜人民委员会肯定将在选举中获胜,朝鲜将进入社会主义阵营之中。美国政府决定中断美苏之间就朝鲜统一问题的协商,把朝鲜问题提交联合国,借助自己对联合国大会的影响力,寻求对美国有利的结局。1947年10月18日,美军代表提议美苏占领军联合委员会无限期休会。至此,联合委员会会议在没有取得任何成果的情况下宣告破裂,所谓四国"托管"协议成了一纸空文。

与此同时,美国抛开"托管",将朝鲜问题提交联合国。但是,联合国本身就是在第二次世界大战中反法西斯同盟的基础上产生的,当时的同盟在战后已经形成了尖锐的政治对立,美国和苏联及以两国为首的两大阵营的对立和斗争,同样表现在联合国活动中,因此,联合国不可能解决朝鲜问题。

针对美国将朝鲜问题提交联合国,苏联向联合国大会提出提案,再次建议美苏军队同时撤出朝鲜,同时建议邀请南北朝鲜的朝鲜人代表参加联合国关于朝鲜问题的讨论。但在美国政府的操纵下,联合国大会否决了苏联提案,于1947年11月14日通过决议,决定设立"联合国朝鲜临时委员会",派驻朝鲜,监督朝鲜举行议会选举,成立朝鲜全国政府和建立武装力量。这个决议,遭到朝鲜南北方人民普遍反对。于是,美国于1948年2月26日又操纵"联合国大会临时委员会"(又称"小型联大")①,通过在南朝鲜举行单独选举的决议。4月30日,朝鲜南北43个政党和社会组织发表一项联合声明,宣布"绝不承认南朝鲜单独选举的结果,也绝不承认和支持这一选举所产生的单独政府"。朝鲜南北部的人民举行了各种抗议斗争。在汉城等主要城市,组成了"反对单独选举救国总罢工委员会",举行了总罢工。在济州岛等地还爆发了武装起义。

然而,美国不顾朝鲜人民的激烈反对,1948年5月10日,由美国直接导演强行在朝鲜南部举行单独选举。选举了就连美国总统杜鲁门也认为是"专横""任性""不得人心"的70多岁的老头子李承晚,组成"大韩民国政府"。8月15日,大韩民国政府在汉城正式成立。

南朝鲜政府成立后,李承晚集团于1948年8月下旬至12月上旬,同美国先后签订了《韩美暂行军事协定》《韩美移交财政和财产协定》和《韩美经济援助协定》。这些协定规定:允许美国顾问完全控制南朝鲜军队、警察及一切重要地区的建筑;李承晚政府承担美国占领军的一切费用,美国有权在南朝鲜取得和处置任何财产;美国控制南朝鲜的对外贸易,鼓励美国私人在南朝鲜投资,掌握南朝鲜的经济命脉。从而把南朝鲜军事、政治、经济等都置于美国控制之下,加速了南朝鲜的殖民化和军事化。

朝鲜南部单独选举和大韩民国政府的成立,使得朝鲜半岛的局势更加紧张,也使朝鲜的统一更加困难。在这种情况下,朝鲜北方采取了针锋相对的措施,决定举行全朝鲜立法机关——最高人民会议议员选举,建立统一的自主独立国家。8月25日,朝鲜举行最高人民会议选举。除北部全体选民参加投票外,在南部还有众多的选民采取秘密签名方式选出人民代表到北部参加了选举。在普选的基础上,朝鲜最高人民会议第一次会议通过了宪法,决定成立朝鲜民主主义人民共和国政府,并选举金日成为朝鲜民主主义人民共和国内阁首相,确定平壤为临时首都。9月9日,朝鲜民主主义人民共和国正式成立。

美苏两国在朝鲜问题上的对立和斗争,造成了朝鲜南北的分裂和对立,特别是在朝鲜南北成立了两个互不承认、又各自宣布是朝鲜的唯一合法政府,使朝鲜统一变得渺茫,这是朝鲜南北方人民都不愿意看到的结果,从而形成了导致朝鲜战争爆发的根本原因。

---

① 在第二次联合国大会上由美国动议,于1947年11月13日联合国大会通过设立了"联合国大会临时委员会"。其职责是第二届联大闭幕到第三届联大开会期间执行联大授权的有关任务,规定每个成员国派一名代表组成,目的是绕过联合国安全理事会,免受苏联否决权的牵制。苏联反对设立该组织。该组织有"小型联大"之称。

大韩民国(南朝鲜)总统李承晚

朝鲜民主主义人民共和国首相金日成

三、朝鲜南北两个政府在如何实现统一和统一于谁问题上的斗争，是导致朝鲜战争爆发的直接原因

朝鲜民主主义人民共和国政府成立后，立即致函美苏两国政府，要求美苏两国占领军撤出朝鲜。

苏联外交部于1948年9月19日通知美国驻苏联大使馆：苏联驻朝鲜占领军将于1948年12月底之前全部从朝鲜撤出；建议驻朝鲜的美国占领军也采取同样步骤，如期撤离朝鲜。美国当局为实现其在亚洲和太平洋地区的扩张政策和遏制所谓的"共产主义扩张"的需要，保持战略进攻的有利态势，决定从朝鲜南部逐次撤军，同时扩大对南朝鲜的军事援助，组建并装备、训练南朝鲜军队，以维持南朝鲜李承晚政府的存在。1948年12月底，驻朝鲜的苏联军队全部撤离朝鲜。美国占领军虽于1948年12月开始撤离朝鲜，但宣布应南朝鲜政府的请求，在南朝鲜保留一个7500人的团级战斗队。直到1949年6月29日，这个美军团级战斗队才在国际舆论压力下最后撤离朝鲜南部。

美苏两国军队撤出朝鲜后，美苏两国在朝鲜问题上的对立和斗争，直接表现为朝鲜内部南北两个政府、两种制度之间围绕如何实现南北统一问题上的对立和斗争。

以金日成为首的朝鲜民主主义人民共和国政府，代表朝鲜进步势力，推行民主政策，主张和平统一朝鲜，并为之作了不懈的努力。1949年6月，在朝鲜劳动党的积极倡议下，由朝鲜南北72个政党和社会团体组成了祖国统一民主主义战线，通过关于和平统一的宣言，号召南北朝鲜全体民主政党及社会组织与全体朝鲜人民"为实现祖国的和平统一而斗争"，并提出了具体的和平统一方案。

在南方，李承晚集团代表朝鲜反动势力，投靠帝国主义，建立恐怖统治，大肆逮捕和屠杀民主爱国人士。在美国的支持下，李承晚集团不但拒不接受北方的和平统一建议，而且竭力主张武力统一。1949年以来，一再进行战争叫嚣。1949年1月21日，李承晚在记者招待会上宣称希望"国军北进"。2月7日，他又在南朝鲜国会发表演说称，如果在联合国朝鲜委员会的帮助下不能和平地统一朝鲜，那么"国军就必须向北韩进军"。"南北分裂是必须用战争来解决的"，并声称在1950年实现南北统一。南朝鲜国防部长申性模7月17日在仁川发表演说："我们的军队正在等着我们总统的命令。只要他一下令，我们就会在一天之内占领平壤和元山。"9月30日，李承晚在给美国教授罗伯特·奥利弗的信中写道："我坚信，现在是在心理上采取措施同北方忠诚于我们的共产党军队结合，以便消灭他的其余部分的最佳时机。我们将把金日成的部队挤压到山区，在那里将他们

饿死,那时我们的防线便可以建在图们江口和鸭绿江上。我们的处境将变得更好。""我们不管外国是否可能反对我们,而要独立地采取行动。"①李承晚在1950年《新年祝词》中宣称:"在新的一年中,我们大家都要努力恢复失地……但是,联系到国际形势的变化,我们应该记住:在新的一年中,我们用自己的力量必须统一南韩和北韩。"

1950年6月7日,在朝鲜劳动党的建议下,朝鲜祖国统一民主主义战线中央委员会发表《关于促进和平统一祖国的方针的呼吁书》,建议1950年8月15日朝鲜解放5周年时,根据民主的原则,在南北朝鲜进行普选,建立统一的最高立法机关。同时建议在6月中旬于海州或开城召开朝鲜各政党、社会团体代表会议,具体商讨和平统一的条件、普选的程序、建立指导普选中央委员会等问题。为和平统一再次进行了努力。然而,这一呼吁不仅遭到了南朝鲜政府的拒绝,而且祖国统一民主主义战线派往汉城向南朝鲜方面递交呼吁书的3名代表,也遭南朝鲜方面的逮捕。南朝鲜政府并下令在三八线地区和南朝鲜全境实施"非常警戒",禁止一切南朝鲜政党和社会团体代表前往北方。6月中旬,朝鲜最高人民会议常任委员会考虑到南朝鲜方面害怕普选的情况,再次提出建议:把朝鲜民主主义人民共和国最高人民会议和南朝鲜国会联合起来,以建立全朝鲜立法机关的方式,实现朝鲜的和平统一。这一建议再次被南朝鲜政府拒绝。朝鲜和平统一的大门因此而关闭。与此同时,朝鲜南北双方都进行了武力统一的必要军事准备。

朝鲜南北两个政府互不承认,互相对立,又都企图以自己的意志统一分裂的半岛,这是朝鲜战争爆发的直接原因。

四、1949年以来,朝鲜南方不断在三八线地区进行武装挑衅,是朝鲜战争爆发的导火索

南朝鲜李承晚集团不但一再叫嚣武力统一,而且从1949年年初开始,不断派军队在三八线地区制造军事摩擦事件,挑起军事冲突。自1949年1月1日至4月15日,动用连至营规模兵力,沿三八线向北进犯37次②。5月,南朝鲜军队出动4100余人,在火炮支援下,猛攻开城附近三八线以北松岳山上的人民军警备部队阵地。7月,南朝鲜军队再次出动旅级规模的部队,进攻松岳山阵地。三八线以北的高山峰、银波山、国寺峰等要点,也多次遭到南朝鲜军队进攻。据朝鲜北方的统计,1949年1—12月,南朝鲜在三八线上进行军事

---

① 这封信,是1950年9月朝鲜人民军从缴获的李承晚政府秘密档案中发现的。见史蒂科夫致维辛斯基电,1950年9月2日。
② 见华西列夫斯基和什捷缅科关于三八线的形势给斯大林的报告,1949年4月20日。

杜勒斯（左）与美国驻南朝鲜军事顾问团罗伯特准将鼓动南朝鲜北进

挑衅共计1836次[①]。同时，南朝鲜方面派遣大量间谍潜入北方，从事情报和各种破坏活动。进入1950年，朝鲜半岛局势更加紧张，1950年年初，南朝鲜开始向三八线地区大规模集结武装部队。火药味越来越浓，一场内战已不可避免。

美国政府也加快了对南朝鲜的军事援助。1950年1月，美国与南朝鲜政府再次签订军事援助协定，确定美国向南朝鲜提供价值1097万美元的军事援助。另外，美国还提供了1.1亿美元的经济援助。

南朝鲜政府更是踌躇满志，对"北进"的胜利充满信心。美国和南朝鲜双方曾多次召开"高级将校会议"，详细讨论了"有关完成战斗准备的问题"和"北伐计划"，并调整部署，将陆军部队8个师分为两个梯队，第一梯队5个师在三八线沿线展开，组成两个战斗司令部，并配备了陆军总部直属的炮兵部队和技术兵种部队，主力集中于开城、汉城和议政府地区。第二梯队展开3个师，集中于汉城附近。

美国积极支持李承晚集团的活动，并进行战争挑唆。1950年6月中旬，美国国务院顾问约翰·福斯特·杜勒斯到南朝鲜活动，视察了三八线，并鼓动说："没有任何敌人，

---

① 《朝鲜人民正义的祖国解放战争史》，外国文出版社，1961年，第18—19页。

能够挡得住你们，不论它多么强大。可是我希望你们作进一步的努力，因为你们显示出你们巨大力量的时候已经不远了。""如果与共产主义妥协，那就等于选择导致灾难的道路。""美国准备给予正在如此英勇与共产主义作斗争的南朝鲜以一切必要的精神上和物质上的援助。"[1]连美国国务院的高级官员也承认：杜勒斯这次南朝鲜之行和在三八线的活动，肯定使朝鲜北方感到极为不安[2]。与此同时，美国国防部长路易斯·约翰逊和参谋长联席会议主席奥马尔·布莱德雷也在日本活动，并同麦克阿瑟讨论了朝鲜问题，6月24日才离开日本返回美国。

面对日趋紧张的局势，朝鲜北方进一步加强了军事准备。1949年8月，朝鲜劳动党中央发出致全体党员信，要求保持高度警惕，大力开展同反革命分子、敌间谍和破坏分子的斗争。同时，命令人民军部队严惩对北方进行武装挑衅的南朝鲜军队，保卫胜利果实。

1950年1月，朝鲜党和政府根据变化着的半岛局势，开始考虑如何尽快实现国家统一的方式问题，并要求苏联政府给予支持。4月，金日成、朴宪永等朝鲜领导人访问苏联，与斯大林等苏联领导人讨论朝鲜半岛的局势和朝鲜统一的方式问题。在会谈中，斯大林同意朝鲜领导人对局势的分析和准备以军事方式实现国家统一的设想。随后，金日成、朴宪永等又于5月中旬访问中国，向毛泽东和周恩来等中国领导人通报了与斯大林会谈的情况。

1950年6月25日早晨，三八线上长期小规模的武装冲突和摩擦，终于发生了质变，为实现统一问题的朝鲜大规模内战全面爆发。根据俄罗斯解密苏联时期有关朝鲜战争档案，朝鲜人民军首先打过三八线以南。

---

[1] 柴成文、赵勇田：《抗美援朝纪实》，中共党史资料出版社，1987年，第31—35页、第40页。
[2] 迪安·艾奇逊在普林斯顿召集国务院原有关高级官员会议录音记录，1954年2月13日。

美国为什么武装干涉朝鲜内战并侵入台湾海峡

朝鲜内战爆发，无论南方或北方谁先发动攻击，其目的都是为了实现朝鲜的统一，是朝鲜民族的内部事务，不容外国势力干预。《联合国宪章》对此作了明确规定，指出："不得干预本质上属于任何国家内部管辖之事件。"然而，朝鲜内战爆发后，美国当局公然违反《联合国宪章》，立即派出武装部队，干涉朝鲜内战。同时派出海军部队和空军部队侵占中国的台湾和台湾海峡。

那么美国为什么武装干涉朝鲜内战并侵入台湾海峡？

第一，美国确定国家战略范围时，虽将朝鲜半岛和台湾都划在了防御圈外，但美国没有，也不可能抛弃其在朝鲜半岛和台湾的势力

1949年中华人民共和国成立，美国在中国大陆建立一个由美国控制的亲美政权进而控制远东地区的政策已彻底破产，国际政治格局力量对比发生了重大变化。在这种情况下，美国当局调整了远东战略，确定了美国在远东和太平洋地区的岛屿防御圈。1950年1月12日，国务卿迪安·艾奇逊在美国新闻俱乐部发表演说，宣布了这个岛屿防御圈的范围。他说：我们的"防御半径沿阿留申群岛至日本，然后延续到琉球群岛……从琉球群岛延至菲律宾群岛。"在此之前，美国远东军总司令道格拉斯·麦克阿瑟就已经划出了这个"防御"圈，只不过他所划的顺序与艾奇逊的相反罢了。

美国将朝鲜和台湾都划在了这个防御圈之外。此外，美国还在1949年年底制定的内部宣传文件和1950年年初的公开声明中，曾明确了台湾是中国的一部分的立场。

1949年12月23日，美国国务院在关于台湾的政策内部宣传指示中指出："台湾完全是中国政府的责任。在历史上地理上来看，它是中国的一部分……美国没有承担过实际的或道义的责任或义务。"1950年1月5日，美国总统杜鲁门在关于台湾问题的声明中，再次明确了这一立场，他指出：1943年12月1日的《开罗宣言》申明，日本窃取的中国领土，如台湾，归还中国。1945年7月26日的《波茨坦公告》宣称，《开罗宣言》条款应即执行。美

国是这一公告的签字国。日本投降时，台湾已归还中国。"美国对台湾或中国其他领土从无掠夺的野心。现在美国无意在台湾获取特别权利或特权或建立军事基地。美国亦不拟使用武装部队干预其现在的局势。"同日，美国国务卿艾奇逊在解释杜鲁门这一声明时说："当台湾被当作中国的一个省份的时候，没有任何人曾对此提出过任何法律上的疑难。此举经认为是符合各项约定的。"

但是美国在第一、第二两次世界大战中发了战争财，第二次世界大战后一跃而成为资本主义世界的最强国，充当资本主义世界的"领袖"，推行霸权主义的全球侵略扩张政策，在国际上称王称霸，不可一世。朝鲜半岛南部的李承晚集团和已经从中国大陆逃到台湾岛的蒋介石集团，都是美国的势力范围。因此，美国虽然将朝鲜半岛和台湾划在了其军事战略范围的圈外，但是，作为资本主义世界的"领袖"和霸主，美国并不是也没有抛弃南朝鲜和台湾的国民党当局而放任不管。

1949年12月30日，杜鲁门批准的美国国家安全委员会第48/2号文件——《美国在亚洲的地位》中规定：岛屿防御圈，是"美国在亚洲必须保持的最低限度的最起码的地位"。它"将使美国能够控制一些交通要道，那是战略开发亚洲的重要地区所必须的"。这条岛屿防御圈，不仅要作为美国的"第一道防御线，而且要成为第一道进攻线"①。艾奇逊1950年1月12日在美国新闻俱乐部发表的演说中，对他所划到圈外地区的安全，特意作了说明，他说："就太平洋其他地区的军事安全而言，必须讲明，都不能担保这些地区不受军事进攻……如果发生这种进攻……开始一定要依靠受到进攻的人民起来抵抗，然后依靠整个文明世界根据联合国宪章所承担的义务。到目前为止，决心保护自己独立、抵抗外来侵略的人民所依赖的联合国，一直表明它并不是一根脆弱的芦苇"。

对于台湾，无论美国国务院1949年12月23日关于台湾的政策宣传指示中，还是美国总统杜鲁门1950年1月5日关于台湾问题的声明中，以及同日艾奇逊对杜鲁门声明所作的解释中，都为美国日后在台湾采取军事行动留下了伏笔：一是，继续给蒋介石集团以经济援助；二是，对台湾的政策宣传指示中明确规定，对台湾"应称为'福摩萨②'"；三是，杜鲁门在声明中，讲到"美国无意在台湾获取特别权利或特权或建立军事基地。美国亦不拟使用武装部队干预其现在的局势"时，根据军方的要求，特别在此句的前边加了"现在"一词作为限制；四是，艾奇逊在对杜鲁门声明所作的解释中说，"现在"一词，"只不过是有鉴于一种事实，即万一不幸我们在远东的部队遭到攻击，美国必须完全有自由在任何

---

① Thomas H. Etzold and John L. Gaddis, eds: Containment: Document on American Policy and Strategy, 1945—1950（埃佐尔德、加迪斯编：《遏制：美国政策和战略文件，1945—1950》），哥伦比亚大学出版社，1978年，第264页。
② 美国称中国台湾为福摩萨。

地区采取任何必要的行动以保它自己的安全"。

在中国和苏联于1950年2月签订《中苏友好同盟互助条约》之后，美国军方和国务院均有人主张，对杜鲁门1月5日关于台湾问题所作的声明进行修改。参谋长联席会议一直主张给予台湾的蒋介石集团以必要的军事援助。麦克阿瑟在6月14日给国防部长和参谋长联席会议主席的备忘录中，更把台湾看成是美国的一艘"永不沉没的航空母舰"。麦克阿瑟认为，如果台湾落在共产党手里并能为苏联所用，那就等于给了敌人相当于数十艘航空母舰组成的舰队，就是给美国在冲绳和菲律宾的基地"将上一军"。因此，他主张"绝不能让台湾落入共产党手中"①。美国国务院的迪安·腊斯克和约翰·杜勒斯等，也主张在台湾迅速采取"激烈而强硬的立场"，建议美国政府以宣布台湾"中立化"的形式，出动军队阻止中国人民解放军解放台湾，使之不落入共产党人之手。

到1950年6月，美国武装阻止中国人民解放军解放台湾和对台湾实施军事占领，决心已定，只是在等待时机。麦克阿瑟声称：如果人民解放军发起解放台湾的作战，他将火速赶赴战地指挥反击作战，"使他们遭到惨败，从而使这场战斗成为世界上决定性的战斗之一"。他说："我每个夜晚都祈祷红色中国能这样做——我常常是跪下来在那里祈祷。"②

这些说明，美国的岛屿防御圈战略，并不意味着放弃朝鲜和台湾，而是等待时机，随时准备寻找借口，实施直接军事入侵。

第二，朝鲜内战爆发为美国在亚洲推行所谓"遏制"共产主义的霸权行动提供了契机

1949年9月3日，苏联第一颗原子弹爆炸成功，打破了美国核垄断。10月1日，中华人民共和国成立，极大地增强了社会主义阵营力量，改变了国际社会上两大阵营力量的对比。这促使美国调整安全战略。根据美国总统杜鲁门的指令，由美国国务院和国防部共同组成联合小组，分析了新的国际政治、军事局势，从外交和军事方面重新审议了美国的安全战略，于1950年4月7日向杜鲁门提交一个报告。这就是美国《国家安全委员会第68号文件》。

---

① 麦克阿瑟给美国国防部长詹姆斯·约翰逊和参谋长联席会议主席奥马尔·布莱德雷关于台湾问题的备忘录，1950年6月14日。Foreign Relations of the United States, Diplomatic Papers, 1950, Vol. Ⅶ, Korea（《美国对外关系》第七卷，1950年，朝鲜），GPO, Washinton, D.C, 1974, pp.161—165。
② [美] 马修·李奇微：《朝鲜战争》，军事科学院外国军事研究部译，军事科学出版社，1983年，第51页。

《第68号文件》指出：在美国领导的"自由世界"和苏联领导的社会主义阵营之间将存在着长期对抗。美国所要面对的"不仅仅是苏联的直接挑战，而且还有那些动摇新老殖民主义政权的、土生土长的民族主义运动"，"共产主义在任何地方的胜利，都意味着美国的相应失败"。认为，美国作为"自由世界"的力量中心和反对"苏联扩张"的堡垒，拥有"世界上任何单独一国所没有的最大军事潜力。然而对照苏联，美国的军事弱点在于现有的力量和人员在数量上处于劣势"。苏联的武装部队数量已经远远超过美国，原子弹储备也在迅速增加，如果再加上热核武器，将大大加重对美国的损害。"为了保证美国任何报复性打击的有效性，进一步增强我们原子武器的数量和威力是必要的"，而且"大幅度增强常规空中、地面和海上的力量，以及加强防空和民防力量计划，也是很有必要的"。美国及其盟国"如果没有占优势的、随时都能动员的联合军事力量，'遏制'政策就只不过是一个唬人的讹诈政策"。

这个文件的基本含义，就是以军事实力支持"遏制"政策，并强调进攻性。把殖民地和半殖民地国家争取民族解放和独立的斗争，把纯属内政事务的国家、民族统一运动，把代表社会进步的民族民主革命，都视为对美国全球霸主地位的挑战，对自由世界的"侵犯"，美国都要迅速作出最激烈的反应，直至进行武装干预。美国参谋长联席会议主席奥马尔·布莱德雷称："从本质上讲，《第68号文件》是一个'号召武装起来'的响亮的动员令，目的是剔除我们冷战方针中顾此失彼的矛盾现象。从此以后，我们将以军事实力来支持遏制政策。"①

杜鲁门完全接受了《第68号文件》确定的安全战略，但暂时没有批准这一文件，因为要实现这一文件所确定的战略目标和扩军备战计划，将需把每年的国防预算至少增加到400亿美元，而当时美国政府向国会提出的国防预算只有100亿～130亿美元，国会根本就不会接受这项新的费用，如此高昂的扩军备战计划。杜鲁门及其高级幕僚们因而断定，只有发生一场危机，才能欺骗舆论，制造声势，说服美国国会和公众支持大幅度增加军事预算。

恰好在这时，在远东，在距美国本土几千英里以外的地方，朝鲜战争爆发了。杜鲁门政府立即抓住这个机会，迅速将《第68号文件》中所规划的战略方针和扩军备战计划全部付诸实施。正如杜鲁门的一位顾问后来所说的那样："1950年6月，我们正为这项计划——国家安全委员会第68号文件——焦虑万分。接着，感谢上帝，朝鲜战争正当其时地爆发了。"②

朝鲜战争爆发后，在美国的决策者中，无论总统杜鲁门，还是国务卿艾奇逊，他们

---

① [美]奥马尔·布雷德利：《将军百战归》，廉怡之译，军事译文出版社，1985年，第676页。
② [美]迈克尔·谢勒：《二十世纪的美国与中国》，徐泽荣译，生活·读书·新知三联书店，1985年，第186页。

的第一个反应,就是荒谬地认为:朝鲜的事件是苏联为首的社会主义阵营向"自由世界"的挑战,苏联显然是在冒发动第三次世界大战的风险,至少是苏联对美国抵御共产党阵营"扩张决心"的一个试探,或是挑起一场全面战争的前奏①。作为"自由世界"的"领袖"——美国,对此不能视而不见,美国必须在朝鲜采取行动。

杜鲁门在回忆录中竭力为美国干涉朝鲜内战寻找"理由"进行辩解,他说,当时"我深切地感觉到,如果听任南朝鲜沦丧,那么共产党的领袖们就会越发狂妄地向更靠近我们海岸的国家进行侵略。如果容忍共产党人以武力侵入大韩民国,而不遭到自由世界的反对,那么,就没有哪一个小国会有勇气来抵抗来自较为强大的共产主义邻邦的威胁和侵略。如果对这种侵略行动不加以制止,那就会爆发第三次世界大战,正如由于类似的事件而引起了第二次世界大战一样。我还清楚地认识到,除非这次对朝鲜的攻击得到制止,联合国的基础和原则将受到威胁"②。

第三,美国军方对入侵朝鲜早有预案

1949年6月20日,在美国占领军从朝鲜全部撤军的前10天,参谋长联席会议主席奥马尔·布莱德雷,曾在致参谋长联席会议的一份备忘录中,陈述了他对从朝鲜撤军可能导致来自北方"入侵"的担心,他建议:如果发生北方进攻的事件,美国应首先撤退侨民,然后将"侵略"行动作为对国际和平的威胁,提交联合国安理会,促使联合国安理会通过决议,并组建联合国部队来制止"侵略"。

同年6月27日,美国陆军参谋部拟制了一份绝密的关于在朝鲜的作战预案,确定一旦朝鲜半岛爆发战争,美国军队将迅速在朝鲜采取军事行动。其所开列的行动方案包括:A.紧急撤离在朝鲜的美国侨民;B.将"入侵问题"提交联合国讨论;C."经联合国准许,由美国部队和联合国其他成员国部队组成军事特遣部队进入朝鲜,实施警察行动,旨在恢复法律与秩序,恢复不可侵犯的三八线边界。"陆军参谋部建议以方案A和B作为美国的对朝基本方案,而方案C被认为是"不可靠的军事行动",只有在"所有其他办法均告失败"的情况下才予以考虑。参谋长联席会议也表示同意这些判断③。

---

① [美]迪安·艾奇逊:《艾奇逊回忆录》上册,上海《国际问题资料》编辑组、伍协力译,上海译文出版社,1978年,第265页。
    [美]约瑟夫·格登:《朝鲜战争——未透露的内情》,于滨等译,解放军出版社,1990年,第52—56页、第99页。
② [美]哈里·杜鲁门:《杜鲁门回忆录》第二卷,李石译,生活·读书·新知三联书店,1974年,第394页。
③ Foreign Relations of the United States, Diplomatic Papers, 1949, Vol. VII, Korea, Part II(《美国对外关系》第七卷,1949年,朝鲜,第二册), GPO, Washington, D.C, 1974, pp.1046—1057。

因此，朝鲜内战一爆发，美国政府立即作出武装干预的决定。与此同时，美国借此机会实现其对台湾的既定政策，派出海军舰队和空军飞机侵入台湾和台湾海峡。

6月25日11时30分，国务卿艾奇逊在国务院主持召开了国务院和军方首脑联席会议，建议：立即出动美国海军和空军部队，在朝鲜汉城、金浦、仁川地区建立警戒圈，为美国侨民和外交官家属撤离朝鲜进行空中掩护和海上支援，攻击妨碍这一行动的北朝鲜飞机和坦克；授权麦克阿瑟根据美国驻朝军事顾问团的要求，向南朝鲜军队提供所需要的一切装备，不受任何计划限制；美国军事顾问继续留在南朝鲜军队中，指挥作战；授权麦克阿瑟指挥美国在朝鲜的一切军事行动；准备授权麦克阿瑟动用包括第七舰队在内的一切力量。会议结束后，这些方案通过电传会议传达给了麦克阿瑟。美国武装入侵朝鲜的第一步由此开始迈出。

当晚，美国总统杜鲁门主持召开国家安全委员会会议，讨论对朝鲜内战应该采取的行动。艾奇逊首先汇报了与军方首脑联席会议所形成的方案，并建议：应该立即考虑给予南朝鲜方面比这些措施更多的援助。同时建议，立即令第七舰队从菲律宾苏比克湾基地北上，进入台湾海峡，制止中国人民解放军可能发动的对台湾进攻作战；立即对法国在印度支那的殖民战争提供援助。杜鲁门随即批准采取艾奇逊所建议的措施，并要求三军参谋长作好在朝鲜投入美国部队必要的准备。

6月26日，美国驻日本的空军飞机和海军舰艇出现在朝鲜半岛空中和海面。与此同时，美国海军第七舰队的作战舰船已经从菲律宾起锚，驶向台湾海峡。7月1日，美国侵略朝鲜的第一批地面部队第二十四师第二十一团第二营乘飞机开进到南朝鲜。

6月27日上午，杜鲁门发表了总统声明，宣称："我已命令美国的空海军部队给予韩国政府部队以掩护及支持。"并称："我已命令第七舰队阻止对福摩萨的任何进攻……福摩萨地位的决定，必须等待太平洋安全的恢复、对日本的和平解决或联合国的审议。"

从此，美国公然武装介入了朝鲜内战。由于美国军队的武装介入，朝鲜战争的性质即由内战转变为美国侵略、朝鲜人民反侵略的战争。而美国侵略中国台湾的行径，则使得美国在武装干涉朝鲜内战一开始就将朝鲜问题与中国的主权尊严联系到一起。

总之，美国武装干涉朝鲜内战和侵入中国台湾及台湾海峡，是美国推行称霸全球，实行全球遏制共产主义的政策决定的。美国侵入台湾及台湾海峡不是因为朝鲜内战爆发，而是早有企图，等待时机，朝鲜内战爆发只不过为美国对中国台湾采取军事行动提供了一个契机。

美国第一批地面部队进入朝鲜

侵入台湾海峡的美国航母舰队

美国为什么打着联合国的旗号侵略朝鲜

具有美国陆军官方性质的史书《朝鲜战争中的美国陆军——战争爆发前后》中,有这样一段话:"美国的每一个选择都有使其他国家疏远的可能性,而美国的政策正是基于与他们持久的友谊和支持的基础之上的。行动迟缓、无所事事将被一些国家指责为对大韩民国政府的背叛。它将严重损害美国维护在亚洲以及在其他地区特权的努力,并将导致一些国家诸如英国、意大利、日本等重新估计支持美国是否明智。另一方面,如果美国采取单方面军事措施反击北朝鲜袭击者,那么对许多国家来说,苏联关于帝国主义行动的指责和对联合国的蔑视将成为正当的、合法的。其作用是恐吓这些国家,使他们更易于接受俄国的观点。""最有意义的事大概是联合国成员国之间制止侵略的共同合作努力。但是南朝鲜需要立即援助,可联合国不能很迅速地行动。进而言之,联合国中的共产主义成员国正处心积虑地反对联合行动。"[①]这段话,表明了美国当局决策者们在干涉朝鲜内战问题上的不良用心。

正是出于这种考虑,朝鲜内战爆发之后,美国政府在作出的第一批侵朝决策中,就包括要求联合国安理会通过相应决议为美国军队侵略行动提供依据的内容,以便利用联合国为美国的侵朝行动服务,为美国的侵略行动披上合法外衣。从而紧锣密鼓地在联合国进行活动。

华盛顿时间(华盛顿时间比平壤时间晚14个小时)6月24日晚,美国国务院向美国驻联合国使团下达了提议召开联合国安理会紧急会议的指示。由于当晚无法与美国使团的负责官员取得联系,负责联合国事务的助理国务卿约翰·希克森不顾外交礼仪,直接打电话给联合国秘书长特里格夫·赖伊,提出召开安理会紧急会议的要求。

在美国提案中,把朝鲜内战称作"北朝鲜对大韩民国的无端侵略行为"。尽管美国政府已经作出了各种外交努力,但当美国驻联合国使团代表25日上午与有关国家驻联合国代表会晤时,这一武断结论还是遭到激烈反对。美国政府只得修改提案,将"无端侵

---

① [美]詹姆斯·F.施纳贝尔:《朝鲜战争中的美国陆军(第二卷)——战争爆发前后》,国防大学出版社,1990年,第68页。

略行为"改为"构成对和平的破坏"。

6月25日下午2时，联合国安理会举行会议，讨论朝鲜问题。按照《联合国宪章》规定，只有5个常任理事国代表同意，安理会关于程序问题的决定方可通过。由于美国操纵西方国家拒绝恢复中华人民共和国在联合国的合法席位、驱逐蒋介石集团的代表，苏联代表已从1950年1月10日起拒绝出席安理会会议以示抗议。而中华人民共和国的合法席位尚未得到恢复，这样，这次安理会会议是在苏联代表缺席、中华人民共和国合法代表无法参加的情况下举行的，会议关于朝鲜问题的讨论和所作出的任何决议都缺乏法律依据。

但苏联代表缺席会议，正是美国政府所期望出现的局面。苏联作为常任理事国具有最终否决权，如果出席会议，美国将无法通过对自己有利的有关朝鲜问题的决议。而中国代表席位由国民党的非法代表占据，则可以掩人耳目。尽管如此，为了使美国的提案得到通过，美国还特别提议，邀请不是联合国成员的南朝鲜政府代表"列席"会议。会议以9票赞成、0票反对、1票弃权（南斯拉夫）的结果非法通过美国提案。该决议声称，对"北朝鲜部队对大韩民国的武装进攻表示严重关注，断定这一行动对和平构成了破坏"，并要求立即停火，北朝鲜军队撤至三八线以北地区，"所有成员国为联合国执行这一决议提供一切援助，并中止向北朝鲜当局提供援助"。

不过，这一非法决议虽然把战争责任全部归到了朝鲜民主主义人民共和国头上，却并不足以为美国武装干预朝鲜内战提供依据。而杜鲁门政府于6月26日已下令海空军部队入侵朝鲜，这就需要联合国通过一个新的决议，来为自己的行动进行辩护。

6月27日下午，在美国要求下，联合国安理会再次举行会议，讨论美国提出的新提案，以便为美国的侵略行动提供一块遮羞布。会议经过激烈辩论，中间又经过几个小时的休会，以便与会代表向本国政府请示，当日深夜11时50分，以7票赞成、1票反对（南斯拉夫）、2票弃权（埃及和印度）的结果，通过了美国提案。这个提案宣称，安理会"注意到联合国朝鲜委员会关于北朝鲜当局既没有停火也没有把他们的武装部队撤回三八线的报告和关于采取军事措施恢复国际和平安全的紧急请求；同时注意到大韩民国向联合国提出的采取立即和有效的步骤保护和平和安全的请求，建议：联合国成员国向大韩民国提供此类必要的援助，以制止武装进攻，恢复该地区的和平和安全"。

这一为美国侵略行径辩护的非法决议，理所当然地遭到了朝鲜民主主义人民共和国政府的拒绝。朝鲜民主主义人民共和国政府发表声明，认定安理会关于朝鲜问题的"讨论与决定是非法的"。苏联政府也致函联合国秘书长赖伊，指出：按照《联合国宪章》，安理会要有7票赞成才能通过决议，而且必须有5个常任理事国出席，安理会在通过6月27

日的决议时,虽有7票赞成,但其中包括了没有合法代表资格的台湾国民党代表。同时,"两个常任理事国苏联和中国没有出席,这一点也是人所共知的,按照《联合国宪章》,安理会只有在5个常任理事国,即美、英、法、苏、中意见完全一致时,才能对重大问题采取决定,鉴于上述种种,安理会关于朝鲜问题的决议之毫无法律效力,乃是至为明显的"①。波兰、捷克斯洛伐克等国家也发表声明,宣布安理会6月27日决议为非法决议。

在美国地面部队出动到南朝鲜后,7月7日,美国再次操纵联合国安理会,以7票赞成、0票反对、3票弃权(印度、埃及、南斯拉夫)的结果,通过了由英国和法国代表向安理会提出由美国政府拟定的关于组成以美国军队为主的侵朝"联合国军"的非法决议。决议指出:

(一)欢迎联合国各会员国政府与人民对安全理事会1950年6月25日及27日关于援助大韩民国防御武装进攻,借以恢复该地区的和平与安全的决议所给予的迅速而有力的支持。

(二)……

(三)建议所有按照前述决议提供军事部队和其他援助的国家将该项部队和其他援助交由美国指挥下的统一司令部使用。

(四)请求美国派该项部队的司令官。

(五)授权统一司令部在对北朝鲜部队作战时除使用参加各国的旗帜外同时斟酌使用联合国旗帜。

(六)请求美国向安全理事会提出关于在统一司令部指挥下所采取行动的适当报告。

至此,美国最终完成了盗用联合国名义为自身侵略行动服务的目的。从此,侵朝美军及其他国家军队,被冠上了"联合国军"的名称,扩大了朝鲜战争,使本来是内政问题的朝鲜战争国际化和复杂化。

根据美国政府的规定,向"联合国军"提供作战部队和其他保障分队的国家,首先要告知美国国务院,由国务院与其进行会谈,同时征求国防部的意见,由参谋长联席会议提出方案,最后决定是否接受。参谋长联席会议曾就接受其他国家军队的标准专门征求麦克阿瑟的意见。麦克阿瑟表示,如果提供的是作战部队,那么最少应该具备1000人

---

① 见《新华月报》,1950年6月,第527页。

加强营的规模,他将把所有的非美军部队全部配属美军师指挥。如果提供的是后勤保障部队,那么应该达到能够立即投入使用的标准。

美国政府同时确定了侵朝战争的指挥关系。杜鲁门作为总统是侵朝战争的最高决策者,国家安全委员会、国务院、国防部等美国国家主要安全部门是总统决策的首要咨询机构。参谋长联席会议作为美国军事最高统帅机构,被杜鲁门指定为指导侵朝战争的执行机构。陆军参谋长担任参谋长联席会议指导在朝鲜军事行动的执行代表,陆军参谋部负责具体计划和指导所有参加"联合国军"的部队在朝鲜的军事行动。

1950年7月7日,美国操纵联合国安理会通过组成侵朝"联合国军"的决议。这是将联合国旗帜授予麦克阿瑟

第二部分
朝鲜内战爆发和美国武装干涉朝鲜内战

"联合国军"由哪些国家军队组成

根据1950年7月7日美国操纵联合国安理会通过关于组成侵朝"联合国军"的决议,美国总统杜鲁门于7月10日正式任命美国远东军总司令麦克阿瑟为侵朝"联合国军"总司令。"联合国军"总部设在日本的美国远东军总部内,由远东军总部行使"联合国军"总部的权力。

7月12日,麦克阿瑟任命美国第八集团军司令沃尔顿·沃克中将为侵朝美军司令,兼任"联合国军"地面部队总指挥。美国远东军属下的美国远东空军司令厄尔·帕特里奇中将兼任"联合国军"空军司令官,美国远东海军司令特纳·乔埃中将兼任"联合国军"海军司令官。

麦克阿瑟后来称:"我与联合国的联系在很大程度上是形同虚设……对我的控制与此别无二致,仿佛我统率下的部队都是清一色的美国人。我的所有通信系统都通向美国的最高统帅部。"[1]

在朝鲜战争期间,先后派出部队参加"联合国军"侵朝行动的国家有美国、英国、法国、土耳其、加拿大、荷兰、澳大利亚、新西兰、泰国、菲律宾、希腊、比利时、哥伦比亚、埃塞俄比亚、南非、卢森堡共16个国家和地区。其中美军兵力占90%以上,地面部队经常保持7个师,还包括美国空军第五航空队、远东战略轰炸机指挥部、第三一四空运师的全部,美国远东海军的大部。参加"联合国军"行动其他国家的部队,英国为两个旅,加拿大和土耳其各1个旅,泰国1个团,法国、澳大利亚、新西兰、菲律宾、荷兰、希腊、比利时、哥伦比亚、埃塞俄比亚各1个营,南非联邦1个空军中队,卢森堡1个排。除美国军队之外,其他国家为"联合国军"提供的兵力最多时为4万人左右,另外还有3个战斗机中队、36艘各种舰船。大多数国家只是象征性出兵。瑞典、印度、丹麦、挪威、意大利为"联合国军"派出了医院或医疗船。除美国军队在朝鲜战争爆发后立即侵入朝鲜、支援南朝鲜军作战外,参加"联合国军"行动的其他国家海军和空军于7月上旬

---

[1] [美]詹姆斯·F.施纳贝尔:《朝鲜战争中的美国陆军(第二卷)——战争爆发前后》,国防大学出版社,1990年,第110页。

和中旬陆续参加了在朝鲜的作战,地面部队最早的于1950年8月开始入朝,最迟的于1951年5月才到达朝鲜。

南朝鲜不是联合国成员国,1950年7月14日,南朝鲜总统李承晚致函麦克阿瑟,称"我至为荣幸地通知你,在目前持续的敌对行动中,你可拥有对大韩民国所有陆军、海军、空军部队的指挥权。不仅你个人可以行使这种权力,而且可以将这种权力委托给其他在朝鲜境内及其邻近海域的指挥官",将南朝鲜军队的指挥权完全交给了以美国为首的"联合国军"。

南朝鲜总统李承晚与麦克阿瑟在一起

整个朝鲜战争期间，美国投入到朝鲜的地面部队先后有9个师及1个空降团，每师编制1.8万人以上，编制人数最多的师为2.7万人。中国人民志愿军入朝参战后，美国在朝鲜经常保持作战的地面部队是7个师和1个空降团。

美国远东空军投入到朝鲜战场上的第五航空队，编有战斗截击机、战斗轰炸机、轻轰炸机、侦察机、空中指挥机大队10个以上，数个全天候战斗截击中队，以及救护中队等，并指挥海军陆战队第一航空联队，参加联合国军行动的澳大利亚和南非各1个空军中队。该航空队装备有F-86、F-84、F-82、F-80、F-51战斗截击机，F-80、F-51战斗轰炸机，B-26轻轰炸机，RF-51、RF-80侦察机，T-6蚊式空中指挥机，H-5救护机等各种飞机800～1000架；远东轰炸机指挥部，编有3个轰炸机大队和1个侦察机中队，装备有B-29轰炸机和IRB-29侦察机共115架；第三一四空运师，编为4个运输机大队和1个运输机中队，装备有C-119、C-46、C-47、C-54等运输机。此外还有陆军炮兵校正机150余架和海军舰载航空兵3～5个大队，舰载机240～400架。中国人民志愿军参战后，美国投入到战场上的各种飞机（包括参加"联合国军"行动其他国家的飞机）最少时1200架，最多时2400架，经常保持作战使用的1700架左右。

美国远东海军装备有战列舰、巡洋舰、航空母舰和护航母舰、驱逐舰、登陆舰、扫雷舰、运输舰船和其他舰船等。中国人民志愿军参战后，美国投入到朝鲜战争中的海军各种舰、船、艇最少时110余艘，最多时300艘。英国、泰国、澳大利亚、荷兰、加拿大、法国、新西兰、哥伦比亚等国也派出了舰船共40艘左右。南朝鲜海军拥有小型作战舰艇40余艘。

中国人民志愿军参战后，"联合国军"（含南朝鲜军）投入到朝鲜战场的总兵力最少时44万余人，最多时120万人。美国在战场上投入兵力最多时是朝鲜停战前的1953年7月，总兵力为48.4万人①。

---

① 中央军委作战部：《朝鲜战争几个基本数字的初步总结》，1953年9月8日。

历任"联合国军"总司令和美第八集团军司令官是谁

朝鲜战争期间美国任命三任"联合国军"总司令和四任美第八集团军司令官（也有的称军长）。

1950年7月7日，美国操纵联合国安理会通过关于组成侵朝"联合国军"的决议后，7月10日，美国总统杜鲁门任命美国五星上将、美国远东军总司令道格拉斯·麦克阿瑟为"联合国军"总司令。麦克阿瑟（1880—1964），出生于美国阿肯色州小石城军人世家，1903年毕业于西点军校。第一次世界大战末期1917年10月任驻法美军师参谋长，大战结束时任师长。1919—1922年任西点军校校长。后赴菲律宾任马尼拉特区司令。1925年晋升为少将，回国任军区司令。1930—1935年任美国陆军参谋长，1936—1937年任菲律宾军事顾问，被授予菲律宾陆军元帅军衔，1937年退役。1941年复入军界，任美国远东军司令。1942—1951年任西太平洋盟军总司令，太平洋战争期间多次采用越岛登陆的"蛙跳"战术取得成功，在太平洋战场上声名显赫，1944年晋升为五星上将。日本投降后兼任美国驻日占领军总司令。1950年7月任侵朝"联合国军"总司令后，为扭转美军在朝鲜战场上的败局，他在成功和失败的可能为1∶5000的情况下，冒险赌博，组织指挥美军在朝鲜西海岸仁川登陆，取得成功，被美国人称为"军事奇迹"、美国历史上"不朽的军事胜利"，他也被称为"军事天才"。执行美国当局的决定，他指挥"联合国军"地面部队于10月上旬越过三八线北进，并确信在11月感恩节前可完成对全朝鲜的军事占领。然而，他高兴得太早了。就在他取得仁川登陆成功两个多月后，他指挥的装备现代化、陆海空军联合作战的"联合国军"，被彭德怀指挥的仅仅比小米加步枪装备略有改善的中国人民志愿军打得落花流水，从中朝边境的鸭绿江边一直败退到三八线，成了美军历史上最丢脸的失败。他神奇"军事天才"的面子也一扫而光，一下子从胜利的巅峰跌到了失败的深渊。为给自己找回点面子，1951年3月24日，他狂妄地宣称，不惜把战争扩大到中国境内，遭到中国政府和人民的强烈抗议，也遭到了"联合国军"集团内部许多国家以及美国统治集团的谴责。因为他在朝鲜的失败给美国这个资本主义世界的"领袖"丢了脸,而他狂妄的扩大战争的叫嚣与美国当局关于朝鲜战争政策大相径庭,恰好为美国军政当局拿他作为战争失败的替罪羊提供了契机,1951年4月11日,美国总统杜鲁门解除了他美国驻远东军总司令、"联合国军"总司令等一切军事职务,71岁的麦克阿瑟从此退休。由在朝鲜指挥"联合国军"地面部队作战的美第八集团军司令官马修·李奇微中将接替他的一切军事指挥权。

马修·李奇微成了第二任"联合国军"总司令。李奇微(1895—1993),出生于美国弗吉尼亚州门罗堡,1917年毕业于西点军校。后任教官并在指挥与参谋学院、陆军军事学院深造。1939年在陆军参谋部任职,1942年任空降第八十二师师长,率部参加了1943年西西里岛登陆战役和1944年诺曼底登陆战役,在西西里岛登陆战役中实施了美军历史上第一次大规模夜间空降作战。1944年8月升任美第十八空降军军长,随后率部转战于荷兰、比利时、法国、德国和意大利等国,参加了强渡易北河作战。战后任加勒比地区美军司令和美国陆军参谋长助理等职。1950年12月接替因阻止"联合国军"败退部队时遭遇车祸死亡的沃尔顿·沃克,任美第八集团军司令。他到朝鲜上任时,正是美军丢盔卸甲、狼狈败退时,笼罩在一派失败情绪之中,继退到三八线后,又一路败退到三七线附近。他对在朝鲜的美军地面部队进行了大刀阔斧的整顿,撤换了7个师中的5个师长,稳定了美军情绪,从1951年1月下旬至4月中旬,指挥"联合国军"地面部队在空军支援下连续发动攻势,将战线推回到三八线以北地区。他接替麦克阿瑟出任"联合国军"总司令后,晋升为上将。4月下旬以后,战争在三八线南北地区形成了相持局面。他执行美国当局决定,派出代表于1951年7月10日在战场上与中国人民志愿军和朝鲜人民军开始了停战谈判。为以军事压力迫使朝中方面在谈判中接受其无理条件,于8月中旬至10月下旬,以地面部队在空军支援下连续发动了夏季和秋季局部攻势,并以空军和海军航空兵部队发动了以摧毁朝鲜北方铁路系统为目标的空中战役"绞杀战"。1952年4月,美国驻欧洲北大西洋公约组织武装部队最高司令官德怀特·艾森豪威尔为参加美国第三十四届总统竞选,辞去军界职务,美国总统杜鲁门任命李奇微接替艾森豪威尔为美国驻欧洲北大西洋公约组织武装部队最高司令官职务,同时任命马克·克拉克上将接替李奇微任美国远东军总司令和"联合国军"总司令。

马克·克拉克成了"联合国军"第三任司令官。克拉克(1896—1984),出生于美国纽约州麦迪逊-巴拉克斯,1917年毕业于西点军校,并前往法国参加了第一次世界大战,后在美国陆军部和国民警卫队任参谋和教官,1935—1937年先后毕业于指挥与参谋学院和陆军军事学院。太平洋战争爆发后,任美国陆军地面部队副参谋长、参谋长、美第二军军长、驻欧洲美军地面部队司令。1942年8月，任美军北非远征军副总司令，翌年1月调任美第五集团军司令，率部在意大利作战，1945年3月晋升为陆军上将。1949年任美国陆军野战部队司令。他1952年5月接任"联合国军"总司令时，"联合国军"地面部队在朝鲜战场上已处于越来越不利的地位，停战谈判也在战俘问题上因美方顽固坚持企图强迫扣留战俘的所谓"自愿遣返"原则而陷入僵局。克拉克根据美国当局给他的使命，一方面在军事上以其优势的空中力量对朝鲜北方水电设施和平壤市进行了大规模轰炸，并以地面部队发动了一次丢脸的"金化攻势"；另一方面在停战谈判中，指示其谈判代表，只要朝中方面拒绝他们强迫扣留战俘的所谓"自愿遣返"原则，就单方面宣布休会，并在发动"金化攻势"前宣布了无限期休会。"金化攻势"失败后，直至1953年7月《朝鲜停战协定》签字，"联合国军"在地面战场上一直处于被动挨打和无所作为状态。1953年7月27日，克拉克作为"联合国军"总司令在朝鲜停战协定上签字。他在后来回忆朝鲜战争的情况时说："1952年5月，我受命为联合国军统帅，代表17个国家，在韩国抵抗共产党侵略。15个月以后，我签订了一项停战协定，这协定暂时停止了……那个不幸半岛上的战争。对我来说这亦是表示我40年戎马生涯的结束。他是我军事经历最高的一个职位，但是他没有光荣。在执行我政府的训令中，我获得了一项不值得羡慕的荣誉，那就是我成了历史上签订没有胜利的停战条约的第一位美国陆军司令官。我感到一种失望和痛苦。我想我的前任麦克阿瑟和李奇微两位将军一定具有同感。"①朝鲜停战后，1954年年初克拉克黯然退役。

在1950年7月麦克阿瑟被任命为"联合国军"总司令后，7月12日他就任命美第八集团军司令官沃尔顿·沃克中将为"联合国军"在朝鲜作战的地面部队司令官。但沃克在朝鲜战场运气一直不佳。他指挥的地面部队7月初开始进入朝鲜战场，到8月中旬一直在朝鲜人民军的攻势下连连败退，8月中旬后最惨的时候，被朝鲜人民军压缩到洛东江以东一隅仅1万多平方公里的地区防守，直至麦克阿瑟于9月中旬实施仁川登陆成功后，他指挥的地面部队才于9月底推进到三八线。在越过三八线向中朝边境推进时，美第十军从朝鲜东海岸元山和利原无作战登陆后，麦克阿瑟不交给他指挥权，而由麦克阿瑟自己直接指挥。10月下旬至12月下旬，沃克指挥的地面部队推进到中朝边境又被入朝参战的中国人民志愿军打回到三八线及以南地区，特别是11月下旬至12月初的一周左右时间内，他指挥的美第九军被三面包围在清川南北地区，其中美第二师、土耳其旅、美第二十五师遭到歼灭性打击或重创。12月23日，沃克在阻止他指挥的六神无主的溃退部队时遭遇车祸身亡。

① [美] 马克·克拉克：《从多瑙河到鸭绿江》，（台湾）黎明文化出版公司，1956年，第1页。

"联合国军"总司令麦克阿瑟

"联合国军"第二任总司令马修·李奇微

"联合国军"第三任总司令马克·克拉克(中)

12月26日，李奇微接替已死的沃克任美第八集团军司令官，成为朝鲜战争期间美第八集团军第二任司令官，本节前边已作了交代。

1951年4月，李奇微接替麦克阿瑟任"联合国军"总司令后，美国当局任命詹姆斯·范佛里特上将接替李奇微任美第八集团军司令官，范佛里特成为朝鲜战争期间美第八集团军第三任司令官。范佛里特上任后，根据李奇微的命令，在中国人民志愿军和朝鲜人民军结束第五次战役第二阶段作战向北转移准备休整时，他以坦克、炮兵和摩托化步兵组成特遣支队为先导发起全线反扑。朝鲜停战谈判开始后，他具体组织指挥地面部队实施了1951年夏季和秋季局部攻势，虽推进几百平方公里地盘，但付出重大伤亡，遭到美国国会和参谋长联席会议的谴责。1952年，克拉克接任"联合国军"总司令后，范佛里特执行克拉克的指令，具体组织实施了丢脸的"金化攻势"。在他即将退役前的1953年1月，执行克拉克关于在正面战线进行"空中地面协同作战实验"的命令，组织进行了一次名为"斯麦克行动"的空军、坦克、炮兵、步兵协同作战实验。这个大失脸面的实验选择的攻击目标是志愿军第二十三军1个排防守的位于铁原西北芝山洞南侧的205高地。美军称这个小高地为"丁字山"或"T形山"。它的形状像一枚钉子，钉子的尖直指向南边的美军190.8阵地。从1月12日至20日，美军支援步兵作战的一个野战炮兵营，即向这个目标发射105毫米榴弹炮炮弹1万发。24日，美空军向这个目标投下13.6万磅炸弹和14枚凝固汽油弹。25日，美空军先后出动100余架次飞机对这个目标进行了轮番轰炸，投下22.4万磅炸弹和8枚凝固汽油弹，炮兵和坦克发射各种炮弹17万余发，经过猛烈的炮火准备后，以美第七师的一个步兵连发起攻击，但付出150余人伤亡的代价，始终未能攻下阵地，只好败阵收兵。志愿军第二十三军防守阵地的一个排，仅伤亡11人，牢牢守住了阵地。美军这次进攻，有美第一军军长和参谋长、第五航空队司令、远东空军作战处长前来观战，并邀请了12名记者。然而，结果却以"惨败"而收场，再次遭到美国国会和舆论的严厉谴责。

1953年2月10日，范佛里特退休回国，美第八集团军司令一职由美陆军助理参谋长马克斯韦尔·泰勒接任，泰勒成为朝鲜战争期间美第八集团军第四任司令官。泰勒上任后，经过战场考察，向克拉克报告说，除非得到大规模进攻的命令，否则他将安于现状，决不再冒险向前沿的小山头发起任何进攻。克拉克批准了这一要求。从此，在朝鲜战场上，"联合国军"地面部队再也没有发动攻势行动，就连对一个班一个排的进攻也没有，直至战争结束。

第二部分
中共中央决策出兵抗美援朝

东北边防军是怎么回事

东北边防军是中国人民志愿军的前身。组成东北边防军,是以毛泽东为主席的中共中央和中央军委战略上的未雨绸缪,是防范美国侵略、保卫中国安全和必要时支援朝鲜人民反抗美国侵略的重大战略措施。

一、东北边防军的组成及其任务

1950年6月25日,自第二次世界大战结束以来,以当时国际上两大政治阵营的对立和斗争为背景的朝鲜南北双方在朝鲜统一问题上的长期对立和斗争,终于演变成了大规模内战。美国当局从称霸全球战略利益出发,立即对朝鲜内战进行武装干涉,从26日开始,即派其驻日本的海空军部队侵入朝鲜,支援南朝鲜军作战。同时派其驻菲律宾的海军第七舰队侵入中国台湾和台湾海峡;7月1日其地面部队侵入朝鲜。与此同时,在联合国紧锣密鼓地展开了声援南朝鲜李承晚当局的活动,并违反《联合国宪章》,于7月7日操纵联合国安理会通过组成侵朝"联合国军"的决议。此时朝鲜人民军在金日成领导下,势如破竹,节节胜利,不到两周时间就解放了汉城和锦江以北的广大地区。但是毛泽东、周恩来等中共中央和中央军委领导人充分估计到,由于美国的介入,朝鲜已成为东方斗争的焦点,朝鲜局势有恶化的可能,甚至美国会公然进犯中国东北大陆。因此,中国不能不有所防范。于是,根据毛泽东主席的指示,由周恩来副主席主持,于7月7日和10日两次召开了由军委各总部、各军兵种等有关负责人参加的国防会议,进行研究讨论。中央军委根据两次国防会议讨论的结果,于7月13日作出了《关于保卫东北边防的决定》。中央军委决定抽调国家战略预备队第十三兵团(辖第三十八、第三十九、第四十军)和第四十二军,以及炮兵第一、第二、第八师,高射炮兵第一、第四、第十七、第十八团,工兵第六团等部共25.5万余人,组成东北边防军,保卫中国东北边防,并准备必要时支援朝鲜人民抗击美国侵略,限于8月上旬全部到达东北地区南部集中。当时,上述边防军各部分散在上海、广东、广西、湖南、河南、河北、辽宁、黑龙江等省市区①，确定的东北边防军部队，除第三十八军第一一四师和第三十九军第一一五师分别在湖南的桃源和广西的宜山担负剿匪作战任务、第四十军于海南岛战役后在广东完成休整已于7月10日启动直接车运安东（今丹东）外，其余几乎全部担负工农业生产建设任务。为保证各部队按时到达指定地区集中，中央军委决定，立即解除各部所担负的剿匪和生产任务，并责成军委作战部、总后勤部与铁道部协商制定具体车运计划。8月上旬，边防军各部先后全部到达指定的辑安（今集安）、通化、开原、铁岭、辽阳、海城、凤城、安东等地区完成集中②，于8月中旬开始进行突击整训。边防军的整训，从一开始就在师以上干部中明确了准备出国作战的思想。边防军的全部政治教育和军事训练都是以美军为主要作战对象，结合在朝鲜作战的特点进行的。9月中旬，中央军委又决定抽调中南军区第五十军编入东北边防军序列。该军于10月上旬到达东北地区，此时东北边防军已改为中国人民志愿军，因此未能参加东北边防军的整训。

二、东北边防军和第十三兵团的指挥机构

在中央军委7月13日的决定中，决定以粟裕为东北边防军司令员兼政治委员、萧劲光为副司令员、萧华为副政治委员、李聚奎为边防军后勤司令员。关于第十三兵团的主官人选，在国防会议上讨论时，第四野战军司令员林彪、原政治委员罗荣桓、原参谋长刘亚楼三人一致认为，现任第十三兵团司令员黄永胜各方面素质权衡不如第十五兵团司令员邓华，主张调邓华为第十三兵团司令员。据此，军委决定，以第十五兵团部为基础组成第十三兵团部，任命邓华为第十三兵团司令员、赖传珠为政治委员、解沛然（解方）为参谋长、杜平为政治部主任。原第十三兵团司令员黄永胜及参谋长曾国华分别调任广东军区副司令员和参谋长。边防军的特种兵部队由万毅负责指挥。因粟裕身体有病，中央批准其在

---

① 组建为东北边防军的部队，除第十三兵团3个军外，第四十二军位于黑龙江齐齐哈尔、北安地区从事生产任务；第四野战军炮兵司令部位于哈尔滨，炮兵第一师位于佳木斯，炮兵第二师主力位于许昌，1个团位于秦皇岛，炮兵第八师位于安东（今丹东）；高射炮兵第一团位于广州，第四、第十七、第十八团位于上海；工兵第六团位于湖北黄陂；汽车第一团位于河南南阳、第五团位于武昌、第四团位于衡阳。
② 根据1950年8月12日高岗致中央军委电报，除高炮未全部到位外，边防军到达东北后的集结位置如下：第十三兵团部位于安东；第三十八军军直位于铁岭，所属第一一二、第一一三、第一一四师分别位于铁岭、新开原、老开原；第三十九军军直位于辽阳，所属第一一五、第一一六、第一一七师分别位于辽阳、土佳屯、海城；第四十军军直位于安东，所属第一一八、第一一九、第一二〇师也全部位于安东；第四十二军军直位于通化，所属第一二四、第一二五、第一二六师分别位于通化、三源浦、柳河；特种兵司令部位于凤城，所辖野战炮兵第一、第二、第八师分别位于凤城、本溪、通化；高射炮兵位于安东、拉古哨；1个工兵团位于安东；配属第十三兵团的骑兵第十三团位于安东；担任战勤任务的第一六九师位于大东沟。

北上途中的东北边防军

青岛疗养一段时间,暂时不能到任。萧劲光主持刚刚组建不久的海军工作,萧华主持总政日常工作,也都暂时不能到任。为不影响边防军整训工作的开展,7月22日,经周恩来副主席和代总长聂荣臻及空军司令员刘亚楼研究后,由周恩来和聂荣臻联名建议,并经毛泽东主席23日批准,军委决定东北边防军目前先归东北军区司令员兼政治委员高岗指挥并统一供应,将来粟裕、萧劲光、萧华去后再成立边防军司令部,李聚奎改任东北军区后勤部长,边防军后勤部合并到东北军区后勤部。后来萧劲光、萧华参加过边防军的有关会议,但一直不能到职,粟裕身体一直不好。这样,直到10月上旬边防军改为中国人民志愿军,边防军的指挥机构一直未建立起来。

7月中旬以后,军委对第十三兵团的领导也作了调整和加强。7月19日,任命第四十军军长韩先楚为第十三兵团副司令员;根据邓华、赖传珠等建议,军委于8月上半月,调原第十五兵团副司令员洪学智为第十三兵团第一副司令员。因赖传珠身体有病,9月25日,军委批准其离职休养一个时期,决定由邓华兼任第十三兵团政治委员。为保证边防军训练工作,8月下旬,中央军委决定,边防军(含特种兵和第四十二军)以第十三兵团机构为统一训练机关,负责边防军特种兵工作的万毅为第十三兵团副司令员,并决定第四十二军归第十三兵团建制指挥(有的著述说,边防军是"邓华任司令员兼政委,洪学智、韩先楚任副司令员,解方任参谋长"。此说缺乏根据)。东北边防军完成集中以后,就是在东北军区直接领导下,具体工作是由第十三兵团组织实施的。

三、东北边防军改为中国人民志愿军时的主要装备状况

1950年10月初，侵朝美军越过三八线，大举向中朝边境进犯。朝鲜民主主义人民共和国处境危急，中国大陆安全受到严重威胁。在此严峻时刻，中共中央根据朝鲜劳动党和朝鲜民主主义人民共和国政府的请求和保卫中国安全的需要，作出"抗美援朝、保家卫国"重大战略决策。10月8日，中国人民革命军事委员会主席毛泽东签署组成中国人民志愿军的命令，将东北边防军改为中国人民志愿军，辖第十三兵团及所属第三十八、第三十九、第四十、第四十二军和边防军炮兵司令部及所属炮兵第一、第二、第八师，立即准备待命出动。同时任命彭德怀为中国人民志愿军司令员兼政治委员（第五十军刚到东北，未被编入志愿军序列。在志愿军入朝后，由于作战需要，第五十军加入志愿军序列立即投入作战）。此时，边防军（不含第五十军）的主要装备状况如下：3个炮兵师共编有105和122毫米口径火炮320余门，1个高炮团共有37和85毫米口径高炮36门。这些火炮均由汽车牵引。各步兵军，每军编1个野炮营18门火炮（第三十九军编有6管火箭炮营12门火炮）；每步兵师编1个山炮营12门火炮；每步兵团编两个炮连92步兵炮和重迫击炮共10门；每步兵营编81迫击炮2门和火箭筒3具，每步兵连编60迫击炮3门。计每军共有各种火炮（含各种迫击炮和火箭筒）520余门（具）。各军队属重型火炮全部由骡马驮载。各步兵分队装备的枪支极少有自动枪，并且日制、德制、美制、英制、苏制和旧中国制造的都有，型号很杂，所谓"万国牌"武器。另每军配有100辆运输汽车。改为志愿军时的边防军，没有海军和空军部队，没有坦克部队和反坦克炮兵部队，各步兵军也没有高射炮的编制。武器装备同未来的主要作战对象美军无法相比，数量上、质量上均劣势悬殊。这给志愿军在抗美援朝战争的作战中带来许多难以想象的困难。

四、东北边防军的二线部队

东北边防军组成并全部集中后，8月中旬，朝鲜战局也发生了重要变化。朝鲜人民军势如破竹、节节胜利的形势已变成同美军和南朝鲜军在洛东江一线战略相持的局面。此时，中央军委聂荣臻代总参谋长考虑到，如果朝鲜局势进一步恶化，现有东北边防军的力量恐不足以应付事变，因此，建议军委调在上海地区准备用于解放台湾的第九兵团（宋时轮为司令员兼政治委员、陶勇为副司令员，辖第二十、第二十六、第二十七军）和在西北地区刚刚结束剿匪作战不久的第十九兵团（杨得志为司令员、李志民为政治委

员，辖第六十三、第六十四、第六十五军），分别集中于津浦、龙海两铁路线，以便机动，作为边防军的二线部队，以备未雨绸缪之计。此建议得到中央军委批准。8月下旬，军委又决定再从西南军区抽调3个军作为新的后备力量。彭德怀司令员在志愿军出动前，对兵力配备作了如下概括："我们的力量：初步计划第一线四个军、三个炮兵师，共计二十五万人，第二线十五万人，第三线二十万人，共计约六十万人。"[①]另1950年8月31日，周恩来根据与中央军委有关部门协商的结果，拟订了关于加强东北边防军的计划，并于9月3日向毛泽东并刘少奇呈送报告，择要汇报了计划的内容：关于加强边防军和二线、三线部队的部署，准备共动员部署11个军36个师，连同特种兵和后勤部队，共约70万人。"第一线五个军十五个师（除东北已集中四个军外，再调中南现在广州一个军集中东北）；第二线三个军十二个师，从华东调出，10月底可集中于济（南）徐（州）之线；第三线三个军九个师，拟从西北调出，集中时间约在年底。"此外，周恩来还提出了东北边防军和二线、三线的兵员补充、步兵武器调整、弹药补充、增配火炮、后勤保障等方面的建议。毛泽东批准了这一计划。这样的兵力配备，为后来志愿军采取轮番作战的方针作了必要的准备。

总之，组成东北边防军突击整训，是中共中央、中央军委、毛泽东主席、周恩来副主席等科学分析朝鲜战争形势，在军事、政治战略上高瞻远瞩、英明预见的结果，为保卫中国国防安全和必要时支援朝鲜人民反抗美国侵略，争取了军事上的主动，为后来作出"抗美援朝、保家卫国"的重大战略决策，准备了必要的军事力量，避免了临急被动应战的局面，并使中国人民志愿军一出手就连连取得胜利。*

---

① 《彭德怀军事文选》，中央文献出版社，1988年，第324页。
* 本节是作者应《军事史林》杂志之约写的一篇文章《抗美援朝战争前东北边防军的几个问题》，发表在《军事史林》1995年第8期上，选入本书时略有文字修改。

第三部分
中共中央决策出兵抗美援朝

谁最早对美军仁川登陆作出判断

1950年6月25日，朝鲜内战爆发，美国立即进行武装干涉，并操纵联合国安理会通过决议组成"联合国军"支援南朝鲜军作战。朝鲜人民军向南一路势如破竹，进展顺利。8月上旬后，由于战线延长和美军兵力增多，人民军攻势减弱，战争在洛东江一带形成胶着状态。9月15日，麦克阿瑟指挥美第十军在仁川登陆成功，截断人民军后路，南北夹击人民军，朝鲜战场形势逆转。

对美军实施仁川登陆，中国方面是预有判断的，那么是谁最先作出了判断？

20世纪80年代末，一部关于抗美援朝战争的纪实文学问世，首次披露了原军委总参作战室主任雷英夫于1950年8月下旬最早作出了美军可能在仁川登陆的判断，并且毛泽东、周恩来对他的判断很感兴趣，毛泽东召见他当面听汇报。此后，一些史学研究工作者和纪实文学作者对此大加引用，直到2009年也还有人引用。雷英夫本人也多次发表回忆文章，谈到此事。他在1995年就此事撰写文章指出，总参作战室不仅预测了美军的登陆地点是仁川，而且判断出美军的登陆时间是1950年9月15日。对此，国内许多报刊竞相转载，甚至有的权威官方性质的著作也以此为据加以引用。然而，关于这种说法，在国内关于抗美援朝战争的历史档案中找不到任何佐证，多年从事抗美援朝战争史研究的一些学者也一直持有质疑。一名当时在军委总参作战室曾是雷英夫部下的老同志也对此持有质疑。

那么，在中国，雷英夫是最早作出美军可能在仁川登陆判断的人吗？

1994年，俄罗斯总统叶利钦将苏联时期关于朝鲜战争部分档案赠送给韩国总统金泳三。韩国外交部东欧科外交事务官白宙铉根据这些档案整理了《苏联朝鲜战争档案摘编》（1949年1月至1953年8月）。这个摘编表明，毛泽东、周恩来等中国领导人，早在朝鲜战争爆发刚一个星期，就对美军仁川登陆的可能性有所判断。1950年7月2日，苏联驻华大使罗申应邀前往拜访周恩来。周恩来要求把毛泽东等中国领导人有关朝鲜半岛政治、军事形势估计转告苏联政府。中国估计，美国在日本的12万驻军中，大约有6万兵力能够投入朝鲜——这些兵力可能在釜山、木浦、马山等港口登陆，然后沿铁路线向北进军。建议朝鲜人民军应迅速向南推进,以便占领这些港口。毛泽东认为,美军将有可能在仁川登陆,为了防守汉城,朝鲜人民军应该在仁川地区构筑巩固的防守阵地。《摘编》还表明,在8月直至9月美军仁川登陆以前,毛泽东、周恩来等中国领导人曾多次通过苏联政府和直接向朝鲜同志指出过美军在仁川登陆的可能性。这期间,毛泽东曾两次接见朝鲜政府代表,同他们讨论朝鲜战争形势的发展。毛泽东分析,朝鲜战争形势可能出现两种基本情况:第一种是朝鲜人民军全歼美军,把他们赶下海;第二种是战争持久化。如果是后一种情况,他估计美军会加强大邱、釜山地区的防御,把朝鲜人民军的全部兵力牵制在这个地区,同时从其他地方登陆。毛泽东提醒朝鲜代表,注意应付后一种可能性,确保充分的后备兵力,更要注意敌人可能前来进攻的防御据点,如仁川—汉城和镇南浦—平壤地区。如果说韩国整理的俄罗斯档案资料对中国的研究是属于出口转内销的话,那么,1950年10月2日毛泽东起草给斯大林但未发出的电报中也讲了这个情况。这个电报中说:"还在今年四月间,金日成同志到北京的时候,我们就告诉他,要严重地注意外国反动军队侵略朝鲜的可能性。七月中旬、七月下旬和九月上旬,我们三次告诉朝鲜同志,要他们注意敌人从海上向仁川、汉城前进切断人民军后路的危险,人民军应当作充分准备,适时地向北面撤退,保存主力,从长期战争中争取胜利。"中央文献出版社2000年出版的由中央文献研究室原主任逄先知和现任副主任李捷合著的《毛泽东与抗美援朝》第12页引述了这段话。但是,毛泽东、周恩来的提醒和建议没有引起朝鲜同志的重视。9月15日,美军仁川登陆一举成功。

由此看来,毛泽东、周恩来等中国领导人早在雷英夫之前一个多月就对美军可能在仁川登陆作出了明确判断。雷英夫在8月下旬判断美军可能在仁川登陆并向毛泽东、周恩来汇报可能是事实,但说雷英夫是中国最早作出美军可能在仁川登陆判断的说法则是缺乏根据的。*

---

* 本节是作者与学生姚莲瑞共同撰写的文章,发表在《军事历史》1997年第5期上。选入本书时增加了新内容。

美国当局为什么不顾中国政府警告，命令部队越过三八线北进

为实现美国当局军事占领全朝鲜的目标，1950年10月7日，美军地面部队越过三八线北进。

在此之前，9月30日，中国政务院总理周恩来在中国人民政治协商会议全国委员会庆祝中华人民共和国成立一周年的报告中，代表中国政府和人民向美国当局发出了警告："中国人民密切地关心着朝鲜被美国侵略后的形势……中国人民热爱和平，但是为了保卫和平，从不也永不害怕反抗侵略战争。中国人民决不能容忍外国的侵略，也不能听任帝国主义者对自己的邻人肆行侵略而置之不理。"[①] 10月1日，南朝鲜军沿东海岸地区越过三八线北进。同日，麦克阿瑟发出了要求北朝鲜投降的通牒。10月2日，向美军下达了越过三八线作战的命令。中国政府得知这一情况后，周恩来立即于3日凌晨紧急约见印度驻华大使潘尼迦，通过他和印度政府转达，再次向美国提出了警告："美国军队正企图越过三八线，扩大战争。美国军队果真如此做的话，我们不能坐视不顾，我们要管。""我们主张朝鲜事件应该和平解决"，"朝鲜战事必须即刻停止，侵朝军队必须撤退"[②]。尽管中国政府的立场和态度十分明确，但美国当局不顾中国政府的警告，美军地面部队还是悍然越过三八线北进。那么美国当局为什么会对中国政府的警告置若罔闻而大胆妄为？

一是美国当局认为中国对自己的事情尚自顾不暇，没有精力更没能力顾及其他事情。新中国成立刚刚一年，旧中国留下的千疮百孔的烂摊子急需整治，需要恢复经济改善民生，需要剿灭土匪安定地方秩序，需要镇压反动势力巩固新生政权，总之是困难重重，一切需要从头做起。经济上积贫积弱，军队武器装备更是落后悬殊。中国人民解放军虽然消灭蒋介石800万军队，但都是游击队出身，没有经过正规训练，更没经历过现代化战争，在美军看来就是"乌合之众"。因此美国当局认为，对美国军队在三八线以北的行动，"中

---
① 《周恩来选集》下卷，人民出版社，1984年，第36—37页。
② 《周恩来军事文选》第四卷，人民出版社，1997年，第66—68页。

国在军事上不具备单独进行干涉的能力"。中国如果单独出兵朝鲜,也将不会给战局造成决定性的变化,实际上反可能遭到惨重的失败①。就是在美军地面部队已经越过三八线北进后,10月15日,杜鲁门在太平洋威克岛与麦克阿瑟会谈,分析苏联或中国干涉的可能性时,总统杜鲁门、参谋长联席会议主席布莱德雷、陆军部长弗朗克·佩斯等,也都赞同麦克阿瑟的分析。麦克阿瑟认为,中国在满洲有30万部队,其中大约10万至12.5万部队部署在鸭绿江沿岸地区,而能够越过鸭绿江参战的部队只会有5万至6万人。他们没有空军,而我们现在在朝鲜拥有空军基地。如果中国人试图南下平壤,他们将遭受最惨重的杀戮。因此,结论是中国干涉的可能性很小②。

二是美国当局认为即便苏联出动空军支援中国地面部队作战也"不足为患"。麦克阿瑟在与杜鲁门分析时认为,至于苏联人,情况稍有不同。他们在西伯利亚驻扎着一支空军部队,素质很好,拥有出色的飞行员,装备有先进的飞机,其中包括一些喷气式飞机和轰炸机。他们可以派出1000架飞机,这与美军在朝鲜的空军势力可能不相上下。但苏联人没有可以用于北朝鲜的地面部队,因为他们要把地面部队派到朝鲜战场困难很大,他们把一个师派往朝鲜战场就需要6个星期,而那时冬天已经降临。唯一可行的方案是苏联派遣空军支援中国地面部队作战,苏联人已经在包括沈阳和哈尔滨的范围内部署了空军部队。但苏联空军同中国地面部队之间根本协调不起来,我相信苏联人扔在中国人头上的炸弹将会同落在美国人头上的一样多。他们的协同也是行不通的。因此,这也不足为患③。

正是因为当时中国太穷了,中国的国力太弱了,所以作为世界上头号庞然大物的美国根本没把中国放在眼里。美国当局对周恩来代表中国政府提出的警告,认为"只是对联合国的恫吓",是中国政府"为挽救北朝鲜政权而进行的外交努力的一部分"。此外,这一警告是由印度驻华大使潘尼迦传出的,美国当局认为潘尼迦"在过去是经常同情中国共产党的家伙,因此他的话不能当作一个公正观察家的话来看待。充其量不过是一个共产党的传声筒罢了"④。艾奇逊后来说,所有看过潘尼迦电报的人"都得出了这样的结论,即他们(指中国)更为可能的是不介入,而不是介入"。

然而,美国当局大错特错了,中国人民志愿军一出现在朝鲜战场上,就使这个世界上的庞然大物遭受其历史上从未遭受过的惨痛教训。

---

① [美]奥马尔·布雷德利:《将军百战归》,廉怡之译,军事译文出版社,1985年,第739页。
② [美]奥马尔·布雷德利:《将军百战归》,廉怡之译,军事译文出版社,1985年,第746—747页。
③ [美]哈里·杜鲁门:《杜鲁门回忆录》第二卷,李石译,生活·读书·新知三联书店,1974年,第437页。
④ [美]哈里·杜鲁门:《杜鲁门回忆录》第二卷,李石译,生活·读书·新知三联书店,1974年,第432页。

1950年9月30日,周恩来在政协全国委员会庆祝中华人民共和国成立一周年大会上作报告,指出:"中国人民不能容忍外国的侵略,也不能听任帝国主义者对自己的邻人肆行侵略而置之不理。"

1950年10月15日,杜鲁门和麦克阿瑟在威克岛

中共中央决策出兵抗美援朝的背景和原因是什么

1950年10月上旬,中共中央多次召开书记处会议或政治局扩大会议,作出"抗美援朝、保家卫国"重大战略决策,10月8日,毛泽东以中国人民革命军事委员会主席名义签署了组成中国人民志愿军的命令。那么,中共中央决策出兵抗美援朝的背景和原因是什么?弄清这个问题既具有历史价值,也具有现实意义。背景和原因虽是两个概念,但有时也不大好完全分清。

一、中共中央决策出兵抗美援朝的背景

(一)国内背景

新中国成立刚刚一年,已经取得良好的开端,但各方面困难仍很严重。

政治上,一是大规模战争已结束,但大陆的西藏和沿海的台湾等少数岛屿还未解放,人民解放军还有重大作战任务;二是新解放区剿匪取得重大成绩,但华东、中南、西南、西北等新解放区大股土匪尚未剿灭,土匪活动猖獗,严重危害社会稳定;三是新解放区多数基层政权已经建立,但还有一部分基层政权没有建立,已经建立的基层政权还不巩固;四是占全国人口总数2/3以上的新解放区土地改革刚刚开始。

经济上,重点恢复铁路、公路交通和水利工程,取得明显成绩,工农业生产比1949年有明显增长,粮食、棉花、钢产量1949年分别为2162亿斤、889万担、15.8万吨,1950年分别为2400亿斤、1420万担、60.6万吨,但还远未达到全国抗日战争爆发前的最高生产水平,这几项的产量仅相当于1936年水平的63%、86.5%、83.6%。国民经济恢复任务还相当繁重。

军事上,解放军总兵力达到500余万,急需精简人员支援国民经济恢复,精简整编工作刚刚开始。军队武器装备基本上是小米加步枪的水平,海军、空军、炮兵、装甲兵领导机关已相继建立,除炮兵部队较有基础外,海军、空军和装甲兵部队都在组建过程中。军队急需加强现代化建设。解放军有同国民党军和日军作战的经验,但没有现代化装备,也没有现代化战争经验。1950年6月25日,朝鲜内战爆发前,除少数部队准备解放台湾、西藏和正在进行剿匪外,人民解放军没有打仗的准备。朝鲜内战爆发后,作了必

要防范准备，组建了东北边防军。

正是当时中国的这种情况，中共中央于6月6日至9日召开七届三中全会，中心任务是全面研究和部署恢复国民经济工作，准备用三年左右时间集中精力恢复国民经济。全面恢复国民经济工作刚刚展开。

（二）国际背景

一是美国、苏联已从第二次世界大战期间的盟友变成了尖锐对立和斗争的对手。以美国为首的资本主义阵营和以苏联为首的民主阵营两大阵营已经形成。朝鲜战争爆发后，在朝鲜问题上的对立和斗争成了两大阵营在东方斗争的焦点。

二是美国是两次世界大战的胜利者，气势汹汹，不可一世，以朝鲜战争爆发为契机，推行称霸全球的遏制共产主义战略。1950年6月25日，朝鲜内战爆发，6月26日，美国就武装介入朝鲜内战，同时命令其海军第七舰队侵入台湾海峡。27日，美国总统杜鲁门公开发表声明，宣布了上述事项，同时宣布增加在菲律宾的美国军队，对法国在印度支那的殖民战争提供援助。7月7日，操纵联合国安理会通过关于组成侵朝"联合国军"的决议，使美国对朝鲜的侵略披上了联合国的外衣。9月27日，美国当局指令麦克阿瑟，美军地面部队越过三八线作战，占领全朝鲜。

三是中国革命胜利后，采取了"一边倒"的外交路线。1950年2月，中国和苏联两国签订了《中苏友好同盟互助条约》。美国对中国采取了政治上颠覆、经济上封锁、军事上包围、外交上孤立的政策。

（三）中美两国经济力量和军队武器装备优劣悬殊

1950年，中国的工农业总产值为574亿元人民币（新币值，按2.5∶1的比值计算，仅相当于229.6亿美元），而当年美国的国民生产总值为2848亿美元，是中国的12倍多。中国的钢产量为60.6万吨，而美国的钢产量为8772万吨，是中国的144倍。1950年10月，美国投入到朝鲜战场的作战飞机已达1200架、海军舰船近300艘、坦克800余辆，而人民解放军当时能够作战的飞机共110余架，无论飞机性能还是飞行员的技术水平都不如美军，更谈不上飞行员的作战经验。海军还未形成战斗力，装甲兵也在组建过程中，从苏联订购10个团400辆坦克刚刚到货。美军投入朝鲜战场的地面部队每个师即装备各种火炮950余门，而当时人民解放军中装备最好的东北边防军，1个军装备的各种火炮共520余门，仅相当于美军1个师火炮数量的1/2略强。

二、中共中央决策出兵抗美援朝的原因

有的学者认为,"把美帝国主义作为直接对手的革命情结,对社会主义阵营承担的国际主义责任,特别是保护新中国安全和主权的领袖意识,这三者构成了毛泽东决策出兵的基本动机和目的"。这种认识值得商榷。一则中共中央的出兵决策是中共中央政治局扩大会议集体研究讨论作出的,不是毛泽东一个人作出的。二则当时新中国成立刚刚一年,国家状态千疮百孔,面临的情况相当严峻,毛泽东在党内已具有任何人无法相比的威望,但这时毛泽东的领导作风还是比较民主的,参加政治局会议的人也都是敢讲真话的。否则不会至少召开三次会议才作出决策。

中共中央所以决策出兵抗美援朝,有多种原因,主要是:

(一)直接原因。就是朝鲜劳动党中央和朝鲜民主主义人民共和国政府以金日成和朴宪永联名致函毛泽东请求中国直接出兵援助。信中介绍了朝鲜战争爆发以来的有关情况,信的最后提出:"在目前敌人趁着我们严重的危急,不予我们时间,如要继续进攻三八线以北地区,则只靠我们自己的力量,是难以克服此危急的。因此我们不得不请求您给予我们以特别的援助,即在敌人进攻三八线以北地区的情况下,极盼中国人民解放军直接出动援助我军作战!"这封信的签署时间是1950年10月1日,毛泽东接到这封信是10月3日,由朝鲜劳动党中央常务委员、朝鲜内阁内务相朴一禹直接送达(关于金日成和朴宪永联名求援信由谁送到北京,直至2009年年底出版的有关著作中,仍说是朴宪永。这是一种误传。中央文献出版社2008年2月出版的《建国以来周恩来文稿》第三册第380页,1950年10月2日周恩来《关于朴一禹来京事给倪志亮的电报》指出:"估计张一杜同志二号夜可抵沈,三号当派飞机接来北京。"电报里说的张一杜就是朴一禹。另在金日成、朴宪永联名给毛泽东求援信原件上,有周恩来亲笔所注:"一九五〇年十月三日朴一禹面呈主席"字样)。但在10月1日晚,毛泽东已得到了金日成通过中国驻朝鲜大使向毛泽东提出由中国出兵援助的请求。正是因为有了朝鲜的请求,中共中央书记处和政治局才在10月上半月多次召开会议研究讨论援助朝鲜问题,仅10月上旬就于2日、4日、5日三个下午召开三次会议,2日是书记处会议,4日和5日是政治局扩大会议,作出了出兵抗美援朝的决策(顺便说一句,关于这三次会议,所有的研究者都未看到会议记录,只见到杨尚昆10月4日日记中关于会议主题和参加会议人员名单,以及参加会议人员后来有关讲话、文章、回忆等)。

(二)根本原因。就是维护中国的国家利益。一是维护国家主权。美国武装干涉朝

中共中央决策抗美援朝、保家卫国

敬爱的毛泽东同志：

金日成
朴宪永

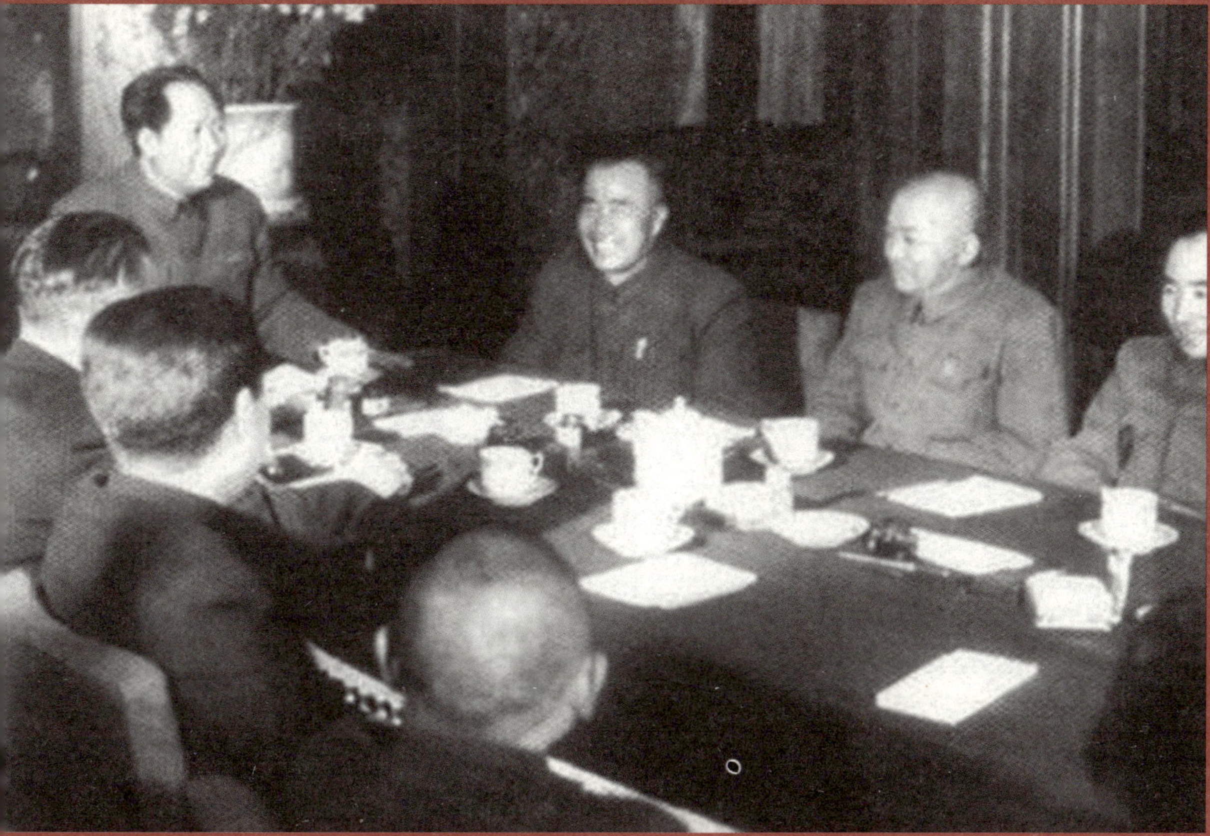

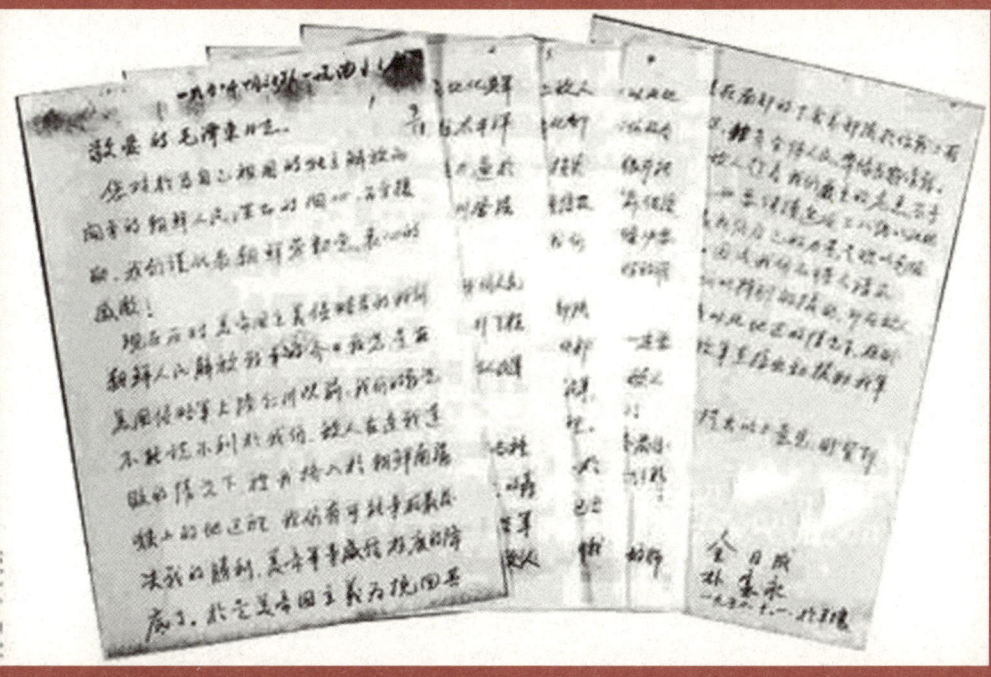

金日成、朴宪永联名给毛泽东的求援信

鲜内战同时，命令其海军第七舰队侵入台湾海峡，侵占了中国版图，干涉中国内政，中国不能没有反应，当时除了抗议、声讨之外，中共中央和国家领导人已经考虑可能要同美国打一仗。用周恩来的话说，就是"六月二十五日朝鲜战争爆发，给了我们新的课题：支援朝鲜人民，推迟解放台湾"①。二是保卫东北地区安全。美国投入朝鲜战争的空军于8月27日起不断轰炸扫射中国东北边境地区城镇、乡村，地面部队准备越过三八线向中朝边界推进，严重威胁中国东北地区安全。三是维护东北地区经济建设。东北是全国解放最早的地区，东北地区的经济恢复和建设在全国具有领先地位和示范作用。新中国工业基地一半在东北，而东北工业基地一半在辽东、辽南。如果中国不出兵，让美国压至鸭绿江边，整个南满电力将被控制，无法进行正常建设。四是维护中国社会稳定。美国出兵朝鲜后，国内各种反动势力就活跃起来，活动明显猖獗。不将美国在朝鲜的气焰打下去，国内反动气焰就会更加增高，不利于新生人民政权的巩固和社会稳定。五是军事上的考虑。如果不出兵，整个东北边防军将被吸住，1000多公里的边防线需要部署很多兵力，还要改善装备和修建机场，随时准备打，与其如此，从经济上说，从国家长远建设上说，迟打早打，早晚要打，晚打不如早打。

（三）军事准备因素。朝鲜战争一爆发美国就武装介入，干涉朝鲜内战，虽然这时朝鲜人民军势如破竹，战事发展很顺利，但毛泽东、周恩来考虑到，由于美国武装干涉，朝鲜战局形势发展有两种可能：一种可能是，虽然美国武装介入，但朝鲜人民军能一鼓作气，很快解放全朝鲜，战争很快结束，至少告一段落，美国再想援助南朝鲜李承晚集团，也需要长时间准备和调动更大兵力。另一种可能是，战争长期化。因此中国不能没有防范准备。周恩来说："我们在第一种设想情况下组织边防军，是备而不用；在第二种设想情况下，是加重了我们的责任，并且应该很快地积极准备。"②所以，在朝鲜内战爆发不到两个星期，美军地面部队进入朝鲜仅一个星期，中国于1950年7月7日就开始着手组建东北边防军，抽调国防机动部队第十三兵团等4个军、3个炮师和1个高炮团、1个工兵团等共25.5万余人，集中到辽宁东部和吉林东南部地区进行整训。边防军集中后，东北军区司令员兼政治委员高岗受中央军委委托，在边防军师以上干部动员大会上，就明确指出，将来边防军是准备出动到朝鲜去打仗，"支援朝鲜和保卫我们祖国与保卫世界和平是一致的"③。边防军的全部准备都是以美军为作战对象，以朝鲜为作战地区而进行。这为中共中央决策出兵准备了必要的军事力量。

① 《周恩来军事文选》第四卷，人民出版社，1997年，第43页。
② 《周恩来军事文选》第四卷，人民出版社，1997年，第45页。
③ 高岗在东北边防军沈阳军事会议上的讲话，1950年8月13日。

以上三个原因是中共中央决策出兵抗美援朝具有决定性的因素。没有这三条中的任何一条，中共中央都不会作出出兵援朝的决策，或即便出兵也可能不会是这种形式和规模。除此还有三个因素，对出兵决策也有作用。

（四）历史原因。就是抗日战争结束后，美国站在与中国人民为敌的对立面立场上，出枪出钱支持蒋介石打内战。在新中国成立后，又对新中国采取政治上颠覆、经济上封锁、外交上孤立、军事上包围的政策。

（五）意识形态原因。就是朝鲜和中国同属民主阵营大家庭一员，朝鲜有难，中国有责任帮助他们。况且朝鲜是中国的友好邻邦，朝鲜劳动党许多党员和许多朝鲜人参加了中国革命战争，对中国人民取得革命胜利作出了贡献。唇亡齿寒，户破堂危。如果朝鲜不是中国的邻邦而仅仅与中国一样是民主阵营大家庭一员，恐中共中央是不会作出出兵决策的。所以中共中央决策出兵抗美援朝有意识形态因素，但意识形态因素决不是决策出兵抗美援朝的决定性因素。

（六）苏联因素。一方面因《中苏友好同盟互助条约》的签订，中国出兵援朝会有苏联作为后盾；另一方面苏联对中国出兵援朝问题上有压力，但中共中央作出出兵决策决不是苏联压力的产物。在中共中央的决策过程中，斯大林曾积极建议中国出兵援朝，但在中国要求其履行出动空军掩护中国志愿军作战的承诺时，他动摇了，说苏联空军未准备好，就是准备好了也不准备出动到朝鲜作战，并说，如果没有空军掩护，中国出兵困难，也可以不出兵。当然除苏联出动空军直接援助志愿军作战的承诺不兑现外，中国要求的其他援助苏联基本满足了。在这种情况下，中共中央政治局"一致认为我军还是出动到朝鲜为有利"，"应当参战，必须参战。参战利益极大，不参战损害极大。"①

总之，朝鲜需要支援，中国的国防安全需要保卫。正如毛泽东1951年10月23日在中国人民政治协商会议第一届全国委员会第三次会议上开会词中所说："我们不要去侵犯任何国家，我们只是反对帝国主义者对于我国的侵略。大家都明白，如果不是美国军队占领我国的台湾、侵略朝鲜民主主义人民共和国和打到了我国的东北边疆，中国人民是不会和美国军队作战的。但是既然美国侵略者已经向我们进攻了，我们就不能不举起反侵略的旗帜，这是完全必要的和完全正义的，全国人民都已明白这种必要性和正义性。"② *

---

① 《建国以来毛泽东军事文稿》上卷，军事科学出版社、中央文献出版社，2010年，第252、第253页。
② 《建国以来毛泽东军事文稿》上卷，军事科学出版社、中央文献出版社，2010年，第555页。
* 本节是作者2008年11月参加中国人民解放军总政治部某部门召开的一个专题研讨会上的发言。

以志愿军名义抗美援朝是谁建议确定的

有的著述上说,中共中央为中国人民志愿军最初定的名称是"支援军",在作出抗美援朝出兵决策之前(也有的说之后),毛泽东主席征求党外民主人士的意见,听取了当时担任政务院副总理职务的民主人士黄炎培的建议后,才将"支援军"改为"志愿军"的。对此种说法,国内多家小报和杂志争相作了刊载。

这种说法值得商榷。当然,毛泽东可能征求过民主人士的意见,黄炎培也可能提出过此种建议,但出兵抗美援朝采用"中国人民志愿军"的名称,绝不是作出出兵决策前或后由于黄炎培的建议才确定的。

早在1950年7月7日,鉴于美国大规模武装干涉朝鲜内战,将会威胁中国东北大陆的安全,周恩来副主席根据毛泽东主席的指示,主持召开研究讨论组建东北边防军的第一次国防会议上,就使用了"志愿军"一词。同日会后,周恩来副主席和聂荣臻代总参谋长各组织整理一份内容大体相同的会议讨论情况给毛泽东主席的报告。周恩来组织整理的报告是由军委作战研究室完成的,聂荣臻组织整理的报告是由军委作战部完成的(10月8日毛泽东签署的组成中国人民志愿军的命令,也是由军委作战部起草的,此时周恩来已受中央委派出发前往苏联),两份报告在个别提法上有所不同。周恩来组织整理的报告中,凡用"支援军"一词的地方,周恩来均亲笔将其改为"边防军"。聂荣臻组织整理的报告中称为"支援军"。周恩来组织整理的报告在后勤准备一项中明确指出,必要时边防军将来一旦赴朝参战,"部队均改穿志愿军服装,使用志愿军旗帜";聂荣臻组织整理的报告在后勤准备一项中说,部队一旦赴朝作战时"改穿朝鲜军装"。

此前7月2日,周恩来通过苏联驻中国大使罗申转告斯大林,中国准备在东北集结3个军,以便必要时支援朝鲜人民军作战。未见到周恩来通过罗申转给斯大林的电报,不知是否使用了"志愿军"称谓,但斯大林于7月5日通过罗申转告周恩来的电报使用了"志愿军"称谓。电报指出:"我们认为,在敌人越过三八线时,集中9个中国师于中朝边境以便志愿军入朝作战是正确的。我们将尽力为这些部队提供空中掩护。"[①]

---

① 斯大林致罗申电,1950年7月5日。

8月上旬，中央政治局会议分析朝鲜局势时，毛泽东主席曾说，对于朝鲜，我们是要帮助的，要以志愿军的形式进行帮助。

8月13日，东北军区司令员兼政治委员高岗受毛泽东和中央军委委托在边防军军事会议上的报告中，讲到将来可能到朝鲜作战时说："到朝鲜去是以志愿军的名义出现，穿朝鲜服装，用朝鲜番号，打朝鲜人民军的旗帜，主要干部改用朝鲜名字。这样处置，可以使朝鲜人民喜欢，又很策略。"

9月以后，在边防军部队中已陆续公开进行了可能到朝鲜作战的动员，"志愿军"一词不但出现在各军师团办的小报上，而且出现在许多连队的墙报上。

此外，10月1日斯大林在接到金日成、朴宪永联名请求苏联直接出兵援助的求援信后，给苏联驻中国大使转毛泽东或周恩来的电报中建议中国出动军队援助朝鲜，并说"中国部队可以志愿者身份出现"，这里用了"志愿者"一词。10月2日毛泽东起草致斯大林但没有发出的电报正文第一句就说"我们决定用志愿军名义派一部分部队至朝鲜境内和美国及其走狗李承晚的军队作战"[①]。而此时中共中央尚未开会研究出兵抗美援朝问题，中共中央最高决策层尚未研究，毛泽东也应该不会就这个问题去征求民主人士意见。

据此看来，赴朝鲜作战时使用"志愿军"的名称，至少是在7月7日讨论组建东北边防军的国防会议时，周恩来在给毛泽东主席的报告中就是明确的。7月7日讨论组建边防军，只是中共中央和中央军委在战略上未雨绸缪的准备，还不是决策出兵，因此也不可能征求民主人士的意见。*

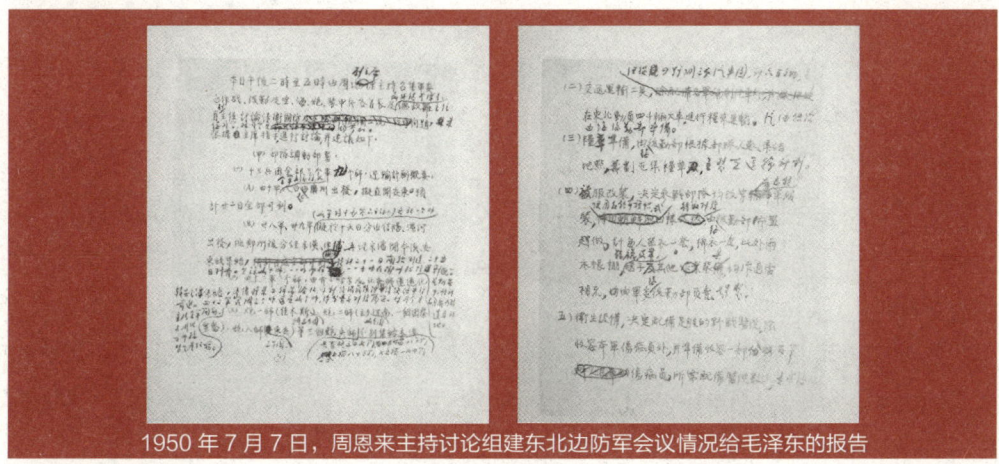

1950年7月7日，周恩来主持讨论组建东北边防军会议情况给毛泽东的报告

[①]《建国以来毛泽东军事文稿》上卷，军事科学出版社、中央文献出版社，2010年，第226页。

* 本节是作者写的一篇小文章《关于中国人民志愿军的名称问题》，发表在《党史研究资料》1995年第6期上，收入此书增加了新内容。

高岗、林彪反对出兵抗美援朝吗

在1954年中国共产党的七届四中全会对高岗、饶漱石事件作出决定后，就有关于"高岗反对出兵抗美援朝"的说法。1971年"9·13"事件后，又有关于"林彪反对出兵抗美援朝"的说法。直至20世纪90年代末在有关抗美援朝战争的个别著作和文章中还有这样的说法。那么，高岗、林彪是否反对出兵抗美援朝呢？到目前为止，尚未见到1950年10月4日和5日中共中央政治局扩大会议讨论出兵抗美援朝的会议记录[①]，但笔者认为有关高岗、林彪反对出兵抗美援朝的说法根据不足。主要理由有以下各点：

一、在东北边防军组成后，高岗进行了积极的动员和组织准备

1950年6月下旬，美国武装干涉朝鲜内战和侵入台湾海峡后，中共中央决定"支援朝鲜人民，推迟解放台湾"[②]。这一决定在当时各中央局主要领导人中，高岗是知道最早的人之一。中央军委于7月7日召开会议研究组建东北边防军问题，7月8日，被编入边防军的部队即开始从广州、中原等地向东北集中。因确定的边防军司令员兼政治委员粟裕、副司令员萧劲光、副政治委员萧华因病因事，暂时均不能到职。7月22日，周恩来和聂荣臻联名向毛泽东建议，"边防军目前是否先归东北军区高岗司令员兼政治委员指挥并统一一切供应"[③]。这个建议得到了毛泽东的批准。

8月5日，毛泽东起草电报以中央军委名义致电高岗，"请高岗同志负主责，于八月中旬召集各军师干部开会一次，指示作战的目的、意义和大略方向，叫各部于本月内完成一切准备工作，待命出动作战"。[④]

根据中央军委指示，8月13日，高岗在沈阳主持召开了东北边防军师以上干部会议（也叫军事会议），根据中央的意图明确了边防军的任务就是准备出动到朝鲜，援助朝

[①] 据中央档案馆相关人士介绍，当时会议不允许作记录。
[②] 《周恩来军事文选》第四卷，人民出版社，1997年，第43页。
[③] 《周恩来军事文选》第四卷，人民出版社，1997年，第38页。
[④] 《建国以来毛泽东军事文稿》上卷，军事科学出版社、中央文献出版社，2010年，第179页。

鲜人民抗击美国侵略。高岗在动员报告中指出："如果美国侵略者占领了朝鲜，毫无疑问，一定会准备力量，来进攻我们的东北与华北，进攻我们的祖国。那么我们究竟是让它打下朝鲜，让它准备力量，增长气焰，等它打到中国来的时候再去消灭它好呢？还是现在争取主动，配合朝鲜人民军，在国土以外，消灭敌人，保卫自己好呢？显然地，在国土以外消灭敌人，是有利于我们，有利于我们的朋友，有利于世界人民反对帝国主义争取和平民主的事业的。所以为着保卫祖国，巩固胜利，粉碎帝国主义的侵略计划，我们必须主动地、积极地援助朝鲜人民，帮助朝鲜人民解放，使朝鲜成为独立民主统一的国家……支援朝鲜和保卫我们的祖国与保卫世界和平是一致的。""到朝鲜去是以志愿军的名义出现，穿朝鲜服装，用朝鲜番号，打朝鲜人民军的旗帜，主要干部改用朝鲜名字。这样的处置，可以使朝鲜人民喜欢，又很策略。"报告对边防军的准备提出了具体要求，主要是充分的政治动员、积极的军事准备和具体的物资准备。政治教育一定要深入人心，军事技术和战术要拼命地练，各项准备均应专人负责，严格检查，防止落空，限期完成。毛泽东充分肯定了高岗的动员报告，18日致电高岗指出，"你在边防军干部会议的报告……是正确的"[①]。

东北边防军的整个参战准备都是在以高岗为司令员兼政治委员的东北军区直接领导下进行的，特别是边防军的供应和参战的物资准备、装备的补充和维修、运输力量的准备、医院的准备、支前民工的动员等。

8月中旬以后朝鲜战争出现了僵持局面，8月31日高岗致函毛泽东，报告朝鲜战况和请示边防军准备工作的几个具体问题等。其中指出："现在军队中有些干部，以过去打日本打国民党军队的眼光，来看今天的敌人。对敌人的技术、空军、炮火的特点，没有足够的认识。另外又有少数的干部，对美帝空军感到棘手。所以需有若干专人来研究敌人作战特点，以之教育部队，便于作战时有把握地消灭敌人。"毛泽东于9月3日复函高岗指出："必须以现代战争观点教育部队，切记不可轻敌，你的意见是正确的。柴军武[②]可于9月上旬或中旬率少数人以大使馆员面目去实地调查作战情况，当令其于中旬或下旬送回第一批调查结果，即可以之教育部队。专人研究，请即就东司[③]十三兵团设立，并进行研究。"

这些表明，高岗对东北边防军的作战准备是积极的、主动的。

---

① 《建国以来毛泽东军事文稿》上卷，军事科学出版社、中央文献出版社，2010年，第184页。
② 柴军武即柴成文，当时任中国驻朝鲜大使馆政务参赞。
③ 东司即东北军区司令部。

二、在中共中央决策出兵援朝后，高岗的态度也是积极的

从周恩来、彭德怀后来的有关讲话和报告中可以看出，中共中央政治局在讨论是否出兵援朝的问题上确有不同意见。据在杨尚昆身边工作过的人员讲，杨尚昆曾说过，当时赞成出兵的意见是少数，主张不出兵或暂不出兵的意见是多数。作者认为，在中央政治局会议作出决定之前，即便高岗不赞成出兵，那么持这种意见的也不仅仅是他一人。无论赞成的意见或不赞成的意见，都是党内民主的体现，都是正常的，况且无论哪种意见都是出于对党和国家利益负责的考虑。因为此时谁有不赞成的意见，就说谁反对出兵援朝是不公正的。在中共中央政治局作出组成中国人民志愿军"抗美援朝、保家卫国"的决策后，高岗的态度是既坚决又积极的。

1950年10月8日，毛泽东以中国人民革命军事委员会主席的名义签署的关于组成中国人民志愿军的命令中规定："中国人民志愿军以东北行政区为总后方基地，所有一切后方工作供应事宜，以及有关援助朝鲜同志的事务，统由东北军区司令员兼政治委员高岗同志调度指挥并负责保证之。"当日，高岗即与刚刚被任命为志愿军司令员兼政治委员的彭德怀飞往沈阳，10月9日，即与彭德怀一起召开志愿军军以上干部会议，对出国作战进行动员部署。

10月8日，周恩来受毛泽东和中共中央委托与林彪赴苏联，向斯大林等苏联领导人通报中共中央政治局会议决策出兵的情况，并请求苏联为志愿军提供武器装备和空中掩护。斯大林表示苏联空军没准备好，两个月至两个半月不能出动掩护中国志愿军作战。当这一消息传到北京，毛泽东于10月13日再次召集中共中央政治局成员进行研究时，高岗对出兵援朝的态度是坚决的。高岗和彭德怀认为，即便苏联不能出动空军掩护，我们也应出动到朝鲜作战方为有利。毛泽东在当日致周恩来的电报中指出："与高岗、彭德怀二同志及其他政治局同志商量结果，一致认为我军还是出动到朝鲜为有利。"14日3时，毛泽东再电周恩来，告知："彭及高岗同志均认为打伪军有把握，他们和我一样，都认为参战为必需和有利。"[①]在志愿军出动后，彭德怀对东北总后方基地的工作是表示满意的。彭德怀在抗美援朝战争期间曾说过，志愿军在前方打胜仗，应该感谢两个人，一个是高岗，一个是洪学智（时任志愿军副司令员兼志愿军后方勤务司令部司令员）[②]。

从中共中央政治局作出组成中国人民志愿军"抗美援朝、保家卫国"的决策后高岗的态度和行动看，高岗是赞成出兵抗美援朝的，并且态度是坚定的，行动是积极的。

---

① 《建国以来毛泽东军事文稿》上卷，军事科学出版社、中央文献出版社，2010年，第252、第257页。
② 洪学智：《抗美援朝战争回忆》，解放军文艺出版社，1990年，第211页。

三、1951年11月，高岗和林彪同时被任命为中央军委副主席

至于"林彪反对出兵抗美援朝"的说法，主要根据是说他推说有病，不愿出任志愿军统帅。也有的说在中共中央政治局作出出兵抗美援朝的决策后，他仍反对出兵。

毛泽东确实考虑过由林彪出任志愿军统帅的问题。1950年8月31日，高岗就边防军出动后有关问题致函毛泽东，其中"建议指挥部队的统帅与专门人才早日来东北，以便作充分准备"。毛泽东9月3日复函高岗，指出："林、粟均病，两萧此间有工作，暂时均不能来，几个月后则有可能，估计时间是有的。"①从毛泽东这个复函中可以看出，林彪确实有病，因此，在一个月后组成中国人民志愿军抗美援朝时，林彪不能出任志愿军统帅，中共中央并决定让他去苏联养病。

林彪当时不是中共中央政治局成员，根据杨尚昆日记和参加会议的薄一波后来确认，林彪参加了1950年10月4日下午和5日下午中共中央政治局扩大会议。无论林彪参加会议发表了什么意见，都不能说他反对出兵援朝。关于林彪在中共中央政治局作出出兵抗美援朝决策后仍反对出兵援朝的说法，则无据可考。但在1951年11月5日中央人民政府委员会第13次会议上，高岗和林彪同时被增补为中央人民政府人民革命军事委员会副主席。据说在1951年年底和1952年年初，林彪还主持过3个月左右的中央军委日常工作。抗美援朝是当时中国共产党和中国人民的头等大事，如果认为高岗和林彪反对出兵抗美援朝，那么毛泽东和中共中央不会那么信任他们，也不会在抗美援朝开始一年后增补他们为中央军委副主席。*

高岗　　林彪

---

① 《建国以来毛泽东军事文稿》上卷，军事科学出版社、中央文献出版社，2010年，第199页。
* 本节是作者以"薛奇"名义发表在《军事历史》2000年第4期上的文章，原题目为《高岗、林彪是否反对出兵抗美援朝？》。

中共中央决策出兵抗美援朝是苏联压力的产物吗

1994年，俄罗斯解密有关朝鲜战争的部分国家档案以来，在中国和外国均有学者认为，中共中央抗美援朝出兵决策是苏联压力的产物，主要依据是斯大林给毛泽东的两份电报和毛泽东给斯大林的一份回电。那么，究竟是斯大林给毛泽东施加压力还是毛泽东要斯大林表态？中国出兵抗美援朝是苏联压力的产物还是中共中央根据形势需要自己作出的决策？可以说，如何认识这3份电报，是对这些问题不同认识的分水岭，对这3份电报的认识不同，所得出的结论也不同。

一、关于1950年10月1日斯大林给毛泽东的电报和10月2日毛泽东通过罗申给斯大林的回电

1950年9月15日，美军仁川登陆，朝鲜局势发生逆转。9月28日，朝鲜劳动党中央政治局确定请求苏联直接出兵援助，9月29日，以金日成和朴宪永（朝鲜民主主义人民共和国副相兼外相）名义给斯大林写了一封信。信中说："为了人民的独立、民主和幸福，我们将斗争到流尽最后一滴血……如果敌人利用我们极端严重的局面来加速对北朝鲜的进攻战役，那么我们将无法依靠自己的力量阻挡敌人。因而……我们不得不请求您给予特别的援助。换句话说，当敌军跨过三八线以北的时刻，我们非常需要苏联方面的直接军事援助。如果由于某些原因不能做到这一点，那么请帮助我们在中国和其他人民民主国家建立国际志愿部队，对我们的斗争给予军事援助。"斯大林于10月1日接到由苏联驻朝鲜大使馆译发的这封信后，没有接受朝鲜要苏联出兵援助的请求，认为这支国际"志愿部队"将由中国军队组成，需同中国同志商量。当日，斯大林致电苏联驻中国大使转毛泽东或周恩来，建议中国派部队援助朝鲜。这就是1950年10月1日斯大林给毛泽东的电报。电报的内容如下：

> 我正在离莫斯科很远的地方休假，与朝鲜的事件多少有些隔绝。但是，据今

天由莫斯科传给我的消息,我看,朝鲜同志们的情况变得令人绝望。

莫斯科在9月16日就已提醒过朝鲜同志,美国人在仁川登陆具有重大意义,其目的在于切断北朝鲜第一和第二方面军与北朝鲜后方的联系。莫斯科曾提醒,迅速从南方至少撤出4个师,在汉城以北和以东建立防线,然后逐步将大部分的南方部队撤到北方,并以此保住三八线。但第一和第二方面军司令部未能执行金日成关于将部队撤往北方的命令,从而使美国人得以切断了部队和包围他们。在汉城地区,朝鲜同志没有任何可以抵抗的部队,可以认为通往三八线的道路是不设防的。

我考虑,根据眼下的形势,你们如果认为能用部队给朝鲜人以帮助,那么至少应将五六个师迅速推进至三八线,以便朝鲜同志能在你们部队的掩护下,在三八线以北组织后备力量。中国部队可以志愿者身份出现。当然,由中国的指挥员统率。

关于此事,我丝毫也未透露而且也不打算透露给朝鲜同志,但我并不怀疑,当他们得知此事时,他们将会高兴。

从这个电报中,还看不出斯大林是向毛泽东施加压力,而只是建议中国至少出动5~6个师迅速推进至三八线,以便朝鲜同志能在这些部队的掩护下,在三八线以北组织后备力量。

毛泽东接到这个电报后,于10月2日起草一份致斯大林的电报。电报中说:"我们决定用志愿军名义派一部分军队至朝鲜境内和美国及其走狗李承晚的军队作战,援助朝鲜同志。我们认为这样做是必要的。因为如果让整个朝鲜被美国人占去了,朝鲜革命力量受到根本的失败,则美国侵略者将更为猖獗,于整个东方都是不利的。"电报还分析了志愿军出动后可能会出现的形势变化,并请求苏联提供武器装备援助等。但俄罗斯的学者说,在俄的档案中没有发现这份电报(经中央档案馆和中央文献研究室研究认定这份电报没有发出),却有另一份由苏联驻中国大使罗申转发的同一天毛泽东给斯大林的电报,内容如下:

我们原先打算,当敌人向三八线以北进攻时,调动几个师的志愿军到北朝鲜帮助朝鲜同志。但是,经过慎重考虑我们现在认为,这一举动会造成极为严重的后果。

第一，靠几个师很难解决朝鲜问题（我军装备极差，同美军作战无胜利把握），敌人会迫使我们退却。

第二，最大的可能是，这将引起美国和中国的公开对抗，结果苏联也可能被拖进战争中来，这样一来，问题就变得极其严重了。

中共中央的许多同志认为，对此必须谨慎行事。

当然，我们不派兵援助，这对于正处在如此困难境地的朝鲜同志来说，是十分不利的，我们自己也于心不忍；但如果我们出动几个师，随后又被敌人驱赶回来，并由此引起美国与中国的公开冲突，那么我们整个的和平建设计划将被全部打乱，国内许多的人将会对我们不满（战争给人民带来的创伤尚未医治，人民需要和平）。

因此，目前最好还是克制一下，暂不出兵，同时准备力量，这样做在把握与敌作战的时机上会比较有利。

由于暂时的失利，朝鲜应该换一种斗争方式，进行游击战。

我们将召开党中央会议，中央各部门的负责同志都将出席。对此问题尚未作出最后决定，我们是想同您商量一下。如果您同意，我们准备立刻让周恩来和林彪同志到您的休养地，同您讨论这件事，并报告中国和朝鲜的形势。

罗申于10月3日转发这份电报时，加上了他自己的看法。他说，"在我看来，毛泽东的答复证明中国领导人改变了在朝鲜问题上最初的立场"，与中国政府以前表示的立场"是矛盾的"。"中国政府无疑能向朝鲜派遣五六个甚至更多的有战斗力的师。自然，这些中国军队需要装备一些反坦克武器和部分火炮。"导致中国领导人改变立场的原因，可能是"当前的国际形势和朝鲜局势恶化，英美集团阴谋通过尼赫鲁呼吁中国人采取克制的态度，以免陷入灾难"。

国内外一些学者，就是根据这份电报和罗申的看法，认为中国不准备出兵援朝。对此，作者不能苟同。作者认为无论从在此之前中国方面的参战准备和中国的态度看，还是从这份电报本身看，都不能得出中国不准备出兵援朝的结论。

1950年6月25日，朝鲜内战爆发后，美国立即侵略朝鲜和台湾。6月底或7月初，中共中央就决定"支援朝鲜人民，推迟解放台湾"。7月上旬即开始组建东北边防军进行必要的军事准备，并明确东北边防军的任务，就是准备必要时出动到朝鲜作战，支援朝鲜人民抗击美国侵略。8月上旬，毛泽东和周恩来在中共中央政治局会议上，对中国共产党的高层领导明确了以志愿军的形式对朝鲜要帮的思想。8月中旬，高岗受中央委托，对这一思想也在边防军师以上干部中作了明确。朝鲜战局出现相持局面后，8月26日，周恩来在军队高层领导人中进一步明确了援助朝鲜问题。周恩来指出，朝鲜战争长期化形势的出现，"加重了我们的责任"。尽管"朝鲜进行长期战争的基本条件是存在的。但最后将美军各个歼灭，看来这个任务势必落在我们肩上"。因此，必须"加紧和加强准备工作。一切都要准备好，不要成为'临急应战'，而要有充分准备，出手就胜"[1]。同时，对空军和各特种兵部队的参战准备也作了要求和部署。9月5日，毛泽东在中央人民政府委员会第9次会议上，把准备援助朝鲜问题在有各民主党派委员在内的政府委员中作了阐述，指出："敌人是不可怕的，它的装腔作势和气势汹汹是吓唬人的。但是，美帝国主义也可能在今天要乱来，它是什么都可能干出来的。假如它要那样干，我们没有准备就不好了，我们准备了就好对付它。所谓那样干，无非是第三次世界大战，而且打原子弹，长期地打，要比第一、第二次世界大战打得长。我们中国人民是打惯了仗的，我们的愿望是不要打仗，但你一定要打，就只好让你打。你打你的，我打我的，你打原子弹，我打手榴弹，抓住你的弱点，跟着你打，最后打败你。在战争打起来的时候，不是小打而是大打，不是短打而是长打，不是普通的打而是打原子弹，我们要有充分准备。你如果一定要那样干，我们就跟上来。""我们要随时准备对付美帝国主义来侵略。我们所进行的军事、政治、经济、文化等各方面的建设事业，都要考虑到敌人就在面前这个情况来讨论和决定。"[2]9月30日，周恩来在中国人民政治协商会议全国委员会庆祝中华人民共和国成立一周年大会上作报告时，指出："中国人民热爱和平，但是为了保卫和平，从不也永不害怕反抗侵略战争。中国人民决不能容忍外国的侵略，也不能听任帝国主义者对自己的邻人肆行侵略而置之不理。"如此看来，中国方面准备援朝的态度是明确的。

从毛泽东通过罗申转发的这份电报本身看，毛泽东在这个电报里并没有说中国不出兵，而是强调了中国出兵援朝可能会造成两个极为严重的后果：一个是靠中国出动几个师很难解决朝鲜问题；一个是最大的可能苏联也将被拖进战争。因此提出，最好"暂不出兵"，"准备力量"，这样"在把握与敌作战的时机上会比较有利"。同时说明：中共中央对此"尚未作出最后决定"，中共中央还要开会研究，提出这个问题是想同苏联方面商量一下。因此，从毛泽东这份电报里也不能得出中国不出兵的结论来。当然，也不能得出中国出兵的结论来。

---

[1] 《周恩来军事文选》第四卷，人民出版社，1997年，第45页。
[2] 《建国以来毛泽东军事文稿》上卷，军事科学出版社、中央文献出版社，2010年，第202—203页。

那么，毛泽东这个电报的意图是什么？这是一个十分关键的问题。作者认为，这恰恰是毛泽东的策略。中苏两国已签订了友好同盟互助条约，根据这个条约，一旦中国出兵参战后，苏联将承担什么义务？特别是一旦战争打到中国境内，甚至苏联也将被拖进战争，苏联会是什么态度。对这些，中国方面不能不需要苏联方面有个明确的表示，以便中国出兵后更好地把握这场战争。这就是问题的关键，这也正是毛泽东这份电报的真实意图。

二、关于斯大林对毛泽东通过罗申转发电报的回电

然而，中共中央并未等斯大林作出明确表示后才决策出兵。10月3日，朝鲜劳动党中央常委、朝鲜政府内务相朴一禹受朝鲜劳动党和朝鲜政府委托，在北京向毛泽东面交了10月1日金日成和朴宪永联名请求中国出兵援助给毛泽东的信。10月4日，毛泽东即主持召开中共中央政治局扩大会议，讨论出兵援朝问题。中共中央政治局扩大会议经过充分讨论，于10月5日下午作出了组成中国人民志愿军抗美援朝的决策。

斯大林接到毛泽东通过罗申转发电报后，苏共中央政治局也开会，对毛泽东的电报进行研究。会后，以斯大林名义给毛泽东发了一份电报，内容如下：

> 我向您提出派五六个师志愿军的问题，是因为我清楚地了解中国领导同志多次声明，如果敌人越过三八线，就准备派几个军去援助朝鲜同志。因此，我理解中国同志之所以准备派兵去朝鲜，是为了防止朝鲜变为美国和未来军国主义日本反对中国的军事基地，这与中国是利害攸关的。
>
> 我向您提出向朝鲜派兵问题，而且至少而不是至多派五六个师，是出于以下几点对国际形势的考虑：
>
> 1.如朝鲜战事表明的那样，美国目前还没有为发动一场大规模战争作好准备；
>
> 2.日本因其军国主义势力尚未复元，没有能力给美国以军事援助；
>
> 3.有鉴于此，美国将被迫在朝鲜问题上向有苏联盟国为其后盾的中国作出让步，将不得不接受就朝鲜问题进行调停的条件，这些条件将有利于朝鲜而使敌人无法将朝鲜变为它的军事基地；
>
> 4.基于以上同样的原因，美国最后将不仅被迫放弃台湾，而且还将拒绝与日本反动派单独缔结和约，放弃复活日本军国主义的活动及使日本成为他们在

远东的跳板的计划。

由此我考虑到，如果中国只是消极等待，而不是进行一场认真的较量，再一次使人信服地显示自己的力量，那么中国就得不到这些让步。中国不仅得不到所有这些让步，甚至连台湾也得不到，美国人会把持台湾，把它当作基地。美国这样做，不是为了已没有取胜希望的蒋介石，而是为了他自己或者是为了明天的军国主义日本。

当然，我也考虑过，美国尽管没有作好大战的准备，仍可能为了面子而被拖入大战，这样一来，自然中国将被拖入战争，苏联也将同时被拖入战争，因为它同中国签有互助条约。这需要害怕吗？我认为不需要，因为我们在一起将比美国和英国更有力量。德国现在不能给美国任何帮助，而欧洲其他资本主义国家更不成为重要的军事力量。如果战争不可避免，那就让它现在就打，而不要过几年以后。

从这个电报看，斯大林似也认为中国不准备出兵援朝，并且似确有对毛泽东施加压力的味道。与此同时，斯大林对毛泽东所提问题在上述引文的最后一段中也表示了明确的态度。斯大林在电报中还同意就有关问题与周恩来和林彪进行会谈。作者认为，毛泽东所要的就是斯大林的这个态度。斯大林的这份电报于10月5日发出，按时差计算，莫斯科时间比北京时间晚5个小时，北京接到这个电报应在10月5日夜或6日上午，而此时中共中央政治局已经作出了出兵援朝的决策。从本文后边要讲到的情况看，即便斯大林这个电报是在中共中央政治局作出出兵援朝的决策之前到达，也不能得出中国出兵援朝是斯大林压力的产物。

三、对中国出兵抗美援朝，斯大林动摇而毛泽东坚定

中共中央政治局作出出兵抗美援朝的决策后，10月8日，毛泽东签发了组成中国人民志愿军的命令，命令东北边防军改为中国人民志愿军，"迅即向朝鲜境内出动，协同朝鲜同志向侵略者作战并争取光荣的胜利"。同时通报给了金日成。

同日，周恩来与林彪离京，秘密前往苏联。10月10日，抵达斯大林的疗养地与斯大林等苏联领导人会谈。周恩来通报了中共中央对出兵援朝的考虑，说明了中国出兵援助朝鲜将面临的巨大困难，介绍了中共中央政治局讨论时对出兵和不出兵的两种意见，并

询问苏联方面在援助朝鲜问题上的计划。斯大林表示，苏联军队不宜在朝鲜战场上出现，更不能与美国直接对抗，否则国际形势将更加复杂。周恩来指出：只要苏联同意出动空军掩护，中国就可以出兵援助朝鲜。同时要求苏联为中国抗美援朝的军事行动提供武器装备。斯大林同意向中国提供武器装备，但对于他曾于中国组建东北边防军时许诺过的在边防军以志愿军名义出动时苏联将尽量提供空中掩护问题，则表示，苏联空军没有准备好，两个月至两个半月不能出动掩护志愿军作战。

  周恩来后来在谈到这次会谈时说，美国军队"逼近了鸭绿江，我们就下决心，去与斯讨论。两种意见：或者出兵，或者不出兵，这是斯说的。我们问：能否帮空军？他动摇了，说中国既然困难，不出兵也可，说北朝鲜丢掉，我们还是社会主义，中国还在"①。

  会谈结束后，11日，斯大林与周恩来联名致电毛泽东，说明了会谈的情况。中共中央没有料到苏联拒绝兑现已作过的许诺。那么，志愿军出动后，两个月至两个半月将完全没有空中掩护，在这种情况下志愿军能否作战？事关重大。于是，10月13日，毛泽东再次召集中共中央政治局成员进行研究。毛泽东于当日22时将讨论结果电告周恩来，指出："与高岗、彭德怀二同志及其他政治局同志商量结果，一致认为我军还是出动到朝鲜为有利。在第一时期可以专打伪军，我军对付伪军是有把握的，可以在元山、平壤线以北大块山区打开朝鲜的根据地，可以振奋朝鲜人民重组人民军。""我们采取上述积极政策，对中国、对朝鲜、对东方、对世界都极为有利；而我们不出兵让敌人压至鸭绿江边，国内国际反动气焰增高，则对各方都不利，首先是对东北更不利，整个东北边防军将被吸住，南满电力将被控制。""总之，我们认为应当参战，必须参战。参战利益极大，不参战损害极大。"②

  10月15日，斯大林又表示，为避免与美国军队发生对抗，苏联政府只派遣志愿空军部队在鸭绿江以北中国境内驻防，帮助中国进行防空，但不越出中国国境，两个月或两个半月后，也不准备进入朝鲜境内掩护中国人民志愿军作战。周恩来将此情况及时通报给毛泽东。尽管苏联在为中国人民志愿军提供空军掩护问题上有了重大变故，但中共中央仍决心坚定，在周恩来于10月18日回京后，中国人民志愿军于10月19日开始赴朝鲜作战。*

---

① 《周恩来传》（1949—1976）上，中央文献出版社，1997年，第61页。
② 《建国以来毛泽东军事文稿》上卷，军事科学出版社、中央文献出版社，2010年，第252、第253页。
* 本节是作者发表在《军事历史》2000年第4期上的文章，原题目为《志愿军赴朝作战是中共中央的自主决策——是斯大林给毛泽东施加压力还是毛泽东要斯大林表态？》，收入本书，根据2010年出版的《建国以来毛泽东军事文稿》上卷，作了一些修改。

第三部分
中共中央决策出兵抗美援朝

苏联为什么不出兵支援朝鲜

　　1950年9月28日，仁川登陆的美军占领汉城，美军即将越过三八线北进。就在这一天，金日成主持召开朝鲜劳动党中央政治局紧急会议，分析战争形势。政治局一致认为，军事形势是严峻的，汉城陷落后人民军已无力阻止美军越过三八线，也无力在三八线以北进行有效抵抗。如此，美军将迅速占领整个朝鲜，北朝鲜将成为美国的殖民地和军事基地。为避免这种局面出现，必须请求苏联和中国提供直接的军事援助。政治局会议一致通过了以金日成和朴宪永名义于9月29日致斯大林的求援信。这封信请求斯大林在敌军跨过三八线以北的时刻，直接出动军队给予朝鲜以援助，并说："如果由于某些原因不能做到这一点，那么请帮助我们在中国和其他人民民主国家建立国际志愿部队，对我们的斗争给予军事援助。"①斯大林于10月1日凌晨收到了这封信，但苏共中央没有接受朝鲜劳动党和朝鲜民主主义人民共和国政府关于由苏联直接出动军队给予援助的请求，认为对朝鲜最适宜的军事援助方式，是组建并派出国际"志愿部队"，而这支部队将由中国军队组成，需同中国商量。当日，斯大林致电苏联驻中国大使罗申转毛泽东或周恩来，建议中国派部队援助朝鲜。苏联为什么不出兵支援朝鲜呢？

　　主要原因是苏联担心出兵支援朝鲜，与美国军队在朝鲜直接交战会由此引起世界大战。当时在国际社会中已经形成了以美国为首的资本主义阵营和以苏联为首的民主阵营，两大阵营尖锐对立。美国是两次世界大战的胜利者，已跃居为资本主义世界头号强国，在国际事务中不可一世，企图称霸全球。苏联是当时唯一能在政治上、经济上、军事上与美国抗衡的国家。美苏两国都怕出现直接军事对抗，都怕引起世界大战。两国之间也是"麻秆打狼——两头害怕"，所以美国当局命令麦克阿瑟指挥美军地面部队越过三八线北进时，特别指出："无论在什么情况下，你的军队不得跨进'满洲'或苏联与朝鲜交界的地域，并且为了政策的缘故，在与苏联接壤的东北各省或在沿'满洲'边境的地区，不得使用非朝鲜人的地面部队。""苏联如果在三八线以南公开地或秘密地使用大部队，你应采取防御态势，不采取任何扩大事态的行动，并向华盛顿报告。如果你

---

① 见史蒂科夫致葛罗米柯电，1950年9月30日。

的部队在三八线以北作战，苏联使用了大量部队，你应采取同样的做法。你不能仅因目标区有苏联或中国共产党军队而停止在三八线以北的空军和海军行动。但是，如果苏联或中国共产党事先声明他们要重占北朝鲜的意图，并公开地或含蓄地发出他们的部队不应受到攻击的警告，你应立即请示华盛顿。"苏联怕美国怕得更多一点，这主要是苏联虽可与美国抗衡，但经济力量没有美国强大。苏联在第二次世界大战中遭受了严重破坏，尚未完全恢复元气。而美国本土在两次世界大战中都不是大战的战场，没有遭到大战的破坏，并且美国在两次世界大战中发了横财。

此外，美苏两国的战略重点都在欧洲，苏联比美国更担心其在欧洲的利益遭到损失，不会为了支援朝鲜而使自己在欧洲的利益遭到损失。

再有，虽然朝鲜也与苏联接壤，但两国接壤的边界线只在图们江出海口处有几十公里，并且苏联主要城市和工业基地都在国土的欧洲部分，朝鲜安危对苏联影响不大。而朝鲜与中国仅一江之隔，中朝边境有1000多公里，中国主要工业基地都在靠近中朝边境的辽东地区，朝鲜安危与中国的利益关系极大。因此，苏联建议中国组建志愿部队援助朝鲜。

后来经中国周恩来总理和军委聂荣臻代总参谋长与苏联驻中国军事总顾问多次协商，并经苏联政府和军方同意，在朝鲜战争中，从1951年第二季度开始，苏联也出动了空军到朝鲜清川江以北地区上空作战，掩护铁路运输。但这种出动是在保密状态下进行的，苏联飞机上使用的是中国人民志愿军的标志，飞行员着中国人民志愿军飞行服装，说中国话，禁止使用俄语。

抗美援朝战争在军事上的基本战略目标是什么

抗美援朝战争在军事战略上的基本目标是什么？有的学者认为，毛泽东设定的军事目标就是在朝鲜境内歼灭和驱逐美国及其他国家的侵略军队，因此是"超越现实的战略方针"。这种认识不免过于绝对。

不言而喻，"抗美援朝、保家卫国"是中国人民志愿军参战的政治目标。但中国人民志愿军入朝以后，在军事上能打到何种程度，会出现什么结局？这是中共中央和中央军委不能不考虑的问题。对此毛泽东、周恩来等中国领导人，在作出组成中国人民志愿军"抗美援朝、保家卫国"战略决策的同时，就作了几种估计。

中共中央政治局开会讨论出兵决策之前，毛泽东于10月2日起草给斯大林但没有发出的电报中就指出："我们认为既然决定出动中国军队到朝鲜和美国人作战，第一，就要能解决问题，即要准备在朝鲜境内歼灭和驱逐美国及其他国家的侵略军；第二，既然中国军队在朝鲜境内和美国军队打起来（虽然我们用的是志愿军名义），就要准备美国宣布和中国进入战争状态，就要准备美国至少可能使用其空军轰炸中国许多大城市及工业基地，使用其海军攻击沿海地带。""这两个问题中，首先的问题是中国的军队能否在朝鲜境内歼灭美国军队，有效地解决朝鲜问题。只要我军能在朝境内歼灭美国军队，主要地是歼灭其第八军（美国的一个有战斗力的老军），则第二个问题（美国和中国宣战）的严重性虽然依然存在，但是，那时的形势就变为于革命阵线和中国都是有利的了。这就是说，朝鲜问题既以战胜美军的结果而在事实上结束了（在形式上可能还未结束，美国可能在一个相当长的时期内不承认朝鲜的胜利），那末，即使美国已和中国公开作战，这个战争也就可能规模不会很大，时间不会很长了。我们认为最不利的情况是中国军队在朝鲜境内不能大量歼灭美国军队，两军相持成为僵局，而美国又已和中国公开进入战争状态，使中国现在已经开始的经济建设计划归于破坏，并引起民族资产阶级及其他一部分人民对我们不满（他们很怕战争）。"[①]

同日，毛泽东通过苏联驻中国大使罗申转发给斯大林的另一份电报中也指出："靠

---

① 《建国以来毛泽东军事文稿》上卷，军事科学出版社、中央文献出版社，2010年，第226—227页。

几个师很难解决朝鲜问题（我军装备极差，同美军作战无胜利把握），敌人会迫使我们退却……最大的可能是，这将引起美国和中国的公开对抗……如果我们出动几个师，随后又被敌人驱赶回来，并由此引起美国与中国的公开冲突，那么我们整个的和平建设计划将被全部打乱，国内许多的人将会对我们不满。"

志愿军入朝以后，10月23日，毛泽东在致彭德怀并告高岗的电报中还指出了另外一种可能。他指出，在没有制空权的情况下，"如果我能利用夜间行军作战做到很熟练的程度，敌人虽有大量飞机仍不能给我太大的杀伤和妨碍，则我军可以继续进行野战及打许多孤立据点，即是说，除平壤、元山、汉城、大邱、釜山等大城市及其附近地区我无飞机无法进攻外，其余地方的敌人都可能被我各个歼灭，即使美国再增几个师来，我也可各个歼灭之。如此便有迫使美国和我进行外交谈判之可能"①。稍后，在志愿军第二次战役予美军以沉重打击后，12月3日，毛泽东、周恩来、刘少奇在北京与金日成谈朝鲜战局形势时，毛泽东进一步指出："敌人有可能要求停战，我们认为敌人必须承认撤出朝鲜，而首先撤至三八线以南，才能谈判停战。"②

周恩来谈得更明确，10月24日，他在第一届全国政治协商会议第18次常委会上作报告时指出："美帝国主义用武力压迫别国人民，我们要使它压不下来，给它以挫折，让它知难而退，然后可以解决问题。我们是有节制的，假如敌人知难而退，就可以在联合国内或联合国外谈判解决问题，因为我们是要和平不要战争的。必须由朝鲜人民自己解决自己的问题，外国军队必须退出朝鲜。如果解决得好，美帝国主义受到挫折，也可以改变台湾海峡的形势和东方的形势。我们力争这种可能。""还有另一种可能，敌人愈打愈眼红，打入大陆，战争扩大。敌人孤注一掷的可能性是存在的，因为美帝有疯狂的一派，我们应该做这方面的准备。我们并不愿意战争扩大，它要扩大，也没有办法……我们应力争前一种前途，力争和平。但也准备应付后一种可能，应付世界大战。"同时还指出："敌人可能来轰炸，或者用蒋介石的空军来轰炸，或登陆袭扰，我们应增强防卫力量。"③ "毛主席常常说，一切要从坏的方面打算，才不会吃亏，才不会陷于被动。如果美帝国主义真正进攻我们的大陆，那就不只是中国一个国家的战争问题，我们和苏联已签订了中苏友好同盟互助条约，一打起来，就是全面性的打……美国事实上还没有准备好。"④ 11月，周恩来在不同场合多次讲过这几种可能。

① 《建国以来毛泽东军事文稿》上卷，军事科学出版社、中央文献出版社，2010年，第278—279页。
② 《建国以来毛泽东军事文稿》上卷，军事科学出版社、中央文献出版社，2010年，第388页。
③ 《周恩来军事文选》第四卷，人民出版社，1997年，第75—76页。
④ 《周恩来军事文选》第四卷，人民出版社，1997年，第92—93页。

陈云和彭德怀在当时谈到这个问题时，也表明了类似上述的意见。

毛泽东在10月23日致彭德怀并告高岗的电报中指出，究竟会出现哪种情况，"均可于此次战役及尔后几个月内获得经验和证明"。

为此，中共中央和中央军委进行了各方面的部署和准备。尽管中共中央政治局在讨论出兵决策时，许多政治局成员对出兵抗美援朝有顾虑，主张不出兵或缓出兵，但经过讨论达成一致，决策出兵抗美援朝后，中共中央、中央人民政府、中央军委均把抗美援朝作为党、政府和军队的中心任务，摆在了全国各项工作的首位，为争取抗美援朝战争胜利展开了全面部署和准备工作。抗美援朝战争实践证明，战争的发展变化没有超出中共中央的估计之外。

如何理解"抗美援朝、保家卫国"八个字

2006年6月，作者应韩国国防部军事历史编纂研究所所长安秉汉将军邀请，到该所参加中韩两国学者关于明朝时期中韩联合抗倭的国际研讨会。经预备会议介绍，韩国学者知道作者是研究朝鲜战争史的专家。在安秉汉所长为中国学者举行的欢迎晚宴上，一位70多岁的韩国学者，非常激动地向作者发问："韩国战争是我们哥儿俩打架，你们为什么帮老大打老二？"作者反问："你们南北双方哥儿俩打架，美国为什么进来帮你们老大打老二？"作者进而说明，你们哥儿俩打架，外来帮助老大打老二的是美国，而不是中国。是美国进到朝鲜，美国在朝鲜的行动严重威胁到中国的利益，中国才派志愿军到朝鲜。中国出动志愿军是对着美国军队来的，不是对着你们哥儿俩来的。中国称为"抗美援朝、保家卫国"。这位韩国学者听明白了作者的说明，气色也变得平和了，向作者点点头，并非常认真地用汉字在本子上写下了"抗美援朝保家卫国"这8个字。2000年10月，作者在国内参加中国社会科学院世界历史研究所主办的纪念中国人民志愿军抗美援朝出国作战50周年研讨会，有一位北京大学的学者也提出了与那位韩国学者同样的问题。作者也像回答韩国学者一样作了回答。

"抗美援朝、保家卫国"是中共中央于1950年10月迫于美国侵略朝鲜的形势和对中国的严重威胁，应朝鲜劳动党中央和朝鲜民主主义人民共和国政府请求而作出的重大战略决策，组成中国人民志愿军进行了抗美援朝战争。

"抗美援朝、保家卫国"8个字，最早见于1950年11月4日中国共产党和各民主党派发表的联合宣言中，联合宣言阐明了抗美援朝与保家卫国的关系，阐明了"抗美援朝、保家卫国"的正义性、必要性，指出："以美国为首的帝国主义者侵略朝鲜的行动正在严重地威胁着中国的安全……在美国指使朝鲜傀儡李承晚发动向朝鲜人民军的进攻以后，美国总统杜鲁门随即命令美国海陆空军到朝鲜进行战争，他同时命令美国第七舰队侵入我国台湾领海，武力干涉我国解放台湾……从美帝国主义者在6月发动侵朝战争以后，其侵朝空军曾多次侵入我国东北的领空，屠杀我国的人民，炸毁我国的财产。其侵朝海军竟在公海之内炮击我国的商船，破坏我国的航权。到了最近，美帝国主义者的狰狞面目

更加暴露出来了。美帝国主义者及其帮凶们的武力侵占汉城以后，一意孤行，不顾我国的警告，侵越朝鲜三八线，并以大量陆军向鸭绿江、图们江汹涌逼进，直接威胁我国东北国境……历史的事实早已告诉我们，朝鲜的存亡与中国的安危是密切关联的。唇亡则齿寒，户破则堂危。中国人民支援朝鲜人民的抗美战争不只是道义上的责任，而且和我国全体人民的切身利害密切关联着，是为自卫的必要性所决定的。救邻即是自救，保卫祖国必须支援朝鲜人民……全国人民现已广泛地热烈地要求用志愿的行动为着抗美援朝保家卫国的神圣任务而奋斗。这种要求是完全合理的，完全合乎正义的。诚如周恩来总理所说：'中国人民决不能容忍外国的侵略，也不能听任帝国主义者对自己的邻人肆行侵略而置之不理。'这两句话是代表中国四亿七千五百万人民说的，它反映了人民的意志，体现了人民的要求。中国全体人民团结一致，保卫家乡，保卫祖国，保卫和平的坚强意志，是无论如何也不能摧毁的。"联合宣言表示"中国各民主党派誓以全力拥护全国人民的正义要求，拥护中国人民在志愿基础上为着抗美援朝、保家卫国的神圣任务而奋斗"。

"抗美援朝、保家卫国"这8个字非常准确完整地表达了中国人民抗美援朝战争的斗争性质、斗争对象和斗争目的。

斗争性质是反抗美国的侵略和侵略威胁，朝鲜内战爆发后美国当局从其称霸全球的帝国主义利益出发，立即进行武装干涉，同时派出海军舰队侵略中国版图台湾和台湾领海，以其侵略朝鲜的飞机侵入中国东北边境城镇乡村，进行轰炸扫射，破坏中国人民的生命财产，并且其侵略朝鲜的地面部队把战火烧到中国大门口，中国人民组成志愿军进行抗美援朝战争，是反抗美国侵略和侵略造成的威胁；斗争的主要对象是战场上的美国侵略军和华盛顿的美国侵略当局，而不是南朝鲜军和南朝鲜李承晚集团，更不是美国借助的招牌联合国，在军事、政治、外交上最大限度地孤立和打击美军和美国当局这个主要对手，所以称为"抗美"；斗争的目的是支援朝鲜人民反抗美国侵略和保卫中国的国家安全。所以称为"抗美援朝、保家卫国"。

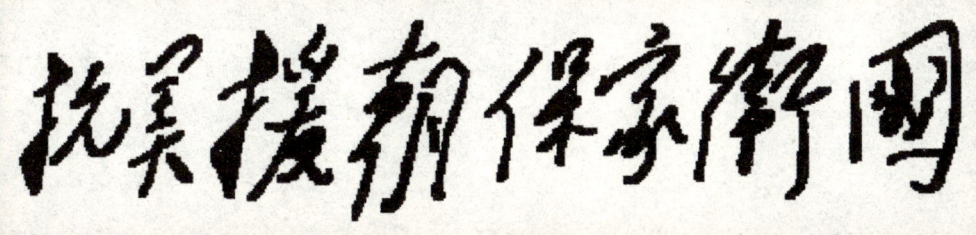

抗美援朝、保家卫国

"抗美援朝、保家卫国"是中国人民抗美援朝战争的总方针、总政策，是中国人民抗美援朝战争的总目的、总目标，也是中国人民为抗美援朝战争进行动员、教育和国际国内宣传的中心口号。作为总方针、总政策、总目的、总目标，有力地指导了抗美援朝战争，作为动员、教育、宣传的中心口号，有力地开展了国内抗美援朝运动和争取了国际爱好和平人民的同情和支持。

"抗美援朝、保家卫国"既是抗美援朝战争的出发点，也是抗美援朝战争的归宿点。8个字紧密相连，不可分割，不可偏废。在国内无论学术界或是社会上均有人认为不该进行抗美援朝战争，或认为不值得进行这场战争，甚或全盘否定这场战争，究其原因，要么将这8个字完全割裂，只看到前半句话的作用，而抛弃或根本否定后半句话的作用，要么是对毛泽东或对中国共产党怀有偏见或成见，只要是毛泽东或中国共产党做的事他都否定。在国际社会中也有人只看到后一句话的作用，抛弃前一句话的作用，从而否定完整意义上的抗美援朝战争。作为历史研究者，应对历史负责，应对前人负责，更应对后人负责，必须实事求是地按照"抗美援朝、保家卫国"8个字完整准确地认识和理解抗美援朝战争的正义性、必要性、正确性，思考并体会其影响深远的重大意义。

2006年6月，作者在首尔参加中韩国际研讨会时与朝鲜战争期间韩原第一军团军团长、朝鲜停战谈判代表白善烨将军合影

第四部分

抗美援朝战争基本过程

抗美援朝战争开始时敌我双方武器装备差距有多大

志愿军在抗美援朝战争中作战的主要对手是美军。美军武器装备是世界上所有军队中现代化水平最高的。敌我双方武器装备优劣悬殊，是抗美援朝战争的一个突出特点。志愿军武器装备与美军相比，可以用"敌有我无，敌多我少，敌好我差"12个字来概括。这种差距，在志愿军初入朝时尤为突出。

敌有我无：此时，美国投入到朝鲜战场上的空军和海军的飞机约1200架，包括战斗截击机（歼击机）、战略轰炸机、轻轰炸机、战斗轰炸机和运输、救护、指挥等飞机，此外，地面部队每个师还编有22架炮兵校正机；投入到战场上的海军各种舰艇300余艘，其中包括航空母舰、巡洋舰、战列舰、驱逐舰、登陆舰、扫雷艇等。美军地面部队全部机械化或摩托化，共有坦克1000余辆（每个步兵师和陆战师各编有140余辆）、装甲车330余辆（每个师各编有35辆），每师还编有各种车辆3800余辆。志愿军既没有空军参战，也没有海军参战，地面部队也没有坦克和装甲车编制，每个军只临时配有100辆左右负责物资运输的汽车。

敌多我少：除上述武器装备敌有我无外，敌我双方都有的主要武器，志愿军也远比美军少。美国地面部队每个师除装备坦克外，还有各种火炮959门，包括榴弹炮72门、各种直射炮（山炮、野炮、无坐力炮）120门、各种迫击炮160门、高射炮64门、火箭筒543具，其中70毫米以上口径火炮330余门。美军在朝鲜有7个师和第八集团军总部，总计有各种火炮6049门，其中榴弹炮568门、高射炮784门（不包括南朝鲜军和其他"联合国军"的）。志愿军一个军才编有各种火炮522门，包括有直射炮108门、各种迫击炮333门、火箭筒81具，而且没有坦克，也没有榴弹炮和高射炮，其中70毫米以上口径火炮仅190余门。志愿军一个军的火炮仅相当于美军一个师火炮装备的54%。志愿军第一批入朝6个军（其中第五十军和第六十六军火炮编制更少），加上志愿军炮兵的火炮在内，共有各种火炮不足3000门（其中榴弹炮320门、高射炮36门），仅相当于美军火炮总数的45%

左右。志愿军没有空军、没有坦克，而防空和反坦克武器也少得可怜。另外美军一个师装备各型无线通信机1400部，有线电话机1100部。志愿军一个军装备无线通信机只有69部，有线电话机375部，仅相当于美军一个师同类装备的5%和34%。

敌好我差：志愿军不但没有空军和海军参战，没有坦克和装甲车编制，而且火炮和枪支在性能和质量上也都不能与美军相比。美军火炮新、口径大、射程远、弹药足，最大射程可达20多公里，均有汽车牵引或吉普车载运，威力大，机动性能好。志愿军装备的火炮几乎全部是抗日战争和解放战争时期缴获的日军和国民党军的装备，火炮陈旧、型号杂、口径小、射程近（最远10公里）、弹药不足，多由骡马驮载或由人员携行，威力小，机动性能差。美军步兵的枪支都是自动半自动的；志愿军步兵装备的枪支，美制、俄制、德制、日制和旧中国制造的都有，自动枪极少。

这就是志愿军武器装备与美军武器装备的现实，这就是志愿军武器装备与美军武器装备的巨大差距。敌我双方武器装备优劣如此悬殊，使双方在战场上形成了鲜明的反差。

在作战空间上，美军握有整个战场的制空权和制海权，实行陆、海、空军联合的全方位的立体作战；志愿军没有制空权和制海权，只是单一地面部队（步兵在少量炮兵支援下）的平面作战，所谓以平面对立体，以一军（陆军）对三军（陆海空三军）。美军可以攻击志愿军的后方和海岸；志愿军则没有能力攻击美军后方和海岸。

在作战时间上，美军能进行全天时作战，受限较少；志愿军则主要利用夜间和气象条件不利于美军飞机出动的昼间组织部队行动。

在作战组织上，美军机动力、火力突击力、后勤补给力均强，并且通信畅通，指挥灵敏。志愿军则防空压力大，运输补给困难，部队机动困难，火力弱，作战指挥不畅通。

志愿军就是在武器装备这样优劣悬殊的条件下与高度现代化装备的美军作战的。

美军优势武器装备在战场上是如何耍威风的

美军在朝鲜战场上使用了除原子弹以外当时所有的现代化武器,进行的是陆、海、空军联合的全方位的立体作战。在作战中,充分发挥了其现代化武器装备尤其是飞机、坦克和大炮的作用。

美军作战飞机的运用。美军依靠其空军的巨大优势,掌握了整个战场的制空权。一般每天出动数百架次到1000余架次飞机执行作战任务,并昼夜出动。在志愿军参战后的运动战阶段,志愿军没有空军参战,也缺乏对空作战武器,因而美军飞机肆无忌惮,在志愿军和人民军活动区域,钻山沟,钻桥洞,掠房顶,掠树梢,追打单个行人和单辆车辆,极为疯狂。美军飞机作战,根据其性质大体上分为以下三种情况。

一是用于轰炸和封锁志愿军和人民军后方。这一任务主要由远东轰炸机指挥部的战略轰炸机和第五航空队的轻轰炸机执行,第五航空队的战斗轰炸机和海军舰载机,也部分地执行了这一任务。每日出动执行轰炸任务的飞机几十架次到几百架次不等。1950年11月5日,出动B-29型战略轰炸机21架轰炸江界,投下170吨燃烧弹。11月8日,轰炸新义州,一次即出动B-29型战略轰炸机70架次,投掷500磅燃烧弹584吨,另有9架B-29使用1000磅的炸弹轰炸了鸭绿江上的桥梁。从11月8日到12月5日,远东轰炸机指挥部出动全部90架B-29飞机,对鸭绿江上的所有桥梁进行了空中摧毁。并从1951年1月起,对朝鲜北纬37度线以北地区,划分为11个封锁区,按区轰炸封锁。美军飞机轰炸使用的炸弹有100磅、200磅、500磅、1000磅、2000磅和4000磅的普通炸弹,1000磅和12000磅的制导炸弹,M-83弹束(志愿军称其为"蝴蝶弹")等,还大量使用了凝固汽油弹和定时炸弹。整个志愿军和人民军作战后方地区直至鸭绿江,所有大小城镇、铁路桥梁、重要公路桥梁、铁路车站和工业设施以及美军认为所有可能的志愿军和人民军物资囤积地、部队集结地,均被其严重摧毁、破坏,大小城镇已变成废墟。

1951年8月至1952年6月,美军以摧毁朝鲜北方铁路系统为目标发动的"绞杀战",集中其用于朝鲜战场空军和海军作战飞机的80%轰炸朝鲜北方铁路和桥梁,9月至12月朝鲜北方铁路80%的时间不能通车。

1952年6月23日下午,美国远东空军和海军出动各种飞机305架,对水丰电厂进行了猛烈轰炸,投掷炸弹145吨。同一天下午,美第五航空队和舰载航空兵的飞机,还轰炸了长津、赴战、虚川等地发电厂。6月23至27日,美国远东空军和舰载航空兵,先后出动1514架次飞机,对朝鲜北方4处水电系统共13个电厂,连续进行了4天大轰炸,使朝鲜北方的水电系统遭到严重破坏。

7月11日,美军空军和海军出动飞机1254架次对平壤市进行了轮番轰炸。据平壤7月13日广播,有1500座建筑物被摧毁,7000人伤亡。8月29日,"联合国军"先后出动飞机1403架次,从上午9时30分至下午5时30分,轮番出动,对平壤市进行了第二次大规模轰炸。

二是直接支援地面部队作战,攻击志愿军和人民军第一线作战部队和向第一线机动的部队。这一任务主要是由美第五航空队和海军陆战队第一航空联队的战斗轰炸机执行,一般每天出动飞机100余架次,最多时达340余架次,对美第八集团军每个陆军师的

美军 B-29 战略轰炸机在朝鲜投弹轰炸

作战，每日各以10余架次至数十架次飞机进行支援，除发射炮弹、火箭弹外，也大量投掷普通炸弹和凝固汽油弹。第四次战役中，美军攻击志愿军第三十八军三三四团九连防守的213.8高地，仅200平方米地区一天内即投掷凝固汽油弹70余枚。

三是实施空战和为轰炸机护航。这一任务主要由第五航空队的战斗截击机和护航大队的飞机执行，一般每天都出动数十架次至百余架次F-86战斗机，还有F-82、F-80、F-51战斗机进行空中巡逻，由F-86和F-84战斗机为轰炸机护航。1951年9月，志愿军空军以师为单位参战后，美军出动空战的飞机最多时一次就达200架以上。

据美国空军战史统计，整个朝鲜战争期间，美军共投掷炸弹69余万吨，朝鲜北方12万平方公里平均每平方公里落弹5.8吨。

此外，美军还用其空军运输机空运作战部队，在志愿军和人民军阵地后方实施战术空降和机降，配合正面部队作战。1951年3月23、24日，美空军运输机分5批共110余架次，在战斗机掩护下，在汶山地区空降4000余人（空降第一八七团），企图截断朝鲜人民军第一军团十九师后路；3月28日，美军首次实施了世界战争史上的直升机机降作战，以直升机1架载步兵1个排，机降于志愿军第二十六军二三三团防守的旺方山阵地，配合正面部队攻击；5月24日，美军在九万里地区昭阳江北岸空降两个连，截击向北转移的志愿军第二十七军部队；6月5日，美军在志愿军第六十三军五六五团防守的古南山阵地以直升机空降1个营，配合正面部队攻击。

美军舰艇的运用。主要以各种舰炮轰击志愿军和人民军侧后海岸浅近纵深内的目标和封锁海岸，并以各种舰艇进行海上袭扰活动。航空母舰停泊在朝鲜东西海域，供舰载机作战起降。地面部队遭到攻击，海军舰船可从海上接应撤退，最典型的就是志愿军入朝后第二次战役东线作战，美第十军指挥的部队遭到歼灭性打击或重创后，美军出动近300艘舰船从海上接应撤退。

美军坦克和火炮的运用。美军坦克、火炮广泛使用于地面部队作战，一般是按其部队编成分在各步兵师中支援步兵作战，并且每战均有空军支援，以充分发挥其火力优势。

美军坦克一般以营、连为单位，分散配属步兵作战。在对志愿军1个连至1个团防守的阵地发动攻击时，多数情况下，使用坦克10余辆至50余辆配合其步兵作战，少数情况下，也曾以陆军师为单位集中坦克100余辆至200余辆配合步兵作战。如1951年3月30日，美第二十五师向志愿军第二十六军1个营防守的抱川以北加郎山阵地发动攻击时，即集中坦克200余辆、大炮100余门、飞机90余架次，配合两个步兵团的攻击。

美军视志愿军缺乏反坦克武器，因此在作战中，其坦克横冲直撞，极为疯狂，并且几乎每战必有坦克。进攻时，以坦克参加火力准备，逼近志愿军阵地摧毁工事，待步兵发动冲击时，则以坦克（或搭载步兵）从侧翼向志愿军实施浅近纵深的战术包围，和在正面掩护步兵冲击；追击时，以坦克、炮兵和摩托化步兵组成混合先遣支队，沿公路山谷、河床等快速向志愿军侧后突击；防御时，以坦克布于其前沿和主阵地之间，形成活动碉堡，支援前沿步兵杀伤志愿军攻击部队；被围时，以坦克组成环形防御圈，保障其步兵的安全，使志愿军围攻部队难以靠近，等待外围增援；突围时，以坦克和炮兵火力开路；撤退时，以坦克断后，掩护步兵撤退。此外，还广泛使用坦克进行战役、战术侦察。在运动战阶段，美军地面部队作战，其坦克是最为活跃的。

美军空军、炮兵、坦克作战协同密切，对志愿军和人民军1个连到1个团防守阵地的攻击，往往使用飞机数架至数十架，大口径火炮10余门至百余门，坦克数辆至百余辆进行毁灭性轰击，即所谓"火海战术"，有时一天即行7～10次火力突击，发射、投掷各种炮弹（含坦克炮弹）、炸弹数百发（枚）乃至上万发（枚）。1951年1月26日，美军攻击志愿军第五十军四五〇团1个连防守的阵地，即出动飞机42架次、大口径火炮20余门、坦克和装甲车数十辆，对该连1个排阵地即攻击10余次，发射炮弹1000余发；3月初，志愿军第三十八军一一四师防守的5000平方米阵地内，1小时即落各种炮弹1.5万余发，该军第三三五团一营防守的580高地仅400平方米地区，4天内落各种炮弹2万发，凝固汽油弹数十枚。3月30日，美第二十五师向志愿军第二十六军二三〇团一营防守的加郎山阵地攻击，出动飞机90余架次、大炮100余门、坦克200余辆，攻击一天。6月3日，美军集中200余门重炮攻击志愿军第十五军二十九师纵深道口和炮兵阵地。1952年10月14日至11月下旬发动的"金化攻势"，向志愿军上甘岭不到4平方公里的阵地发射炮弹190余万发，其中最多的一天就发射30万发。

此外，其地面部队机械化和摩托化装备水平高，实施作战机动快。志愿军在第五次战役第二阶段东线县里地区作战时，美军为堵住丰岩里、下珍富里地区的战役缺口，急调在西线汉城东南京安里地区的预备队美第三师东进，仅用10余个小时，即东进85～120余公里，到达上述地区。

美军现代化武器装备在战场上的运用，虽也受到一定限制，如其飞机的出动即受不利天候和夜间的限制，其机械化和摩托化装备受道路和地形的限制，但其武器装备占有绝对优势，给劣势装备的志愿军作战造成了严重的困难。

敌我双方武器装备优劣悬殊给志愿军作战造成了哪些困难

抗美援朝战争是劣势装备的中国人民志愿军首次同高度现代化装备的敌军作战。虽然在中共中央、中央军委和志愿军总部的正确指导下,充分发挥特有的政治优势,激发广大官兵的革命英雄主义精神和顽强的战斗意志,同美军斗智斗勇,取得了战争的胜利。但是,由于志愿军的武器装备落后,尤其没有制空权,造成了许多难以想象的困难。

一、在作战全局上造成的困难

（一）限制了志愿军昼间行动自由

由于美军具有强大的空中优势,掌握着整个战场的制空权,而志愿军没有空军支援作战,又严重缺少对空作战武器,特别是前三次战役,志愿军对空作战部队只有1个高炮团,共36门高炮,各步兵每军也只有十几挺高射机枪。到第五次战役高炮最多时,志愿军也不过编有中、小高炮800门左右,因此,美国空军活动肆无忌惮,不但攻击固定目标,而且攻击活动目标;不但攻击运输车队和运动的部队,甚至单个车辆和行人也成为其攻击的目标,曾出现其飞机因追逐攻击目标,飞行高度过低撞山或撞上高压电线而炸毁的情况。因此志愿军昼间行动受到严重限制,除在同"联合国军"部队作战形成胶着状态,美军飞机无法施展其威力的情况下可进行昼间作战外,部队运动、作战和运输活动均在夜间或不利于飞机活动的气象恶劣的昼间进行。这样,极大地限制了作战能力的充分发挥,作战只能夜攻昼防,昼间难以调动纵深部队发展战果,许多时候坐失战机。虽然后来逐渐增加了高炮部队,1951年9月志愿军空军也出动作战,打击了美军飞机的疯狂气焰,但只在清川江以北地区掌握了局部时间的制空权。因此,整个战争期间志愿军的昼间行动一直受美国空军制约。如何在昼间没有行动自由的情况下争取主动,并争取昼间作战,一直是困扰作战指导的重大问题。

（二）造成防空的压力

对于志愿军来说，整个战场不分前方和后方，不分昼间和夜间，都必须时刻注意防空袭问题，不但人员、车辆在昼间需要疏散隐蔽和严密伪装，而且医院、仓库和临时物资存放点也都必须严格隐蔽或伪装，夜间必须严格火光、灯光管制，否则稍一疏忽，就会遭到不必要损失。战争期间，志愿军各军和炮兵部队、后勤部队都有遭受空袭的情况。据不完全统计，1950年10月25日至11月8日，仅半个月时间，即遭美军空袭伤亡数百人，损失大小汽车330余辆、火车皮30节、各种炮7门、汽油99桶，遭空袭的单位包括志愿军直属队，第三十九军和第四十二军指挥所，第一一二、第一一四、第一二六师指挥所，后勤第一分部等。其中，尤以第一一二师指挥所11月5日拂晓遭受空袭损失最为严重，牺牲团级干部4人、营级干部10人、连级干部18人、排级干部36人、战士129人，伤75人，共计伤亡272人，另毁汽车4辆、电台和总机各1部。11月25日，志愿军司令部遭空袭，志愿军司令部办公室秘书、毛泽东的儿子毛岸英和参谋高瑞欣牺牲。12月12日至14日，仅两天时间，前方作战部队、汽车第四、第九团和后勤第二分部即被炸毁汽车101辆。第五次战役第一阶段遭受空袭的师、团两级指挥所有8个，其中被炸伤师长、师政委、师副政委、师参谋长和主任各1人。志愿军在战场上牺牲的师以上领导干部绝大部分是遭美军空袭牺牲的，1952年5月15日，第四十军第一一八师师部遭空袭就牺牲了师长和参谋长两名师职领导；1953年6月26日，志愿军第一军第七师十九团团部遭空袭，牺牲团长、团政委、团副政委、团参谋长、团副参谋长、师组织科长、师后勤处长和政委等8名团职领导。志愿军全部行动均在美军飞机炸扰的威胁下进行，影响了整个战争机器的正常运转。志愿军没有制空权，如何有效地解决防空问题，成了能否生存、能否坚持作战的第一要务。

（三）给作战物资运输补给造成严重困难

志愿军作战物资补给，几乎全部从中国境内运输。运输手段落后，没有海上和空中运输工具，只靠陆路运输，主要是靠火车和汽车。运力有限，特别是运输汽车数量严重不足，中国不能制造，全靠从苏联购买，第一次战役时志愿军后勤部门全部运输汽车共约700辆，到第五次战役时也只有3000余辆，阵地战时期有了明显增加。而美军1个步兵师即有专门物资运输车（含武器弹药车和各种军用货车）910余辆，另有1100余辆卡车。更为严重的是，志愿军作战物资的运输是在美国空军严密轰炸封锁下进行，铁路、公路运输车辆只能在夜间闭灯行驶，并且道路和车辆遭美国空军严重破坏。运动战阶段志愿军汽车损失率，初期几乎达到50%，到1951年第二季度为22%。作战物资在向前线运输过程中，约有30%～40%因美空军轰炸而损失。这就造成了志愿军运输效率低下，国内物资堆积如山，而前运量则远远达不到作战需要，粮食供应在前三次战役只能保证25%，第四和第五次战役只能保证50%，弹药只能做到重点补给，而作战中跟进保障更加困难。因此，往往影响了作战的决心和胜利。1951年8月至1952年6月，美军集中参加朝鲜战争空军和海军80%的飞机实施以摧毁朝鲜北方铁路系统为目标的"绞杀战"，其中1951年9月至12月，平壤以北"三角地区"铁路4个月内80%的时间未能通车。9、10两月志愿军第一线部队已发生粮荒，二线部队只能靠野菜充饥。

（四）威胁侧后安全

朝鲜半岛三面环海、地幅狭长，美军具有强大的海、空军优势，志愿军和人民军侧后的朝鲜东西海岸均在其海、空军控制之下。美军有过仁川登陆进攻的先例，并且经常进行登陆作战演习和袭扰志愿军和人民军侧后海岸，因此，志愿军和人民军在正面战线作战时，必须顾及侧后的安全，部署部队防止美军海、陆、空军联合的侧后登陆进攻。作战不能打得太远，越远海岸线越长，受到的威胁越大。这是作战指导上的重要问题。这个问题，在志愿军和人民军将战线从鸭绿江边推进到三八线及以南后更为突出。直到1953年春完成反登陆作战准备，正面战线和侧后海岸均建成了坚固防御阵地体系，才解除了这个后顾之忧。

（五）造成部队减员比例增大，影响作战力量的保持

由于美军作战具有巨大火力优势，所以志愿军在朝鲜作战，同以往解放军在国内作战相比，减员比例明显增大。全国解放战争时期，解放军同国民党军作战，双方作战减员总对比为1∶5.3，就是在解放军作战最困难的1946年7月至1947年6月双方的作战减员对比尚为1∶3.13。在抗美援朝战争整个运动战阶段，志愿军和人民军作战减员18.9万余人，毙伤俘"联合国军"方面23.3万余人，双方作战减员对比为1∶1.23。整个抗美援朝战争期间志愿军作战减员36.6万余人，歼敌71.8万余人，双方作战减员对比为1∶1.96。据统计，志愿军和人民军作战伤亡，70%～80%为美军火炮所致，7%～8%为美军飞机所致。部队作战减员大，补充赶不上消耗，因而影响战斗力量的保持，影响坚持长期作战，这种情况在运动战阶段第四次战役中表现得尤为明显，所以中央军委采取轮番作战方针解决这个问题。

（六）战争空前残酷，增加了思想政治工作的难度

美军依靠现代化武器装备，进行立体战争，给志愿军造成多方面的巨大威胁。而志愿

军依靠劣势武器装备，难以对付美军飞机的肆无忌惮和坦克的横冲直撞；粮食弹药供给往往接济不上。在运动战阶段战局变化急速，攻防转换频繁，战役没有间隙，或间隙很短，人员物资损失大，人员体力消耗大。因此，这场战争对于志愿军来说是空前残酷的，作战行动是空前艰难的，物质生活是极为艰苦的。这是参加志愿军部队以往在国内作战时，从来未遇到过的。这就对志愿军的思想政治工作增加了难度，提出了更高的要求。

二、对志愿军进攻作战的影响

抗美援朝战争运动战阶段，志愿军进行的五次战役主要是进攻作战，包括第一次战役的西线作战、第二次战役、第三次战役、第四次战役第一阶段的东线作战和第五次战役前两阶段作战。虽然志愿军取得了每次战役的胜利，但是，美军的现代化武器装备，给劣势装备的志愿军进攻作战带来了严重困难，这些困难主要表现在以下几个方面。

（一）不易达成战役包围

运动战阶段，志愿军实施战役包围多数是成功的。但当第三次战役后，双方形成了连贯的战线，志愿军实施战役包围必先实施突破。由于装备差，突破火力弱，有时突破不够顺利，待突破后，敌军主力已跑掉，有时虽突破较顺利，迂回部队徒步赶到迂回终点时，敌军依其摩托化和机械化装备也已跑掉。这种情况，主要表现在第三次战役和第五次战役的作战中。第三次战役，志愿军的攻击目标主要是南朝鲜军，计划以6个军分左右两个纵队，在人民军3个军团配合下，共歼其3个多师。部署是：右纵队以4个军配属炮兵6个团，在突破南朝鲜军三八线防御后，以第三十九军主力和第五十军围歼南朝鲜军第一师，以第三十八、第四十军和第三十九军1个师围歼南朝鲜军第六师；左纵队第四十二军和第六十六军并配属炮兵1个团，两军突破后，以主力5个师围歼南朝鲜军第二师，另以1个师抓住南朝鲜军第五师一部，以配合主力作战。虽然志愿军各军突破较顺利，但因没有摩托化装备，担任战役穿插迂回的部队全靠徒步行进。战役实施结果，左纵队基本实现战役目标，包围并歼灭南朝鲜军第二、第五两师共3个团大部；右纵队穿插部队虽完成了对南朝鲜军第一师和第六师的分割，并截断了南朝鲜军第六师退路，但南朝鲜军这两个师在志愿军尚未完全形成合围或刚刚到达合围位置，即已乘隙南逃。

第五次战役第一阶段，志愿军以11个军共配属炮兵7个团又两个营，在人民军3个军团配合下，采取突破后两翼向心迂回和正面突击相结合的部署，计划围歼"联合国军"共5

个师又两个旅,其中美军3个师,英军、土耳其军各1个旅。虽然"联合国军"方面在部署上只有战术纵深,而没有战役纵深,但战术纵深较长,一般约10公里,逐山部署兵力依靠其现代化武器装备设防。志愿军第五次战役攻击发起后,战役突破即不够顺利。右翼第十九兵团担任战役迂回的第六十四军突破"联合国军"临津江防御后,遭到强烈抗击,作为兵团第二梯队的第六十五军以2个师加入战斗,与第六十四军同时受阻,遭到美军飞机、炮火杀伤较大;担任中央突击的第三兵团突破"联合国军"前沿防御后,也受到顽强抵抗,发展缓慢;只有左翼第九兵团和右翼第十九兵团的第六十三军突破后发展较为顺利。由于"联合国军"在部署上齐头靠紧,没有间隙,前进时步步为营,后撤时节节抗击,因此,志愿军没有实现战役合围计划,整个战役第一阶段作战形成了平推。

(二)对美军形成战役战术包围后,难以达成聚歼

运动战阶段的作战实践表明,志愿军对南朝鲜军达成战役战术包围后,基本可以做到全歼和大部歼灭。但对美军达成战役战术包围后,则很难将其聚歼。这主要是由于志愿军的攻击火力太弱。这个问题在第二次战役、第四次战役第一阶段东线的砥平里作战和第五次战役第一阶段表现得较为突出。

第二次战役,志愿军充分利用战略和战役上的突然性,在西线首先以第三十八、第四十二两军和第四十军1个师,在"联合国军"进攻的右翼打开战役缺口(战役突破口),分别包围歼灭南朝鲜军第七、第八师大部。尔后根据战役发展的顺利形势,迅即扩张战果,以第四十二军和第三十八军一一三师向进至清川江以北的"联合国军"侧后实施战役上的双层迂回和包围,虽第四十二军中途受阻,未达成迂回目的,但第一一三师及时赶到指定地点三所里,并及时抢占了龙源里,截断了美第九军南撤退路。整个西线战场,三面包围了美第九军指挥的美第二师、第二十五师和土耳其旅全部,另美骑兵第一师和南朝鲜军第一师各一部。在东线,第九兵团第二十和第二十七两军在发起战役反击的当夜,即按计划将美陆战第一师大部和美步兵第七师1个多团分割包围于长津湖地区的三个点上。但是由于"联合国军"武器装备强,坦克多,被围后,夜间由坦克组成环形防御掩护步兵,并充分发扬火力,固守待援;到了昼间,被围部队在其空军和地面部队的接应下(东线还有海军接应),以坦克为先导,由炮兵火力开路,组织突围。因此,虽遭志愿军歼灭性打击,但终于突出包围逃跑。第四次战役中的砥平里战斗,志愿军以6个团的兵力已将美第二师第二十三团及法国营团压缩于砥平里,但是美第二十三团等依靠优势的武器装备顽强抵抗。志愿军围攻部队火力太弱,只有3个炮兵

1950年11月29日,志愿军第三十八军第一一三师第三三七团在龙源里截断美军南逃退路

连支援作战,并且每门炮只有20～30发炮弹,连续两个夜晚攻击,虽予美第二十三团等以重大杀伤,但未能将其歼灭。第三天,美军援兵骑兵第一师五团赶到,30余辆坦克在飞机掩护下攻击志愿军阻援部队。志愿军缺乏反坦克武器,只能将其增援步兵击溃,但有20余辆坦克突入砥平里,同美第二十三团等会合,更增加了志愿军歼灭该部的困难。志愿军遂根据整个战场形势的变化停止攻击,撤出战斗。

第五次战役第一阶段,志愿军虽未达成战役包围的目的,但实现了10余股战术包围,每股包围"联合国军"多者1个多团,少者两个连,但由于兵力火力弱,除少数几股全歼或大部歼灭外,有10股未能全歼,大部突围逃跑。

这些情况正如毛泽东在1951年5月26日所指出的:"我军实行战略或战役性的大迂回,一次包围美军几个师,或一个整师,甚至一个整团,都难达到歼灭任务。"①

(三)"联合国军"突围或撤退后,往往难以达成追歼

"联合国军"在突出包围和遭到打击后,依靠现代化装备,组织战役撤退快。志愿军依靠两条腿往往难以实现大规模的追歼,只能抓住"联合国军"担任阻击的一些小部队。这在第二次战役的东线作战、第三次战役、第五次战役第一阶段表现得较为明显。第二次战役东线作战,美陆战第1师经苦战突破志愿军第九兵团的层层阻截后,美第十军指挥的美军3个师(其中两师遭到歼灭性打击)和南朝鲜军两个师,全部撤往兴南海岸港口。志愿军第九兵团虽昼夜兼程、层层阻截、跟踪追击,予美陆战第一师以歼灭性打击,但徒步赶

---

① 《建国以来毛泽东军事文稿》上卷,军事科学出版社、中央文献出版社,2010年,第490页。

到兴南港时,美第十军指挥的部队约10万人,全部登上其前来接应的海军舰船,从海上南撤。志愿军见此情景,只能是望洋兴叹。

第三次战役和第五次战役第一阶段,志愿军全线突破"联合国军"防御后,"联合国军"依靠现代化装备,组织战役撤退,并且每日只后撤30公里,刚好是志愿军徒步追击的一夜行程。当志愿军一夜疲劳追击赶到后,"联合国军"再行后撤30公里。这样,志愿军的战役追击,虽然抓住并歼灭其一些担任阻击掩护的小部队,但不能追歼其主力,徒行疲劳,战果不大。

(四)缴获易被摧毁,战场补充困难

志愿军装备落后,技术人员力量较少,除汽车驾驶员外,其余极少掌握汽车驾驶技术,至于坦克驾驶技术更谈不上,因此,战役缴获的车辆物资等,来不及疏散即被美军飞机摧毁。这种情况,在运动战阶段的每次战役中都有。

第一次战役云山战斗,志愿军缴获飞机4架、坦克28辆、汽车170余辆、各种炮110余门,因来不及疏散,大部被美军飞机炸毁。第二次战役西线作战,志愿军缴获2300余辆汽车、近100辆坦克及其他大批物资,除开出少量汽车外,其余全被美军飞机炸毁。同一次战役中东线第二十七军缴获汽车187辆,仅开出30余辆,其余全被炸毁;第二十军六十师缴获汽车105辆,也大部被炸毁。第三次战役中,第五十军一四九师高阳追击战斗,缴获英第二十九旅坦克25辆,除开出或隐蔽10辆外,其余全被美军飞机炸毁。据第六十六军统计,该军在第一至第四次战役中,共缴获榴弹炮31门,也大部被美军飞机炸毁。整个运动战阶段,特别是第二次战役和第五次战役第二阶段,志愿军虽缴获不少,但美军飞机迅即将其摧毁,因此,志愿军难以利用其进行战场补充。

综上所述,志愿军以劣势的武器装备同高度现代化武器装备的美军进行进攻作战的困难,主要是不能大量歼灭其重兵集团,特别是难以成建制地歼灭美军师、团部队。整个运动战阶段,志愿军曾予美第二师、第七师、陆战第1师、土耳其旅以歼灭性打击,并予美第二十五师、骑兵第一师以重创。但真正成建制歼灭的,只有第二次战役东线作战中,第二十七军新兴里战斗全歼美第七师的1个多团。此外,在第一次战役中,第三十九军云山战斗歼灭美骑兵第一师第八团大部。然而,在运动战阶段,志愿军进攻作战,成建制全部或大部歼灭武器装备不如美军,但强于志愿军的南朝鲜军的师、团战例,每次战役中都有:第一次战役中,第四十军歼灭南朝鲜军第六师两个团大部;第二次战役中第三十八、第四十二军分别歼灭南朝鲜军第七、第八师大部;第三次战役中,第六十六军和第四十二军歼灭南朝鲜军第二师、第五师共3个团大部；第四次战役中，第四十、第四十二、第六十六军和第三十九军1个师歼灭南朝鲜军第八师3个团全部；第五次战役第二阶段，志愿军第九兵团指挥3个军和人民军3个军团并肩作战，歼灭南朝鲜第三、第九、第五、第七共4个师大部。这说明，武器装备居于悬殊劣势的志愿军，实施进攻作战困难很大，也说明志愿军进攻作战的能力是很强的。

给志愿军进攻作战造成的上述这些困难，主要表现在运动战阶段，到阵地战阶段这些情况有明显改变，越到后来改变越明显。

三、对志愿军防御作战的影响

志愿军依靠劣势武器装备同现代化装备的美军进行防御作战，其艰难程度更为严重。运动战阶段的防御作战主要有：第一次战役的东线作战、第四次战役第一阶段的西线作战和第二阶段的全线运动防御作战、第五次战役转移阶段的阻击作战。阵地战阶段在战略上双方都是防御，但在战役上双方都有攻防，这一阶段志愿军战役性质的防御作战主要有1951年夏季防御和秋季防御，1952年上甘岭防御作战。武器装备对志愿军防御作战造成的困难主要是在运动战阶段，有以下两点表现。

（一）依托野战工事实施坚守防御困难

美军的进攻作战，是空军、炮兵、坦克、步兵密切协同的作战，集中兵力火力对志愿军防守的阵地发动攻击，特别是集中空军、炮兵、坦克火力进行毁灭性轰击，美军称之为"火海战术"。志愿军没有制空权，高射炮兵和地面炮兵均少，因此，对上难以对空作战，对下难以压制美军等地面炮火，依托一般野战工事，实施坚守性质的防御是相当艰难的。运动战期间美军进攻，对志愿军团以下部（分）队防守的阵地，一天即可发射炮弹和投掷炸弹（包括凝固汽油弹和蝴蝶弹）数百发（枚）、上千发（枚）乃至上万发（枚）。志愿军防守的阵地土石被掀翻数尺，甚至成为一片火海。多数阵地只能坚持数小时，人员伤亡极大，许多阵地在弹药耗尽、人员大部或全部伤亡的情况下失守。这种情况，在各次防御作战中都有表现，在第四次战役中表现尤为突出。

据第五十军报告，1951年2月1日，美第二十五师以坦克10余辆、步兵800余人，在炮兵和10架飞机支援下，攻击该军第一四九师四四七团两个连防守的兄弟峰阵地，大量投掷重磅炸弹和凝固汽油弹，阵地工事全被摧毁，形成一片大火，该两连大部牺牲，阵地失守；同日,美第三师第十五团在榴弹炮12门、坦克30余辆、14架飞机支援下,攻击该军第一四九师四四五团六连防守的麻谷里以北阵地,炮击500余发,该连顽强抗击,苦战13小时,击退美第十五团4次冲锋,最后弹药耗尽,全部牺牲,阵地失守。至2月4日,在汉江南岸实施坚守防御的第五十军已减员过半,全军只有4个营另4个连可以勉强坚持作战。与第五十军同时展开防御的第三十八军一一二师,也已减员过半。据第三十八军报告,1951年2月11日,美军1个团,在坦克52辆、飞机24架的支援下,攻击第一一四师三四二团两个连防守的阵地,工事全被摧毁,两连顽强抗击,击退美军3次冲锋,最后弹药耗尽,人员大部伤亡,阵地失守。战至3月7日,第三十八军一一四师三四二团仅剩1个完整建制连,第三四〇团仅能组织两个班勉强坚持作战,该军第一一三、第一一四两师,仅有第三三八团是完整的建制,其余5个团共有15个连兵力可以勉强作战。第四十二军在防御中,也多次出现类似上述的情况,至3月8日,该军全军仅有1个刚整编后的团和121个连可以勉强作战。

作战实践表明,志愿军在劣势装备条件下,同现代化装备的美军作战,仅仅依靠野战工事,是不宜实施坚守防御的。因此,彭德怀司令员1951年6月曾指出,在"联合国军""空军坦克大量轰击下,固定防御是不存在的,但采取积极的机动防御,在一定地段坚持一定时间,杀伤敌人,是可以的"。邓华副司令员也曾指出,"多次经验证明,对美敌作战,坚守防御是不利的",但可以采取"运动防御方针,节节阻击敌人"。

在第四、第五次战役防御作战中,"联合国军"进攻兵力火力密集,在部署上齐头靠紧,很少空隙,而志愿军本来攻击火力就弱,加之粮弹补给不足,因此难以组织有效的反击,特别是昼间反击更加困难。

转入阵地战以后,志愿军逐渐加修加固了工事,特别是创造了坑道工事,形成了坚固防御阵地体系,解决了能不能守的问题。

(二)转移时必须防止"联合国军"的反扑

"联合国军"依靠其优势的武器装备,在志愿军进攻时,其组织战役撤退快,而在志愿军结束进攻主力向后转移时,其组织反扑也快。特别是在第四次战役第一阶段结束和第五次战役第二阶段结束以后,"联合国军"充分发挥其空军、炮兵、坦克和摩托化的优势,采取所谓"磁性战术",在志愿军向后转移时,立即发动全线进攻,以消耗和疲劳志愿军的有生力量。在第四次战役第二阶段连续进攻两个多月,在第五次战役转移阶段连续进攻20天。因此,志愿军完成战役进攻任务,主力向后转移时,必须要有防御部署,防止"联合国军"反扑。

总体而言，尽管志愿军在运动战阶段实施的防御作战十分艰难，但是由于多年的革命战争锻炼和考验，人民军队具有顽强的战斗意志，致使所有防御作战，都达成了战役上的目的。

抗美援朝战争实践表明，志愿军以极端劣势的武器装备，是可以同完全现代化的敌军进行作战的，并且取得了重大胜利。志愿军入朝作战，首先遇到的重大问题就是能不能打的问题，运动战7个半月的作战，最主要的就是解决了这个重大战略问题。毛泽东在1952年总结志愿军的作战情况时说："这次战争，我们本来存在三个问题：一、能不能打；二、能不能守；三、有没有东西吃。能不能打，这个问题两三个月就解决了。敌人大炮比我们多，但士气低，是铁多气少。"[1]中国人民志愿军和朝鲜人民军经过这一阶段的顽强作战，共毙伤俘"联合国军"23.3万余人，把以美国为首的"联合国军"从鸭绿江边打回到三八线，并将战线稳定在三八线地区。但是，由于武器装备严重落后，作战是十分艰难的，所以志愿军只能挫败敌军的进攻，而难以像国内战争那样成建制地歼灭敌军的师、团部队，特别是难以成建制地歼灭美军师、团部队，不能取得更大的胜利，并且自身也付出了重大代价。正如志愿军司令员彭德怀1951年8月曾指出的："在这样敌我装备技术悬殊的情况下，我们争取了五次战役的胜利。但由于装备技术上过于劣势，致未消灭更多敌人，胜利是不完满的。"到了阵地战阶段，尤其到1952年下半年后，由于武器装备得到改善、阵地得到巩固、运输补给已有保证，志愿军则越战越强、越战越主动。

同现代化武器装备的敌军作战，必须根本改善和加强自身的武器装备。战争是力量的竞赛，武器装备是战争力量的重要物质基础。"批判的武器当然不能代替武器的批判，物质力量只能用物质力量来摧毁。"曾任志愿军司令员的邓华在总结抗美援朝战争经验时指出，这场战争证明，"现代战争一定要有必需的现代技术装备。没有必需的火炮，既不能摧毁敌人的坚固阵地，也不能粉碎敌人的大举进攻；没有坦克和反坦克武器，便不能击毁敌人的坦克；没有空军和防空武器，便不能打击敌人的空军，掩护自己的战场。"

---

[1] 《建国以来毛泽东军事文稿》中卷，军事科学出版社、中央文献出版社，2010年，第50—51页。

抗美援朝战争的第一枪如何打响

1950年10月19日,中国人民志愿军在司令员兼政治委员彭德怀的率领下开赴朝鲜,开始了"伟大的抗美援朝、保家卫国战争"①。

10月25日,中国人民志愿军在开进中与美国为首的"联合国军"遭遇,打响了抗美援朝战争第一枪。

当日上午,中国人民志愿军第四十军一二〇师和一一八师,在利洞、两水洞地区分别与向北推进的南朝鲜军第一、第六师部队进入交战。

这一天,南朝鲜军第一师部队进至云山,并根据美第一军的命令,继续向鸭绿江畔的水丰发电站推进。上午8时30分左右,南朝鲜军第一师十五团由美军配属的坦克为先导,开始沿公路向北推进,当其进至云山城北玉女峰、朝阳洞一线时,已在这里占领阵地的志愿军第一二〇师三六〇团突然开火,予以迎头痛击。南朝鲜军第一师随即在密集炮火支援下,向志愿军第三六〇团阵地展开轮番攻击,企图抢占间洞南山等有利地形。志愿军第三六〇团官兵依托仓促构筑的野战工事,顽强抗击,坚守阵地两天三夜,未使云山之敌北进一步,有力地保障了军主力在温井方向的作战。

与第一二〇师部队同南朝鲜军第一师进入交战的同一天,志愿军第一一八师也在温井以北两水洞地区,与按照"联合国军"命令沿公路向鸭绿江畔碧潼推进的南朝鲜军第六师进入交战。25日上午,占领温井的南朝鲜军第六师二团先头三营以汽车搭载步兵开路,第一、第二营在后面徒步跟进。第三营推进速度很快,尖兵于10时20分左右在两水洞附近与志愿军第一一八师侦察连接触,营主力也全部进入志愿军第一一八师预设的伏击圈。志愿军第一一八师主力立即采取拦头、截尾、斩腰的战法,对其发起攻击。志愿军第三五四团依托有利地形,从南朝鲜军行军纵队侧翼展开猛烈攻击;第三五三团主力从第三五四团右翼出击,配合第三五四团战斗。南朝鲜军该营遭受突然打击后,立即陷入混乱。志愿军的两团部队冲下公路,穿插分割,将其截成三段,予以围歼。跟进的南朝鲜军第二团主力则遭到志愿军第三五四团四连的坚决阻击,无法前进一步。激战5小时,志愿军第一一八师全

---

① 引自《中国共产党中央委员会关于建国以来党的若干历史问题的决议》(1981年6月27日中国共产党第十一届中央委员会第六次全体会议一致通过)。

歼南朝鲜军第六师二团三营和一个炮兵中队，取得了志愿军出国作战第一个歼灭战斗的胜利。当夜24时，志愿军第一一八、第一二〇师各两个团对进至温井的南朝鲜军发起进攻。南朝鲜军部队四处溃散，志愿军仅用两个多小时即攻占温井。

同一天，志愿军第四十二军部队在东线黄草岭地区也对按照"联合国军"命令北进的南朝鲜军展开了阻击。当日拂晓，第四十二军一二四师先头营第三七〇团二营进至黄草岭，接替朝鲜人民军防御。此时，南朝鲜军第三师二十六团已占领黄草岭下的上通里、下通里等地。志愿军第三七〇团二营终于抢在南朝鲜军第二十六团之前进入黄草岭阵地，占据了有利地形，刚刚占领阵地，南朝鲜军第二十六团就向黄草岭发动连续攻击。志愿军该营及随后赶到的第三七〇团主力，将南朝鲜军的进攻击退。

从10月25日这天起，揭开了抗美援朝战争的序幕。

1951年8月18日志愿军政治部致电中央军委总政治部，建议以1950年10月25日作为抗美援朝纪念日。8月27日，主持中央军委总政治部工作的萧华副主任书面请示毛泽东主席并刘少奇、周恩来副主席："十月廿五日为志愿军入朝作战一周年，志愿军政治部八月十八日来电提议可否以此日作为志愿军抗美援朝纪念日举行各种纪念活动，我们同意。是否恰当，请示。"毛泽东于28日批示"同意"。30日，周恩来批示："萧：望考虑除志愿军本身举行各种纪念活动外，全国抗美援朝总会是否需要举行纪念，望与彭真①同志一商。"

从此，10月25日被确定为中国人民抗美援朝纪念日。*

1950年10月25日，志愿军第四十军在两水洞地区发起战斗

---

① 时彭真是中国人民抗美援朝总会主持工作的副主席。
* 本节已在《军事历史》2010年第1期上发表。

第二次战役志愿军为什么能一举将美军从鸭绿江边打回到三八线

抗美援朝战争第二次战役，从1950年11月6日诱敌深入开始，至12月24日战役追击结束，连续作战49天，歼敌36万余人，其中美军2.4万余人，一举将美国为首的"联合国军"从鸭绿江边打回到三八线，不仅挫败了其在圣诞节前结束朝鲜战争的"总攻势"，彻底粉碎了其占领全朝鲜的企图，迫使其由疯狂进攻转为狼狈撤退，有力地打击了美帝国主义的侵略气焰，而且帮助朝鲜人民收复了三八线以北除襄阳外的全部领土，并收复了三八线以南的瓮津半岛和延安半岛，扭转了朝鲜战局，使朝鲜战场形势发生了根本性变化，为抗美援朝战争最后胜利奠定了基础。这一胜利，大大超出了战役预想。

此次战役，是志愿军在抗美援朝战争中对美军打击最为严厉的一次战役，也是志愿军在抗美援朝战争运动战阶段打得最为精彩的一次战役。这次战役在指导上有如下几个特点：

第一，正确判断战场形势，果断确定根本扭转朝鲜战局的决心

在第一次战役时，志愿军虽在清川江以北予进攻的美第八集团军以打击，使美第八集团军向清川江一线作了退缩，但并没有改变"联合国军"向中朝边境全面进攻的形势，志愿军在朝鲜还没有根本解决站稳脚跟问题。而此时美国军政当局和"联合国军"总部对志愿军的参战兵力和意图均处于一种茫然状态。虽志愿军在第一次战役中就投入6个军29万余人，"联合国军"总部和美国军政当局也知道中国军队出动到朝鲜作战，但他们既搞不清志愿军出动了多少军队，也不知道志愿军出动到朝鲜的目标是什么，错误地判断志愿军只是象征性参战，只有几万人，不是不可侮的力量。鉴于这种情况，为改变战场形势，根本解决志愿军站稳脚跟问题，毛泽东果断决定，第二次战役，志愿军将战场摆在平壤、元山线的正面，而以德川、宁远以北以西地区为后方，从而根本改变朝鲜战局。并据此决定，集中第一次战役

时的6个军于西线，紧急调第九兵团3个军加入志愿军序列入朝担任东线作战，东、西两线全力作战。这一决心既符合志愿军的作战需要，又符合战场形势，从而为志愿军取得第二次战役胜利奠定了基础。

第二，利用美国军政当局战略上的判断错误和麦克阿瑟的骄狂心理，将计就计，扩大其错觉，造成战略和战役上的突然性

从1951年11月6日麦克阿瑟进行试探进攻开始，志愿军即"采取宽大正面运动防御与游击战相结合的方针"，开始诱敌深入。西线以第三十九军一一七师、第四十军一一九师、第三十八军一一二师和第四十二军一二五师，展开于第一线，节节阻击，故意示弱，骄纵敌军，诱敌深入；东线第四十二军也以一部兵力在黄草岭以北地区与敌保持接触，迟滞美陆战第一师向长津湖方向推进，主力则隐蔽后撤到预定地区休整，以逸待劳。

"联合国军"由于遭到志愿军第一次战役的打击，特别是对志愿军的兵力和部署情况不明，在试探性进攻中，行动非常谨慎，稳扎稳打，进展缓慢。志愿军为实现战役企图，既要抓住"联合国军"，表现出与其作战的决心，给以打击，又要显示力量不强，而步步后撤，骄纵"联合国军"，造成其错觉，进而牵牢"牛鼻子"，把"联合国军"诱入既定战场，创造出反击的有利战机。在志愿军总部的巧妙指导下，担任诱敌深入任务的志愿军各部，一开始即对进攻的"联合国军"展开顽强阻击，第一一二师在飞虎山、第一二五师在德川等地还进行了激烈的争夺。

在志愿军第一线诱敌部队的顽强阻击下，至11月8日，西线美第八集团军部队始终未能前进一步，东线长津湖地区的美陆战第一师也步履艰难。"联合国军"总司令麦克阿瑟严令各部加紧进攻，迅速向进攻出发线推进。"联合国军"部队主力遂逐步展开，向北攻击前进。

鉴于此，志愿军总部于11月9日令第一二五师继续坚守德川阵地，西线清川江地区阻击的其他各部，均后撤一步，诱敌前进，继续阻击。但"联合国军"对前次战役时因分散冒进而遭受的打击心有余悸，同时对中国军队的兵力和作战意图仍毫无头绪。因此，虽然麦克阿瑟一再督促，但至11月16日，西线美第八集团军仅向北推进9～16公里，而东线的美陆战第一师则平均每天只推进1英里，始终在下碣隅里、古土里地区徘徊。

为进一步造成敌军错觉，实现将敌军诱至预定地区歼灭的目的，彭德怀果断命令

西线诱敌各部从17日起停止对敌反击，东、西线部队均进一步后撤，与敌军脱离接触。志愿军诱敌部队在后撤过程中，故意在阵地上和道路旁丢弃部分装备和物品，制造"狼狈撤逃"的假象。同时，有意向被释放的美军战俘透露消息，说志愿军部队粮食供应困难，准备撤回国内，以诱使敌军放胆北进。

"联合国军"果然为志愿军的后撤行动所迷惑，作出了错误判断。他们认为：志愿军是"怯战退走"，估计在朝鲜的中共军队只有6万～7万人，并不是不可侮的力量，这些军队没有得到很好的补给，补给的困难和寒冷的天气可能是他们撤退的原因。从11月18日开始，东、西线美军全线放胆向北推进，至21日，全部到达志愿军预定的总攻开始线，进入了志愿军的既设战场。美第七师十七团进至鸭绿江边的惠山镇，这是美军到达中朝边境的第一支也是唯一一支部队。麦克阿瑟立即为此给美第十军军长阿尔蒙德发电祝贺。此时，"联合国军"总部和美国军政当局则完全被志愿军诱敌深入的行动所迷惑，作出了导致其战场惨败的判断和决策，允许麦克阿瑟全力以赴发起进攻，占领全朝鲜。

志愿军西线部队于25日晚、东线部队于27日晚有如神兵天降，突然发起攻击，打得美军不知所措，不仅麦克阿瑟被打蒙了、打傻了，而且美国军政当局也被打蒙了、打傻了。

第三，抓住美军怕抄后路的弱点，发挥志愿军的战术特长，大胆实施战役上迂回包围和分割包围的战术

战役反击开始后，在西线，志愿军首先选择美第八集团军战役布势上的薄弱环节，集中力量包围歼灭其进攻右翼战斗力较弱的南朝鲜第二军团两个师，打开战役缺口，尔后集中第三十八、第四十二两个军，多路向美第八集团军侧后实施战役和战略性的迂回，切断了美第九军南撤退路，将美第九军主力第二、第二十五师和土耳其旅等部三面包围于以价川、军隅里为中心的清川江南北地区；在东线，则突然将美陆战第一师大部和美第七师1个多团分割包围在几个孤立的点上，切断了美军相互之间的联系。从而动摇了"联合国军"整个进攻布势，在东、西两线都造成了歼敌的有利态势。东线志愿军第九兵团还在美军撤退的必经之路预先部署了几道阻击阵地，致使美陆战第一师在长津湖地区突出包围南逃后，步步受到阻截。东、西两线全力作战，了美第二师、第七师、海军陆战队第一师和土耳其旅以歼灭性打击，重创美第二十五师。

第四,抓住美军动摇时机,乘势扩大胜利

西线在清川江南北地区重创美第九军后,已完成了战役的预定任务。但此时,已撤至平壤及东、西一线布防的美军,决心动摇,毛泽东、彭德怀抓住这一时机,组织志愿军西线部队向平壤追击,待美军从平壤南撤后,又组织志愿军西线部队全线向三八线攻进。东线追击予美第十军指挥的部队惨痛打击,美第十军指挥的部队最后由其海军军舰接应从海上撤逃,从而使志愿军整个战役取得了大大超出预想的胜利。

经过这次战役,进一步证明,志愿军虽然武器装备与美军相比强弱悬殊,给作战造成很多困难,但仍然可以同美军作战,并且可以取得作战的胜利。第三十八军总结了第二次战役的作战经验,12月16日彭德怀将这一经验转发志愿军各部并报中央军委。毛泽东看到这一经验,极为重视,于18日,又将其转发各中央局、分局、省市区党委和各级军区、各兵团、各军及新组建的军事学院,指出:"这是极重要的经验,望注意研究。在志愿军的作战经验中证明,我军对于具有高度优良装备及有制空权的美国军队,是完全能够战胜的。"[①] 后来,毛泽东、周恩来都说过,能不能打的问题,"两三个月就解决了。敌人大炮比我们多,但士气低,是铁多气少"。"经过三个多月的时间,证明我们能够把敌人打退,我们把美帝国主义打回到三八线附近了。"[②]

---

① 《建国以来毛泽东军事文稿》上卷,军事科学出版社、中央文献出版社,2010年,第412页。
② 《建国以来毛泽东军事文稿》中卷,军事科学出版社、中央文献出版社,2010年,第50—51页;《周恩来军事文选》第四卷,人民出版社,1997年,第293页。

第二次战役志愿军第九兵团冻饿减员较大的原因是什么

第二次战役志愿军第九兵团3个军共12个师全力担负东线作战任务，予进攻的美第十军部队以沉重打击，其中全歼美步兵第七师一个加强团，美陆战第一师也伤亡过半，根本扭转了东线战局。毛泽东说，第九兵团在极困难情况下完成了巨大战略任务。但整个战役该兵团减员4.1万余人，其中冻饿减员2.1万余人，第二十七军有一个连呈战斗队形冻死在阵地上。以致战役结束后，第九兵团必须进行休整。战后若干年一提起第二次战役东线冻饿减员的事，就有人责怪当时该兵团司令员宋时轮。那么出现这种情况是否是宋时轮的责任，或者他应承担主要责任？如果不是，那么是什么原因造成了这种情况？其实，造成这种情况，既有客观原因，也有主观原因。

一是朝鲜东北部长津湖地区冬季气候寒冷，长期在中国华东地区战斗的部队不适应这种气候。当时朝鲜长津湖地区冬季气温在零下20℃左右，平均最低气温在零下30℃～40℃。当地朝鲜居民冬季长时间在室外活动也承受不了这种寒冷。志愿军第九兵团长期生活战斗在中国华东地区，华东地区属于亚热带气候，且第九兵团官兵也基本来自华东和长江以南地区。没有补足寒区服装，没有进行寒区适应性训练，从温暖的华东直接开到如此寒冷的寒区作战，完全不适应这种气候。就连穿着羽绒服装、配有羽绒睡袋，并有空中运输源源补给的美军士兵，在这样的气候下尚有数千人冻伤。解放军出版社1990年出版的约瑟夫·格登《朝鲜战争——未透露的内情》一书中，第468页上讲，从10月26日到12月15日，仅美陆战第一师即有7313名非战斗减员，其中大部冻伤。那么缺乏寒区装备的志愿军官兵的状况就更可想而知了，并且吃不上热饭，只能啃冻得冰块一样硬的饭团、土豆和窝窝头。严寒的气候，是志愿军第九兵团遇到的第一个巨大威胁。许多官兵手脚被冻僵，面部、耳朵被冻伤，有的步枪被冻得拉不开栓、机枪打不响。

二是战场形势急速变化，第九兵团提前入朝参战，来不及补给寒区冬装。在志愿军入朝前，1950年10月13和14日，毛泽东和彭德怀曾根据朝鲜战场情况，计划志愿军入

志愿军第九兵团部队在零下30℃的冰天雪地里坚持作战

志愿军第九兵团部队向长津湖地区开进

朝后，在平壤、元山铁路线以北，德川、宁远公路线以南地区，构筑两道至三道防御阵线，保持平壤、元山以北地区至少是山岳地区，不被敌人占领。第一个时期只打防御战，待弄清各方面情况，等候从苏联订购的武器装备到达，并装备起来，完成训练，待空中和地面均对敌军具有压倒优势条件后，再配合朝鲜人民军反攻；志愿军入朝后，调第九兵团由华东北上，到原东北边防军驻扎地区整训两个月后再入朝作战。然而志愿军10月19日入朝时，战场情况就出现了超出预想的变化，东线南朝鲜军已进占志愿军预定组织防御的地区，中线、西线的南朝鲜军和美军，距志愿军预定防御地区仅90～130公里。而至20日，志愿军仅过江5个师，距预定防御地区尚有120～270公里。战场情况的急速变化，使志愿军无论如何也不能按原定第一期作战设想，在平壤、元山铁路线以北，德川、宁远公路线以南组织防御战了。毛泽东、彭德怀遂果断改变原定计划，采取在运动中各个歼敌的方针，立即部署组织进行了第一次战役，将西线美军和南朝鲜军从鸭绿江边打退到清川江一线，但东线美军和南朝鲜军仍在向中朝边境进攻。为了根本改变朝鲜战局，使志愿军在朝鲜平壤、元山一线以北地区站稳脚跟，中央军委决定，已经由华东地区起运，准备到东北地区整训的第九兵团直接入朝担负东线作战任务。于是第九兵团在东北地区没有停留，而直接开赴朝鲜。在北上途中，火车停留的站点均进行了寒区被服补给，但这种补给很有限，远远不能满足需要。致使许多官兵只能穿着适宜华东地区冬季气候的服装开到寒冷的朝鲜东北部长津湖地区作战。而中国华东地区冬季服装是无法抗拒朝鲜长津湖地区冬季寒冷气候的。这应该是第九兵团在这次战役中冻饿减员较大的根本原因。

三是志愿军运输补给能力太弱，无法满足跟进补给。第九兵团入朝途中的补给有限，而志愿军的整个后勤保障能力也非常弱，朝鲜北部铁路尚完全处于瘫痪状态，志愿军每个军只能配属100辆汽车进行运输补给，并且完全在美国空军的轰炸封锁下进行，又是朝鲜东线的冰天雪地，所以跟进补给也极为困难，远远不能满足需要。

上述三点是志愿军第九兵团在第二次战役中冻饿减员较大的客观原因，也是主要原因。这些不是哪个人的意志所能转移的。

四是主观原因，即战场指挥强调部队隐蔽，部队趴冰卧雪时间过长。为了达成战役突然性，为了达成战役目的，作为指挥员必须强调部队行动的隐蔽，否则部队行动暴露，要么影响战役全局目的的达成，要么遭受美军空军轰炸扫射而伤亡损失。问题在于缺少如何尽量减少冻饿减员的具体措施，致使部队到达预定地区隐蔽，趴冰卧雪时间过长，有的冻死，有的冻僵致伤。战后兵团司令员宋时轮多次作过诚恳检讨，着重从主观上检查原因，并表示自己应负主要责任。

然而，大概正是因为上述客观原因，志愿军总部和毛泽东不但没有追究宋时轮的责任，相反却均致电第九兵团，对东线作战予以高度评价。志愿军司令部和政治部于12月15日联合致电第九兵团首长和全体指战员指出："你们在冰天雪地，粮弹运输极端困难的情况下，与敌苦战半月有余，终于熬过困难，打败了美国侵略军陆战一师及第七师，收复东线许多重要城镇，取得了很大胜利，这种坚强的战斗意志与大无畏的精神值得全军学习。正由于东西两线的伟大胜利，基本上改变了朝鲜的局势，迅速地转入对敌反攻。"毛泽东在12月17日的电报中指出："九兵团此次在东线作战，在极困难条件之下，完成了巨大的战略任务。"①

---

① 《建国以来毛泽东军事文稿》上卷，军事科学出版社、中央文献出版社，2010年，第410页。

你不了解的抗美援朝战争

中国人民志愿军和朝鲜人民军联合司令部是怎么回事

从志愿军入朝开始,就存在志愿军和朝鲜人民军作战的相互配合和统一指挥问题。经彭德怀与金日成协商,在组成志愿军的指挥机构时,金日成派朝鲜劳动党中央常务委员、内阁内务相朴一禹参加志愿军的领导,担任联络,中共中央任命朴一禹为志愿军副司令员兼副政治委员和中共志愿军党委副书记。当时朝鲜人民军遭到严重损失,主力正从三八线以南向北后撤转移中,新组建的部队正在中国境内整训。因此建立志愿军和人民军统一指挥问题尚未提到日程。在志愿军进行第一次战役中,由于没有统一的协调,则多次发生人民军误击志愿军的事件。11月4日,志愿军第三十九军部队正在博川东南围攻美第二十四师,而人民军坦克师却奉命向顺川挺进,误击志愿军第三十九军部队,使被围之敌逃脱。另外,在物资供给、交通运输等方面,由于没有统一协调指挥,也出现了混乱的局面。尽管这些现象还没有造成十分严重的后果,但志愿军和人民军的统一作战指挥已成为迫切需要。

志愿军第一次战役结束后,彭德怀曾考虑,金日成的人民军总部最好能与志愿军总部靠近,以便协商志愿军和人民军在作战上的协调统一问题,并通过北京委托中国驻朝鲜大使馆与金日成进行协商。但金日成是朝鲜内阁首相和人民军最高司令官,集军事、政务于一身,人民军总部难以与志愿军总部设在一起,金日成表示可在十数日内与彭德怀会面一次,协商作战问题。

11月7日,彭德怀请朴一禹回满浦面见金日成,就开辟敌后战场、中朝两军如何配合作战、对俘虏兵政策等问题进行协商。朴一禹与金日成协商这些问题时,苏联驻朝鲜大使史蒂科夫和苏联驻朝鲜的军事顾问瓦西列夫均在场,他们对一些问题的认识不一致,并且影响金日成的决心。对上述问题都未获得明确协商结果。11月11日,彭德怀致电毛泽东、高岗报告了以上问题的商谈情况。彭德怀并曾提议,由金日成、苏联驻朝鲜大使史蒂科夫、彭德怀组成三人小组,负责决定与作战有关的协调指挥和军事政策等问题。

11月8日，周恩来致电中国驻朝鲜大使馆参赞柴军武并告彭德怀、高岗："目前正值战役间隙期间，毛主席嘱向金首相建议，可否于本月十日前后到彭德怀同志处与高岗、彭德怀两同志晤面，商讨在朝作战和供应，与朝鲜人民军和机关进入东北后的训练、安置及其他问题。不知金首相意见如何，请速询告，以便通知高岗同志赶往。"①金日成同意就以上问题与彭德怀、高岗进行会商。高岗于14日从沈阳到达志愿军总部，15日，与金日成、史蒂科夫、彭德怀一起，就统一作战指挥和一些军事政策问题进行了协商。意见基本形成一致，但未作最后定论，待第二次战役后再议。

在此期间，11月13日，周恩来就此起草了毛泽东致斯大林的电报，转去了彭德怀11日给毛泽东关于请朴一禹与金日成商讨四个问题的电报。毛泽东在电报中指出："我曾向金日成提议利用目前作战间隙，去前线与彭德怀及高岗（由沈阳赶去）会商作战和上述四个问题及敌后各项政策，金已同意，并与苏大使史蒂科夫同志同往。彭德怀同志提议，希望金日成同志和史蒂科夫同志能常驻前方，并由金日成、史蒂科夫、彭德怀组织三人小组，负责决定军事政策，包括建军、作战、正面战场和敌后战场以及与作战有关的许多现行政策，求得彼此意见一致，以利战争进行。我们同意这个提议，现特电告，请求您的指示。如您认为可行，即请由您处向史蒂科夫同志和金日成同志提出为妥。……现在的重要问题是朝、苏、中三国在那里的领导同志们能很好地团结，对各项军事政治政策能取得一致的意见，朝鲜人民军和中国人民志愿军在作战上能有较好的配合，……胜利是有把握的。"

斯大林接电后，于当月16日回电，提出同意由中国同志统一指挥，并将此意同时电告金日成和史蒂科夫，苏联驻中国军事总顾问也赞成斯大林的意见。

在第二次战役西线作战结束时，12月3日，金日成来到北京，与毛泽东、周恩来、刘少奇就朝鲜战争若干重要问题进行协商。这时朝鲜人民军已有5个军团陆续完成整训或休整，准备同志愿军并肩作战。在会谈中，在中朝两军统一指挥问题上，金日成说：斯大林来电报同意志愿军和人民军统一指挥，因中国志愿军有经验，应由中国同志为正、朝鲜同志为副，朝鲜劳动党政治局会议已同意。最后双方商定：成立中国人民志愿军和朝鲜人民军联合司令部，凡属作战范围及前线一切活动均归其指挥，后方动员、训练、军政、警备等则由朝鲜政府直接管辖，但联合司令部应向后方提出要求和建议。铁路运输修理亦归联合司令部指挥。联合司令部下仍分两个机构，即中国人民志愿军司令部和朝鲜人民军参谋部，合驻一处办公；以彭德怀为司令员兼政治委员，朝鲜方面以金雄为副

---

① 《建国以来周恩来文稿》第三册，中央文献出版社，2008年，第475页。

司令员、朴一禹为副政治委员。联合司令部对外不公开，仅对内行文用之①。

12月7日，彭德怀与金日成在朝鲜进行会谈，决定在数日内组成中朝联合司令部。8日，周恩来代表中共中央起草了中朝两方关于成立中朝联合司令部的协议，内容如下：

一、为更有效地打击共同敌人，中朝两方同意立即成立联合指挥部，统一指挥朝鲜境内一切作战及其有关事宜。

二、中朝两方相互同意推任彭德怀为联合指挥部司令员兼政治委员，金雄为联合指挥部副司令员，朴一禹为联合指挥部副政治委员。

三、朝鲜人民军及一切游击部队和中国人民志愿军受联合指挥部统一指挥。联合指挥部发给他们的一切命令统经朝鲜人民军总司令部及中国人民志愿军司令部下达。

四、联合指挥部有权指挥一切与作战有关之交通运输（公路、铁路、港口、机场、有线无线的电话和电报等）、粮秣筹措、人力物力动员等事宜。联合指挥部凡关此类命令，视其管辖关系，分别经由朝鲜人民军总司令部或中国人民志愿军司令部下达。

五、凡属朝鲜后方的动员支前、补充训练及地方行政的恢复等工作，联合指挥部得根据实际情况和战争需要向朝鲜政府提出报告和建议。

六、凡关作战的新闻报道，统由联合指挥部指定机关负责编审，然后交朝鲜新闻机关以朝鲜人民军总司令部名义统一发布之。

（注）为保持机密起见，彭德怀、金雄、朴一禹三人署名的命令只限于发给朝鲜人民军总司令部及中国人民志愿军司令部，下达则只转述联合指挥部命令而不提及三人姓名。②

这个协议在征得金日成同意后，中国人民志愿军和朝鲜人民军联合司令部于12月上旬正式组成，简称"联司"。从而解决了中国人民志愿军和朝鲜人民军统一作战指挥问题，从第三次战役开始，中国人民志愿军和朝鲜人民军即在联司统一指挥下作战，直至朝鲜战争结束。1951年年初，增加邓华为副司令员。1952年7月，朝鲜方面以崔庸健接替金雄任副司令员，1953年2月又由崔庸健接替朴一禹在联合司令部的工作。

---

① 中共中央致彭德怀并高岗的电报，1950年12月4日夜。
② 《建国以来周恩来文稿》第三册，中央文献出版社，2008年，第611—612页。

第四部分 抗美援朝战争基本过程

在中朝联合司令部之下，中朝两军于1951年3月成立中朝空军联合司令部，刘震任司令员（后为聂凤智），常乾坤、王琏（朝方）任副司令员，统一指挥中国人民志愿军空军和朝鲜人民军空军作战。8月，成立中朝联合铁道运输司令部，贺晋年为司令员、张明远为政治委员，刘居英、南学龙（朝方）、金黄一（朝方）、李寿轩、叶林任副司令员，崔田民、苏尚贤（朝方）任副政治委员，统一计划和指挥战时朝鲜铁路运输、修复与保护等事宜。9月，成立东、西海岸防御联合指挥机构，分别指挥东、西海岸志愿军和人民军部队的防御部署、工事构筑和作战行动。东海岸防御联合司令部由志愿军第九兵团司令部兼，宋时轮为司令员，陶勇、李离法（朝方）为副司令员；西海岸联合指挥所（后改为指挥部），韩先楚为司令员，朴正德（朝方）任副司令员，后增梁兴初为副司令员代司令员。为进行反登陆作战作准备，1952年12月，加强和调整了东、西海岸防御联合指挥机构，西海岸联合指挥部由邓华兼任司令员和政治委员，梁兴初、方虎山（朝方）、吴信泉任副司令员，杜平任副政治委员兼政治部主任，王政柱任参谋长；志愿军第三兵团司令部接替第九兵团司令部兼东海岸联合指挥部，王近山任副司令员、代司令员，杜义德任政治委员，金雄（朝方）任副司令员，王蕴瑞任参谋长，刘有光任政治部主任。

志愿军和人民军联合司令部司令员兼政治委员彭德怀、副司令员邓华、副政治委员朴一禹与志愿军领导人陈赓、甘泗淇等合影

志愿军该不该越过三八线作战

学术界关于抗美援朝战争中中国人民志愿军越过三八线的第三次战役该不该打,向来存在不同认识,主要表现在下述几个问题上:一是该不该打,二是该不该当时打,三是如何估价这次战役的作用。

一、关于该不该打的问题

由于战争最终结局是以三八线南北地区敌我双方实际接触线为军事分界线实现了停战,而且朝鲜停战时划定的军事分界线比第二次战役结束时志愿军和人民军实际控制的地盘还略亏一点,于是有人就对第三次战役志愿军越过三八线作战感到不好理解。也就是说既然战争还是停在三八线附近,当初为什么还要越过三八线作战。

搞清这个问题必须分析当时敌对双方的战略意图和战场形势。美军方面,早在1950年9月麦克阿瑟仁川登陆之前,美国当局就确定了军事占领全朝鲜的战略目标,经美国总统杜鲁门批准于仁川登陆成功后的9月27日,由参谋长联席会议给麦克阿瑟发出了指令:"你的军事目标是摧毁北朝鲜军事力量。为实现这一目标,授权你在朝鲜三八线以北地区采取军事行动,包括两栖行动、空降作战或地面作战,只要在实施这些行动时,苏联军队或中共军队没有大批进入北朝鲜,没有发表将要进入的声明,也没有威胁要对抗我们在北朝鲜的军事行动。然而,在任何情况之下,都绝对不允许你的部队越过'满洲'或苏联与朝鲜的边境线。而且作为一项政策,在与苏联接壤的朝鲜东北部各道或与沿'满洲'边境的地区,不得使用非朝鲜人的地面部队。此外,对你在三八线以南或以北地区作战的支持,不包括对'满洲'或苏联领土的海空作战行动。"[①] 根据这一指令,9月28日,麦克阿瑟制订了北进计划,29日即得到美国参谋长联席会议批准。在10月初,美军越过三八线后,10月9日,刚刚于9月20日接任美国国防部长的马歇尔又发出一个经杜鲁门批准的新指令,以作为对9月27日指令的补充,指出:"今后中国共产党要是不

---

① Foreign Relations of the United States, 1950, Vol. Ⅶ, Korea (《美国对外关系》第七卷,1950年,朝鲜), p781。

事先声明就在朝鲜任何地方公开或隐蔽地使用大量的部队，你应根据自己的判断只要在你控制下的部队有可能获得胜利，你就继续行动，在任何情况下，如果要对中国境内的目标进行任何军事行动，都必须事先得到华盛顿批准。"[1]这就明确了美军在朝鲜的军事目标是占领整个朝鲜，同时也不排除对中国境内目标采取军事行动的可能。在美军越过三八线北进的同一天，即10月7日，美国操纵联合国安理会通过了关于"统一朝鲜"的决议。决议指出："采取一切适当的步骤以保证全朝鲜情况的稳定"，"采取一切组织政府的行为，包括在联合国主持下举行选举，以便在主权的朝鲜国家内建立一个统一、独立和民主的政府。"为达此两项目标，联合国军需留存朝鲜任何地方。于是美国在朝鲜三八线以北的军事行动在形式上也得到了"合法化"，美国在朝鲜的军事目标和政治目标均已十分明确。

美国军队在遭到中国人民志愿军第一、第二两次战役的突然打击后，被迫从鸭绿江边撤退到三八线及其以南地区，但美国并没有放弃上述在朝鲜要达到的军事目标。杜鲁门在11月30日的记者招待会上表示，尽管联合国军在中国军队的攻击面前被迫撤退，并且战局的发展可能迫使联合国军还要节节后退，"但是，联合国的部队并不打算放弃他们在朝鲜的使命"，同时扬言在朝鲜使用原子弹，并要继续"聚集军事力量和实力"在朝鲜坚持下去[2]。12月11日，美国国家安全委员会在讨论朝鲜局势问题时，杜鲁门表示："我不想作出退兵的政治决定，而认为撤退的时机应从军事上来斟酌决定。目前给麦克阿瑟的指令仍是合适的，有效的。"[3]12月下旬，美国当局也曾考虑过，一旦美军无法继续在朝鲜坚持下去和日本的安全受到威胁时，便将美第八集团军从朝鲜撤往日本，但这仅仅是美国当局最坏的一种打算，当时还没有撤退的具体计划。

志愿军方面，1950年10月上旬，中共中央作出出兵决策时，就对志愿军参战后战争的前途作了预测，归结起来就是三种可能：一是在朝鲜境内歼灭和驱逐美国及其他国家的侵略军队，彻底解决朝鲜问题，但这是以苏联出动空军掩护中国人民志愿军地面作战为前提的；二是经过志愿军的努力作战，迫使美国方面举行谈判（到了第二次战役中，这一点提得更明确：美国军队必须"撤出朝鲜，而首先撤至三八线以南，才能谈判停战"[4]。）；三

---

[1] [美]哈里·杜鲁门：《杜鲁门回忆录》第二卷，李石译，生活·读书·新知三联书店，1974年，第432页。
[2] [美]哈里·杜鲁门：《杜鲁门回忆录》第二卷，李石译，生活·读书·新知三联书店，1974年，第464—465页。
[3] [美]哈里·杜鲁门：《杜鲁门回忆录》第二卷，李石译，生活·读书·新知三联书店，1974年，第499页。
[4] 《建国以来毛泽东军事文稿》上卷，军事科学出版社、中央文献出版社，2010年，第388页。

是同敌人打成僵局,并准备美国对中国宣战,至少准备美国以其空军轰炸中国的大城市和工业基地,使用其海军攻击中国沿海地带。对于这三种可能,中共中央的基本态度是,力争实现第一种可能,准备接受第二种可能,力争避免第三种可能出现。实际上,这就是中共中央为志愿军确定的军事战略目标。

中共中央这样认识问题和决定问题是有道理的。首先,这是建立在对敌我双方基本情况的对比分析基础之上的。从经济力量和军队武器装备对比看,敌强我弱,并且差距悬殊,在这样的条件下,志愿军作战将是很困难的。但志愿军也有取得胜利的条件,就是军队数量上的优势和人民军队的顽强战斗意志;反侵略战争的正义性质,有中朝两国人民的全力支援,并能取得民主国家和世界爱好和平人民的支持和援助;努力改善军队的武器装备和实施正确的战争指导。其次,表明了中国人民抗美援朝战争力争达到最好结果的决心。第三,战争是力量的竞赛,是物力和智力的竞赛,力争达到最好的结果,并不是在条件不允许时也执意强求,而是考虑到各种可能,作好各方面的准备,在条件许可的范围内去争取最好的结果。

中共中央是这样决定的,也是这样进行了各种准备。在志愿军出动前后调集二线部队,向苏联订购武器装备,将东北边防地区的工业基地向北做了迁移,把数量不多的歼击机航空兵和高射炮兵部队全部署在靠近沿海地区的大中城市,并成立了中央防空指挥机构,在广东、福建沿海地区作了防止美国和蒋介石军队登陆进攻的部署,加速技术兵种建设,等等。

至于志愿军在朝鲜作战究竟会达到什么样的结果,中央的方针是,只有经过一段战争实践之后才能得到证明,"总之,我们应在稳当可靠的基础上争取一切可能的胜利"[①]。志愿军参战后,进行了第一、第二次战役。特别是第二次战役,志愿军取得了大大超过预想的胜利结果,一举将美国为首的"联合国军"从鸭绿江边打回到三八线。从当时战场形势看,中国人民志愿军虽然由于武器装备落后而作战中的实际困难很多,但是参战仅仅两个月就打出了战争的有利局面。似乎在朝鲜境内实现歼灭或驱逐美国和其他国家侵略军队的可能性是存在的,而美国仍未放弃其侵占全朝鲜的军事战略目标。同时志愿军作战的胜利,鼓舞了中国人民和朝鲜人民的士气,也鼓舞了民主阵营的士气。这时中国人民志愿军的作战正处于顺利发展的形势下,如果停止于三八线以北进行休整,则正是美国所希望的。而在民主阵营内部,无论斯大林还是金日成都不希望看到中国人民志愿军就此停止。12月中旬,彭德怀在与金日成和苏联驻朝鲜大使史蒂科夫会见

---

① 《建国以来毛泽东军事文稿》上卷,军事科学出版社、中央文献出版社,2010年,第279页。

时，史蒂科夫对彭德怀在西线作战结束后未立即发起新的进攻提出了指责。

总之，当时从志愿军作战的发展形势，从中共中央争取战争最好结果的指导思想，从民主阵营对战场形势的认识，从美国占领全朝鲜的企图，都决定了志愿军必须越过三八线进行第三次战役。于是，毛泽东决定志愿军越过三八线再打一仗，再给美国为首的"联合国军"以打击。

二、关于该不该当时打的问题

在志愿军第二次战役结束之前，1950年12月8日，彭德怀司令员在给毛泽东的电报中曾设想，在第二次战役结束后，部队停止于三八线以北数十里地区进行整补，暂不越过三八线作战，经过充分准备后，待1951年开春再战。毛泽东于12月13日给彭德怀并告高岗的电报中指出"目前美、英各国正要求我军停止于三八线以北，以利其整军再战。因此，我军必须越过三八线。如到三八线以北即停止，将给政治上以很大的不利"。在12月21日的电报中又指出："美、英正在利用三八线在人们中存在的旧印象，进行其政治宣传，并企图诱我停战，故我军此时越过三八线再打一仗，然后进行休整是必要的。"①

应该说关于是否越过三八线再打一仗的问题，彭德怀和毛泽东的想法是一致的。关于何时越过三八线再打一仗的时机彭德怀和毛泽东各有考虑。而彭德怀的考虑和毛泽东的决定也都是有道理的，只是他们思考问题的角度不同。

毛泽东主要是从政治上，从对国际国内政治影响上来考虑问题的。此时美英等国对志愿军参战要达到何种目的还在猜想中，并极为希望志愿军能停在三八线以北不再南进，以利其整军再战，至少使其可以不再继续向南撤退。为此，要求联合国按美国意愿寻求"停火"。正在美国当局为摆脱在朝鲜问题上的尴尬局面，寻找出路的时候，12月5日，联合国亚非13个国家代表团"呼吁北朝鲜当局和中华人民共和国中央人民政府立即声明它们没有意思使它们控制下的任何部队前往三八线以南"②。这恰好符合美国的意图。12月11日，美国国家安全委员会批准了寻求"停火"的决定。12月14日，第五届联合国大会在美国压力下通过了组成由第五届联大主席伊朗代表安迪让以及印度代表劳氏爵士和加拿大代表皮尔逊组成一个三人小组，来确定可以在朝鲜议定满意的停火基础并尽速向大会提出建议。即先行实现停火，然后才能考虑其他问题。这个小组提出了在朝鲜先停火、后谈判的建议。这正是美国所要求的，因此得到了美国的支持。一位美国学者

---

① 《建国以来毛泽东军事文稿》上卷，军事科学出版社、中央文献出版社，2010年，第408、第414页。
② 《中美关系资料汇编》第二辑，上册，世界知识出版社，1960年，第321页。

的博士学位论文写得非常清楚：美国坚持联合国在决议中写上"停战"的条款，要求谈判前必须"停火"，"由于停火将使前线冻结，让联合国军队在遭到敌人打击之后有时间恢复元气"，同时，"政府断定停火后的会谈永远也开不起来，因为它知道北京不会接受有些条款"①。

对上述情况，中国政府表明了态度。12月8日，中国外交部亚洲司司长召见印度驻华大使馆参赞，11日周恩来召见印度驻华大使，针对十三国的呼吁指出：十三国的呼吁是不公平的，为什么十三国不反对美国侵略？为什么十三国不呼吁美国撤军？为什么十三国在美国军队越过三八线北进时不讲话？为什么十三国中还包括参加"联合国军"行动的菲律宾？

12月22日，周恩来外长代表中国政府针对联合国大会14日通过的决议发表声明，揭露了美国的真实意图。声明指出：自美国侵朝以来，美国当局一直拒绝撤出其侵朝军队，从来没有结束朝鲜战争的诚意。既然如此，为什么美国当局又赞成立即在朝鲜停火和表示愿意举行谈判解决朝鲜战事呢？"不难了解，当美国侵略军登陆仁川港、越过三八线或直逼鸭绿江的时候，他们不会赞成立即停战，也不会愿意举行谈判；只有在美国侵略军失败的今天，他们才会赞成立即停战，并在停战后举行谈判。很显然地，昨天反对和平，是为着美国可以继续扩张侵略；今天赞成停战，也是为着美国可以取得喘息时间，准备再战，至少可以保持现有侵略阵地，准备再进。他们关心的……是美帝国主义如何能在朝鲜保留侵略军队和侵略行动，如何能继续侵占中国的台湾，……这就是说，停战后一切照旧，准备好了再打，并且还借此先宣布紧急状态存在，……所谓先停战后谈判，……谈判的议程和内容也可在停战后无休止地讨论下去……三人小组——就地停战——和平谈判——大举进攻。这一马歇尔公式对中国人民极不生疏。"中国政府对联合国大会的这个决议是不能接受的②。事实正是如此，12月15日，杜鲁门宣布全国进入"紧急状态"。美国当局决定美国武装力量的人数将尽快扩大到350万人，在1952年6月之前，军用飞机、车辆、电子设备的生产，要比原计划增加4～5倍，并对工资、物价等采取控制措施。

这种国际政治形势决定了志愿军在第二次战役打到三八线后，不能停下来进行休整，而必须立即越过三八线再打一仗。毛泽东在12月29日给彭德怀的电报中指出，经过这一仗，所谓三八线在人们中的旧印象也就不存在了，"但如不打这一仗，从十二月初起整个冬季我军都在休整，没有动作，则必引起资本主义各国甚多揣测，民主阵线各国

---

① ［美］约翰·斯帕尼尔：《杜鲁门与麦克阿瑟的冲突和朝鲜战争》，复旦大学出版社，1985年，第207—208页。
② 《中美关系资料汇编》第二辑，上册（《周恩来外长关于2月14日联大决议的声明》），世界知识出版社，1960年。

亦必有些人不以为然，发生许多议论。如果我军能……于一月上半月打一个胜仗，争取歼灭伪军几个师及美军一部，然后休整两个月，准备春季攻势，则对民主阵线及资本主义各国人民大众影响甚好，对帝国主义则给以新的一击，加重其悲观失败情绪"①。

这些正是作为伟大的政治家和战略家不能不考虑的问题。

同时，从军事上看，此时"联合国军"恰似惊弓之鸟，望风而逃，慌乱撤至三八线及以南地区，至12月中旬，惊魂稍定，沿三八线部署防御。但对志愿军仍心怀恐惧，对日后应如何发展捉摸不定。"联合国军"布防的基本特点是：以南朝鲜军位于第一线，以美军位于第二线，并靠近主要交通道路，呈现出能守则守、不能守则继续撤逃的态势。在这种形势下志愿军越过三八线再打一仗易于达成目的。志愿军虽连打两仗已很疲劳，且伤亡减员未得补充，但并非不可再战。因此，可以认为，志愿军立即越过三八线进行第三次战役，也是作战最好的时机。

作为志愿军统帅的彭德怀是从恢复和保持部队战斗力，从而坚持长期作战的角度来考虑问题的。这时志愿军连打两仗，已伤亡减员4万余人，加上非作战减员，西线6个军入朝时近30万人此时只有23万余人能参加作战，东线第九兵团由于冻伤减员较大需要休整。特别是这个季节，天寒地冻、物资补给运输困难，部队已相当疲劳，而国内的后续部队两个月后才能完成入朝参战准备。因此，他设想，第二次战役结束后，部队进行休整，消除疲劳，恢复战斗力，明春再越过三八线作战，则效果会更好。身为战场统帅，彭德怀这样考虑问题是完全正确的，无可非议的。但军事必须服从政治，战争形势的发展不容许志愿军待休整补充后再战，而必须立即连续作战。于是彭德怀在接到毛泽东12月13日关于立即越过三八线再打一仗的指示后，虽担心部队打得太苦会伤元气，但还是毫不迟疑地积极准备和部署第三次战役。这充分体现了彭德怀这位伟大军事家高度的政治观念和全局观念。

三、关于第三次战役的作用问题

在第二次战役于12月24日结束后，12月31日黄昏志愿军就按计划发起第三次战役。整个战役发展比较顺利，打得比较理想，至1951年1月8日结束。将战线从三八线地区推进到三七线附近地区，全线前推了80～110公里，共歼敌1.9万余人，这本身就是重大军事胜利。同时，这次战役打破了国际上对志愿军是否越过三八线作战的各种猜想。这次战

---

① 《建国以来毛泽东军事文稿》上卷，军事科学出版社、中央文献出版社，2010年，第423页。

役扩大了中国人民志愿军和朝鲜人民军在国际上的影响，对中朝两国人民也是极大的鼓舞。对这些，学术界似乎并无异议。但提到后来第四次战役志愿军的被动，有人认为这是第三次战役造成的不良后果，认为如果没有第三次战役越过三八线作战，就可能没有"联合国军"的全线反扑，于是也就没有第四次战役的被动。实际上这种认识是以一种假设为基础的，这种假设也许有其道理，但就当时美国当局在朝鲜的企图看，这种假设的认识是缺乏根据的。

首先，美国当局当时在朝鲜的企图，并非以三八线为界谈判停战解决朝鲜问题，而是军事占领全朝鲜，至少要将战线推进到三八线以北的某一线上。这在本节第一部分中已说明。就是到了1951年3月中旬美军再次接近三八线时，美国参谋长联席会议仍郑重宣称："在政府就这一问题作出决定之前，对麦克阿瑟指示中的有关部分不应改变，即只要确保其部队的最大安全，允许他在三八线以北或以南部署部队。"①1951年3月下旬，法国法新社和美国合众社发自华盛顿的消息说：美国领袖们决定在朝鲜打到平壤、元山一线时停止前进，然后谋求谈判解决朝鲜问题。确定这样一条线，是美国国家安全委员会对两种不同意见的折中。一种意见仍主张继续占领全朝鲜，甚至必要时不惜把战争扩大到中国境内；另一种意见主张在三八线停战。如果既不企图扩大战争，也不愿在三八线停战，那么从军事上来看，平壤、元山一线的朝鲜蜂腰部是美军最理想的防线。根据这个折中计划：（一）继续在三八线以北进行战争；（二）建立平壤、元山战线；（三）发表宣言，宣布联合国军不打算越过这条线；（四）试图与中国人达成协议，在这条线同中国、苏联的边界间建立中立地带。②外电的报道虽不能作为依据，但其与美国决策人物的说法相吻合。从美国在朝鲜的企图看，无论志愿军是停在三八线以北还是进到三八线以南，美军只要有机会都要继续向北进攻。1950年12月下旬，在志愿军发起第三次战役前，接替因车祸已死的沃克任美第八集团军司令的李奇微，一上任拜访李承晚时就说："我绝不撤离朝鲜半岛，而且，一旦集结好部队，还要转入反攻。"③因此，可以认为，"联合国军"于1951年1月下旬发动全线反扑，与志愿军进行的第三次战役没有必然联系。就是志愿军停在三八线以北休整，不越过三八线进行第三次战役，"联合国军"也是要发动进攻的。

第二，从志愿军情况看，第三次战役打得并不很苦，志愿军战斗减员6000人左右。同第二次战役相比，第三次战役除运输线更长、补给运输更加困难外，部队疲劳状态和兵员数量无明显变化。如此，即使不进行第三次战役，在"联合国军"集中兵力发动全

---

① [美] 奥马尔·布雷德利：《将军百战归》，廉怡之译，军事译文出版社，1985年，第816页。
② 《参考消息》，1951年3月合订本，第301页。
③ [美] 马修·李奇微：《朝鲜战争》，军事科学院外国军事研究部译，军事科学出版社，1983年，第99页。

志愿军和人民军越过三八线进行第三次战役

线反扑后,也很难断定志愿军就能粉碎其进攻而不需进行节节抗击的运动防御作战。

第三,也可以设想,如果没有第三次战役志愿军将"联合国军"从三八线打退到三七线附近地区,那么在"联合国军"发动全线反扑后,志愿军就不是从三七线附近节节抗击撤到三八线附近,而是从三八线节节抗击可能撤到北纬39°线,即平壤、元山一线。如果真的出现这种局面,那么后来的战争就会更加艰难更加复杂了。从这个意义上说,第三次战役就更加重要,更加说明进行第三次战役的决策英明、正确。

志愿军在第四次战役中所以被动,从客观上说,除了第一线兵力已不占优势外,主要是志愿军固有的弱点——武器装备严重落后和运输补给能力太弱所决定的。在第三次战役前,"联合国军"是遭志愿军突然打击而慌乱撤逃,还没来得及注意志愿军这些弱点而加以利用。从主观上说,第二次战役志愿军打出如此大好形势,超出了中共中央和中央军委的预料,而来不及调动后续部队适应战场形势急剧变化的需要。志愿军连续取得第一、第二次战役胜利后,对敌军战斗力缺乏客观估计,以致没有料到"联合国军"反扑如此之快、规模如此之大。凡此种种造成了志愿军第四次战役的被动状态。

综上所述,志愿军越过三八线进行第三次战役,无论从军事上或政治上看,选择的时机是恰当的,确定越过三八线的决心是正确的,整个战役行动是成功的。*

---

* 本节是作者发表于《军事史林》1989年第2期的文章,原文题目《恰当的时机、正确的决心、成功的行动》。选入本书时作了较大修改。

彭德怀为什么在第四次战役紧张进行时回到北京

1951年1月8日，中国人民志愿军和朝鲜人民军结束第三次战役，部队转移准备休整并进行春季攻势准备。然而部队转移刚刚到达休整位置，"联合国军"就于1月15日发起试探进攻，25日发起全面反扑。彭德怀根据战场形势于27日命令各部立即停止休整，转入防御。根据毛泽东的指示部署了第四次战役。针对"联合国军"的部署特点，彭德怀决定，以志愿军西线6个军和人民军4个军团编成3个作战集团，采取"西顶东反"的方针，打退"联合国军"进攻。以志愿军副司令员韩先楚指挥志愿军第三十八、第五十军和人民军1个军团，在西线阻击，牵制美军主力，掩护东线开进和反击；以志愿军副司令员邓华指挥第三十九、第四十、第四十二、第六十六军，在东线寻机反击歼敌；以人民军前线总指挥金雄指挥人民军3个军团，在东线实施战役迂回，断敌退路，配合邓华集团歼灭敌人；以志愿军第九兵团第二十六军向南开至汉城以北的议政府地区作为预备队。

此时，志愿军已连打三个战役未得休整，前线各军兵员没有得到任何补充，物资补给的困难状况没有得到任何改善，第九兵团因在第二次战役中冻伤亡减员较大，尚在咸兴、元山地区休整，暂时不能投入作战，第一线总兵力同"联合国军"地面部队相比已没有多少优势。作为后续部队的第十九兵团，在国内还未完成入朝作战准备，一时不能开到前线。因此，前线各军面临着巨大的困难。

第四次战役开始后，西线韩先楚指挥的各部，在兵力单薄、粮食弹药未及补充的情况下，依托野战工事，展开顽强阻击，始终保持了汉江南岸的基本阵地，有力掩护了东线主攻集团的开进集结。

东线邓华指挥的各部完成集结后，就出现了战机。2月11日黄昏，将态势突出的南朝鲜军第八师分割包围于横城西北地区，在金雄指挥的人民军配合下，战至13日晨，将南朝鲜军第八师的3个团悉数歼灭，并歼美第二师1个营和4个炮兵营，共歼敌1.2万余人。此战，是志愿军在连续取得三次战役胜利后，未得休整和补充的困难情况下获得的又一个大捷。

为扩大战果，击破"联合国军"进攻，邓华集团转移兵力，以6个团攻歼位于横城以西砥平里小镇上孤立突出的美第二师二十三团，同时以两个军兵力会同金雄指挥的人民军，前出原州及以东平昌一线，阻敌西援并扩张战果。攻歼砥平里的战斗，由于兵力优势不大（志愿军约1万人，美第二十三团等约6000人），攻击火力太弱（只有3个榴弹炮连），加之部队建制多（6个团分属3个军）、协同困难等原因，致经过两个夜晚攻击，虽予美第二十三团等部以重大杀伤，并曾攻入镇内，但未能将其全歼。后美军援兵到来，并有20余辆坦克突进砥平里同美第二十三团会合，这更增加了志愿军攻击的困难。

此时，"联合国军"经过空中侦察已知道志愿军后续兵团未到，攻击没有后劲，便利用志愿军"礼拜攻势"[①]的作战规律，采取"磁性战术"，志愿军进攻他就后撤，志愿军后撤他就反扑。"联合国军"部署了纵深防御，并准备继续进攻。志愿军即使攻克砥平里，"联合国军"也不会后撤。

彭德怀鉴于这种战场态势，为了避免同"联合国军"拼消耗，争取主动，遂果断决定撤出对砥平里的攻击，而于2月17日全线转入运动防御。此时，志愿军第二番作战部队已开始入朝，准备4月中旬前后接替第一线作战。为掩护第二番部队入朝参战，彭德怀决定第一线部队以空间换取时间，在南起汉城、横城东西一线，北至三八线，部署三道防线，每道防线纵深20～30公里，采取"兵力前轻后重，火力前重后轻"的部署原则，坚持防御20～25天。争取在三八线以南组织两个月左右的防御，掩护第二番作战部队到三八线地区完成集结，发起第五次战役。

为实现上述决心，同一天，志愿军党委给各军党委发出了指示，指出：

> 由于我军在朝鲜努力的结果，取得了四个战役的胜利，使朝鲜局势起了基本变化。也就是说，形势对敌人是很不利的。但就朝鲜战场目前的具体情况来说，要取得最后胜利还须经过一段艰苦路程。
> ……
> 靠我在朝鲜的现有兵力很难一下解决朝鲜问题。为了缩短朝鲜战争时间，全部解放朝鲜，我中央军委已决心再派十九、二十两兵团[②]及西南三个军入朝

[①] "礼拜攻势"是指志愿军后勤保障能力弱，特别是运输能力弱，在美军空军轰炸封锁下跟进极为困难，志愿军作战部队只能靠自身携带作战物资，带几天打几天，一般攻势行动只能维持一个礼拜到10天，美军称志愿军是"礼拜攻势"。

[②] 中央军委在确定轮番作战计划时，最初将第二十兵团确定为第二番作战部队，而欲将第九兵团从朝鲜调回国内休整。由于第九兵团坚决要求留在朝鲜休整，准备继续作战，中央军委于2月18日对原轮番计划作了调整，决定第九兵团留在朝鲜休整，并作为第二番作战部队，第二十兵团改为第三番作战部队。

1951年2月下旬，彭德怀回京向毛泽东主席汇报战场情况，这是彭德怀与毛泽东在玉泉山的合影

轮番作战，加紧改善装备，动员新战士补充第一番作战部队和努力武装技术兵种，这些措施无疑地保证朝鲜正义战争的胜利。但要使第二番部队能分批赶上还需要有两个月的时间才行，而敌人不可能给我们这样长的时间。

因此，志司二月十七日命令部署，主要是争取时间，使我后续兵团能按预定计划赶到。

……

总之，争取两个月时间，对我们是迫切需要的。时间就是胜利，望各级干部党员深体此意，率领部队坚决完成此一艰巨任务。

志愿军入朝后，前三次战役打得比较顺利，因此在第三次战役后，部队上下和民主阵营内部都产生了轻敌速胜情绪。就部队的状况来说，第三次战役打得勉强，第四次战役更为勉强。第四次战役开始后，彭德怀认为就志愿军现有的装备水平，要取得战争的胜利，不但是艰苦的，而且是长期的。中共中央和中央军委也认识到了战争的艰苦性和长期性，所以决定在朝鲜实行轮番作战的方针。经过第四次战役，部队中对于这个问题，也有了认识，速胜思想已不复存在，但在民主阵营内部，虽然认为战争是艰苦的，而对于长期性的问题还有不同认识。为更有利于战争指导，彭德怀认为有必要对这个问题统一认识。加之，2月初金日成曾约他在此次战役结束后，去北京讨论战争问题。这样，在志愿军和人民军转入全线运动防御时，彭德怀决定回京，并于2月16日电告毛泽东：拟乘此作战间隙利用月夜回中央一次面报各项。明晚约金首相来此商谈有关问题。金以前约我同去北京一次，我觉得仍有必要。如同意，拟19日晚由此起程，21日到安东[①]。获得了同意。

由于金日成工作繁忙，17日晚未能到达志愿军司令部所在地成川君子里。18日夜，彭德怀到平壤与金日成进行了会谈。19日下午返回志愿军司令部，并致电在前线的邓华、韩先楚、金雄及第九兵团司令员宋时轮、第十九兵团司令员杨得志和政治委员李志民，对第一线的防御作战再次提出要求，同时告知：我拟明（20）日黄昏动身去中央，10~15天返部，志愿军总部于日内移金化前线，由邓华指挥。待洪学智、解方率总部到金化时，邓华由前线回金化主持志愿军工作[②]。安排好工作后，彭德怀于20日动身回京。

21日下午彭德怀到京，直接到玉泉山晋见毛泽东。向毛泽东汇报了战场上敌我双方情况和志愿军作战的困难，以及空军入朝作战问题和修建机场问题、朝鲜铁路的抢修问题、后方供应问题、战略方针问题等等。

从22日到28日，彭德怀在中南海与周恩来、聂荣臻、杨立三共同研究了军兵种的参战准备和加强后勤保障问题；同聂荣臻一起与苏联驻中国军事总顾问沙哈诺夫，商谈苏联空军出动掩护平壤以北交通运输问题；参加周恩来主持的有军委各总部和各军兵种及政务院有关部门主要负责人出席的军委扩大会，研究后方如何更得力地支援志愿军，克服前方的困难问题；同聂荣臻一起听取有关军兵种领导人的汇报，研究军兵种参战方案问题。

这期间，彭德怀又两次同周恩来到玉泉山与毛泽东讨论战争有关问题，包括战争方针问题，国内部队轮番出国作战问题，空军、炮兵、坦克等军兵种的出动时间和计划问题，请求苏联空军掩护后方运输问题等。

关于战争方针问题，毛泽东仍明确坚持"战争准备长期，尽量争取短期"的方针，以几年时间，消耗美军几十万人，使其知难而退，至少我们应作两年的准备。1951年全国军队准备补充60万人，全国以国防建设为主，经济建设也围绕国防建设进行。同时，实行轮番作战，改善志愿军武器装备，改善供应运输，加强后勤机构，努力准备空军、装甲兵参战，这是为了尽可能争取短期。彭德怀建议，将他这次回京讨论确定的问题，通报给斯大林，使他了解志愿军在战场上作战的困难，这有利于民主阵营内部对战争问题

[①] 《彭德怀年谱》，人民出版社，1998年，第478页。
[②] 《彭德怀年谱》，人民出版社，1998年，第479页。

的统一认识,有利于战争的指导。毛泽东同意,并委托周恩来起草给斯大林的电报。[①]这个电报特别指出了志愿军作战的困难和战争将是长期的,是在2月9日毛泽东批发军委致志愿军和各大军区关于轮番作战问题电报基础上的修改和补充,经毛泽东审定后,于3月1日,以毛泽东的名义发给斯大林。电报全文如下:

菲利波夫同志:

彭德怀同志最近从前线回抵北京,我们商讨的意见,特告如下:

一、从目前朝鲜战场最近进行的战役中,可以看出:敌人不被大部消灭,是不会退出朝鲜的,而要大部消灭这些敌人,则需要时间,因此,朝鲜战争有长期化的可能,至少我应作两年的准备。目前敌人的作战意图是企图与我进行消耗战。在过去一个月当中,敌人当站住阵地之后,经过调整补充,便寻找机会向我作试探性的进攻,其目的在一方面不容许我在前线作必要的休补,另一方面则利用其技术条件消耗我军。同时,敌人对朝鲜沿海的袭扰、运输线的不间断的轰炸,均甚为积极。我军补充物资只有百分之六十至七十能达前线,有百分之三十至四十在途中被炸毁。在目前一个半月内,因我新军未到,老军未补充,敌人有重新进出三八线南北地区的可能。

二、为粉碎敌人意图,坚持长期作战,达到逐步歼灭敌人之目的,我中国志愿军拟采取轮番作战的方针。中国志愿军已决定编组三番轮流的部队,即将现在朝鲜作战的九个军三十个师作为第一番志愿部队;将正从国内调去的六个军及现在朝鲜即将补充的三个军(有两个军现在元山、咸兴地区休整)共九个军二十七个师,作为第二番志愿部队,约四月上旬可全部到达三八线地区,接替现在汉江前线的六个军的任务;将准备从国内调去的六个军及第一番志愿部队中的四个军共十个军三十个师,作为第三番志愿部队,准备六月中旬调用。上述十个军中的四个军,因打了五个月,必须补充休整;在第二番志愿部队接替前线任务后,即调至平壤、元山地区整补,兼顾海防。第一番志愿部队中其他两个军,则调回国内整补。在过去四个战役中,中国志愿军战斗的与非战斗的伤亡及减员已超过十万人,正将补充老兵新兵十二万人;今明两年准备再有伤亡三十万人,再补充三十万人,以利轮番作战。关于朝鲜人民军方面,根据您的主张,彭德怀同志曾向金日成同志建议,朝鲜现有八个军缩编为六个军,

---

① 《彭德怀年谱》,人民出版社,1998年,第480页。

最好每军组成三个充实到一万人的师；另外，组成五个警备旅，担任沿海及中心城市的守备。金日成同志已原则同意。如此，朝鲜人民军六个军亦可采用轮番办法，协同中国志愿军作战。

三、根据一二两月份的作战经验，我因有三个军在咸兴以北战役中损伤较大，从事休整，致现在前线作战的只有六个军，减员甚大，未获补充，因之我无后备力量，在战役胜利时不能扩张战果，在敌人增援时不能打敌援兵。同时，我军南进，后方线长，供应很困难，还须留兵守备。故在敌人未被大量消灭前及我尚无空军掩护条件下，我如过早逼敌南退，反不利我分割歼敌。鉴于此种情况，在我第二番志愿部队九个军于四月上旬到达前线以前，敌之陆军还较我占优势，我应避免进行战役性的出击，而以第二番志愿部队六个军及朝鲜人民军四个军在南汉江以北地区进行防御，迟阻敌人。但必须估计，在今后一个半月内，敌人有可能寻机进攻，逼我应战。在此种情况下，我军拟让敌人进至三八线南北地区，在我第二番志愿部队九个军到齐后再进行有力的新的战役。我们计划，在我第二番部队到达后，在四月十五日至六月底两个半月内，在三八线南北地区消灭美军及李承晚军建制部队数万人，然后向南汉江以南推进，最为有利。此点彭已面告金。唯在政治上，敌人再占汉城，再过三八线，当不免有一番波动，必须预作准备。

四、目前朝鲜作战的困难，仍为敌人火力强，我方运输力弱，有百分之三十至百分之四十的物资被炸毁，敌军将逐步获得补充，有六七万人将于六月底到朝鲜，而我方则尚无空军掩护。预定四五月中，我可出动空军十个团参战，但截至现在止，我在朝鲜境内，尚无一个可用飞机场，此因过去地未化冻，尚未开始大修，而更主要的则是若无可靠的空军掩护，亦将无法修成。彭德怀同志十分希望苏联空军能在平壤、元山之线及其以北机场担负掩护任务，并希望苏联空军使用的机场能移入朝鲜境内。据称若不如此，则朝鲜机场无法修成，中国空军亦将无参战可能，而坦克、炮兵的运转亦将增加极大的困难。但此事须从整个国际形势的利害出发来考虑，未知许可这样做否？其次，运输汽车在今年下半年我们仍望从苏联增加贸易订货六千辆，不知有无可能？总之，在美国坚持继续作战，美军继续获得大量补充并准备和我军作长期消耗战的形势下，我军必须准备长期作战，以几年时间，消耗美国几十万人，使其知难而退，才能解决朝鲜问题。

以上各项意见，是否适当，请予指示。

谨致

布礼!

毛泽东

一九五一年三月一日①

斯大林于3月3日复电,同意毛泽东在电报中对战争形势的分析和志愿军在朝鲜作战的方针,并同意派两个苏联空军师进入朝鲜境内作战,以掩护志愿军和人民军后方;同意中国增订6000辆汽车,于下半年交货②。

彭德怀于3月1日离京,到沈阳后,又与高岗讨论了后方支援问题。9日返回志愿军总部,11日,致电中国驻朝鲜大使馆参赞柴军武转金日成,将回京与毛泽东讨论有关战争问题的结果通报给金日成,指出:毛主席与政治局同志均认为,朝鲜战争带长期性,我应积极增加在朝鲜的作战力量,尤其加紧修建机场,以便空军参战。除三番作战兵力布置外,再抽5万老兵入朝,以便随战随补。作战方针以消灭敌人为主,不必顾虑城市之暂时得失。抗美援朝运动已在中国全面展开,动员参军各地均超过。毛泽东说,中朝两党中央对战局认识大体一致,金日成同志很忙,暂时可不必去北京③。

彭德怀离京后,3月3日,周恩来将彭德怀回京讨论各项问题需由后方落实的事项电告在沈阳的彭德怀、高岗并报毛泽东。3月15日,周恩来致电柴军武转金日成,将彭德怀回京商讨的有关问题、毛泽东3月1日给斯大林电报及斯大林回电的有关内容向金日成作了通报,并指出:"现在在朝鲜境内抢修足够的机场,便成为目前争取空军早日参战的中心课题。"希望朝方落实已商定好的修建机场所需兵力④。

关于这次回京,彭德怀在其被错误审查期间写的《自述》中也作了记载,他说:"一九五一年二三月间利用短暂的几天时间(来回七天)回到北京,向主席报告了朝鲜战况和请求战略方针,说明朝鲜战争不能速胜,须在二月十五号以前将汉江南岸背水之五十军,撤回北岸。这次主席给了抗美援朝战争一个明确的指示,即'能速胜则速胜,不能速胜则缓胜'。这就有了一个机动而又明确的方针。"⑤

确如彭德怀自述中所说,他这次回京获得了一个"机动而又明确的方针"。因为他是战场统帅,最清楚战场情况。在此之前,毛泽东和中央军委对志愿军的作战部署和

---

① 《周恩来军事文选》第四卷,人民出版社,1997年,第162—165页。
② 《周恩来年谱》(1949—1976)上卷,中央文献出版社,1997年,第134页;《彭德怀年谱》,人民出版社,1998年,第482页。
③ 《彭德怀年谱》,人民出版社,1998年,第483—484页。
④ 《周恩来军事文选》第四卷,人民出版社,1997年,第171—172页。
⑤ 《彭德怀自述》,人民出版社,1981年,第261页。

指挥都是具体过问的。此次，是给彭德怀一个方针，即"战争准备长期，尽量争取短期"，然而，究竟是长期还是短期，则把机动权交给了彭德怀，由彭德怀根据战场作战实际情况决定，"能速胜则速胜，不能速胜则缓胜"。此外，在对战争长期性的认识问题上与斯大林取得了一致，并通报给金日成，可更有利于作战的指导和部署。

彭德怀回到战场时，敌军仍在猛烈进攻。志愿军和人民军按原定运动防御作战计划，在第一道防线坚持22天后，于3月10日开始转到第二道防线继续坚持防御，3月14日，志愿军和人民军主动放弃汉城。3月底4月初转到三八线地区防御。志愿军第二番作战部队有的已到达作战集结地区，有的正在向集结地区开进中。在这种情况下，4月6日，彭德怀主持召开了有第二番作战部队各兵团领导参加的志愿军党委会议，研究部署第五次战役。彭德怀在会上传达了中央关于"战争准备长期，尽量争取短期"的方针，通报了国内的准备和部署。会议根据对敌情的分析判断决定：如敌进展较快，志愿军和人民军则拟于4月20日左右发起反击，如敌进展较慢，则拟于5月上旬发起反击，在原春季攻势准备的基础上，以志愿军第二番作战部队为主，志愿军11个军和人民军3个军团参加此次反击作战。4月10日，彭德怀将第五次战役的预定部署电告毛泽东。13日，毛泽东复电，"完全同意你的预定部署，望依情况坚决执行之"①。

---

① 《建国以来毛泽东军事文稿》上卷，军事科学出版社、中央文献出版社，2010年，第473页。

如何评价第五次战役

第五次战役是抗美援朝战争中敌我双方投入兵力最多、规模最大的一次战役。志愿军和人民军方面投入11个军另3个地面炮兵师和1个高炮师,人民军先后投入4个军团;"联合国军"投入了几乎所有地面部队,并有大量航空兵部队支援,双方交战总兵力达100万人。战役从1951年4月22日开始,至6月10日结束,连续作战50天,志愿军和人民军歼敌8.2万余人,自身伤亡8.5万余人。志愿军和人民军原本意义上的第五次战役共有两个阶段,两个阶段都是进攻作战,在第二阶段作战结束后,主力回撤准备休整,"联合国军"采取"磁性战术"立即进行全线反扑,志愿军和人民军又被迫进行了一个阶段的阻击作战,志愿军第一八〇师遭受严重损失就出现在这个阶段。如何认识和评价这次战役,特别关于这次战役是胜仗还是败仗,在学术界一直众说纷纭。

评价一次战役是胜仗还是败仗,有多种标准,而评价进攻战役和防御战役的胜败既有相同的标准又有很大的区别。相同的标准就是,是否实现了战略上的意图。当然战役中敌我伤亡对比,也是评价战役胜败的标准,但不是主要的、不是起决定作用的标准,更不能作为唯一标准。除共同标准外,其区别在于,评价进攻战役胜败的标准,最基本的应该把握如下两点:一是看是否实现了歼敌目标,二是看是否掌握战场主动权。评价防御战役胜败的标准,则是看是否阻止了敌人的进攻,实现了防御目的。第五次战役形成的三个阶段,有两个阶段是进攻,一个阶段是防御,评价这次战役是胜仗还是败仗,必须对各阶段情况作具体分析,综合各阶段的情况而不是仅根据某一阶段的情况作出结论。

一、关于第五次战役第一阶段作战基本情况

这次战役是1951年4月6日志愿军党委扩大会议研究部署的。当时,"联合国军"又一次向北进出三八线,志愿军和人民军按第四次战役第二阶段以空间换取时间运动防御部署,在三道防线中的最后一道防线阻击"联合国军"进攻,掩护第二番作战部队向预定地区集结。志愿军首长根据从各方面得到的情报分析判断认为:敌进占三八线以后还

要继续北进，而且以从侧后登陆配合正面进攻的可能性为大，其目的是要占领北纬39°线，即安州、元山线，在朝鲜蜂腰部建立新防线。

志愿军党委扩大会议根据中共中央和毛泽东主席确定的"战争准备长期，尽量争取短期"的方针，对第五次战役问题进行了研究部署。决定战役的主要目的是"消灭敌人几个师，粉碎敌人的计划，夺回主动权"，实施反击的主要地域为西线汶山至春川间，主要攻击目标为美军部队，即美第八集团军指挥的5个师又两个旅，包括美第一军指挥的美第三师、美第二十五师、南朝鲜军第一师、英第二十九旅、土耳其旅，美第九军指挥的美第二十四师、南朝鲜军第六师。在战役指导上，实行战役分割与战术分割相结合、战役包围迂回同战术包围迂回相结合的方针。具体部署是：以第四十军从金化至加平线劈开战役缺口，将敌东西割裂，并以第三十九军牵制华川和春川间之美军不使其西援；集中第三、第九、第十九兵团在西线对美第一、第九军实施主要突击，以第三兵团从正面突击，第九、第十九兵团分由两翼突击，并实施战役迂回，首先集中力量歼灭南朝鲜军第一师、英第二十九旅、美第三师（欠一个团）、土耳其旅、南朝鲜军第六师，尔后再集中力量会歼美第二十四、第二十五两个师。4月10日，彭德怀致电毛泽东，汇报第五次战役的方针和部署，指出："我作战企图，拟从金化至加平线，利用这一大山区，劈开一个缺口，将敌人东西割裂，然后用九兵团和十九兵团对西线敌人进行战役两翼迂回，三兵团正面进攻，以各个分割歼灭敌人，力求在三八线以北歼灭敌人几个师，得手后再向敌纵深发展。"①13日，毛泽东复电彭德怀："完全同意你的预定部署，望依情况坚决执行之。"②

志愿军党委把这次反击战役看作是战争是长期还是短期的决定性战役。4月19日，彭德怀、邓华、朴一禹等联名发出第五次战役政治动员令，指出："这次战役的意义十分重大，因为它是我军取得主动权与否的关键，是朝鲜战争的时间缩短或延长的关键。如果我们在这次战争中能大量歼灭敌人的有生力量，不仅使敌人在朝鲜战场上丧失主动权，且会更加深敌人内部的矛盾与混乱，使全世界人民争取和平民主的斗争取得有力的配合，并有可能缩短美帝罪恶的侵朝战争，反之战争主动权不能取得，战争时间就会拖长，今后困难也就会增多。我们要力争战争时间缩短。"

21日下达作战命令时，歼敌目标又增加英第二十七旅，即歼敌目标为5个师又3个旅，其中美军3个师、南朝鲜军两个师、英军两个旅和土耳其旅。除志愿军3个兵团又两个军实施进攻作战外，人民军1个军团在西线开城地区，两个军团在东线杨口、麟蹄地区配合志愿军作战。

---

① 彭德怀致毛泽东电，1951年4月10日24时。
② 《建国以来毛泽东军事文稿》上卷，军事科学出版社、中央文献出版社，2010年，第473页。

以上原本是预想的整个第五次战役的计划，但战场情况的变化使这次战役演变成三个阶段，上述计划就变成实际实施的第五次战役第一阶段作战计划。实施的结果，第三十九、第四十军按预定计划完成了战役任务，第三、第九、第十九兵团突破均较顺利，突破后第九兵团发展较顺利，第三兵团发展较缓，第十九兵团主力曾受阻。至4月29日第一阶段作战结束，未能按预定计划实现战役包围，也未实现预定歼敌5个师又3个旅的目标，只是对其各歼一部，实现了10余股战术上的包围，除第六十三军全歼英第二十九旅格罗斯特营及配属部队共约1000人外，其余也基本大部逃脱。但"联合国军"西线部队从三八线以北地区被打退到汉江南岸一线地区，后退约50公里，志愿军仍处于进攻态势，战役主动权仍在志愿军手中，而"联合国军"则处于防御和撤退的态势。

从第一阶段战役实施情况看，虽未实现歼敌目标，但仍掌握战场主动权，因此，即便不能说是胜仗，但也不能说是败仗。

二、关于第五次战役第二阶段作战基本情况

战役第一阶段结束后，西线美、英军主力退到汉城周围及汉江南岸一线地区，准备应对志愿军对汉城的攻击，战场形成由东北而西南的斜线态势，而东线南朝鲜军态势明显突出。为了继续歼灭"联合国军"有生力量，多歼南朝鲜军，以孤立、分散美军，创造今后消灭美军的有利战机，志愿军于4月28日决定，主力转兵东进，以歼击东线南朝鲜军为主要目标，发起第五次战役第二阶段作战。5月6日，志愿军和人民军联合司令部下达第五次战役第二阶段作战预令，决定：首先集中力量歼灭县里地区南朝鲜军第三、第五、第九师，尔后视情况继歼南朝鲜军首都师、南朝鲜军第十一师（后歼敌目标又增加南朝鲜军第七师）。具体部署为：

志愿军第三兵团指挥所属第十五、第六十军并第三十九军两个师，以第三十九军之两个师夹昭阳江南北岸，由龙沼项至加平地区，掩护第三兵团、第九兵团东移，并于加平地区积极准备渡河材料，力争控制桥头阵地，迷惑吸引当面美军；第三兵团主力之一部由正面抓住美第二、第七师，力求集中绝对优势力量，消灭一部；另以一部与第九兵团并肩攻歼沿途之敌，割裂美军和南朝鲜军的联系，阻击美第十军东援。

志愿军第九兵团指挥所属第二十、第二十七军并附第三兵团第十二军，与人民军第二、第三、第五军团攻歼县里地区之敌。

志愿军第十九兵团（附人民军第一军团）于高阳经议政府至清平川之宽大正面内寻

志愿军第二十军与人民军部队在县里地区围歼敌军

找两三个目标（每点一个营左右），集中绝对优势兵力和炮火，彻底消灭之，并在汉城以东实施渡江佯动，造成进攻汉城的假象，以积极钳住美军主力于西线。

第三十九军有力地掩护了第三、第九兵团的隐蔽东移，第十九兵团在汉江以北的活动也迷惑了敌军。"联合国军"总司令李奇微5月12日前后判断，志愿军和人民军随时可能发起新的进攻，"汉城面临着第二次危机"。志愿军和人民军可能以志愿军5个军为主要攻击力量，在中西部战线发动新的进攻，目标直指汉江下游地区。同时以志愿军3个军和人民军1个军团在汉城方向实施助攻。他同时还判断，志愿军和人民军可能以5个军在东部战线向春川、洪川一线实施小规模的进攻。根据李奇微的判断和指示，美第八集团军调整部署，将主要防御力量集中于西线和中线地区。

5月16日18时，志愿军第九兵团指挥的3个军和人民军3个军团发起攻击，战至19日，大部歼灭县里地区南朝鲜军第三、第九师，并重创其第五、第七师，志愿军和人民军缴获大量装备，并将战线向南推进50～60公里。李奇微在其回忆录中说："对退却的南朝鲜军所丢弃的这些装备不可等闲视之。这些武器足可装备好几个完整的师。"[①]由于南朝鲜军此次遭受严重打击，其第三军团被撤销了建制。

从第五次战役第二阶段作战情况看，志愿军和人民军圆满实现了战役计划，是胜仗，无论如何也不会得出是败仗的结论。

---

① [美]马修·李奇微：《朝鲜战争》，军事科学院外国军事研究所译，军事科学出版社，1983年，第181页。

三、关于第五次战役转移阶段阻击作战情况

志愿军和人民军第五次战役经过两个阶段的作战,取得了重大胜利,不仅大量消耗了"联合国军"有生力量,破坏了"联合国军"在平壤、元山一线建立新防线的企图,而且使志愿军新入朝部队得到了锻炼,取得了在现代条件下对美军作战的经验。但志愿军和人民军在一个月之内连打两仗,部队已很疲劳,并且第一线部队粮食、弹药供应极为困难。5月21日,志愿军和人民军联合司令部下达主力转移休整的命令:"为争取主力休整,总结作战经验,造成尔后有利战机,以便更多地歼灭敌人,决将各兵团主力转移至渭川里、朔宁、文惠里、山阳里、杨口、元通里之线及其以北"。同时指示志愿军各兵团"留一个师至一个军的兵力,从现在位置起,采取机动防御,节节阻击杀伤消耗敌人,争取时间"。命令作了具体部署,并规定休整部队统于23日晚开始向指定地区移动,要求"各担负机动防御阻敌进犯的部队,必须确实掌握前轻后重、纵深配备的原则,特别加强工事以减轻自己的伤亡,尤须严密组织与发挥炮火的威力,予进犯之敌以最大杀伤,对突出之敌或有利我出击的情况下应即行组织反击,每次以消灭美军一个连至一个营、伪军一个营至一个团为目标,以滞止敌人的进攻,争取更多的时间,以利我主力部队休整"①。22日14时,志愿军司令部又明确"我下一战役反击线,大体以高台山、朔宁、秀龙山,在汉滩川以东即大得峰、福柱山、巴浦里线,即五次战役反攻发起阵地",该线即为最后抵抗线。

23日晚,志愿军和人民军主力开始向北转移。预定担负掩护任务的部队也开始向指定防御阵地移动。然而,志愿军和人民军主力的北移行动尚未开始,部署调整也未完成,战场形势突然发生变化,"联合国军"利用志愿军和人民军补给困难的弱点,全线展开大规模猛力反扑。

"联合国军"在反扑中共动用了14个师又1个旅和两个团的兵力,另有3个师3个旅为预备队。利用了志愿军的进攻能力只能维持7～10天的特点,在志愿军和人民军刚刚停止进攻,即突然全线反扑,并采取了新的战术,以摩托化步兵和坦克、炮兵组成"特遣队",在大批航空兵和远程炮兵支援下,沿公路,寻找志愿军和人民军防线空隙,多路突击,快速推进,破坏志愿军和人民军主力向后转移的部署,割裂志愿军和人民军的防线。

志愿军和人民军对"联合国军"的反扑虽有估计,并作出了迎击其反扑的部署,但

---

① 彭德怀、邓华、朴一禹致志愿军各兵团、人民军前线指挥部首长电,1951年5月21日16时。

是，由于对"联合国军"有计划地实施如此大规模和如此形式的反扑估计不足，以致转移的计划不够周密。特别是担任掩护的部队，有的需要两天行程，作横向运动方能进入防御地区；有的需要在26日方能交接防务，承担预定掩护任务；有的掩护部队虽然进入了防御地区，但尚未形成防线，尤其是没有很好地控制要点和公路。当"联合国军"实施反扑时，志愿军和人民军主力刚刚开始或正准备北移，防线出现多处空隙，致使美军"特遣队"得以乘隙而入。

志愿军和人民军停止进攻，主力向后转移，本来是胜利回师的主动行动，却由于对"联合国军"反扑估计不足、部署不周，导致转移初期十分被动的局面。至26日，中线担任阻击掩护任务的第六十军一八〇师被围，后遭受严重损失，东线第二十七军被隔断，第十二军九十一团被隔在敌后。27日，志愿军部署原计划休整的部队转入阻击，直至6月10日，将"联合国军"阻止在三八线南北地区，第五次战役结束，与主力转移时规定的最后抵抗线相比，战线略微向北作了推进，战争双方形成了战略相持局面。

志愿军和人民军在转移阶段的作战是防御，虽对"联合国军"反扑情况估计不足，造成转移阶段初期的被动和一定混乱，志愿军第一八〇师遭受了严重损失，但最终将"联合国军"阻止在三八线南北地区，并且形成了战略相持局面。美国军政当局从这次战役中看到，中国虽经济贫困，志愿军虽武器装备落后，但志愿军有源源不断的兵员补充战场作战力量，从而看到美国不可能单纯依靠军事手段解决朝鲜问题，因此调整了朝鲜战争政策，放弃了军事占领全朝鲜的目标，而谋求通过停战谈判沿三八线一带实现停战。如此，似也不能得出志愿军和人民军这一阶段作战是败仗的结论。

经过上述对第五次战役三个阶段的分析，综合起来看，这次战役志愿军和人民军并不是打了败仗，而是取得了胜利，但胜利得不圆满。从作战指导上讲，主要是"打得急了一些，打得大了一些，打得远了一些"。打得急了，战役准备十分仓促；企图过大（特别是第一阶段），啃不动，嚼不烂，难以实现预定歼敌计划；打得远了，一则运输补给跟不上，二则停止进攻后不易摆脱敌军的反扑。这些情况与当时志愿军和人民军的作战条件不相适应。

志愿军第一八〇师遭受损失的原因是什么

一、第一八〇师遭受损失的经过

志愿军第一八〇师遭受损失发生在第五次战役进攻作战结束后的转移阶段。

1951年5月21日第五次战役第二阶段作战结束时,中国人民志愿军和朝鲜人民军联合司令部决定主力转移休整,同时指示志愿军各兵团"留一个师至一个军的兵力,从现在位置起,采取机动防御,节节阻击杀伤消耗敌人,争取时间"。具体规定了每个兵团转移休整的地区、掩护部队的数量、兵团之间分界线等。其中规定第三兵团主力转移至铁原、金化地区休整,留1个军于加平、春川(不含)线开始布防,利用华川以北山区节节阻击敌人。

第三兵团决定:以第六十军殿后掩护,在自逸里、白积山线(不含),东起与第九兵团分界线(不含)以西,西起与第十九兵团分界线(含)以东地区,由加平、春川(不含)一线地区开始布防,利用华川西南山区节节阻击敌人。

5月23日,美第九军指挥的南朝鲜军第六师、美第七师和美第十军指挥的美陆战第一师、美第二师,快速北上,进至春川以南和东南地区的加平、汗谷、正屏山、大龙山和自隐里以南的寒溪一线。

志愿军第六十军原定展开于加平、苍洞里一线组织防御。5月23日,第三兵团鉴于运输力缺乏,伤员转移缓慢,决定各部暂不撤收,原地阻击北犯之敌,掩护伤员转移。第六十军所属一七九、一八一师在战役第二阶段中分别配属第十二军、第十五军作战,尚未归建,此时在北汉江南岸地区只有第一八〇师担负防御任务。第六十军本来计划以第一八〇师在北汉江北岸春川西北地区组织防御,接到第三兵团掩护伤员转移命令后,则改变计划,以第一八〇师位于北汉江南岸的汗谷、正屏山地区,第一七九师位于大龙山及其以东地区,抗击敌军的进攻。同时命令该两师位于北汉江南岸的部队,争取5天的时间。此后,第一七九师、第一八一师虽然先后归建,并投入防御作战,但第六十军未能进入原定防御地区。23日晚,在第一八〇师阻击阵地右侧的第六十三军已奉命北撤,第十九兵团阻击部队第六十五军尚未完全展开，致在第一八〇师右侧出现了空隙。24日，美第二十四师以坦克、摩托化部队组成的特遣队，已乘隙进至第一八〇师右侧后的加平、济宁里、城隍堂一线；南朝鲜军第六师在第一八〇师正面进攻，进占北汉江南岸的江村，并控制了江村渡口；美第七师特遣队进至第一八〇师左侧后的春川。致使第一八〇师已处于三面受敌、背水作战的不利态势。

24日晚，该师奉命渡江北移，至25日拂晓，师主力撤至江北鸡冠山、北培山、上芳洞、明月里一线继续阻击，但未能切实控制要点。时美第二十四师及南朝鲜军第六师各一部从西和南两个方向攻击鸡冠山，经战数小时，美第二十四师一部被击退，南朝鲜军第六师攻占鸡冠山，与此同时，由春川北进的美第七师一部被击退。同日，第六十军决定第一八〇师北移至蒙德山、驾德山、退洞里以北一线高地继续阻击，并令第一七九师五三六团在梧口南里、马坪里占领阵地（时该团有两个营已失联，但军部不知此情况），阻击从第一八〇师东侧北进的美第七师，掩护第一八〇师北移。由于第一八〇师自身尚转运300余名伤员，加之北移地区狭窄，致使当夜该师未能到达指定地点，至26日拂晓，仅达蒙德山、驾德山地区。此时美第七师已攻占第一八〇师左侧后芝岩里、马坪里一线，完全隔断了第一八〇师同第一七九师的联系；美第二十四师也进占第一八〇师右侧后滩甘里地区；南朝鲜军第六师占领鸡冠山后，继续北进。第一八〇师在芝岩里以南地区陷入包围。

第六十军首长于26日17时得悉第一八〇师准备向西北突围后，除同意该师突围部署外，令第五三六团坚决阻击正面进攻之美第七师（时该团已无力阻击，因此未能成行），并令第一八一师由华川地区向滩甘里方向西进，接应第一八〇师。然而，第一八一师于21时30分接到军电令后，因与各团联络不通，迟至24时至27日5时，部队方陆续西进，加之翻山越岭和敌军以火力层层阻挡，27日6时至12时方陆续到达滩甘里以东以北新浦里、论味里地区，接援未奏效。

26日晚，第一八〇师兵分两路，一路向北、一路向西突围，27日上午9时许，两路会合于史仓里东南的鹰峰。因连日作战，伤亡增大，又因断粮，部队饿饭，因此突围中人员掉队较多，至会合时全师共仅有1000余人，重机枪以上火器已全部炸毁或遗失。师将部队组成3个连，继续向史仓里方向突围，结果错走至滩甘里方向，遂又折返向西北方向突围，连续突破3个阵地后，已无力再攻。在此严重时刻，该师首长错误地决定分散向史仓里突围。17时30分，该师同军联络一次，军令其坚决向史仓里方向突围。尔后该师将仅留的一部报话机销毁，失去联络。军令第一七九师取捷径向史仓里以南接应，但因山大路小，该师行动迟缓，至28日5时，只有1个营到达史仓里以北下实乃里、明芝里地区。时美第二十四师等部已进占史仓里。第六十军组织的第二次接应又未奏效。至此，第一八〇师突围失败。自5月29日至6月中旬，该师陆续突出包围者有师长、副师长、师参谋长、团长以下近4000人，损失约7000人。

二、第一八〇师遭受损失的原因

从第一八〇师被围和突围失败情况看，其原因和教训有如下几点：

一、志愿军对美军作战特点的认识尚不充分，特别是在完成战役进攻、组织主力转移时，对美军采取"磁性战术"进行反扑虽有估计，但估计很不充分，对美军以其机械化和摩托化部队组成特遣队迅即跟踪穿插渗透的特点没有引起高度重视，致使整个转移部署不周密，在留下掩护的部队尚未完全展开就位时，主力即行后撤，造成战役空隙，使"联合国军"有隙可乘。志愿军主力转移初期陷入被动和一定混乱，不但第一八〇师被围，而且第二十七军被隔断，第十二军九十一团被隔在敌后。

二、友邻之间缺乏联络，5月23日，在第一八〇师阻击地段的西侧，第六十三军已奉命北撤休整。对此情况，当时，从第三兵团到第一八〇师均不知道，致使造成第一八〇师孤军在北汉江以南背水担任阻击。

三、第一八〇师指挥迟钝、呆板，在态势明显不利的情况下，仍机械地在北汉江南岸阻击，未能及时将主力撤至江北抢占有利阵地；在三面被围的不利态势下被迫撤至江北后，又未能抢占有利阵地，进行纵深配置，致使始终处于被动状态，直至被包围。

四、第一八〇师被围后，突围和接援方向不一致，第一八〇师是向其西北的鹰峰、史仓里方向突围，而军令第一八一师接应的方向滩甘里则在第一八〇师的东北方向。

五、上下联络不畅通，上级不完全掌握部队情况，致使上级指示不能得以及时执行（如第一八一师的接援），甚至有的无力执行（如第五三六团已有两个营失去联络，军不掌握，仍令其担任阻击）。

六、第一八〇师连日作战，部队疲劳，并且断粮少弹，伤病员增多，战斗力极大削弱。

七、在最后时刻，第一八〇师首长措置失当，下令分散突围，招致更严重的损失。

也就是说，第一八〇师被围和遭受损失，从志愿军总部的部署到第一八〇师的指挥均有失误，但最终遭受损失的主要责任应是第一八〇师的指挥。同是被隔断的第二十七

军和被隔在敌后的第十二军九十一团，都能灵活机动指挥，摆脱险境，以完整的建制归队。*

2000年作者看到原志愿军第六十军军长韦杰将军在1987年年初逝世前关于第一八〇师遭受损失原因的谈话。这个谈话由他人整理经韦杰将军同意。韦杰将军对第一八〇师遭受损失的原因也讲了七条，这七条原因与作者上述所谈七条原因，几乎是不谋而合，也将其摘录于下：

（一）在作战指导上有轻敌麻痹的缺点。首先，从全局上看，没有贯彻量力用兵的作战原则，确定战役目标和任务超越了志愿军的作战能力。二是轻敌麻痹，没有做到知己知彼，对敌人企图判断有误。对我之各种困难估计不够，没有从最困难，最复杂的情况出发，多设想几种作战预案，多准备几手对付敌人的办法。具体反映在对战役初期敌之撤收缺乏准确分析，只看到敌人表面上的败退，未能识破敌人撤退中藏有避我锋芒、诱我前出、待机反扑的阴谋。因而各级干部在指挥上缺乏多手准备，对敌可能突然发动的大规模反扑，思想准备不足。

（二）兵力部署分散，各级都没有掌握强大的预备队。

（三）未能选择良好的阻击阵地、实施重点防御。

（四）组织指挥不严密，与友邻协同失调。

（五）通信联络没有保障，指挥经常中断。

（六）后勤保障能力差，部队作战能力受到极大限制。

（七）第一八〇师领导干部遇险慌乱，指挥失当。该师被围以后，广大干部战士表现是好的，许多部（分）队和个人表现了英勇顽强、坚决勇敢、艰苦奋战、不怕牺牲与敌人战斗到底的英雄气概，……但该师主要负责干部政治动摇，惊慌失措，右倾畏缩，贪生怕死、丢掉部队，单人逃跑，未能果敢沉着，细密组织，与部队同心同德，坚决突围或与敌人死拼到底，因而导致全师重大损失。

---

* 以上是作者主编，1994年由军事科学出版社出版《抗美援朝战争运动战若干问题研究》一书中《包围与反包围》的一部分，选入本书时作了文字修改。

是什么迫使美国调整朝鲜战争政策,同意停战谈判

朝鲜战争进行到1951年5月中旬,美国当局调整了朝鲜战争政策,放弃了1950年9月麦克阿瑟仁川登陆成功后指令给麦克阿瑟武装占领全朝鲜的军事战略目标,而谋求通过谈判,沿三八线一带实现停战。美国是不可一世的资本主义头号强国,是资本主义世界的领袖,美国当局为什么要在朝鲜战争中调整军事战略目标,谋求通过谈判沿三八线一带实现停战呢?最根本的、起决定作用的原因是美国在朝鲜战争中遭到了失败。

一、美国在朝鲜战场上遭到失败,依靠其战场军事力量已不可能实现军事占领全朝鲜的战略目标

1950年10月中国人民志愿军入朝后,从10月25日至12月24日,仅两个月时间,就连打两个战役,特别是第二次战役,一举将美国为首的"联合国军"从鸭绿江边打回到三八线。中国积贫积弱,游击队出身的部队组成的中国人民志愿军武器装备严重落后,这样穷的国家、这样装备落后的军队,居然将世界最强国、武器装备最现代化的美国军队打得如此狼狈,打得如此目瞪口呆,这是美国军政当局无论如何也没有想到的,并且不相信、不甘心美国军队就这样在朝鲜败在中国人民志愿军手中。

在志愿军和人民军发动第三次战役,将美国为首的"联合国军"从三八线打退到三七线附近后,"联合国军"立即发动了反扑。志愿军与人民军的第三次战役将"联合国军"从三八线打退到三七线附近,仅用8天时间,付出伤亡8500余人的代价,并歼灭"联合国军"1.9万余人。而"联合国军"发动反扑后,从1951年1月25日到4月21日,用了87天时间,才将战线从三七线附近推回到三八线附近,并且付出了7.8万余人的伤亡(志愿军和人民军伤亡5.3万余人)。这使美国当局看到,不用说再打到鸭绿江边,就是从三七线向三八线每推进一步都十分困难,并要付出重大伤亡代价。

4月22日，志愿军和人民军发起第五次战役，这是志愿军入朝以来投入兵力规模最大的一次战役，至4月29日战役第一阶段结束，又把战线中西部的"联合国军"从三八线打退到汉城及汉江一线。这使美国当局看到，中国人民志愿军有源源不断的强大兵力，美国陷在这场战争中将是一个无底洞，没有胜利的希望。

至1951年5月，美国已为这场战争付出了巨大代价，付出10万余人的伤亡（美国公布的数字为7.88万余人①），直接战费100多亿美元。美国投入到朝鲜战争的有6个陆军师和1个空降团，已占其陆军18个师的1/3，此外还有1个海军陆战师在朝鲜作战，美国海军将其近半数的作战力量投入了朝鲜战场，美国空军也已将其作战力量的1/5投入了朝鲜战场。付出这样巨大的代价，并没有取得战争的胜利，特别是中国人民志愿军入朝参战以后，美军在战场上连遭失败，被从鸭绿江边打回到三八线，一度被打退到三七线，并且无力再向三八线以北推进，只能在三八线地区与志愿军和人民军进行"拉锯"。

二、美国当局曾经试图再向朝鲜增调部队，以打破双方在战场上的军事平衡，但自身无力，也得不到盟国响应

美国当局曾经试图再向朝鲜增调部队，以打破双方在战场上的军事平衡，但美国自身兵力不足，再没有机动力量可调往朝鲜。非但如此，而且在朝鲜美军部队的补充也不是易事。实际上，美军在朝鲜实施仁川登陆之前，就征招8600余名南朝鲜人，补入美第七师，另有2100余名南朝鲜人分别补入美第二、第二十四、第二十五师和骑兵第一师②。为了解决美军在朝鲜作战部队兵员补充的困难，后来华盛顿当局核准，在朝鲜作战的每个美军师可以编入2500名南朝鲜人③。

美国当局也曾寄希望于他们的盟国能为在朝鲜作战的"联合国军"提供更多的部队。美国军方认为，土耳其、希腊、英国、菲律宾、阿根廷、巴西、墨西哥、澳大利亚和新西兰，均有能力派出师级规模的部队去朝鲜作战。美国国防部早在1951年1月底，就曾要求国务院向这些国家寻求增援部队。3月底，国防部再次要求国务院催促盟国提供更多的部队④。5月间，美国又通过联合国要求巴基斯坦、印度、危地马拉等国派出部队

---

① ［美］詹姆斯·F.施纳贝尔：《朝鲜战争中的美国陆军（第二卷）——战争爆发前后》，国防大学出版社，1990年，第464页。
② ［美］詹姆斯·F.施纳贝尔：《朝鲜战争中的美国陆军（第二卷）——战争爆发前后》，国防大学出版社，1990年，第182页。
③ ［美］马克·克拉克：《从多瑙河到鸭绿江》，（台湾）黎明文化出版公司，1956年，第175页。
④ ［美］詹姆斯·F.施纳贝尔：《朝鲜战争中的美国陆军（第二卷）——战争爆发前后》，国防大学出版社，1990年，第407—408页。

参加"联合国军"在朝鲜的作战行动。这些国家有的根本就未向朝鲜派出部队,有的虽然派了部队,但也是象征性的,迟迟才将部队派出,直到1951年5月,才陆续全部到达朝鲜。他们已看到,美国在朝鲜没有取胜的希望,因此对美国要求军事增援均表示冷淡,予以拒绝。有的国家还宣称,将已派到朝鲜的部队,召回一部分,以加强本国防务。① 美国陆军参谋长柯林斯说,这时"联合国的盟友在开始时支持联合国在朝鲜采取行动的决心,正在消失"。②

虽然南朝鲜李承晚集团认为南朝鲜尚有充分的人力可以利用,并一再要求美国扩编南朝鲜军队。但扩编南朝鲜军队的所有装备均需由美国提供,这些部队的所有训练也都需由美国完成,而"联合国军"总司令李奇微和美第八集团军司令范佛里特对南朝鲜军队的战斗力一直不满意,加之,短时间内不可能提供扩编南朝鲜军队所需的全部装备和完成对其训练。

中国台湾的蒋介石国民党集团,曾经多次表示愿派部队参加"联合国军"在朝鲜的作战行动,并作了准备。但李承晚坚决反对在朝鲜使用蒋介石的军队,参加"联合国军"行动的英国等有关国家也坚决反对在朝鲜使用蒋介石的军队。

美国五角大楼也考虑过麦克阿瑟曾提出过的各种主张,即轰炸中国东北的军事基地和工业体系,封锁中国海岸和允许蒋介石的军队攻击中国大陆,以迫使在朝鲜作战的中国人民志愿军从三八线撤回到中国境内。五角大楼认为,这些都难以达到预想的目的,并且有可能引起苏联根据《中苏友好同盟互助条约》公开参战,甚至可能引起第三次世界大战,同时美国为进行朝鲜战争而一手撮合的、本来就勉强维系着的联盟也会遭到损害。

此时,对美国来说,如果在朝鲜继续打下去则无力取胜,寻求盟国的军事增援则得不到响应,长期僵持则消耗不起,寻求在朝鲜以外开辟战场则担心引起世界大战,就此撤出朝鲜则太丢面子。美国在朝鲜战场上企图依靠军事手段解决问题已到了走投无路的境地。

三、长期陷在朝鲜消耗力量与美国的全球战略重点严重冲突

美国的全球战略重点在欧洲,美国的主要对手是苏联。美国武装侵略朝鲜,打着联合国的旗号组成"联合国军"在朝鲜作战的一个重要考虑,就是在朝鲜与苏联为代表的

---

① 《参考消息》,1951年5月合订本,第245、第257、第283、第307页。
② [美]劳顿·柯林斯:《和平时期的战争》,第12章。

共产主义势力抗衡。然而,美国在朝鲜打了一年,遇到的主要作战对手并非苏联军队,而是中国的志愿军。美国军队被牵制在朝鲜与中国军队作战,不断消耗,而苏联则只是隔岸观火,连一个士兵也无须投入到战争中去。美国在朝鲜大量消耗军事力量和战略物资,而苏联则养精蓄锐积蓄力量,美国的主要军事力量长期陷在朝鲜而不是部署在欧洲,这些与美国以欧洲为重点、以苏联为主要对手的全球战略严重矛盾。

其实,美国当局也完全清楚,在朝鲜长期打下去会影响其在欧洲的利益,因此,杜鲁门在其回忆录中说:"我从来没有使自己忘记:美国的主要敌人正端坐在克里姆林宫里;或者忘记:只要这一敌人还没有卷入战场而只在幕后拉线,我就绝不能将我们再度动员起来的力量浪费掉。"[①]艾奇逊、马歇尔、布莱德雷等美国军政要员,也担心美国在朝鲜长期陷进去,欧洲可能落入苏联之手。

这些说明,美国绝不会为了南朝鲜而不顾其在欧洲的利益,更不愿为了打败中国人民志愿军而不是苏联军队不惜冒引起第三次世界大战的风险。既然依靠军事手段不可能解决朝鲜问题,既然将主要军事力量长期陷在朝鲜与美国以欧洲为重点的全球战略相矛盾,那么美国当局不得不重新考虑其在朝鲜的政策。

四、美国当局调整了朝鲜战争政策,谋求通过谈判沿三八线一带实现朝鲜停战

在1951年3月中旬李奇微进占汉城后,"联合国军"又一次面临着是否越过三八线的问题。对此,美国国务院和五角大楼,互相推诿,五角大楼要求国务院先确定联合国军在朝鲜的政治目标,国务院则要求五角大楼先确定联合国军实际力量能打到什么地方。他们之间不负责任的互相推诿,无论总统杜鲁门,还是国务卿艾奇逊或参谋长联席会议主席布莱德雷,在他们后来的回忆录中都毫不隐讳。而参加"联合国军"行动的英法等国,早在1950年12月"联合国军"被打退到三八线时,就对朝鲜战局形势表示忧虑,担心把力量陷在朝鲜会削弱欧洲的力量。现在战线又回到三八线,英法等国极为关注。在他们眼中,"这条线具有了一种不祥之兆的意味。许多盟国和美国的官员们都把这条跨越了三次的纬线看成是一个象征性的屏障,认为麦克阿瑟的军队不应当超出这条线再去冒险,免得遭致敌方胜过报复行动的进

[①] [美]哈里·杜鲁门:《杜鲁门回忆录》第二卷,李石译,生活·读书·新知三联书店,1974年,第544页。

攻"①。英法等国认为这时是和平解决朝鲜问题的"心理时机",主张实现事实上的停火②。从美国来说,如果再次跨越这条线,不但大大增加把战争扩大到中国的可能,美国把军事资源耗费在亚洲的非决定性作战中,而且还会大大增加引起苏联干涉的可能及爆发全面战争的危险。在这种情况下,美国当局才开始认真考虑,是否调整1950年9月27日以来"联合国军"所执行的占领全朝鲜的军事目标,是否通过谈判结束这场战争。

美国国务院和五角大楼虽然互相推诿,但都认为需要谋求新的途径,在三八线一带停止战斗,这样敌对双方似都可接受。因为1950年12月和1951年1月由联合国出面作的两次尝试都失败了,而美国总统还从未公开建议过通过谈判解决问题。因此,这个新的途径是由美国总统而不再是由联合国发表一项公开声明,美国国务院起草了这个声明的草稿,3月19日,国务卿艾奇逊、国防部长马歇尔和参谋长联席会议讨论了这个声明的草稿,3月20日将声明要点发往东京征求麦克阿瑟的意见,与此同时,国务院还征求了参加"联合国军"行动的有关各国的意见。这个声明草稿说:现在战线又回到三八线,"这里有一个在该地区恢复和平与安全的基础,它应该是一切衷心希望和平的国家所能接受的"。"联合国统一指挥部准备履行能终止战争并保证不再发生战争的部署。这种部署能为解决朝鲜问题开辟更宽阔的道路,其中包括外国军队撤出朝鲜。"杜鲁门在回忆录中说,"发表这一声明的用意是不带任何威胁或谴责而愿意取得和平解决的提议也许会得到良好的反应"③。

然而,麦克阿瑟对拟议中的总统声明,没有正面表示意见,并且抱怨华盛顿当局对他在战场上的行动一再增加限制。3月24日,他公开发表了一个与拟议中总统声明的内容大相径庭、对中国威胁扩大战争的声明。他在声明中大肆炫耀了"联合国军"的优越作战条件,然后威胁说:"敌人现在必然已经痛苦地认识到:如果联合国改变它力图把战争局限在朝鲜境内的容忍决定,而把我们的军事行动扩展到赤色中国的沿海地区和内陆基地,那么,赤色中国就注定有立即发生军事崩溃的危险。"杜鲁门说,"实际上,麦克阿瑟的举动等于用最后通牒来威胁敌人,等于说盟国的全部优势力量可以用来攻击赤色中国"④。

---

① [美]詹姆斯·F.施纳贝尔:《朝鲜战争中的美国陆军(第二卷)——战争爆发前后》,国防大学出版社,1990年,第401页。
② 1951年4月4日和5日的《参考消息》。
③ [美]哈里·杜鲁门:《杜鲁门回忆录》第二卷,李石译,生活·读书·新知三联书店,1974年,第524—525页。
④ [美]哈里·杜鲁门:《杜鲁门回忆录》第二卷,李石译,生活·读书·新知三联书店,1974年,第527页。

麦克阿瑟的声明遭到中国政府和人民的强烈抗议和谴责。因为这个声明与杜鲁门准备发表的声明背道而驰，美国当局的精心计议和全部努力因此而付诸流水。由此引起了美国与其盟国内部的混乱和愤怒。盟国纷纷询问美国：这是什么意思，拟议中的美国政策是否发生了改变。杜鲁门更是大为恼火，他在回忆录中说："联合国的一位军事司令官自作主张地发出这样一个声明是极不平常的事。这是完全漠视不许发表有关对外政策的任何声明的所有指令的行为。这是对我作为总统和最高统帅而发布的命令的公然违抗。这是对宪法赋予总统的权力的挑战。这也是对联合国政策的蔑视。"①

本来美国在朝鲜战争中的失败，就使美国在世界上很丢面子。尽管越过三八线、武装占领全朝鲜是美国当局的决策，但麦克阿瑟是执行这一决策的战场统帅，美国在朝鲜战场上的失败，麦克阿瑟有不可推卸的责任。从1950年12月，"联合国军"败退到三八线以后，麦克阿瑟被解职只是个时间问题了。李奇微接替已死的沃克以后，在战场上作出了美国当局满意的表现，这就有了接替麦克阿瑟的合适人选。布莱德雷在回忆录中写到，从1951年1月下旬开始，"我们就撇开麦克阿瑟，从李奇微那里得到可靠的军事估价和启发性的意见。尽管我们继续把参谋长联席会议的电报和指示发给麦克阿瑟，但给人的感觉是，麦克阿瑟已'明升暗降'，成了董事会主席式的人物。在军事行动上，他成了一个我们不得不敷衍一下的象征性的司令官"②。加之麦克阿瑟桀骜不驯，对总统、国务院和五角大楼一直表示不恭，使美国高层决策当局大为光火。3月24日，麦克阿瑟发表的声明，破坏了美国当局关于考虑谈判问题的努力，正好给当局解除他的职务提供了一个时机。4月11日，杜鲁门解除了麦克阿瑟"联合国军"总司令等一切职务。而由马修·李奇微接替了他的一切职务，同时由詹姆斯·范佛里特接替李奇微任美第八集团军司令官。美国当局解除麦克阿瑟的职务，一方面表明美国以这种方式承认了在战场上的失败；另一方面也表明美国为调整在朝鲜的政策，寻求通过谈判结束这场战争准备了一个台阶。

1951年4月初，"联合国军"从三七线附近再次回到三八线时，英国、法国、澳大利亚、加拿大等国，均公开主张在三八线上实现事实上的停火③。4月30日，英国陆军大臣在谈到朝鲜战争问题时说："英国政府正在通过新任外交大臣莫里逊坚决地——我也可以说是不顾一切地——设法阻止战争扩大。"④

① [美] 哈里·杜鲁门：《杜鲁门回忆录》第二卷，李石译，生活·读书·新知三联书店，1974年，第527页。
② [美] 奥马尔·布雷德利：《将军百战归》，廉怡之译，军事译文出版社，1985年，第813—814页。
③ 1951年4月4日和5日的《参考消息》。
④ 英新处伦敦1951年4月30日电。

关于美国在朝鲜究竟应实行何种政策问题，4月11日，杜鲁门在解除麦克阿瑟职务时，发表一个广播演说，在这个演说中，第一次明确提出了美国在朝鲜"打一场有限战争"。随着麦克阿瑟被解除职务，美国统治集团内部，对此展开了激烈辩论争吵，分歧矛盾达到白热化和公开化。美国参议院军事委员会和外交委员会联合主持，从5月3日—6月25日举行了所谓"麦克阿瑟听证会"，讨论朝鲜战争政策问题，先后有麦克阿瑟、国防部长乔治·马歇尔、参谋长联席会议主席奥马尔·布莱德雷、陆军参谋长劳顿·柯林斯、空军参谋长霍伊特·范登堡、海军作战部长福雷斯特·谢尔曼、国务卿迪安·艾奇逊、前美军驻华总司令魏德迈、前国防部长路易斯·约翰逊等共13个美国军政要员出席作证。

麦克阿瑟是第一个出席作证的对象。他在5月3日作证时，仍然主张以军事手段彻底解决朝鲜问题，即要将战争扩大到中国境内，发挥优势的海空军的作用，以海军封锁中国海岸，加强军事禁运；以空军轰炸中国的机场、车站和工业基地；让台湾的蒋介石集团进行反攻大陆的活动，采取这些行动，不必担心会引起苏联参战。麦克阿瑟认为只有采取这些行动，才是迅速结束朝鲜战争的最好办法，他甚至主张，如果联合国其他国家不愿协助，则由美国单独采取行动①。

艾奇逊、马歇尔、布莱德雷、三军参谋长和前国防部长约翰逊等，在出席作证时，均支持解除麦克阿瑟的职务，认为麦克阿瑟的主张既难以达到目的也冒巨大风险，反对将战争扩大到中国，相反，他们均主张在朝鲜打一场有限战争。布莱德雷在5月15日出席作证时，有一段闻名的言论，他认为赤色中国不是一个足以寻求世界霸权的强盛国家，如果把战争扩大到共产党中国，"参谋长联席会议认为，这一战略将使我们在错误的地方，错误的时间，同错误的敌人打一场错误的战争"。"进攻共产党中国并不是一个能起决定作用的行动，不能保证朝鲜战争的结束，也不会使中国屈服。"②（关于布莱德雷的这段话，无论在中国在美国长时间被许多人作了与布莱德雷原意完全相反的错误引用。布莱德雷在其回忆录中作了澄清。本书作者也查阅了1951年5月的《参考消息》，当时《参考消息》的报道确如布莱德雷澄清的那样）

随着参议院关于朝战政策问题"麦克阿瑟听证会"的开始，美国国家安全委员会于5月2日—16日也召开会议，系统地检讨了美国的朝鲜战争政策，认为美国无法在朝

---

① 《麦帅证词》，台湾"中央文物供应社印行"，1951年（中华民国四十年十月），第11—12页、第43页；1951年5月4—7日《参考消息》。
② 1951年5月17日《参考消息》；[美]奥马尔·布雷德利：《将军百战归》，廉怡之译，军事译文出版社，1985年，第837页。

鲜赢得一场决定性的胜利，仅凭军事手段不可能解决朝鲜问题。国家安全委员会于16日通过了一个有关朝鲜问题的政策备忘录，这个备忘录将美国在朝鲜的终极目标和当前目标作了明确区分，确定美国在朝鲜的当前目标是在三八线地区建立一条有利的防线，寻求缔结停战协定，结束朝鲜战争。李奇微在回忆录中曾说："我们在确定军事目标时，首先需要认识到，世界上大多数最基本的令人苦恼的问题是并不适宜用纯军事的办法来解决的。"①

美国国家安全委员会这个备忘录，确定了美国在朝鲜的军事行动政策指导路线，其内容如下：

1.终极目标是通过与军事手段同样卓著的政治途径，去探求解决朝鲜问题的办法，最终建立一个统一、独立、民主的朝鲜。当前目标是通过适当的联合国机器，去寻求一个美国能接受的解决朝鲜冲突的办法，最低限度要达到：（1）依据停战协定结束战争行动；（2）建立北部边界以南的大韩民国政权，该政权起码应满足三八线以南地区行政和军事防务的需要；（3）保证非朝鲜的武装力量在合适的时机撤离朝鲜；（4）应允大韩民国建立足够的军事力量，以抵御或击退复兴后的北朝鲜之进攻。在实现上述目标之前，要一以贯之地反对、严惩侵略者。

2.在实现上述当前目标及维护美国和联合国军安全的同时，要力求避免使朝鲜的军事行动演变成与苏联的全面战争，力争避免在缺乏主要盟国支持的情况下，使朝鲜的军事行动发展成与共产党中国的全面战争。

军事行动的主要方针

朝鲜问题的处理

1.美国始终将建立统一、独立、民主的朝鲜作为其最终政治目标。北朝鲜发动侵略以来，美国在联合国的军事目标是抵御侵略、建立维护国防和地区安全。中共军事力量介入后即改变了局势，通过政治途径建立统一、非共党化的朝鲜，军事上似乎已不可能。因此，我们在绝对不放弃对朝鲜所坚持的终极政治目标的同时，当务之急是找到解决朝鲜问题的办法，既要拒绝承认共产党对朝鲜三八线以南地区的统治，又要依据军事需要让非朝鲜军队分阶段地撤离朝鲜。

2.因为联合国和共产党军队似乎都有控制朝鲜部分地区军事局势的可能

---

① [美]马修·李奇微：《朝鲜战争》，军事科学院外国军事研究所译，军事科学出版社，1983年，第259页。

性,所以朝鲜的局势就有可能朝着以下任何一个方向发展:

(1)中共同意结束战争行动和政治解决朝鲜问题。

(2)中共既不提出也不接受任何解决问题之建议期间,双方处于政治、军事上的对峙状态。

(3)联合国军向北推进。

(4)有可能在苏联或卫星国"志愿军"海空军支援下,共产党发起大规模的强攻。

3.针对上述可能性,应作如下相关考虑:(1)联合国军不会接受将南韩任何地区留给侵略者的解决办法;(2)联合国军或许有能力将侵略者逐出南韩;(3)联合国军能够继续给中国人以沉重打击;(4)解决办法是让中国军队撤出朝鲜用于其他地区,从而结束中国人在朝鲜的损失;(5)目前联合国大多数反对再次越过三八线;(6)重要的是在联合国内在朝鲜问题上达到最大限度的团结。如果苏联不给朝鲜的中国军队向南大规模进攻提供业已增加的军事援助,结束冲突、实现政治妥协还是可信的。如此妥协即可实现非朝鲜军队撤出朝鲜。

4.鉴于朝鲜的形势,美国应该:

(1)寻求一个能够接受的解决朝鲜问题的政治途径,既要考虑到苏联、(中国)台湾及列席于联合国的共产党中国,又不危害美国地位。

(2)在缺乏如此解决途径,而又意识到当前没有其他可接受选择的情况下,要继续执行当前在朝鲜的军事行动方针,而无须以军事手段统一朝鲜,但应做到:

a.予敌以最大限度的杀伤。

b.防止南韩遭受军事侵略。

c.限制共产党对亚洲其他地区的侵略能力。

(3)继续努力影响我们的盟国对联合国在朝鲜军事行动的支持和援助。

(4)尽快发展南韩赖以依靠的军事力量,使其最终有足够的力量承担起联合国军在南韩主要地区的防务。

(5)如果苏联投入的参战"志愿军"足以威胁在朝联合国军的安全,要立即考虑从朝鲜撤出联合国军,并将美军置于准备大打的最佳地域。

(6)如果苏联突然发动大战,应尽快从朝鲜撤出联合国军,并快速调动部署在其他地域的现役美军。

（7）运用、凭借联合国的可行性机构，继续加强大韩民国的政府及民主机构的建设，继续加强对大韩民国及其从共产党统治下解放区的经济复苏、振兴之援助。

5.在解决朝鲜问题的每一阶段，美国均应特别注意建立发展一支强大的大韩民国军事力量，以继续进行对共产党军队（在对峙状态中）的斗争，同时应特别注意建立一个强大的军事屏障，以保卫大韩民国，使其免遭侵略。特别要重点放在对南韩军官能力的培养上。实现军事稳定的基本要素是，恢复大韩民国在分界线以南地区的权威，根据南韩经济吸收能力给以经济、技术援助，这将巩固联合国军撤离朝鲜半岛后的稳定。美军及联合国军撤离后，大韩民国可能仍需提供空中和海上军事援助。①

5月17日，杜鲁门总统批准了这个文件。这是自1950年9月美军仁川登陆成功后，美国当局命令麦克阿瑟越过三八线北进以来，第一次调整了朝战政策，第一次明确了"联合国军"的作战，不再实现军事占领全朝鲜的目标。事实上，也是美国当局承认朝鲜战争失败的一种表现。

此后，美国当局如艾奇逊所形容的，"就像一群猎狗一样到处寻找线索"，同北京进行接触。国务院通过驻巴黎的代表向驻德国的苏联管制委员会政治顾问、通过美国驻联合国的代表向苏联代表、通过美国和瑞典通往莫斯科的渠道、通过国务院政策设计办公室派人前往香港等进行试探。5月31日，在普林斯顿大学研究所工作、曾任美国驻苏联大使的乔治·凯南，受美国国务卿艾奇逊委托，以个人身份同苏联常驻联合国代表雅格布·马立克举行了会晤。凯南拐弯抹角地表达了美国当局愿意通过谈判，沿三八线一带实现朝鲜停战的意图。凯南表示：美国准备在联合国任何一个委员会，或是以其他任何方式与中国共产党人会面，讨论结束朝鲜战争问题，并表明只是战场上双方的司令官派出代表讨论结束朝鲜战争的军事问题。美国还通过其他渠道作出了表示。

根据杜鲁门5月17日批准的美国国家安全委员会48/5号文件，参谋长联席会议于6月1日给李奇微发去了新的训令，规定了"联合国军"的战场行动方针。这个训令的内容是：

---

① 1951年5月17日美国国家安全委员会48/5号文件中有关朝鲜问题的备忘录。

作为联合国军最高司令官,你要始终以你的部队的安危为重,迫使在朝鲜境内及其附近水域作战的北朝鲜军队和中共军队在人员和物资上付出重大牺牲,至少完成下列几项任务,而为解决朝鲜冲突创造有利条件:

1.缔结合理的停战协定,终止敌对行动。

2.在适于行政管理和军事防卫的北部边界线以南地区,建立领导整个朝鲜的大韩民国政权,而这条边界线不得划在三八线以南。

3.为分阶段从朝鲜撤出所有非朝鲜籍武装部队作好准备。

4.强化南朝鲜武装力量,使之足以阻止或击退北朝鲜的再度侵略。

根据这些训令和方针,"联合国军"于1951年6月上旬全线转入战略防御。

停战谈判的焦点问题是什么

朝鲜停战谈判是中国人民志愿军入朝作战8个多月打出来的结果，也是美国当局羞羞答答承认其在朝鲜战争中失败的一种表现。

朝鲜停战谈判于1951年7月10日在中国人民志愿军和朝鲜人民军控制的开城来凤庄开始举行，10月25日将谈判地点转移到三八线上的板门店，直至1953年7月27日双方签署《朝鲜停战协定》，历时两年零17天。

美国当局虽然由于在战场上的失败，并且看到已不可能依靠军事手段实现其军事占领全朝鲜的目的而同意停战谈判的，但在停战谈判开始以后相当一段时间内，仍摆出一副霸权主义不可一世的架势，不但不讲理而且也不讲礼。仅议程问题的谈判就用了16天时间，直到1951年7月26日才同意以朝中方面提出的方案为基础达成协议。

双方达成的议程协议共五条：

1.通过议程；

2.确定军事分界线以建立非军事区；

3.实现停火休战的具体安排；

4.关于俘虏的安排；

5.向双方有关各国政府建议事项。

朝中方面把关于军事分界线问题的谈判看成谈判各项议程中的核心问题。1951年11月14日毛泽东在给斯大林的电报中明确指出："谈判的中心问题，是确定军事分界线。"① 根据美方在关于议程的谈判中毫无诚意并横生枝节的表现，估计到关于军事分界线问题的谈判会更加艰难，会有一场更为激烈的舌战。

正像预料的那样，美方代表团完全不讲理，几乎不是在谈判，而是在炫耀武力。朝中方面根据战前三八线就是朝鲜南北双方分界线，战争中1951年1月以来双方又四次摇摆于三八线南北地区，而提出以三八线为军事分界线的建议方案。美方代表团不但坚决拒绝朝中方面以三八线为军事分界线的合理建议，而且狂妄炫耀其海空军"优势"，无理

---

① 《周恩来军事文选》第四卷，人民出版社，1997年，第249页。

开城来凤庄

志愿军谈判代表团成员：李克农（前）、邓华（后左）、乔冠华（后中）、解方（后右）

要求这种优势要在军事分界线的确定上得到"补偿"。美方首席代表海军中将特纳·乔埃称，地面部队的战线，不能反映双方军队的实际力量，"联合国军"具有海空军"优势"，"在选择非军事区时，我们必须要考虑地形和联合国陆海空军的潜力。但是，我方已经提议撤退我方的海空军，为了这些让步，我方应得到补偿"。为此，美方代表团还标定了一份他们所要求的军事分界线地图，无理地将军事分界线画在了志愿军和人民军后方数十公里的地区。按这条军事分界线，志愿军和人民军将从当时双方实际接触线退出1.2万平方公里地区。这当然遭到朝中方面的有力驳斥，指出你方海空军有巨大的优势，那么你们为什么没在鸭绿江边站住脚，你们为什么又退到三八线，甚至退到三七线，这说明地面战线反映了双方力量的实际。到了8月中旬，美方代表又荒唐可笑地提出了与其海空军"优势"自相矛盾的理由，来支持其关于军事分界线的主张。他们说：你方地面部队具有强大的优势，并且这种优势还会增加，而美方地面部队不具备这种优势，因此美方地面部队必须要有一定深度的天然防御阵地。朝中方面代表一针见血地指出：你们用"两种互相冲突的理由，来支持你的方案，难道你们不觉得滑稽可笑吗？你们说你们海空军强，所以你们应有所补偿。现在你们承认你们陆军弱，但你们又说应有补偿。……不管你们强弱，你们都需有补偿，这不是一种失去理智的瞎说吗？"

志愿军代表团在谈判中已看出，美方关于军事分界线的最后底盘只能是现地停战，而绝对不可能接受以三八线为军事分界线的方案。志愿军谈判代表团团长李克农8月12日给毛泽东的电报中对谈判发展形势和美方的基本底盘作了分析，并对朝中方面在分界线问题上的立场提出了建议。李克农在电报中说："我们觉得必须对三八线问题作一个决定，如我们的底盘是必须争到确定以三八线为军事分界线的原则，只容许在这个原则下作这种或那种调整，我们就必须作决裂的打算与准备。不然我们就应该有一个明确的妥协方案。""我们（李、邓、解、乔①）估计对方最后的盘子是老实的就地停战加上若干不大的调整。因此我们就必须决定争三八线而准备破裂呢？还是为避免破裂争取停战而考虑就地停战加上若干不大的调整呢？……觉得与其争三八线而破裂，不如考虑就地停战加上若干可能争得到的调整而实现停战，从而争取三年至五年准备力量的时间。自然如果对方根本不放弃其现有荒谬方案，我们也觉得只有采取破裂之一途。"②18日，邓华以个人名义致电彭德怀并转毛泽东，认为对方的最低底盘可能就是现地停战。如此，则现地停战对我方也不吃亏，因临津江以西三八线以南面积虽小，但人口财富俱较多，军事上敌阵地离元山近，有利其登陆进攻，而我方阵地离汉城更近，也易抚敌侧背；此

---

① 李，指李克农；邓，指邓华；解，指解方；乔，指乔冠华。
② 参见《周恩来军事文选》第四卷，人民出版社，1997年，第215页注释[2]。

种方案,对方说是现地停战,我方也可说是三八线地区调整的停战,因东面三八线及其以北地区为敌所有,而西面三八线及其以南地区为我所有。除非敌人连现地停战也不接受,再坚决打下去。22日,朝中代表团致电毛泽东、金日成和彭德怀,提出:对方反对三八线方案,主要原因是政治的,我方坚持三八线方案也是基于政治上的考虑,如此,我方似即可提出我方接近于就地停战稍加调整的方案,造成对方没有拖延的借口。这个方案我们在政治上、经济上、军事上都不吃亏,并同样可以说是以三八线为基础的方案,反正是各说各的,这样说那样说实际上只是个说法问题了。因在6月上旬,金日成到北京与毛泽东确定与美方举行停战谈判时,就考虑过最终的结果可能就是现地停战[1],所以代表团的提议得到毛泽东和金日成的同意。

然而,"联合国军"为了配合关于军事分界线的谈判于8月18日同时开始了空中攻势和地面攻势,并连续在双方协议的开城中立区制造破坏挑衅事件,派遣武装特务进入中立区袭击警卫开城中立区的志愿军军事警察,美军飞机扫射开城谈判会场区朝中代表团住所。鉴于此,朝中方面宣布,从8月23日起,谈判会议停开,以待美方对其飞机8月22日扫射朝中代表团驻所事件作出负责的处理。直至9月中旬,美方地面部队发动的夏季攻势被粉碎,美方才对有关破坏中立区事件承担一定责任,并且建议更换谈判地点。在美方地面部队发动的秋季攻势也被粉碎后,10月25日,中断两个多月的停战谈判在板门店复会。因"联合国军"发动的夏季攻势和秋季攻势均未达到目的,并且遭受重大伤亡,所以在谈判恢复后,美方的蛮横态度大为收敛,不再炫耀其海空军优势,放弃了要求朝中方面退出1.2万平方公里地区的荒谬主张。又经过一个月的谈判,美方才同意朝中方面提出的以双方实际接触线为军事分界线,各后撤2公里以作为非军事区的方案,双方于11月27日达成了关于军事分界线的协议。

朝中方面认为关于军事分界线问题的谈判达成协议后,其他议程的谈判美方虽还会节外生枝,但均不难达成协议。

然而,事情出乎朝中方面的预料。美方是因在战场上的失败才同朝中方面举行谈判,而关于军事分界线问题的谈判也未能按他们的愿望占到便宜,于是他们一方面为自己争回点面子,另一方面也是为了丑化共产党领导的国家,就在战俘问题上大做起了文章。美方违反有美国参与签署的1949年《关于战俘待遇之日内瓦公约》中战争结束后全部遣返战俘的规定,提出所谓"自愿遣返",并荒唐地提出"一对一"交换战俘的原则,企图强行扣留志愿军和人民军被俘人员。在战俘营中,他们又粗暴地完全践踏战俘

---

[1] 《周恩来军事文选》第四卷,人民出版社,1997年,第250页。

的人权，采取屠杀、殴打、恐吓、强行刺字、侮辱等种种法西斯手段，强行"甄别"战俘，威迫他们放弃回国或回家的意愿。关于战俘问题的谈判从1951年12月11日开始，直至1953年6月8日，历时18个月才以朝中方面提出的方案为基础达成协议。这个问题成了停战谈判的另一个焦点问题，这个问题谈判所耗时间是关于军事分界线问题谈判的4.5倍。

美方在战俘问题上大做文章和大做手脚，只能表明美国随意背弃有关国际约章和更加暴露帝国主义的残暴性外，并没有给他争回什么面子。相反，他们在《朝鲜停战协定》上签字时，已经没有一点世界霸主的光彩了。

志愿军为什么计划第六次战役而又未实施

在20世纪90年代末期以前,学术界对志愿军计划的第六次战役一直存有误解。一种意见认为,志愿军第五次战役收尾时组织得不好,第一八〇师遭受重大损失,有失彭德怀的面子,为挽回面子彭德怀计划了第六次战役;还有一种意见认为,第六次战役计划仍是延续前五次战役大打的指导思想,仍是大打的计划和部署,是与毛泽东确定的打小歼灭战方针相违背的,所以未能实施。其实,这两种说法都是没有事实根据的想当然。志愿军第六次战役计划从提出到推迟实施到最后放弃都是为了配合停战谈判。

一、第六次战役计划的提出

1951年5月中旬,美国当局调整了朝鲜战争政策。5月底,美国寻求多种渠道表示愿意通过停战谈判结束朝鲜战争。6月上旬,毛泽东和金日成根据战争形势的变化,确定了实行边打边谈的方针,一方面准备举行停战谈判,争取以三八线为界实现停战撤军;另一方面对谈判成功与否不抱幻想,充分准备持久作战,并以坚决的军事行动,配合停战谈判的顺利进行。此后,志愿军和人民军在战场上的军事行动,都与谈判的形势密切相关。

经过第五次战役,彭德怀和毛泽东都更充分地看到,在敌我武器装备优劣悬殊的条件下,战争不但是艰苦的而且是相当长期的,并且宜采取打小歼灭战的方针部署作战。在5月27日,毛泽东和彭德怀同时都提出了要在部队中进行持久作战的教育,树立长期作战的思想。6月初金日成到北京与毛泽东讨论战争形势时,对这一点也表示了认同。6月11日,毛泽东致电彭德怀告知:"已和金日成同志谈好目前两个月内不进行大的反攻战役,准备八月份进行一次有把握的稳打稳扎的反攻。"①在不发生敌人登陆进攻的情况下,在六、七两月必须坚持三八线至38.5°线,并完成一些必要军事准备。在组织战役时,既要照顾到志愿军和人民军供应能力,又要考虑谈判的政治影响,打到三八线为止,不超过南汉江和昭阳江。6月下旬,邓华在志愿军党委会上也传达了这些精神。6月29日,毛泽东致电金日成

---

① 《建国以来毛泽东军事文稿》上卷,军事科学出版社、中央文献出版社,2010年,第502页。

并告彭德怀，指出在准备同敌人谈判的同时，"人民军和志愿军应当积极注意作战，不使敌人乘机获逞"。

根据上述精神，彭德怀从7月1日即着手考虑第六次战役计划。彭德怀在当日致毛泽东的电报中指出："充分准备持久作战和争取和谈达到结束战争的方针是完全必要的。我能掌握和平旗帜，对朝鲜人民、中国人民均有利。坚持以三八线为界，双方均过得去。如美国坚持现在占领区，我即准备八月反击。在反击前，还须放他前进数十里，使军事上、政治上于我更有利些。"①

7月2日，毛泽东电示彭德怀、高岗并告金日成："在和敌方代表准备谈判及实行谈判期间……极力提高警惕。我第一线各军，必须准备对付在谈判前及谈判期内敌军可能对我来一次大的攻击，在后方，则举行大规模的空炸，以期迫我订立城下之盟。如遇敌军大举进攻时，我军必须大举反攻，将其打败。"②

7月8日，志愿军司令部下达了第六次战役的战术准备指示，针对"联合国军"已加强了防御工事，志愿军和人民军反击将是阵地攻坚的纵深作战，同时志愿军参战炮兵增多，并且有坦克部队参战等情况，要求部队组织攻坚教育和演习，组织步兵、炮兵、坦克协同战术教育和演习，在7月底或8月初教育准备完毕。7月10日朝鲜停战谈判开始，16日，彭德怀将军事准备情况向朝中方面谈判代表团作了通报，同时报告毛泽东、金日成，指出，政治斗争和军事斗争双管齐下，是当前在朝鲜同美国侵略集团作斗争的严重任务，"如果没有和平攻势（和谈）的政治斗争，只有单纯的军事斗争，要想迅速孤立美国，迅速结束朝鲜战争是不可能的……但和谈并不一定是顺利的……可能需要经过严重的军事斗争。再有两三次较大的军事胜利，才能使敌人知难而退"③。

正像预料的那样，在谈判一开始，美方就拒绝将以三八线为军事分界线和撤出一切外国军队列入议程，并在谈判中横生枝节。朝中方面为表示诚意，一再让步，但至7月24日，谈判已进行半个月，关于议程问题仍未达成协议。鉴于此，彭德怀于当日致电毛泽东，指出：

> 以目前情况来看，美国为维持其世界反动政治地位，信赖其装备优势还能够守住三面环海和狭长的朝鲜，且企图保持战争状态……同时企图将我国拖入长期战争，推迟新中国的建设事业……我再有几次胜利战争，打至三八线以

---

① 《彭德怀军事文选》，中央文献出版社，1988年，第412页。
② 《建国以来毛泽东军事文稿》上卷，军事科学出版社、中央文献出版社，2010年，第520页。
③ 《彭德怀军事文选》，中央文献出版社，1988年，第413页。

南，然后我再撤回三八线为界，进行和谈，按比例逐步撤出在朝外国军队，坚持有理有节。经过复杂斗争，争取和平的可能仍然是存在的。如经过上述一切办法而不能达到和平，则继续打下去，在持久战中，我虽有许多困难，但可克服，最后赢得战争胜利是肯定的。从全局观点来看，和的好处多，战亦不怕……我于八月中争取完成战役反击的准备，如敌不进攻，则至九月举行。最好是待敌进攻，我则依靠阵地出击为有利。[1]

26日，毛泽东复电指出：

七月二十四日电收到。敌人是否真想停战议和，待开城会议再进行若干次就可判明。在停战协定没有签订，战争没有真正停止以前，我军积极准备九月的攻势作战是完全必要的。[2]

在停战谈判进入关于军事分界线问题的实质性讨论之后，美方代表不但粗暴地拒绝以三八线为军事分界线，而且更加狂妄地提出海空军优势"补偿论"，要求把军事分界线划在志愿军和人民军阵线纵深内，经数天争论，毫无让步表示。鉴于此，7月31日，志愿军谈判代表邓华和解方致电彭德怀指出：争取和谈来结束朝鲜作战的方针是正确的。但目前时机不恰当，加上我们在谈判中的某些让步使敌发生错觉，故谈判中敌之气焰甚高。"据我们估计，至多只能让到现地停战，如果没有外部的动力（如苏联压力、英法等国的矛盾，特别是我之战斗胜利等），要想敌人撤回三八线以南十公里是极端困难的。谈判需要战斗胜利配合，并须作破裂之军事准备。为此特建议：战役准备争取八月十五（日）以前完成，准备破裂后的反击以八月内动作为宜……以我军一部配合人民军来打击东部敌人，并收复东部三八线以北地区……争取两步来完成三八线的收复，再谈是有利的……如谈判仍在继续，最好是乘敌进攻时予以有力地打击……或者我举行地区性的主动攻击敌人。总之，谈判需要政治攻势、特别是战斗胜利相配合才更为有利。"

8月1日，经周恩来批阅后，军委空军司令员刘亚楼致电彭德怀，告知空军为配合第六次战役的准备情况，如果9月份发起战役，空军共有8个团可以参战（其中4个喷气式和1个活塞式驱逐机团，两个冲击机团，1个轰炸机团），另有14个团技术还相当生疏，只能

---

[1] 参见《建国以来毛泽东军事文稿》上卷，军事科学出版社、中央文献出版社，2010年，第540页注释[2]；《彭德怀年谱》，人民出版社，1998年，第510页。
[2] 《建国以来毛泽东军事文稿》上卷，军事科学出版社、中央文献出版社，2010年，第540页。

勉强可以参战。每团均以25架飞机计算。另朝鲜有100架飞机可参战。但朝鲜境内的机场有限，并且可能遭美机轰炸。如果机场情况允许，喷气式飞机和冲击机可活动到汉城之线，轰炸机可活动到大邱、釜山。作战时中朝空军联合司令部可设在平壤，前进指挥所与志愿军总部在一起。

8月8日，彭德怀将第六次战役部署设想电告毛泽东并高岗；8月17日，以志愿军司令部和联合司令部的名义，向志愿军和人民军各部下达了战役预案并报金日成、中央军委和东北军区。至此，第六次战役计划基本形成。

二、第六次战役的基本设想

第六次战役的总体设想是：以志愿军13个军分两个梯队，第一梯队8个军（第十九兵团3个军、第二十兵团两个军、第四十二军、第四十七军、第二十六军），以第四十二、第四十七两军围歼铁原地区的美第三师，第二十六军和第二十兵团围歼金化地区的南朝鲜军第二师和美第二十五师两个团，第十九兵团在铁原西南地区担任牵制和阻敌增援任务；第二梯队5个军（第三兵团3个军、第三十八军、第四十军），在第一梯队打完后，以第二梯队继续扩大战果。人民军在东线以4个军团分两个梯队，配合志愿军作战；预计榴弹炮3个师、战防炮和火箭炮各1个师、坦克3个团及空军10个团参战；以人民军3个军团担任东、西海岸防御任务，并以志愿军第九兵团两个军和第三十九军为东、西海岸防御的二梯队。要求各部队继续作好连续纵深攻坚的战术准备，于9月10日前完成一切作战准备，如无意外变故，拟于9月10日下午发起攻击。攻击发起后，在有充分供应和补充保障的基础上，打破以往只能打六七天的限制，实行连续攻击，两个梯队各打20天至1个月。如此，有可能使美国同意以三八线为界停战撤军。战役能否连续攻击的关键，在于物资供应和兵员补充是否有保障。在8月17日的预案中，还要求各部队根据实际情况提出补充和修改意见，并请金日成总司令提出意见[①]。彭德怀将17日下达的第六次战役预案，也通报给了在开城谈判的邓华和解方，征求他们的意见。

从这个总体设想可看出，这次战役计划歼敌只有美军1个师又两个团和南朝鲜军1个师。因此，也不能说是前五次战役大打指导思想的延续。

[①] 《彭德怀年谱》，人民出版社，1998年，第512—513页；《周恩来军事文选》第四卷，人民出版社，1997年，第212页注[3]、第219页注[2]。

三、第六次战役的推迟和放弃

8月4日、5日，周恩来、聂荣臻、刘亚楼、朝鲜的王琏同接替沙哈诺夫任苏联驻中国军事总顾问的克拉索夫斯基就中、朝、苏空军进驻朝鲜的时间和进驻前机场增建问题进行了研究，认为中心问题是要完成朝鲜境内机场的修建及飞机油料和弹药的准备，而机场的修建要到11月份才能完成，因此"我空军出动和作战必须推迟到11月才能实现"。周恩来将此报告毛泽东、刘少奇和陈云，毛、刘、陈表示同意。同时，征求斯大林的意见尚未得到答复。

毛泽东接到彭德怀8日的电报后，批请周恩来、聂荣臻召集会议研究并提出意见。10日夜，周恩来召集中央军委代总参谋长聂荣臻、军委空军司令员刘亚楼、军委炮兵司令员陈锡联、军委总后勤部部长杨立三、军委作战部部长李涛等，对彭德怀8日电关于第六次战役设想进行了研究，并将研究结果于11日早书面报告毛泽东。报告认为：

> 根据目前朝鲜雨季情况，九月份铁路、桥梁、公路不一定能完全修好，即使预计的九月份全月粮食能于八月中旬抢过鸭绿江，但不一定都能运过清川江（桥梁全断）。如果粮食不足，弹药有损（潮湿一部是可能的，前方尚未查清），便决定大打，而空军又确定不能参加，在敌人又已确定坚守的条件下，恐很难连续作战二十日至一个月。同时，在政治上，九月如仍在继续谈判，我便发动大打，亦不甚有利，如再不能大胜，则影响更不好。从种种方面看，我以加紧准备，推迟发动大打为有利。九月谈判如破裂，则十月便须准备大打；如敌不进，则九、十两月可在沿线寻找小战，不断给敌以杀伤，至十一月再大打，空军或有配合的可能。①

接到彭德怀8月17日下达的作战预案后，周恩来起草了中央军委给彭德怀并告高岗的电报，根据对战场内外形势的分析，提出对预计9月进行的第六次战役计划再行考虑，可否改为加紧准备而不发动。电报于19日发出，全文如下：

彭德怀同志并告高岗同志：

彭八月八日电及志司八月十七日电均悉。得彭电后因正在考虑空军参战须推

---
① 《周恩来军事文选》第四卷，人民出版社，1997年，第211页。

迟到十一月事,并向菲利波夫同志征求意见,故未及复。现菲复电,亦认为在安东、平壤间增修三个机场并推迟空军出动是正确的(去电复电均已转你们),因之,对我军目前作战方针,不能不从各方面重加考虑。

敌人对于朝鲜谈判,只打算实现军事休战而不妨碍他的世界紧张政策,故他反对以三八线为分界线,政治原因大过军事原因。其拖延谈判,一方面企图以此逼我让步,另一方面也为的拖过旧金山会议①及便利其国会通过预算和加税。敌人敢于这样拖延,自然是因为了解我们正在诚意谋和。但敌人也怕负起谈判破裂的责任,其原因由于他了解我们在朝鲜的力量已在加强,如果破裂后大打起来,问题依然不能解决,如因此而将战火扩张至中国大陆,可能又遇到英、法的反对。在美国已取得英、法等国同意不以三八线而以它所拟的堪萨斯线②为非军事区的南线,也就是它所谓的防守线,并准备作若干调整,因此,敌人也就敢于在这一点上,与我们僵持起来。

为使休战谈判能得到公平合理的解决,并准备谈判不成,破裂的责任落到敌人身上,除对谈判的意见已见毛主席八月十七日致金日成同志的电报③外,在作战上,我们也应与谈判的要求相配合、相适应。在九月份,如果我们预拟的战役计划,确实能做到歼灭美三师、伪二师及其他敌人一部或只歼敌一个师,同时,又能迅速推迟至涟川、铁原、金化地区或只推进一个地方,而不致为敌人赶回原阵地甚至侵入我阵地,那么这个战役尚是有意义的。但从现在具体情

---

① 旧金山会议,是美英当局违背有关国际协议,排除中国参加,定于1951年9月4日至8日在美国旧金山召开的片面对日媾和的会议,片面签署《旧金山和平条约》。《和约》对战败国日本的武装未作限制,不提将台湾归还中国等。苏联、波兰、捷克斯洛伐克、印度、缅甸等国政府反对这个"和约",拒绝在"和约"上签字或拒绝参加和会。朝鲜、越南、蒙古等国也被排斥在旧金山和会之外。9月8日,有48个国家在《旧金山和平条约》上签字,其中大多数国家实际上没有参加过对日作战。中国政府不承认这个"和约",认为它是非法的、无效的。
② "堪萨斯线",是停战谈判开始后"联合国军"确定的主抵抗线,西起临津江口南岸,沿江而上,向东经积城、道城岘、华川湖南岸、杨口至东海岸杆城以北马达里一线,全长约220余公里。其临津江以西在三八线以南,临津江以东在三八线以北。
③ 毛泽东1951年8月17日致金日成的电报大致内容为:除非敌人决心破裂,否则,他只能在三八线和就地停战两个问题上得到一个让步。因此,我们设想,如果在三八线南北附近依地形及军事形势画一条线,即临津江以东划在三八线以北,临津江以西划在三八线以南,南北地区大致相等,而名字叫军事分界线,不要提三八线;非军事地区也以这条线为基线,临津江以东敌人从现阵地退到这条线上不再后撤,我方停在现阵地上不后退也不前进,临津江以西我方从现阵地退到这条线上不再后退,敌人在现阵地上不后退也不前进。如此,从政治意义上说,这条线当然不是三八线,但仍然在三八线南北附近,而且双方保持的南北地区又大致相等,亦不束缚将来朝鲜问题的政治解决;从军事意义上说,敌人可以退守他所预定的堪萨斯防线附近,而我们在临津江以东仍守住现阵地不动,在临津江以西无须后退至三八线,双方退出地区均成为非军事区,于是军事分界线与非军事区也就结合在一起了……这样一个方案,敌人很难基本反对……如果你同意上述方案,则我方代表团在谈判过程中拟令其分三个步骤求得与敌人达成协议。

况看来，不仅空军在九月份不能参战并也不能掩护清川江以南的运输，而且其他方面也不易使我们这次战役能达到预期的目的。首先，朝鲜雨季八月底才能结束，清川江、大同江、新成川、富城几座桥梁尚未修通，清川江以北堆积的粮车最快恐需至八月底才能捣装完毕，因之，连续作战一个月的粮食在九月份得不到完全保证。弹药从现在前方储量计算可供一个月作战消耗，但雨水浸蚀的程度不知检查结果如何，有些仓库距离前线较远，尚不能供应及时。且战役发起后，不论胜利大小，均有使战役继续发展可能，我们粮弹储备只有一月，而后方运输又未修畅，设敌人窥破此点，我将陷入被动。次之，从战术上看，在九月份谈判中，敌人向我进攻的可能是较少的，因此，我军出击必须攻坚，而作战正面不宽，敌人纵深较强，其彼此策应亦使我第一线又只能使用八个军突入，敌人除麟蹄以东外有十六个师旅可供呼应，即使我在战役开始时，歼敌一部，但突入后迂回渗透，扩张战果及推进阵地，则均经过反复激战，时间拖长的可能极大，结果对谈判可能起不利作用。现在我们握有重兵在手，空军、炮兵逐步加强，敌人在谈判中对此不能不有顾忌。设若战而不胜，反易暴露弱点。如谈判在分界线及非军事区问题上，在九月份尚有妥协可能，亦以不发起战役为能掌握主动。据此种种，望你对九月战役计划再行考虑，可否改为加紧准备而不发动，如此，既可预防敌人挑衅和破裂，又可加强前线训练和后勤准备。你意如何，望即电告。

其他有关部队调动、机场修建、兵员补充、物资供应及运输等问题，当另电告①。

军委

八月十九日②

彭德怀接到中央军委的电报后，同意军委的分析和意见，复电军委并告高岗：同意将九月战役进攻，改为积极准备，防敌进攻，如敌暂不进攻，待十月再决。③邓华和解方于20日和22日对第六次战役预案也分别提出了补充完善意见，并根据对敌纵深阵地及部署尚不甚明了的情况，均建议在战役开始之前，选择一两个阵地进行攻击，取得经验。

① 这些情况军委于8月21日电告彭德怀并高岗。
② 《周恩来军事文选》第四卷，人民出版社，1997年，第217—219页。
③ 《彭德怀年谱》，人民出版社，1998年，第513—514页。

在接到军委19日的电报后，邓华建议根据谈判和我军战役准备情况，可于11月初举行战役。根据邓华的建议和毛泽东的意向，在不发起战役反击的情况下，继续进行战役准备的同时，在9月份应进行一些战术反击，收复一些地方，推前接触线，及更好地探清敌军阵地。

据此，志愿军在继续进行第六次战役准备的同时，以在第一线的5个军，于9月初，选择当面之敌数个要点发起了战术反击，歼敌数千人，并有力地配合了东线人民军的防御作战。

"联合国军"总司令李奇微于8月18日在东线人民军阵地发动的夏季攻势，持续了1个月，伤亡7万余人，才将阵地向前推进2～6公里。接着于9月下旬至10月下旬，又以志愿军防守的阵地为目标，发动了秋季攻势，又付出7万余人的伤亡，只在局部地区推进阵地3～9公里。"联合国军"在谈判桌上没有得到的东西，在战场上用飞机、大炮辩论照样未能得到，付出如此重大伤亡代价，只占领几个山头，得不偿失，遭到了美国国会和参谋长联席会议的非议，不得不再回到谈判桌上来谈判。

夏、秋季防御作战表明，举行战术性的反击作战更有利于歼敌，更有利于战线的稳定，对坚持持久作战更有利。因此，到了10月下旬，彭德怀决定"大战役反击在无空军配合情况下暂不进行"，"十一月甚至今年底（除特别有利情况在外），拟不准备进行全线大反击战役，根据九、十月经验，采取积极防御方针，敌人消耗很大，敌对我亦甚恐惧"[①]。至此，第六次战役计划遂告撤销。

第六次战役计划虽未实施，但这一战役计划是根据停战谈判的需要而提出的，也是根据停战谈判的需要而放弃的。计划第六次战役的目的正是在于贯彻"充分准备持久作战和争取和谈达到结束战争"的指导方针，并非与打小歼灭战方针相违背。第六次战役计划的提出和放弃，反映了中央军委和志愿军的战略指导活动和高超的斗争艺术，尤其体现了在停战谈判期间，作战（包括军事准备）与谈判之间的正确关系，作战紧密配合谈判，作战服从谈判的需要，保证在军事上、政治上都处于主动地位。同时，第六次战役准备，在军事上对1951年的夏、秋季防御作战和坚持持久作战方针，都具有直接的积极作用。

[①] 彭德怀致杨得志、李志民、郑维山并告四十七军、四十二军、二十六军、十二军、二十兵团的电报，1951年10月24日14时；彭德怀致杨成武、张南生、萧文玖并告十九兵团、二十六军、四十二军、四十七军的电报，1951年10月29日。

"零敲牛皮糖"是怎么回事

"零敲牛皮糖"是毛泽东为志愿军确定的作战指导方针，是打小歼灭战方针的形象比喻。

志愿军在抗美援朝战争运动战阶段的作战，对美军和南朝鲜军采取战略或战役上大包围战术，企图一个战役歼灭美军或南朝鲜军一个师到几个师。但由于敌我双方武器装备优劣悬殊，使战役实施的结果出现两种情况：

一是不能按战役意图完全或基本实现对敌军的包围，这主要表现在第三次战役和第五次战役中。第三次战役，志愿军的攻击目标主要是南朝鲜军，计划以6个军分左右两个纵队，在人民军3个军团配合下，计划歼其3个多师。战役实施的结果，只是实现了包围并歼灭南朝鲜军两个师中3个团大部。第五次战役第一阶段，志愿军以11个军配属炮兵7个团又两个营，在人民军3个军团配合下，采取突破后两翼向中心迂回和正面突击相结合的部署，计划围歼"联合国军"共5个师又两个旅，其中美军3个师，英军、土耳其军各1个旅。而战役实施的结果没能实现战役包围，只实现了10余股战术性的包围。

二是实现战役或战术的包围后则难以达成全歼。这主要表现在第二次战役、第四次战役第一阶段东线的砥平里作战和第五次战役第一阶段。第二次战役，志愿军在西线三面包围了美第九军指挥的美第二师、第二十五师和土耳其旅全部，另美骑兵第一师和南朝鲜军第一师各一部。在东线将美陆战第一师大部和美步兵第七师1个多团分割包围于长津湖地区的三个点上。战役实施结果，虽予被围美军等部以歼灭性打击，但终因其占有武器装备优势而突出包围逃跑。第四次战役中的砥平里战斗，志愿军以6个团已将美第二师二十三团及法国营团团压缩于砥平里，但是美第二十三团等依靠优势的武器装备负隅顽抗，志愿军围攻部队连续两个夜晚攻击，虽予美第二十三团等以重大杀伤，但未能将其歼灭。第三天，美军援兵赶到，20余辆坦克突入砥平里，同美第二十三团等会合，更增加了志愿军歼灭该部的困难，志愿军遂停止攻击，撤出战斗。第五次战役第一阶段，志愿军实现的10余股战术包围，每股包围"联合国军"多者1个多团，少者两个连，但由于兵力火力弱，除少数几股全歼或大部歼灭外，有10股未能全歼，大部突围逃跑。

毛泽东总结志愿军五次战役作战的经验，于1951年5月26日致电彭德怀，提出了对美英军打小歼灭战的方针。毛泽东在这个电报中指出：

> 历次战役证明我军实行战略或战役性的大迂回，一次包围美军几个师，或一个整师，甚至一个整团，都难达到歼灭任务。这是因为美军在现时还有颇强的战斗意志和自信心。为了打落敌人的这种自信心以达最后大围歼的目的，似宜每次作战野心不要太大，只要求我军每一个军在一次作战中，歼灭美、英、土军一个整营，至多两个整营，也就够了。现在我第一线有八个军，每个军歼敌一个整营，共有八个整营，这就给敌以很大的打击了。假如每次每军能歼敌两个整营，共有十六个整营，那对敌人打击就更大了。如果这样做办不到，则还是要求每次每军只歼敌一个整营为适宜。这就是说，打美英军和打伪军不同，打伪军可以实行战略或战役的大包围，打美英军则在几个月内还不要实行这种大包围，只实行战术的小包围，即每军每次只精心选择敌军一个营或略多一点为对象而全部地包围歼灭之。这样，再打三四个战役，即每个美英师，都再有三四个整营被干净歼灭，则其士气非降低不可，其信心非动摇不可，那时就可以作一次歼敌一个整师，或两个、三个整师的计划了。过去我们打蒋介石的新一军、新六军、五军、十八军和桂系的第七军，就是经过这种小歼灭到大歼灭的过程的。我军入朝以来五次战役，已完成这种小歼灭战的一段路程，但是还不够，还须经过几次战役才能完成小歼灭战的阶段，进到大歼灭战的阶段。至于打的地点，只要敌人肯进，越在北面一些越好，只要不超过平壤、元山线就行了。①

27日，毛泽东在会见志愿军参谋长解方和尚未到职的志愿军第三兵团司令员兼政治委员陈赓时，将上述打小歼灭战的方针形象地喻为"零敲牛皮糖"。

毛泽东关于打小歼灭战的方针，是根据战场上敌我双方武器装备特点，和志愿军作战的实际情况提出的，是符合战场实际的，是毛泽东关于打歼灭战思想在抗美援朝战争具体条件下的创造和发展。此后，由于朝鲜停战谈判开始，战线稳定，敌对双方都未再进行大踏步进退的运动战，但志愿军在阵地战阶段实施的带有进攻性质的战斗，都是贯彻打小歼灭战方针，零敲牛皮糖。

志愿军和人民军粉碎"联合国军"1951年夏季和秋季局部攻势后，10月底至11月底，

---

① 《建国以来毛泽东军事文稿》上卷，军事科学出版社、中央文献出版社，2010年，第490—491页。

志愿军第一线先后以7个军，共选择"联合国军"营以下兵力防守的突出的、暴露的或较薄弱的26个阵地，攻击34次，攻克阵地21处，歼敌1万余人，巩固占领其中9个阵地。

1952年春，志愿军构筑以坑道为骨干的坚固阵地形成规模后，即开始依托坑道工事，有组织、有计划地，开展挤占敌我中间地带和攻取"联合国军"突出的个别连、排阵地的作战活动，仅5月和8月，即挤占阵地20余处，扩展阵地面积30余平方公里。

至1952年8月底，正面第二线的坚固阵地工事也大体完成，加之装备有所改善和运输问题基本解决，为改善防御态势，促进谈判，志愿军以第一线7个军，于9月中旬至10月底，进行了具有战役规模的全线战术反击作战，共选择"联合国军"营以下兵力防守的60个阵地攻击77次（其中人民军选择3个阵地攻击3次），几乎是攻则必克，攻则必歼，共歼敌2.7万余人，并巩固占领了其中17个阵地。毛泽东对战术反击作战给予了高度评价，指出："此种作战方法，继续实行下去，必能制敌死命，必能迫使敌人采取妥协办法结束朝鲜战争。"[1]贯彻"零敲牛皮糖"打小歼灭战的方针，志愿军达到了消耗敌军力量，削弱敌军士气的目的，并且自身越战越强、越战越主动。

到1953年的金城战役时，志愿军一举突破南朝鲜军4个师防守的坚固阵地，歼灭其4个师大部，已经过渡到能打战役规模的歼灭战了。

---

[1] 《建国以来毛泽东军事文稿》中卷，军事科学出版社、中央文献出版社，2010年，第75页。

反"绞杀战"是怎么回事

反"绞杀战",是朝鲜停战谈判开始以后,志愿军空军、高射炮部队、铁道抢修部队及其他后方部队在朝鲜军民支援下,粉碎美国为首"联合国军"以摧毁朝鲜北方铁路系统为主要目标的空中封锁战役,保障交通运输而进行的斗争。

美军依靠其绝对优势的空中力量,始终将轰炸破坏中国人民志愿军和朝鲜人民军后方,作为其整个侵朝战争战略的重要组成部分。在志愿军入朝参战的前期,美军欺负志愿军没有空军和极为缺乏地面防空武器,因此其空军活动肆无忌惮,极为疯狂,整个朝鲜上空成了他们任意肆虐的"自由王国"。

1951年7月10日朝鲜停战谈判开始以后,"联合国军"总司令李奇微为配合谈判,对志愿军和人民军施加军事压力,在命令其地面部队于8月18日发起夏季攻势的同时,也命令其空军(包括海军的飞机)发动了大规模的"空中封锁交通线战役",以摧毁朝鲜北方铁路运输系统为主要目标,集中其在远东的全部轰炸机和绝大部分战斗轰炸机,在战斗截击机掩护下,每日出动数百架次至上千架次,对朝鲜北方铁路分区分段进行毁灭性轰炸,并派有专门的巡逻飞机,在夜间追打铁路和公路上的运输车辆。计划以90天时间摧毁朝鲜北方铁路系统,"尽可能做到使其铁路运输陷于完全停顿的地步"。企图以此来"窒息"志愿军前方部队,在谈判中接受他们提出的无理条件。美国空军将这次"空中封锁交通线战役"称为"绞杀战"[①]。

9~12月,美国空军集中轰炸破坏清川江以南、平壤以北的铁路。在地图上,这一地区的铁路近似于三角形,因此,这一地区铁路被称为"三角铁路",是朝鲜北方铁路咽喉地段。据中朝联合铁道运输司令部统计,9—11月,美国空军对三角铁路的轰炸,逐月加剧。9月出动飞机3027架次,破坏线路和车站648处次,破坏桥梁57座次;10月出动飞机4128架次,破坏线路和车站1336处次,破坏桥梁53座次;11月出动飞机8343架次,破坏线路和车站1937处次,破坏桥梁77座次;12月略有减轻,但仍出动飞机5786架次,破坏线路和车站1697处次,破坏桥梁101座次。三角铁路总长为180公里,只相当于当时志愿军

---

① 美国空军大学:《朝鲜战争中的美国空军》,第14章。

和人民军管区可用铁路960公里的近1/5,而遭受破坏的数量却占管区被破坏总数的50%以上。4个月中,美国空军在这一地区投弹63515枚,合31755吨,平均每公里落弹350余枚,合170余吨。

本来志愿军没有空军掩护和运输能力弱,战场运输就相当困难,而7月下旬至8月底,朝鲜暴发了40年来罕见的特大洪水,铁路桥梁被冲毁94座次,朝鲜北部清川江、大同江和沸流江上的主要铁路桥梁均被冲坏,处于全面不能通车状态,公路桥梁被冲毁50%。在这种情况下,美军空军发动"绞杀战",无疑使志愿军运输是雪上加霜,造成了志愿军运输的极大困难。9月初,志愿军前线部队出现饿饭现象,并且冬寒将至,棉衣尚未运到。9月7日,彭德怀在给聂荣臻的电报中有一段话反映了前方的困难:"早晚秋风袭人,战士单着,近旬病员大增,洪水冲,敌机炸,桥断路崩,存物已空,粮食感困难,冬衣如何适时运到,在在逼人,马克思在天不灵,望兄良策教我。"当时计划的第六次战役一再推迟发动,这是重要原因之一。能不能战胜美军的空中封锁,根本解决战场运输问题,扭转运输补给一直被动的状态,成了志愿军能否坚持胜利作战的一个重大战略问题。

中央军委把志愿军能不能有饭吃,一直作为能否取得战争胜利的重大战略问题来解决的,对志愿军后勤保障极为关心。政务院总理、主持中央军委日常工作的副主席周恩来,亲自过问和解决志愿军战场运输问题。正如聂荣臻在回忆录中所讲的,"整个后勤工作,当时都是在周恩来同志的领导关怀下进行的"。"恩来同志对志愿军的后勤保障费尽了心血,作出了宝贵的贡献"[①]。在接到彭德怀9月7日给聂荣臻的电报前,8月下旬,以洪学智为司令员、周纯全为政治委员的志愿军后方勤务司令部,以贺晋年为司令员、张明远为政治委员的中朝联合铁道运输司令部,即采取了紧急抢修、抢运措施。同时建议增加防空力量和铁路抢修力量。中央军委同时命令志愿军空军以师为单位,以安东地区的机场为基地,出动作战,掩护平壤以北朝鲜境内的铁路运输和机场修建。

9月,中央军委已判明美军"绞杀战"的企图(当时尚不知美军对朝鲜北方铁路的大规模轰炸称为"绞杀战"),指出"敌人对我铁路轰炸是作为战略企图来打算盘的","窥其企图,一为在军事上造成我持久作战的困难;二为配合开城谈判对我施用压力。"在接到彭德怀的电报后,中央军委为解决运输问题又作出几项重要决策,并派军委运输司令员吕正操到沈阳专门主持召开运输会议,具体研究解决战场运输问题措施。

---

① 《聂荣臻回忆录》下册,解放军出版社,1992年,第749、第750页。

被美国空军炸毁的铁路桥梁

美国空军轰炸铁路

9月15日，聂荣臻复电彭德怀，告知：除吕正操已去东北参加运输会议，负责具体解决朝鲜的抢修、抢运等问题，一二日内即可将结果电告外，军委决定：1.充实铁道兵团，现已拨补新兵9000人，另临时配属5个新兵团；2.保证桥梁材料，现已将修建黄河铁桥30孔北运入朝，从苏联订购的桥梁材料9月20日前可到2000余吨，10月初还可到一批，用于朝鲜铁路桥梁抢修；3.加强倒运力量，除已商东北在朝民工延期换班外，各渡口须就地编筏抢渡；4加强铁路及江桥防空力量，已令空军出动作战，另苏联有1个高炮师到清川江桥附近。

9月24日，中央军委致电彭德怀，决定在朝鲜境内划分4个防空区，由志愿军指定在朝鲜的高炮部队专门负责掩护铁路运输。

9月26日，聂荣臻致电彭德怀，告沈阳运输会议决定的各种事项。除军委已决定的事项外，会议根据周恩来指示，决定正待入朝的特种兵部队缓运入朝，并减少弹药和杂品的运输，主要保证粮食、被服和汽油的运输，将原计划9月下半月至10月底一个半月时间内，运过清川江志愿军第四季度所需物资不少于1万车皮，压缩至不得超过7000车皮。运输会议决定所有车皮增载1/10，多用装载40吨的大型车皮，并改善包装办法；铁路抢修，尽量就地取材，节省运输车辆，抢运急需物资；建议统一运输指挥，由联合运输司令部统一下达运输命令，组织联勤，统一调配物资；由联合运输司令部副司令员兼铁路管理总局局长刘居英统一布置落实[①]。

从此，志愿军后方部队全面展开了反"绞杀战"斗争。

12月，根据反"绞杀战"斗争的需要，经中朝双方协商批准，组成了以刘居英兼任司令员和政治委员的前方铁道运输司令部，隶属于以贺晋年为司令员的联合铁道运输司令部，统一指挥、协调朝鲜北方铁路系统的抢修、运输和高炮部队的对空作战。

志愿军空军的反"绞杀战"作战

根据中央军委命令，志愿军空军从1951年9月中旬起，在刘震司令员指挥下，以师为单位轮番出动作战，与苏联空军在平壤以北（主要是清川江以北）地区上空，打击美军入侵的飞机，掩护铁路运输和机场修建。在中国人民抗美援朝战争期间，从1951年第二季度起，苏联空军保持2~3个歼击机师，共4~7个团，120~210架飞机，在清川江以北地区上空作战，当时处于秘而不宣的状态，20年以后才公开。

[①] 《聂荣臻军事文选》，解放军出版社，1992年，第356—358页。

当时志愿军空军歼击机部队，装备的多是苏联制造的米格-15型歼击机，这种飞机的作战性能，与美军最先进的F-86飞机相当，飞行性能略优于F-86飞机。每师两个团共装备50架。志愿军飞行员在这种飞机上的飞行经历只有几十小时、最多不过100小时，既谈不上空战经验，也缺乏飞行经验。这同美军飞行员多数都有参加过第二次世界大战空战的经历无法相比。但志愿军飞行员多数有陆军生活战斗的经验，政治素质强，具有顽强的战斗作风，在朝鲜战场上同美国空军展开了较量，表现出了不凡的身手。

志愿军空军首先出动的是第四师，该师早在1950年12月至1951年4月，即在苏联空军带领下完成了实战练习。这次出动后，从9月20日至10月19日，一个月内，共出动508架次，在苏联空军带领下，进行大小空战10余次，其中敌我双方共200架飞机的大空战7次，击落敌机17架，击伤7架，自己损失飞机14架。第四师为志愿军空军作战打出了良好的开端。毛泽东在10月2日看到第四师的空战报告后，欣然挥笔写下了"空四师奋勇作战，甚好甚慰"的赞语[①]。

紧接着，志愿军空军第三师出动，接替第四师作战，第四师转入休整。第三师打得更漂亮。在1951年10月21日至1952年1月14日的86天中，出动2391架次，进行大小空战23次，击落敌机54架，击伤9架。该师仅损失飞机16架。许多飞行员创造了突出的战绩，战绩最佳的飞行员击落敌机6架、击伤2架。1952年2月1日，毛泽东看到了第三师的作战报告，又欣然挥笔写下了"向空军第三师致祝贺"的批语[②]。

志愿军空军出动后，与苏联空军并肩作战，有力地打击了美国空军的嚣张气焰，给美国空军造成了巨大威胁。美国空军参谋长惊呼，中共在一夜之间就成了空军强国之一。美国空军战史说："共军米格由于占有数量上的优势，所以11月份在平壤以北他们到处取得了主动地位，而联合国军所有的飞行员则只能对共军飞行员发动的进攻进行抵抗而已。"第五航空队只好决定，"他的战斗轰炸机以后不在米格走廊（美国空军称鸭绿江和清川江之间地区为'米格走廊'——本书作者注）内进行封锁交通线的活动，此后只能对清川江与平壤之间地区的铁路交通线实施攻击"。美国远东空军司令官奥托·威兰将军也被迫下令，取消B-29轰炸机在昼间的轰炸活动，从10月底起，全部转为夜间活动[③]。

志愿军空军第四、第三师经受锻炼取得经验后，从1952年初起，轮番担负了带领新部队作战的任务。从1951年11月起，志愿军空军其他部队也陆续参战，根据第一线机场

[①] 《当代中国丛书·当代中国空军》，中国社会科学出版社，1989年，第146页。
[②] 《当代中国丛书·当代中国空军》，中国社会科学出版社，1989年，第150页。
[③] 美国空军大学：《朝鲜战争中的美国空军》，第14章。

（均在中国境内）的容纳限度，保持2～3个师作战，每师作战3个月左右，经受锻炼取得经验后，即行轮换。到1952年6月，先后参战的又有志愿军空军第二、第六、第十四、第十五、第十二、第十七、第十八师。这些部队大部分是在第四、第三师带领下进行实战的。1952年1—5月，志愿军空军共击落敌机53架、击伤16架。

至1952年6月底，志愿军空军共有9个师18个团的歼击机部队参战，并有两个轰炸机师的部分部队参加轰炸大、小和岛，配合地面部队攻占这些岛屿的作战。参战飞行员447名，战斗出动680批，空战85批1602架次，击落美机123架、击伤美机43架，被击落82架、被击伤27架。志愿军空军与美军空军飞机损失对比为1∶1.46。志愿军空军经受了空战的锻炼和考验，为粉碎美军的"绞杀战"作出了巨大贡献。

志愿军高射炮兵的反"绞杀战"作战

在美军实施大规模"绞杀战"时，志愿军共有高炮部队4个野战师、4个城防团和50余个独立营，总计有85和37毫米口径高炮800余门，还不及美军用于朝鲜战争飞机数目的一半。独立营多数配属了各兵团各军，野战师大部分在掩护机场修建。为粉碎美国空军的"绞杀战"，1951年9月底，志愿军总部根据中央军委指示，将朝鲜北方铁路划分为4个防空区，指定1个团又12个营的高炮部队，分区担负对空作战，掩护铁路运输。同时还有城防高炮部队掩护重要铁路桥梁。这些高炮部队，积极作战，予前来轰炸的美空军飞机以严厉打击。美国空军战史承认，志愿军高射炮火使担负轰炸朝鲜北方铁路的美第五航空队战斗轰炸机遭受很大损失，"9月，被击落32架，击伤23架；10月，被击落33架，击伤238架；11月，被击落24架，击伤225架"。美军舰载航空兵更惧怕部署在平壤、元山铁路线新成川至高原段上的高炮部队，他们称这里的高炮火力猛烈，射击准确，这一地区是"死亡之谷"，而惧怕去那里攻击铁路[①]。

10月份以后，美国空军对平壤以北、清川江以南的三角铁路轰炸加剧，11月，根据中朝联合铁道运输司令部的建议，中央军委和志愿军总部将掩护机场修建的3个高炮师和1个城防团，全部抽出集中用于掩护铁路运输，并以高炮第六十四师司令部为基础，以该师师长吴昌炽为司令员，组成铁道高射炮兵指挥所，统一指挥掩护铁路运输的高炮部队作战。1951年12月，这些高炮部队采取"集中兵力、重点保卫"的方针，将70%的兵力、火力部署在三角地区铁路沿线，打击敌机。12月中旬，还从国内抽调1个雷达连、两个探

---

① 美国空军大学：《朝鲜战争中的美国空军》，第14章。

照灯营（共5个连）入朝，配合高炮部队作战。仅12月份一个月，即击落敌机38架、击伤68架。美军飞机惧怕这一地区的高射炮火，不得不改变轰炸战术，寻找志愿军高炮火力较弱的地区机动突击。

魔高一尺，道高一丈。敌变我变。由于美军轰炸范围扩大，重点不固定，而志愿军高炮部队少，不敷使用。为解决这个矛盾，高炮部队则采取了"重点保卫、高度机动"的作战方针，以一部兵力重点保卫一些桥梁和车站，而以主要兵力实施机动作战，将铁路沿线划分为几个作战区，每区以高炮师为单位统一指挥该区高炮部队机动作战，减少了掩护的空白区，有力地掩护了铁路运输，严厉地打击了敌机，1952年1—6月共击落敌机198架、击伤779架。

整个反"绞杀战"斗争中，志愿军高炮部队充分发挥了威力，共击落敌机260余架、击伤1070余架，与志愿军空军一起，对粉碎美国空军的"绞杀战"起了决定性的作用。

❁ 志愿军铁道抢修、运输部队的反"绞杀战"斗争

志愿军担负铁路抢修任务的部队，主要是以李寿轩为副司令员、崔田民为副政治委员的铁道兵团，反"绞杀战"时为4个师另1个团和1个铁路援朝总队。在反"绞杀战"期间，根据美军飞机轰炸特点，采取以集中对集中、以机动对机动的抢修方针，保证抢修。当美军飞机集中力量轰炸平壤以北三角地区铁路时，志愿军铁道兵团则集中1/2以上的抢修力量，保证这一地区抢修。当美军飞机在这一地区遭到苏联空军、志愿军空军和高炮部队的严厉打击后，改取不定区的机动轰炸时，志愿军铁道兵团在保证三角地区抢修的同时，则集中一定兵力，作为机动，以便其他地区随炸随修。为保证道路畅通，多运物资，则群策群力，千方百计克服困难，采取了许多创造性的措施，提高抢修速度。在重要车站，均修筑了迂回线，在重要桥梁地区均修筑了简便桥。为提高抢修速度，多抢通车时间，夜间抢修时，均在道钉上涂抹白灰，并采取枕木排架法代替大弹坑的填土等，提高抢修效率。为迷惑敌机，尽量减少桥梁被炸，则采取了架设活动桥梁的办法，拂晓前拆除几孔桥梁，使敌机以为是坏桥，而不必轰炸，黄昏后再将桥梁架好，保证夜间火车通行。

铁道兵不但抢修任务重，而且除了防美机空袭外，还要冒着生命危险，排除美机轰炸时投下的未爆炸的炸弹，其中大量是定时炸弹。这些定时炸弹进入地下几米深，并且随时都有爆炸危险。铁道兵官兵以不怕牺牲的革命精神和科学态度相结合，及时排除这

中国人民志愿军空军

志愿军高炮兵部队掩护铁路运输

志愿军铁道兵抢修后的铁路桥梁通车

些定时炸弹。仅1951年10月，在平壤以北三角地区铁路几十公里的路段上，就排除定时炸弹108枚，涌现了许多排弹能手。

志愿军铁道兵抢修能力之强，就连美国空军也无可奈何地表示叹服："共军抢修部队填补弹坑的速度可以和……F-80飞行员的轰炸速度匹敌。共军从我'绞杀战'一开始就能迅速地抢修被炸断的铁路。共军修路人员和修桥人员，已经粉碎了我们对平壤以北铁路线的封锁……并赢得了使用所有铁路线的权利。"①

志愿军铁路运输也采取了许多特殊措施：在桥梁、线路被炸断不能通车的地区，则采取以汽车分段倒运的办法，将可用铁路衔接起来；临时架设的桥梁，承受不了机车重压，则采取将车皮顶过去，而机车不过桥，由对面机车接运的办法，所谓"顶牛过江"；为充分利用夜晚通车时间，则采取集中向前突运，再寻机向后排回空车的办法，所谓"片面运输"。从而提高了铁路运输效率。

在反"绞杀战"期间，志愿军铁道运输部队与抢修部队密切配合，采取各种措施，利用能通车的铁路，抢运物资，保证前线的需要。至1951年11月底，不但已解决前线粮荒，而且开始有了储备。1952年第二季度在完成军运任务的前提下，增加了对朝鲜政府的物资运输量，还经常采取紧急措施抢运朝鲜人民的救济粮。

公路系统的反"绞杀战"斗争

公路运输是志愿军后勤运输的一个重要方面，其地位和作用仅次于铁路运输，并且是铁路运输的重要补充和延续。公路系统的反"绞杀战"斗争，是在以洪学智为司令员、周纯全为政治委员的志愿军后方勤务司令部统一组织指挥下进行的。

反"绞杀战"开始时，志愿军后勤部队已拥有6个分部、24个大站、14个汽车团、3800余辆汽车、14个辎重运输团等，约14万人。加上配属的1个公安师、1个步兵师、6个工兵团及部分高炮分队等，总数达到18万人。

在反"绞杀战"期间，志愿军工兵部队和在后方休整的各军及各兵团直属队，加宽加固了公路，并新修了数百里公路；沿途修筑了许多水下桥和汽车掩蔽所；以1个公安师和志愿军后勤各分部的警卫团营，在主要公路干线上设置了防空哨，为行驶的汽车防空报警，并指挥交通。当敌机来临时，立即鸣枪或发射信号弹报警，汽车立即闭灯行驶。汽车司机遇敌机轰炸扫射时，或突然刹车，或猛踩油门，躲避轰炸扫射，有的在敌机轰

---

① 美国空军大学：《朝鲜战争中的美国空军》，第14章。

炸扫射后,立即在汽车附近点燃早已准备好的破油桶或破旧衣布,假示汽车被炸中燃烧,以迷惑敌机,保护车辆。采取这些措施,既大大减少了汽车的损失,又大大地提高了公路运输效率。季度汽车损失率由入朝初期的近50%,降到1952年第一季度的2.3%。公路运输能力,1951年9—12月比4—8月提高95%,1952年1—4月比1951年9—12月又提高19.8%。

毛泽东在1953年9月讲到抗美援朝战争的胜利时,高度赞扬了志愿军这些群众性的创造,指出:"我们的干部和战士想出了各种打仗的办法。我讲一个例子。战争的头一个月,我们的汽车损失很大。怎么办呢?除了领导想办法以外,主要是靠群众想办法。在汽车路两旁用一万多人站岗,飞机来了就打信号枪,司机听到就躲着走,或者找个地方把汽车藏起来。同时,把汽车路加宽,又修了许多新汽车路,汽车开过来开过去,畅行无阻。这样,汽车的损失就由开始时的百分之四十,减少到百分之零点几。"①

志愿军后勤部队和工兵部队还进行了普遍的建库工作。按防空、防特、防盗、防潮、防湿、防霉烂的"六防"要求,至1951年年底,共建库区98处,其中山洞200个、掘开式仓库2601个、露天仓库5482个、土洞库672个,各种库房可容纳5475车皮物资。

1952年8月,毛泽东在中国人民政治协商会议第一届全国委员会常务委员会上,谈到抗美援朝战争情况时说:"吃的问题,也就是保证给养的问题,很久不能解决。当时就不晓得挖洞子,把粮食放在洞子里。现在晓得了。每个师都有三个月粮食。"②

在志愿军空军和高炮部队的打击下,在铁路系统、公路系统志愿军抢修、抢运部队、后勤部队及战线后方其他广大部队齐心协力的奋战下,从1952年年初起,美国空军的"绞杀战",不但远远超过了其原来计划的90天时间,而且实际作用和效果也与他们原来的乐观估计相去甚远。据美国空军战史讲,"联合国军对铁路线进行空中封锁所取得的效果从1952年1月以后就越来越少了"。4月间美国远东空军估计,自1951年12月以来,共军对铁路的修复能力,已完全抵消了美军以高价的新式飞机对铁路的破坏能力。此外,由于实行"绞杀战",到1952年4月,仅第五航空队的战斗轰炸机即损失243架,还有290架其他战术飞机受到严重损伤。美国远东空军的军官们认为,依靠他们的空军力量根本不能阻止中国人民志愿军和朝鲜人民军利用朝鲜北方的铁路进行运输,因此,对"绞杀战"已越来越无兴趣,并且认为如果早把"这个不太妙的代号从文件中删掉就好了"③。此后,虽然"绞杀战"继续进行(但已不用这个字眼),但远东空军的计划人

① 《建国以来毛泽东军事文稿》中卷,军事科学出版社、中央文献出版社,2010年,第174页。
② 《建国以来毛泽东军事文稿》中卷,军事科学出版社、中央文献出版社,2010年,第51页。
③ 美国空军大学:《朝鲜战争中的美国空军》,第14章。

员，已经在为其空军力量在朝鲜战场上的使用，寻找别的出路。据志愿军铁道高射炮兵指挥所1952年8月6日关于高炮夏季作战总结报告中说：6月间，美国空军"出动次数大为减少，破坏数量亦极轻微，至此，我全线几乎日夜均无战斗，估计敌人今后除改用新的作战部署外，前此战法已被歼灭殆尽"。

美国空军战史在总结"绞杀战"的行动时说，整个"绞杀战"期间，仅空军的飞机（不计海军舰载机）执行这一任务，就出动了8.755万余架次，平均每天300余架次。但"共军还是能够为他们在前线的军队进行补给，并在前方地域建立后勤补给品堆集所……共军在整个战线的火力比过去强大得多了"。1952年5月，美军许多高级将领纷纷对"绞杀战"提出批评。海军陆战队司令莱缪尔·薛佛德公开宣称："尽管实施'绞杀战'，共军地面军队的力量仍旧稳步地得到了补充。"第七舰队司令J.J.克拉克说："空中封锁交通线的计划是失败了，它并没有封锁住敌人的交通线。"李奇微这时也说："第八集团军正面的敌军具有比过去任何时候更大得多的发动攻势的潜力。"

尽管美国空军对这些批评进行了辩解并持保留态度，但他们也承认"事实很明显，对铁路线进行的历时十个月的空中封锁，并没有将共军挫伤到足以迫使其接受联合国军方面的停战条件的地步"，并且从最初的计划设想看，"到最后，联合国军航空兵部队对北朝鲜铁路运输进行的空中封锁活动却完全失败了"。李奇微在总结这场战争的教训时曾说："在朝鲜战争期间，有些人认为，以空军来切断已投入战斗的敌军所有增援和补给，就可以创造截断敌人的奇迹。空军并不能创造这种奇迹……空军力量确实存在一定的局限性。"①从1952年5月起，美国空军即已基本停止了对朝鲜北方铁路的空中封锁行动，6月，美国空军的"绞杀战"终于以失败而宣告结束。

而对志愿军来说，经过国内和战场上的共同努力，则建成了以铁路运输和公路运输相结合，以抢修、抢运和防空斗争相结合，从后方基地到第一线各军的前后贯通、纵横交错的交通运输网络，形成了"打不烂、炸不断的钢铁运输线"，从而改变了战场上运输一直被动的局面，解决了作战物资补给的重大战略问题。

---

① ［美］马修·李奇微：《朝鲜战争》，军事科学院外国军事研究所译，军事科学出版社，1983年，第257页。

坑道工事是怎么回事

抗美援朝战争中的坑道工事，是志愿军在作战实践中的一个创造。

志愿军在运动战期间的第一次战役东线长津湖以南阻击作战和第四次战役西线汉江南岸阻击作战中，就已看出，武器装备落后，依托野战工事，面对"联合国军"飞机、大炮和坦克的猛烈火力攻击，组织坚守防御是相当困难的。"联合国军"在进攻中，对志愿军一个连至一个团防守的阵地，在一天之内即可发射炮弹和炸弹数百发（枚）至上万发（枚），志愿军伤亡极大，多数阵地只能坚持数小时，许多阵地在弹药耗尽，人员大部或全部伤亡的情况下失守。但这时志愿军实行的是运动战，在战略全局上主要是反攻性质的战役作战，坚守防御属于局部性和辅助性的作战，其在战略全局上还不起决定性的作用。

转入阵地战以后，特别是关于军事分界线问题的谈判开始以后，如何守住战线，在战略全局上已具有决定的性质。志愿军和人民军虽然大力加强了阵地工事，但基本上还是野战工事。1951年夏、秋季防御作战，志愿军打得英勇顽强，予"联合国军"以沉重打击，但"联合国军"往往向志愿军的一个阵地就倾泻炮弹和炸弹数千发甚至数万发，一些阵地因工事被毁、人员伤亡而失守。这就给志愿军提出了能不能坚守、如何坚守的问题。

1951年6月中旬，志愿军第四十七军一四〇师接替第六十五军第一线防务后，就在阵地上大量构筑"猫耳洞"式的防炮洞，在交通沟内每人构筑两个宽80～100厘米、深1米多、顶厚2～3米的"猫耳洞"，这样构筑的一个连或一个营的阵地，可以扛住"联合国军"1000～2000发炮弹的轰击和10架飞机用轻型炸弹的轰炸。1951年7月3日，志愿军司令部曾将第四十七军的经验向各军作了通报。9月16日，又以志愿军和人民军联合司令部名义发出指示，要求："以后我重要阵地必须是隧道式的据点，特别是核心阵地……要求能抵御榴弹炮炮弹的浸澈。"根据这一指示，第一线各部在要点上构筑坑道式坚固工事刚刚开始，"联合国军"就发动了秋季攻势，志愿军第一线部队转入艰苦紧张的防御作战。但已有的坑道式工事，在防御作战中显示了巨大的优越性。特别是第六十四军一九一师坚守马良山和216.8高地战斗，从10月4日—7日，英联邦师[①]平均每天

---

① 英军两个旅、加拿大旅和澳大利亚、新西兰等英联邦国家部队，于7月28日合编为英联邦第一师。

向这两个阵地发射炮弹1万~2万发，但志愿军该师防守这两个阵地的分队，顽强抗击4昼夜，阵地始终屹立未动。其中坚守216.8高地的一个连，从5日—7日，依托坑道式掩蔽部，顽强抗击三昼夜，击退英第二十九旅先后共两个营兵力的21次冲击，毙伤其700余名，自身仅伤亡26人。

鉴于此，在秋季防御作战结束时，10月21日，志愿军总部指示第一线各部，"主要工事最好是隧道式的，厚度要达五米以上"。10月上旬，中共中央政治局召开扩大会议，根据朝鲜战局发展趋势和恢复国内建设的需要，确定了"精兵简政，增产节约"的方针，对志愿军在战场上也确定了"在现在规模上进行持久的防御战，以大量消耗敌人，争取就地停战的胜利"的方针，11月并据此指示志愿军："节约兵力、物力和财力，采取持久的积极防御的作战方针，坚守现在战线，大量消耗敌人，以争取战争的胜利结束。"①

这样，在粉碎"联合国军"秋季攻势后，从1951年12月开始，志愿军和人民军利用战场上相对平静的机会，在正面全线展开了构筑以坑道为骨干的坚固防御阵地的大规模筑城活动。

这时，志愿军在第一线的部队，西起礼成江口东至北汉江以东文登里一线，依次为：第六十五、第六十三、第六十四、第三十九（1951年11月底接替第四十七军防务）、第四十二、第二十六、第十二、第六十八军共8个军；文登里以东至东海岸，展开人民军3个军团。志愿军第十五、第六十、第六十七军为第二线部队。

当时，正值严冬，天寒地冻，土石坚硬，缺乏炸药，缺乏作业工具，缺乏作业经验，志愿军构筑坑道工事遇到了许多困难。各部队便积极发动官兵想办法，发扬创造精神，自力更生解决问题。作业工具数量缺，就自设小铁匠炉，收集各种废弹、弹片和废铁，打造及修理工具。仅第十二军就设铁匠炉42盘，打制各种作业工具1.06万把（个），修理作业工具325万把（个）。无煤则自烧木炭，无运土工具就自制手推车，自编土筐，自搓草绳。缺乏炸药，就组织有经验的工兵拆卸"联合国军"投射后未爆炸的炮弹和炸弹。仅第十五军的一个师即拆卸炮弹200余发、炸弹近百枚，取炸药近1万公斤，一定程度上缓解了炸药缺乏的困难。在工兵部队指导下，逐步摸索和掌握了许多有效施工方法，如打锤法、掌钎法、放群炮、空心爆炸法等。政治机关也深入构筑工事的现场做鼓动工作，组织相互参观学习。各部队及时总结，讲评技术，交流施工经验，改进作业办法，提高工效，保证工事构筑的进行。

在"联合国军"飞机大炮炸扰下作业，为了不影响工事构筑，各部队采取了许多

---

① 《周恩来军事文选》第四卷，人民出版社，1997年，第250—251页。

有效措施，如第六十三军为避免日间运土遭"联合国军"空军和炮火袭击，便在白天把土运至洞口处，夜间再将土运到山脚，拂晓前进行彻底伪装，大大提高了工事构筑的速度。该军在施工中还发明了炭灯，用铁筒钻上若干个小孔，内燃木炭代替油灯，取得了同样的照明效果，并节省了照明用油。

根据工事构筑进展情况和逐步暴露出的问题，志愿军总部和志愿军与人民军联合司令部不断发出指示，提出战术要求和统一技术标准，要求每个阵地均要有坑道，坑道工事同野战工事相结合，坑道不但能防空、防炮，而且能防雨、防潮、防毒、防寒、防火，既有利于保存自己，又有利于发扬战术消灭敌人，既有战斗设施，也有生活设施，每个阵地均成为能防、能打、能机动、能生活的完整体系。规定每个连的阵地至少有两个坑道，但也不宜过多反为敌人所利用；每条坑道有3个以上出入口，坑道顶部厚度15～30米，连排主坑道高1.7米、宽1.2米，指挥所、卫生所、仓库和各种生活设施，均要能抗御榴弹炮和重磅炸弹的轰击。

至1952年5月底，志愿军共构筑坑道7789条，长度达198.7公里；人民军构筑坑道1730条，长度为88.3公里。志愿军修筑各种坑道式、掩盖式、露天式掩体工事（均包括东、西海岸构筑的工事）75.29万个；人民军构筑3.17万个。志愿军构筑掩蔽及露天式堑壕3420公里；人民军构筑263公里。志愿军构筑避弹所、指挥所、观察所、掩蔽部、地堡等8.5万个；人民军构筑1.6万个。在西起临津江口东至东海岸的杆城，正面233公里、纵深15～20公里的第一线阵地，形成了以坑道工事为骨干、同各种野战工事相结合的支撑点式的坚固阵地防御体系。

这种坑道工事与中国抗日战争时期华北冀中平原上地道战的地道，虽共同作用都是为了保存自己、消灭敌人，但两者有很大区别：一是，从战争中的作用说，冀中平原上的地道主要是用于隐蔽防身，虽也可以用于打击敌人，但基本是在敌人进攻时用于防御作战，基本不能用于主动出击的进攻作战。而志愿军在朝鲜战场上的坑道工事，既可用于敌军进攻时的防御，也可用于主动进攻敌军时的可靠依托。二是，单从保存自己的角度说，冀中平原上的地道主要是为了神出鬼没，躲避敌人的发现，而志愿军在朝鲜战场上的坑道工事，则是为了抗御敌军重磅炸弹和重磅炮弹的轰击。三是，从工程规模和性质上说，冀中平原上的地道是在平原土质地下挖掘的，并且规模较小，只是一村或几村的局部性质，而志愿军在朝鲜战场上的坑道工事，则是在山地挖掘的石质坑道，其规模是整个正面战线，后来发展到正面战线与东、西海岸相连接的整个马蹄形防线，是战略全局性的，并且其构筑的艰难程度和工程量都远远大于冀中平原上的地道。四是，从长远作用上说，冀中平原上的地道只是在战争中起作用，战争结束就基本失去了军事价值。而志愿军在朝鲜战场上的坑道工事，不但在战争中起作用，而且从长远说它也是坚固的国防工程。

志愿军在朝鲜战场上构筑的以坑道为骨干的坚固阵地防御体系，是了不起的伟大工程，也是志愿军在抗美援朝战争中的一个伟大创举。

随着坑道工事的构筑，阵地日益巩固，志愿军和人民军的伤亡也大大减少。在1951年夏秋季防御中，"联合国军"平均发射40～60发炮弹即杀伤志愿军和人民军1人。而1952年1月，志愿军和人民军前沿阵地落炮弹94.5万余发，伤亡3939人（内含人民军874人），约240发炮弹伤亡1人。2月，前沿阵地落炮弹59.1万发，伤亡2239人（内含人民军640人），约264发炮弹伤亡1人。到4月，"联合国军"平均发射646发炮弹才杀伤志愿军和人民军1人。据志愿军作战处的统计，1952年1月和2月，"联合国军"以小部队发动攻击共273次，仅成功11次；志愿军和人民军发动攻击6次，成功6次。3—5月，"联合国军"以小部队发动攻击90次，无一成功；志愿军和人民军发动攻击16次，成功10次。1—5月，"联合国军"进行袭击活动154次，无一成功；志愿军和人民军进行袭击活动120次，成功73次[①]。以坑道为骨干的坚固防御阵地体系经受了初步检验，坑道工事的优越性进一步得以体现。

志愿军战士在构筑坑道工事

---

① 志愿军作战处：《1952年各种统计》，1953年1月20日。

随着以坑道为骨干的坚固阵地防御体系形成,志愿军从4月初起,即开始有组织有计划地进行挤占敌我中间地带,和攻取敌军突出的个别连、排支撑点的作战活动。5月,第一线仅第六十三、第三十九、第十二军,即挤占阵地14处,其中,第六十三军挤占10处,第三十九军挤占两处,第十二军挤占2处,共20～30平方公里;另第六十八、第三十九军和人民军第三军团共组织4次攻击作战。7月下旬至8月底,第一线的第四十、第三十九、第十五、第六十八和人民军第三军团又挤占了10处阵地,此外组织排以上兵力在炮兵和坦克支援下的主动攻击作战17次。7月和8月志愿军和人民军共歼敌4.1万余人,自身伤亡8600余人,敌我伤亡对比为4.7∶1。这些作战活动有力地打击了"联合国军",并将斗争的焦点推向"联合国军"阵地前沿。6月,志愿军的坑道工事,还经受了"联合国军"营以上规模兵力反扑的考验,不但没有丢失阵地,而且依托坑道大量杀伤了敌人,初步取得了坚守坑道作战的经验。志愿军在战场上越来越处于主动地位。

这样,正如毛泽东所说的,能不能守的问题也解决了,"办法是钻洞子。我们挖两层工事,敌人攻上来,我们就进地道。有时敌人占领上面,但下面还是属于我们的。等敌人进入阵地,我们就反攻,给他极大的杀伤。我们就是用这种土办法捡洋炮。敌人对我们很没有办法"。"现在是方针明确,阵地巩固,供给有保证,每个战士都懂得要坚持到底。"① "我们在绵延几百公里、高数十丈的山下钻了几千个洞,我们的军队在洞的出口打击敌人。他们不论怎么轰炸,也打不垮我们的洞,即使发生原子战争,也打不垮我们的洞。这些坑道是互相连接起来的,在里面可以屯兵、开会、演习、宿营。"②

志愿军在这期间的作战实践中,初步形成了坑道战术。主要是:在指导思想上,依托坑道,组织好步兵和炮兵的协同,力争在坑道外杀伤消耗敌军,击退敌军的连续进攻,以免退守坑道后陷入被动。在不得已的情况下,为避免人地两亡,才退守坑道。退守坑道后,仍是积极利用一切可能的机会打击敌军,组织坑道内外的反击,绝不是单纯地藏身等待解救。在具体实施上,办法是:

> 1.在事前要有明确具体的战斗方案,包括退守坑道后每个人的任务区分、战斗位置、通信联络、伤员处置、节约粮弹和饮水等;
>
> 2.兵力使用上,一般坑道外为1/3,坑道内为1/3,另1/3作为机动;
>
> 3.坑道内要有7天以上的生熟食品和饮水,要有充足的弹药,特别是手榴弹,有对外通信联络工具,有急救卫生设备;

---

① 《建国以来毛泽东军事文稿》中卷,军事科学出版社、中央文献出版社,2010年,第51页。
② 毛泽东在莫斯科同英国共产党波立特和高兰的谈话,1957年11月8日。

4.退守坑道的时机为，弹药耗尽，供应不上，就是动用一部分坑道内的弹药也不能击退敌军进攻；或者敌军兵力多并几路攻击，我应接不暇，如不退守坑道，则坑道将被敌军占领；

5.主阵地或友邻注意观察，发现部队退守坑道后，以炮火轰击占领表面阵地之敌，以火力封锁坑道口周围，不使敌军接近坑道口，使退守坑道人员坚定坚守信心；

6.退守坑道的指挥员，充分发挥共产党员和共青团员的作用，鼓励士气，有序组织一切能战斗的人员继续战斗；

7.利用通信工具与坑道外保持联系，配合坑道外部队组织反击。坑道外部队则迅速组织，及早发起反击，恢复阵地；

8.退守坑道的部队，乘敌在表面阵地未构筑工事，立足未稳，迅速组织反击；如敌军进入坑道，也要乘其立足未稳组织反击，先打坑道内之敌再打坑道外之敌；

9.如与坑道外部队失去联络，弹药饮水已断绝，坑道外的反击又未开始，应利用夜暗和恶劣天气，有组织、有准备地坚决拼杀，果敢突围。

经过1952年秋季战术反击作战和上甘岭防御战役，使坑道战术内容更为丰富、更为完善。

1952年12月下旬至1953年4月底，志愿军和人民军进行了规模巨大的反登陆作战准备，这期间朝鲜东、西海岸和正面战线，共挖掘坑道8090条，总长720余公里，等于开凿中国境内从天水到成都或朝鲜境内从永兴到釜山的一条石质隧道；挖堑壕、交通壕3100余公里，相当于从新义州到汉城距离的6倍；构筑600余个永备工事和10.9万个各种掩体。加上1952年春夏构筑的工事，坑道总长达1250余公里，堑壕和交通壕总长6240公里，接近于中国万里长城的长度（6700公里）。在东、西海岸均构筑了反空降和反坦克阵地，完全改变了东、西海岸阵地工事脆弱的局面。东、西海岸和正面战线形成了绵亘1130公里、纵深20～30公里的以坑道和永备工事为骨干的完整防御体系，东、西海岸和正面战线都形成了铜墙铁壁，海岸防御和正面战线一样，都有了坚固可靠的阵地依托。*

---

* 本节已发表在《当代中国史研究》2010年第3期上。

反细菌战是中国方面的造假宣传吗

关于美军在朝鲜战场实施细菌战问题，美国当局一直持否认态度，并说"这是共产党传统式的天大谎言"，是共产党搞的"宣传战"。在美国解密的有关朝鲜战争档案中也没有发现其实施细菌战的内容。因此，国内有些学者也对美军是否在朝鲜战场上实施了细菌战表示质疑。1998年1月8日，日本《产经新闻》刊载了驻莫斯科记者内藤靖夫的文章及其所收集苏共中央12份档案摘抄件。其内容为：朝鲜战争期间，苏联顾问曾协助朝鲜方面"伪造"控诉美军实施细菌战的证据，而中国政府提供了关于美军实施细菌战的"虚假"情况。美国威尔逊国际学者中心主办的《冷战国际史项目公报》1998年冬季号翻译发表了这些摘抄件，并配有两名美国学者的考证文章，认为这些抄件具有可信性。于是国内有的学者据此认为，抗美援朝战争期间中朝军民进行的反细菌战斗争，"在很大程度上是当时中国、朝鲜、苏联三国政府共同发动的政治宣传，其目的在于迫使美国改变在停战谈判中关于战俘处理原则上的立场"。那么真相到底如何？反细菌战是中国方面的造假宣传吗？在此，作者根据中国的档案文献并参考曲爱国研究员的文章，表明如下四点看法。

一、中共中央和中央军委作出美军确系进行细菌战的判断是极为慎重的

1952年1月28日，志愿军第四十二军三七五团战士李广福在美军飞机过后的驻地金谷里雪地上发现有大量苍蝇、跳蚤等昆虫和蜘蛛，散布的面积长约200米、宽约100米。随后该团在外远地、龙召洞、龙水洞也发现了蜘蛛和形似虱子、黑蝇的昆虫，面积约6平方公里。该军认为："此虫发生可疑，数地同时发生，较集中密集大，可能是敌人散布的细菌虫。"该军卫生科无法确认这些昆虫是否带有病菌。这是志愿军部队首次发现美军散布的昆虫。

志愿军总部接到第四十二军的报告后，指示该军采取坚决措施消灭昆虫。志愿军后方勤务司令部要求该军上送昆虫标本，以培养化验。2月6日志愿军司令部向各部转发了

第四十二军发现异常昆虫的报告,要求各部察看驻地有无同类可疑昆虫,各岗哨严密注意敌机投掷物品,发现可疑情况立即报告。中共中央和中央军委接到志愿军报告后,除指示志愿军采取有力措施进行防疫外,并派出专家到朝鲜战场了解情况,对昆虫标本培养化验和指导志愿军防疫工作。

从1月29日到2月17日,志愿军第四十二、第十二、第三十九军和第十九兵团部队,又连续在伊川、铁原、市边里、朔宁、平康、金化等地发现美军投撒的小蜘蛛、苍蝇、蚊子、跳蚤、蟋蟀和蚂蚁等昆虫,密度最高的达1平方米1000多只。这些昆虫的出现比每年正常出现的时间平均提早了两个月以上。1月底到2月中旬是朝鲜一年中气温最低的季节,日平均气温均在零下4℃~6℃,2月的日最低平均气温在零下19℃~22.5℃,这种寒冷的气温,完全不适于昆虫的生存,并且这些昆虫都是在美军飞机过后发现的。

在这种情况下,中国人民志愿军和朝鲜人民军联合司令部于2月17日下达指示,要求各部队必须高度警惕敌人投掷细菌昆虫的阴险行为,发现敌人投放细菌昆虫或其他可疑物品,除收集标本上送外,立即采取严格防疫措施进行消毒扑灭,同时作出详细报告。就在这天下午,4架美军飞机经过平康西北下甲里志愿军第二十六军二三四团阵地,投下一物品,爆炸后,几名干部当场被熏倒,周围雪地立即布满苍蝇,阵地官兵目睹了这一过程,证实雪地昆虫系美军飞机投掷。18日,志愿军通报全军,指出:此前各部在驻地发现可疑昆虫,"为敌机投掷后而散布者已无疑",要求各部必须加强对空警戒,发现敌机投下昆虫,立即扑灭,以免蔓延。

2月18日,中央军委聂荣臻代总参谋长就美军投撒带菌昆虫及处理意见,呈报毛泽东并刘少奇、朱德、周恩来、林彪。报告中说:朝鲜前方敌人投撒昆虫有三种:一为蜘蛛,二为苍蝇,三为跳蚤,投撒面积甚大。"除已派专家前往现地了解外,现已将各种昆虫送往北京,进行培养化验,究竟带何种病菌,尚须两日后得出结论。据专家估计,以霍乱、伤寒、鼠疫、回归热四种之可能性较大。如化验证实,防疫与灭疫工作,即须火速以大力进行(总后卫生部正计划中),并需要苏联在人力物力予以援助。"

毛泽东2月19日在聂荣臻的报告上批示:"请周总理注意此事,并予处理。"朱德总司令还特别批示"不宜送回,以免传染"。接到毛泽东的批示后,当晚,周恩来即拟出了反细菌战要办的事情,并呈报毛泽东:"主席批示已悉,现在计划要办的事情为:一、加紧试验前方已送回的昆虫细菌,据初步化验含有鼠疫、霍乱及其他病菌,一二日内当可全部判明;二、前送防疫队和疫苗、粉剂及其他器材;三、先请朴宪永发表声明(即电告),中国外长继起向全世界控告,以新闻舆论配合,并要美国对后果负责;四、由和大向世界和大[①]建议,发动世界反对美国进行细菌战罪行的运动;五、电前方进行防疫动员,东北亦加戒备;六、将此事电告苏联政府,请其予以帮助。"此六项措施,得到毛泽东的批准。至此,中共中央和中央军委已判明,美国在朝鲜投撒各种昆虫,系进行细菌战的行动,"其目的是意图进行恫吓和威胁,并试验细菌武器的效能"[②]。此后,即按此展开了揭露、控诉美国细菌战罪行和进行战场防疫的反细菌战工作。

从1月28日志愿军部队首次发现美军散布的可疑昆虫,到2月19日中共中央和中央军委作出美军系实施细菌战的判断,下定反细菌战的决心,前后共23天时间,这充分表明中共中央和中央军委对此事既高度重视,也极为慎重。

二、决心进行反细菌战斗争与朝鲜停战谈判毫无关系

朝鲜停战谈判于1951年7月10日开始,至1952年2月19日,停战谈判四项实质性的议程中已有两项达成或基本达成了协议,即第二项议程"确定军事分界线以建立非军事区"问题,于1951年11月27日达成了协议;第五项议程"向双方有关各国政府建议事项",于1952年2月17日基本达成协议。其余两项实质性议程尚未达成协议,即第三项议程"实现停火与休战的具体安排"问题的谈判,于1951年11月27日以代表团大会的形式开始,12月4日起改为小组委员会的形式进行;第四项议程"关于战俘的安排"问题的谈判,于1951年12月11日以小组委员会的形式开始。因这两项议程的谈判双方实质性的分歧较大,至1952年1月底均无明显进展。经双方同意,第三、第四两项议程谈判从2月6日开始暂时停止,转以代表团大会的形式讨论第五项议程。至第五项议程于2月17日基本达成协议后,2月29日第四项议程关于战俘问题谈判小组委员会复会,继续谈判战俘遣返原则问题;第三项议程关于停战的安排问题谈判小组委员会于4月3日复会。也就是说,至1952年2月19日,停战谈判不仅战俘安排问题没达成协议,而且还有停战的安排问题也没有达成协议,并且这两项议程的谈判双方分歧均较大。而关于战俘问题谈判小组委员会休会参加第五项议程代表团大会谈判期间,从2月7日至29日22天,双方仍举行参谋会议,对战俘遣返问题各条款,除遣返原则外,基本达成了一致意见。

如此,无论从中共中央和中央军委对美军实施细菌战的判断看,还是从中共中央和中央军委决心进行反细菌战斗争看,还是从朝鲜停战谈判情况本身看,进行反细菌战斗争与

---

① "和大",指中国人民保卫世界和平反对美国侵略委员会;"世界和大",指世界和平大会理事会。
② 中央军委致志愿军和东北军区关于加强防疫工作的指示,1952年2月21日;中共中央关于反对美帝细菌战宣传应注意的事项,1952年3月7日。

停战谈判均毫无关系。到1952年5月初谈判的第三项议程关于停战的安排问题基本达成协议后，在战俘问题上的谈判（主要是遣返原则问题）才陷入僵局。而在3月7日中央军委就致电志愿军首长并谈判代表团，专门指示在谈判中慎重对待美军实施细菌战的事。这更说明，反细菌战斗争与关于战俘问题的谈判毫无关系。

三、中共中央和中央军委确系按美军实施细菌战对待和采取措施的

从2月18日中央军委聂荣臻代总参谋长就美军在朝鲜投撒带菌昆虫情况及处理意见的报告，2月19日朱德总司令的批示，2月19日夜周恩来总理根据毛泽东批示确定反细菌战要办的几件事，均可看出中共中央作出反细菌战的决定是根据战场上自1月28日以来连续发现美军投撒带有病菌病毒昆虫的报告，并确系按美军实施细菌战而采取措施的。除此，中共中央和中央军委还采取了其他一系列措施。

2月19日晚，军委代总参谋长聂荣臻和副总参谋长粟裕就与外交部副部长章汉夫、军委总后勤部卫生部部长贺诚研究确定：将国内现存的全部340万份鼠疫疫苗、9000磅消毒粉剂和其他防疫用具连夜装运，三天内全部空运安东然后转送朝鲜前线，并立即赶制1000万份鼠疫疫苗分批送到朝鲜；贺诚负责拟定防疫计划；章汉夫负责草拟新闻稿、社论和与朝鲜政府协调。

20日上午，聂荣臻、粟裕、贺诚与苏联驻华军事总顾问克拉索夫斯基、卫生顾问阿萨杜良举行紧急会议，向苏联顾问通报了有关情况。苏联顾问表示同意中方的判断和处置。阿萨杜良肯定美军是在实行细菌战，认为其目的可能在试探志愿军对细菌战的防御能力和细菌的作用。如果志愿军暴露出弱点，敌人必将对中国大量使用。苏联顾问建议中方必须大力进行此次防疫工作，成立由政府重要负责人领导的非常防疫委员会，处理有关防疫事宜。克拉索夫斯基责成卫生顾问阿萨杜良协助中方制订防疫计划。聂荣臻、粟裕当场决定，总后勤部卫生部集中力量领导此次防疫工作，与苏联顾问一起办公，形成指挥所性质的机关。当日，将会议情况及苏联顾问建议成立由政府重要负责人领导的非常防疫委员会事，呈报毛泽东并朱德、刘少奇、周恩来、林彪。

21日，中央军委发出了由周恩来主持起草的给志愿军和东北军区的指示，指出："据许多征候看来，敌人最近在朝鲜散放的各种昆虫显系进行细菌战的行动，应引起我们各级领导的高度注意。现在虽然还不能最后确定敌人所散放者为何种病菌（因需经过培养和反复检验，故时间上需两日），但事不容迟。为争取时间，除已令贺诚与苏联顾

美军投掷的细菌弹弹壳

问和其他专家务于今日（廿一）提出防疫计划外，并自昨日（廿）起已将现有鼠疫疫苗三百四十万份、消毒粉剂九千磅及喷雾器、防疫衣物等，分三日用飞机运到安东，由志愿军留守处速转前方。此外，在国内再赶制一千万份鼠疫疫苗，分批送入朝鲜。防疫人员除部队的防疫队和卫生人员应进行紧急动员外，已令东北防疫队待命出动，并已电请苏方派遣专家指导。现在的重要问题是必须抓紧每一分每一秒钟的时间，进行细菌散布区的消毒和隔离，克服麻痹大意和侥幸心理。但在部队中则亦应特别注意不要造成惊慌和恐怖。为便于掌握敌人继续散放细菌和我们防疫的情况,请志司务应每日作一简报。至于前方尚需何种药品和用具,亦望随时电告,以便筹送。"同日,以毛泽东名义将这一电报有关内容,发给金日成和具体主持停战谈判工作的李克农。

2月23日,周恩来审阅由贺诚组织拟制的反细菌战防疫计划大纲,认为"原则可用",同时呈报毛泽东,建议反细菌战工作可分两阶段实施:第一阶段为准备和预防阶段,即在目前病菌尚未发展的情况下,中央先在中央军委机构内部组织总防疫办公室,领导后方进行防疫准备和在前线采取防疫措施(战区先由联司组织防疫指挥处,东北军区组织防疫办公室,各大军区由军区卫生部负责此项工作),目前尚不忙在国内作大规模动员和边境检查。如果美国在我公开控诉后仍继续进行细菌战,则我将立即进入全面采取紧急措施的第二阶段。当日得到毛泽东批准①。

2月25日,中央军委再次给志愿军发出防疫指示,指出:

> 根据许多事实(许多部队看到敌人用飞机撒下昆虫;很多昆虫朝鲜人民过去从未见过。且季节上亦过早。朝鲜专家的化验报告,敌人所撒昆虫和投掷方法都与敌人以前准备细菌战时所研究的一样。敌军内在一月中旬集训军医进行瓦斯、细菌、原子力等训练等),都肯定地证明了敌人是在进行细菌战……因此,目前在朝鲜的防疫工作,首先应是统一对敌人进行细菌战的认识,克服各种右倾思想(大意麻痹、侥幸和不相信敌人会撒放细菌等)。各级领导干部和机关,必须把防疫工作当作目前部队和居民工作中的首要任务。为此,除在外交上、宣传上中央另有布置外,现将有关前方防疫工作的具体措施规定如下:
>
> (一)防疫工作分两个步骤进行。第一阶段即在目前前线病菌不发展的情况下,中央先在军委机构内部由总参、总政、公安部、卫生部等派代表组成中央防疫办公室,战区则由联司组织防疫指挥处,东北先由军区组织防疫办公室,以便分别掌握防疫的情况,交换疫情,研究和指导前方的防疫工作和后方的支援工作。如果敌人在我公开控诉它的罪行后,仍继续散下细菌昆虫,而前方化验中又更加证实为传染病菌,并不断发现病员和死亡,且数目又日益增多,则我们便应宣布进入第二阶段紧急措施阶段。那时战区和国内都必须组织包括各方面的防疫委员会,以加强对防疫工作的全面领导。
>
> (二)立即动员前方的防疫队和卫生人员速将已送到前方的三百四十万份

---

① 《周恩来年谱》(1949—1976)上卷,中央文献出版社,1997年,第219页。

鼠疫疫苗在部队和防疫区居民中进行强迫接种,并进行疫区的消毒和隔离工作,此事应毫不犹豫地进行。五联疫苗(霍乱、伤寒、副伤寒A、B及破伤风混合疫苗),现正开始包装,约于三月中旬可送去二百五十万份(供党、政、军工作人员用),及霍乱疫苗五百万份(疫区和交通要道居民用)。鼠疫疫苗仍在按计划赶制中,防毒口罩亦在布置赶做。

(三)应加强防疫的情报工作,除各级防疫组织和卫生机关必须随时将防疫情况报告外,在战区的适当地点必须组织若干化验室与检疫站,并由志卫[①]组成若干机动的化验组和防疫队。为此中央正在组织京、津及其他大城市的化验专家成立若干化验组前往志司。东北防疫队已抽一百五十人分赴安东、长甸河口、辑安、临江、图们设站外,另三百五十人已集中长春训练待命入朝。

(四)指定几个专门医院作为防传染的预备医院,准备收容和隔离病人。

(五)部队中和居民中的防疫教育极为重要,必须认真地进行,但同时应特别注意不要造成惊慌和混乱。

总之,我们不管敌人的细菌战进行到何种程度,也不管有无病员发生,都必须迅速而坚决地进行防疫工作,不容有任何的犹疑和动摇,否则即易发生损失,陷于被动。至于具体措施,则请彭酌情处理并告。

根据上述决定和指示,在国内和在志愿军中全面展开了反细菌战斗争。利用国内各种新闻舆论工具揭露和控诉美国细菌战罪行的工作也同时展开。2月底3月初后,美国将细菌战的范围扩大到中国东北地区后,3月14日,成立了以周恩来为主任,郭沫若、聂荣臻为副主任和以贺诚为办公室主任的中央防疫委员会,统一领导反细菌战的全面工作。

1952年3月1日,志愿军成立了总防疫委员会,并下达了反细菌战防疫措施的命令。志愿军总防疫委员会,是志愿军防疫领导的最高机构,以副司令员邓华为主任,联司副政治委员朴一禹、西海岸指挥部司令员韩先楚、志愿军卫生部长吴之理为副主任。根据志愿军首长意图,并接受朝鲜中央非常防疫委员会的指示,统一组织领导志愿军的反细菌战防疫工作。

由彭德怀、邓华、朴一禹、甘泗淇签署下达给志愿军的防疫命令要求:

(一)各兵团、军、师以及分部成立防疫委员会。各级防疫委员会以不超过

---

① 志卫,即志愿军卫生部。

5人为限，各级行政首长正职或副职首长一人为主任，卫生部长为副主任，其他有关部门选派人员参加；团、营、连按上述原则以3~5人组成防疫委员会或领导小组。各级防疫委员会的职责为：1.收集上报疫情，并研究贯彻上级防疫委员会的指示；2.检查下级防疫卫生工作，总结防疫经验并上报；3.检查预防消毒器材和疫苗注射；4.密切与所驻朝鲜地方政府进行联系，并帮助朝鲜居民的防疫和治疗工作；5.利用各军办的小报和举行小型集会，进行防疫卫生宣传工作。

（二）建立疫情报告制度：1.军以上利用最快的通信工具，每日18时向上一级防疫委员会报告新发现的疫情，收集美军飞机或大炮投撒毒虫地点、时间、面积、虫类和疫病情况；2.收集美军投撒的各种毒虫和容器，特别注意收集跳蚤，送志愿军卫生部化验。各兵团和军卫生机关化验结果及玻璃片注意保存上送。

（三）防疫对策为：1.已下发的鼠疫疫苗、牛痘疫苗、斑疹伤寒疫苗、五联疫苗，全体人员必须注射，不得有一人例外；2.以战斗精神扑灭苍蝇、跳蚤、老鼠等传染毒菌的媒介物，并须成为经常性的工作；3.保持环境清洁，必须每日打扫一次，野外厕所坑深一米以上并加盖；4.禁止喝生水、吃生菜，送往阵地的菜饭和开水都要加盖；5.管制水源，水井加盖；6.伙房远离厕所，并注意炊事员健康和伙房的清洁；7.发生急性高热病必须立即隔离，给以磺胺服用，迅即送往医院，其居所予以打扫消毒。

据此，志愿军各级均成立了防疫委员会或防疫领导小组；根据作战或驻防区域划分了防疫责任区并建立了疫情侦察勤务；普遍进行了反细菌战的防疫动员和防疫卫生知识教育，按规定注射了鼠疫、霍乱、五联等各种疫苗，至6月底鼠疫疫苗注射两次，霍乱、五联疫苗注射一次，注射率达100%，对主要交通线两侧3华里内及部队驻区大部分朝鲜居民共450万人次，也注射了鼠疫疫苗等；开展了扑鼠、灭蝇、保护水源、清理驻区卫生的运动。志愿军共指定7个传染病医院，军以下单位也建立了专门的传染病医院、医疗收治组或临时隔离室，以收治、隔离被美军施放菌毒传染的病人。志愿军总防疫委员会还制定了反细菌战个人、团体、伙房三大"卫生守约"，下发到每班2份；对卫生防疫人员2393人进行了短期训练。

为加强志愿军的反细菌战检验和防疫治疗工作，国内先后向前线派出三批包括有昆虫学、细菌学、流行病学、毒物化学、病理学、营养学等50余名专家，和数百名防疫人员，为前方提供1598.3万人份鼠疫疫苗，651万人份四联疫苗，284.5万人份五联疫苗，32.3万人份斑疹伤寒疫苗，80万余人份痢疾疫苗，滴滴涕和六六六粉共38万余公斤；其他消毒粉剂4.29万公斤。

采取这些措施，前方很快控制了疫情发展。

1952年2月底3月初，美国将细菌战的范围扩大到中国东北地区，中共中央按预定部署，进入反细菌战全面采取紧急措施的第二阶段。

3月4日，周恩来召集聂荣臻等有关负责人开会，讨论部署东北及沿海地区全面进行反细菌战防疫的措施。5日，毛泽东在聂荣臻和粟裕关于反细菌战措施问题与苏联顾问商谈情况的报告上批示："应严重注意这个问题，应用一切有效办法，进行防疫工作。"3月12日，中央军委决定，为防止细菌和病疫的传播，除在志愿军部队中和东北地区进行消毒、注射、化验和必要的隔离外，对铁路交通也急需管制。规定：

（一）凡由朝鲜进入东北和由东北进入关内的车辆，必须进行消毒，鸭绿江各口岸车站和山海关均分别设立防疫检验站，专门负责来往车辆和人员的消毒和注射。

（二）凡由关内进入东北和朝鲜的人员，均须强制注射。凡由东北进入关内和由朝鲜进入东北的人员中，发现有疫状时，应进行隔离治疗。

（三）凡非十分必要的物资应暂停运回，必须运入朝鲜的物资应妥为包装。

（四）凡非十分必要的人员和部队，应暂停来往和减少调动。

（五）凡疫情严重的车站与地段，车辆经过时应禁止停车和装卸。

3月14日，成立了以周恩来为主任的中央防疫委员会后；16日，成立了山海关防疫总指挥部。19日，周恩来以中央防疫委员会主任名义，向各大行政区人民政府或军政委员会、各大军区及志愿军等，发出《反细菌战指示》，对全国反细菌战防疫工作的防疫对象、区域划分、各区任务、紧急措施、防疫运动、研究工作、宣传工作、防疫组织等8个方面，作出全面部署。规定朝鲜为疫区，东北为紧急防疫区，华北、华东、中南沿海地区为防疫监视区，华北、华东、中南内地及西北、西南为防疫准备区。在疫区的主要任务为继续进行卫生侦察，普遍实行预防注射，杀灭媒介动物，指定医院准备收容传染病人，有疫情立即报告，进行疫区封锁。在紧急防疫区应加强对朝鲜国境江口检疫工作，严格交通管理；进行卫生侦察，在重要城市、交通线上敌人散布昆虫区域实行普遍预防注射。在防疫监视区应加强与紧急防疫区之间交通要口的检疫工作，严格交通管理，重点进行预防注射，并应与防空部队协同监视敌机活动。对防疫运动提出12项工作，要求各区根据不同情况，有选择、有重点地进行。在防疫组织上，除东北已成立防疫委员会外，要求华北、华东、中南各大行政区和山东、江苏、浙江、福建各省及所属县、市、区、村，有负责同志参加分别成立防疫委员会，以利防疫工作的进行。华北、华东军区各成立1000人的防疫队，华南军区和北京、天津、上海3个城市各成立500人的防疫队，关内沿海各省成立300人的防疫队，所属各县成立30人的防疫队，并组织必要的防疫预备队等。指示要求各地区和有关部门立即实行，并将进行情况随时上报。

至3月底，除西南地区外，全国各大行政区和沿海各省市，也都成立了防疫委员会；除志愿军已组织防疫队外，在国内共组织129个防疫大队，2万余防疫人员；在沈阳、北京、天津、青岛等地设立了细菌研究中心；苏联派来流行病学、细菌学、昆虫学、动物学等专家9人，在东北协助检疫工作；在东北地区国境线上、海港、交通要道设立检疫站66个，并在山海关设立了防疫总指挥部，负责过往人员、车辆、物品的检疫和消毒；4月中旬，在东北地区完成480万人的疫苗注射，在北京、天津、河北、山东、华东、中南、华南地区，也进行了重点注射。这些措施，有效地控制了传染病的发生和流行。至1952年冬，志愿军共确诊和疑似与美军细菌战有关的传染病患者384人，死亡126人。

此外，还有一个情况。作者接触过许多当年曾经历过抗美援朝战争反细菌战的志愿军老战士，他们一听有人说美国没有在朝鲜实施细菌战、反细菌战是中国的造假宣传，就情绪非常激动，问："谁说的，这纯属胡说八道。当年我就亲自在雪地里扑灭过美军飞机布撒的昆虫。"

这些充分说明，中共中央和中央军委确系按美军实施细菌战对待和采取措施的，当然也组织了揭露和控诉美国细菌战罪行的宣传运动。说反细菌战是中国的造假宣传，是完全不顾历史事实，是毫无根据地胡说。尽管美国当局一直否认，尽管美国方面没有公布有关档案，但美军在朝鲜和中国东北地区布撒带有病菌病毒的昆虫，是确凿事实。

当时加拿大的和平大会主席、曾在中国当过22年传教士的文幼章博士，访问中国时在沈阳附近进行了实地调查了解后，用他亲眼所见事实，于1952年4月25日在伦敦记者招待会上说，美国不但在朝鲜，而且在中国进行了细菌战。文幼章博士曾声援中国人民的反细菌战斗争。几十年后，在他过世之前，嘱托他的儿子——加拿大约克大学历史系退休教授史蒂芬·艾迪科特（中文名字：文忠志），写一本有关美国在朝鲜战争中进行细菌战的书。史蒂芬·艾迪科特自费到美国和中国收集有关资料和访问当事人，并通过中国有关部门特找本书作者，就美国在朝鲜战争中的细菌战事进行了座谈。他告诉本书作者，他到美国去收集这方面的资料，"虽然没有抓住老虎，但已抓住了老虎尾巴"，得知美国官方的档案部门有十几箱与美军在朝鲜进行细菌战有关档案没有解密。他遵从父亲的嘱托，根据收集到的有关材料和访问结果，撰写完成《美国与细菌战：来自冷战早期和朝鲜的秘密》一书，1998年11月由加拿大印第安纳大学出版社出版。

四、关于日本记者收集原苏共中央档案抄件的看法

日本《产经新闻》驻莫斯科记者内藤靖夫1998年收集苏共中央档案文件抄件的大致内容是，1953年3月5日斯大林逝世后，时任苏共中央政治局委员的贝利亚于4月21日向苏共中央负责人马林科夫和苏共中央主席团提交备忘录，称他在国家安全部的档案中发现了一份1952年3月朝鲜社会安全部顾问格鲁霍夫、朝鲜外交部顾问斯米尔诺夫向苏联国家安全部部长伊格纳季耶夫呈送的报告，内容为：苏联驻朝鲜大使拉佐瓦耶夫在没有得到苏共中央批准的情况下，支持朝鲜方面在"国际民主法律工作者协会调查团"到朝鲜调查前，伪造疫区，伪造了被传染的人员，编织关于美国在朝鲜进行细菌战的证据。贝利亚随即要求拉佐瓦耶夫、格鲁霍夫和曾任朝鲜人民军卫生部顾问的谢利瓦诺夫就此作出说明。

此三人在随后提交的书面材料中称：1952年2月，朝鲜政府接到了中国政府关于美国正在朝鲜使用细菌武器的通报，于是抢先发表声明，控诉美国实施细菌战，而实际上其根本不拥有美国实施细菌战的证据。

贝利亚由此认定，伊格纳季耶夫蓄意扣押了格鲁霍夫等人具有重要政治意义的报告，使得苏联的国际形象因为支持中朝政府的控诉而受到严重伤害，要求苏共中央主席团作进一步调查。苏共中央主席团于4月24日作出决议：鉴于拉佐瓦耶夫未经授权擅自行动，立即将其调离驻朝鲜大使和朝鲜人民军总顾问的岗位，剥夺将军军衔，并予以起诉；重新确定苏联政府关于美军在朝鲜实施细菌战的官方立场，并将这一变化通知中国和朝鲜；鉴于伊格纳季耶夫"错误和不诚实的行为"，取消其苏共中央委员资格，并责成有关部门追究其责任。伊格纳季耶夫随后被免去了中央书记职务，调任巴什基尔州委书记，而贝利亚则重新执掌国家安全部门的大权。

5月2日，苏联部长会议给驻中国和朝鲜大使馆发出指令，要求通知毛泽东、金日成："苏联政府和苏共中央被误导了。在新闻媒体中广泛传播的美国人在朝鲜使用细菌

武器报道是基于荒谬的证据。对美国人的指控是虚构的。"

6月2日，由莫洛托夫、赫鲁晓夫、贝利亚主持的苏共中央监察委员会决定，将伊格纳季耶夫开除出苏共中央。

以上就是日本《产经新闻》驻莫斯科记者内藤靖夫收集苏共中央档案文件抄件的大致内容。美国学者将抄件中所描述的这些内容，视为将最终证明中朝方面对美国在朝鲜实施细菌战的控诉完全是谎言。究竟应如何看待日本记者收集的苏共中央的这12份档案。有如下三个因素必须考虑。

一是1953年6月底，即苏共中央监察委员会决定将伊格纳季耶夫开除出苏共中央的20多天后，贝利亚就被逮捕，随后又被处死。以非法和非人道手段取证，制造一系列所谓的"反党集团"冤案，是其被处决的重要原因。伊格纳季耶夫则作为"遭受贝利亚迫害的人员"之一，被恢复了苏共中央委员资格。

二是在日本记者所公布的原苏联档案中，不包括贝利亚所提到的1952年3月格鲁霍夫、斯米尔诺夫致伊格纳季耶夫的报告。这份报告的内容到底如何，至今不清楚。

三是日本记者所得到的12份苏联档案，与其他已经公布的苏联朝鲜战争档案不同，只有手抄件，没有见到原始文献，并且是摘抄，不是全文照录。同时，这些档案的真实性从来没有得到俄罗斯方面的正式认可。美国《冷战国际史项目公报》在发表这一批抄件时，专门指出了这一点，认为：在正式的档案文献公布前，这批文件的真实性将始终受到怀疑。

因此，在俄罗斯没有公布完整的原始档案文献之前，在中国档案文献能够证明这些档案抄件的内容之前，任何对这些档案真实性的判定都只是一种推测，而不能形成确切的结论。因而，不能也不应该盲目相信这些档案的内容，更不能依此作出否定美军在朝鲜战争中曾实施细菌战的结论。中国的档案文献和亲历者的证词，以确凿的证据证明，美国确在朝鲜战争中实施了细菌战，这是实实在在的事实，绝非编造出来的政治谎言。*

---

* 关于这个问题在作者主编的《抗美援朝战争史》第三卷（军事科学出版社，2000年）《粉碎美国的细菌战》一章中已经根据中国的档案文献写得很清楚。与作者共同编写《抗美援朝战争史》的副主编、军事科学院研究员曲爱国针对上述学者的观点，专门写了一篇文章《是美军的罪行还是中朝方面的"谎言"——关于抗美援朝战争反细菌战斗争的历史考察》，发表在《军事历史》2008年第2期上。

轮番作战和轮换作战是怎么回事

　　轮番作战，是中央军委为解决志愿军战场休整和保持优势作战兵力以利坚持长期作战而采取的重要方针和战略措施。

　　早在志愿军组成前，中央军委周恩来副主席在检查东北边防军作战准备时，就曾设想，边防军出动参战后的补充问题，"一种是从各部队抽出十万人来补充，一种是用建制补充，后一种办法较好。另一种是采用换班的打法，进行补充，即准备第二线部队作为后备，待第一线部队一个军或一个师作战后需要补充时，可以开第二线整补，而以第二线一个军或一个师调前线作战，用这种办法整补为最好"[①]。在志愿军第一次战役结束后，东北军区副政治委员李富春也曾提出，采取以兵团或军或师轮番作战办法的建议。但当时在后方的二线部队均尚未作好出动准备。经过三次战役，特别是1951年1月下旬第四次战役开始以后，战场形势表明，轮番作战已势在必行。

　　此时，志愿军在朝鲜作战的部队，已连续打四个战役未得休整和补充，而"联合国军"依靠其优势的武器装备，在遭到志愿军打击时组织撤退快，在志愿军停止攻击后其组织反扑也快，采取所谓"磁性战术"，不允许志愿军在战场上进行长时间休整。这样，如何解决志愿军的休整和补充问题，便成了能否坚持长期作战的重大战略问题。

　　1951年2月上旬，毛泽东决定志愿军实行轮番作战方针，编组三番作战部队，轮番作战，轮番休整，并委托周恩来拟制中央军委关于轮番作战计划问题给志愿军和各军区的电报。7日，周恩来拟制电报时，毛泽东对每番作战使用的部队提出了具体意见。军委的电报于8日拟好，9日毛泽东批发了该电。这个电报指出："从目前朝鲜战场上正在进行的战役中，可以看出，敌人不被大部消灭，是不会退出朝鲜的。目前敌人的作战意图是，在站住阵地之后，经过休补，寻找机会，向前反攻，一方面可扩大其侵占地区，另方面不容我在前线作较长期的休整，同时，对朝鲜沿海的袭扰、运输线的轰炸，也正为配合这一意图。""为粉碎敌人之意图，坚持长期作战，以达大量消灭敌人，完全解决朝鲜问题之目的，决定在朝鲜采取轮番作战的方针。"并指出"如此轮番作战，我既有生力军，又能得

---

① 《周恩来军事文选》第四卷，人民出版社，1997年，第47页。

到切实整补，既不致陷于被动，又能保持旺盛的机动性与持久性，又使更多的部队学会和美国侵略军作战"。电报具体规定了每番作战的部队、到达朝鲜接替作战的时间、具体轮番和休整的组织等。

2月中旬对轮番作战的部队又作了部分调整，最后确定的轮番作战计划如下：以正在朝鲜作战的第三十八、第三十九、第四十、第四十二、第五十、第六十六军和第九兵团第二十、第二十六、第二十七军共9个军30个师（第九兵团每军辖4个师）为第一番作战部队；以第一番的第九兵团3个军和准备从国内调赴朝鲜的第十九兵团（辖第六十三、第六十四、第六十五军）3个军，从西南军区抽调的3个军（第十二、第十五、第六十军，入朝前该3个军编为第三兵团），共9个军27个师（第九兵团的3个军各从4个师整编为3个师）为第二番作战部队，4月上旬前后到达三八线地区，接替第一番部队作战；以第一番作战部队的第三十八、第三十九、第四十、第四十二4个军和准备从国内调赴朝鲜的第四十七军、第二十兵团（辖第六十七、第六十八军）两个军及西南军区第二批入朝的3个军，共10个军30个师为第三番作战部队，6月中旬前后接替第二番部队作战。3月1日，由周恩来起草以毛泽东名义给斯大林的电报中，进一步明确，"朝鲜战争有长期化的可能，至少我应作两年的准备"。"总之，在美国坚持继续作战，美军继续获得大量补充并准备和我军作长期消耗战的形势下，我军必须准备长期作战，以几年时间，消耗美国几十万人，使其知难而退，才能解决朝鲜问题。"①

按照这个计划，在志愿军第四次战役于1951年4月21日结束后，由第二番作战部队和第三十九、第四十军在朝鲜人民军配合下进行了第五次战役。

第五次战役结束后，战线稳定在三八线南北地区，战争形成了相持局面，双方均转入战略防御，开始了停战谈判，作战形式也由运动战转为阵地战，志愿军第三番作战计划未再实施，原计划的第三番作战部队第四十七军和第二十兵团于4月和6月先后入朝，西南军区第二批3个军未再调入。

轮换作战，是中央军委为使国内部队得到现代战争锻炼和使在战场上时间较长的部队回国休整，按军队整编计划进行整编而采取的重大战略措施。轮换作战与轮番作战在作用上有共性，即都是使战场上作战疲劳的部队得到休整和保持战场的生动作战力量。但两者在背景和目的上有很大区别。轮番作战是在运动战期间美国为首的"联合国军"采取"磁性战术"，志愿军战场部队难以得到休整的背景下实施的，主要目的在于解决志愿军战场休整和作战的矛盾。而轮换作战是在双方长期战略相持的阵地战期间实施

---

① 《周恩来军事文选》第四卷，人民出版社，1997年，第162、第164页。

的，战线比较稳定，主要目的在于锻炼国内部队和高级指挥员、高级指挥机关。

早在1951年2月中央军委确定志愿军在朝鲜实行轮番作战方针之后，随着第十九、第三兵团入朝参战，志愿军副司令员邓华，于1951年4月16日，就曾致电中央军委和毛泽东主席，建议："由于战争的长期性，部队轮番应与换班相结合……轮番是很好的，但因朝鲜战争伤亡大而体力消耗亦特别厉害，尤其伤了元气的部队短期休整很不容易恢复……长期坚持下去是很困难的（部队再精锐，也必成强弩之末，何况补的主要是新兵）。另一方面，与这种高度现代装备的敌人在朝鲜作战是有许多新的经验，故全国军队和干部来轮流实践学习，根据今后形势的发展和我军建设来说都是很必要的，同时照顾运输情况，故建议在朝部队视情况每满十月至一年则大换一次，干部亦应如此，这样，各方面都有好处。"

1951年6月，中共中央确定在朝鲜实行边打边谈的方针，中央军委和志愿军总部同时也确定了在兵力使用上，采取"轮番与换班相结合"的方针。当时，志愿军入朝作战才8个月，时间并不算太长，加之7月10日开始了停战谈判。中央军委没有立即作出部队换班的计划。

停战谈判开始以后，中央领导认为，这次谈判的核心问题，是关于军事分界线的问题。在关于军事分界线问题的谈判即将达成协议时，11月中旬，周恩来起草以毛泽东名义给斯大林的电报中指出："谈判的中心问题，是确定军事分界线"，虽然谈判双方对这个问题还有争论，但估计不会争得很久。对于其他议程的谈判，争取年内达成协议，但也准备敌人拖延甚至破裂，因此，我们准备"朝鲜战争还要拖延半年甚至一年"①由于这种估计，加之没有进行像运动战阶段那样大规模的战役，这时中央军委也没有作出部队换班的计划。

然而，1951年11月27日，关于军事分界线问题的谈判达成协议，在其他三项议程的谈判相继开始以后，美方代表仍是蛮不讲理，百般拖延，不时表现出帝国主义强权政治的嘴脸。至1952年5月初，虽然第五项议程（关于向双方有关各国政府建议事项）和第三项议程（关于停火与休战的具体安排问题）已先后达成了协议。但美方在战俘问题上做起文章。无理坚持所谓"自愿遣返"原则，企图强迫扣留朝中战俘，致使这个问题自1951年12月11日开始谈判以来，5个月没有明显进展，1952年4月28日，美方代表便开始以一种流氓无赖的态度对待谈判。因此，谈判实际上已陷于停顿状态。

根据美方在谈判中的这种态度看，停战何时能实现还难以判定，战争可能要长期拖延下去。中共中央对谈判作了拖过1952年年底的准备，"并决心坚守已经巩固起来的现时朝鲜前线阵地，加修第二线坚固工事，准备应付今年夏秋两季可能到来的敌人

---

① 《周恩来军事文选》第四卷，人民出版社，1997年，第249—250页。

新的攻势"①。

此时，志愿军在朝鲜作战已19个月，入朝较晚的部队，在朝鲜作战也已近一年。这些部队长期过着艰苦紧张的战争生活，已很疲劳，需要很好休整，同时也需按国内国防军的编制进行整编。而国内已有一部分部队按照中央军委精简整编方针，完成了整编，并统一改装苏式装备。已整编完毕的这部分部队，虽然也是富有战争经验的，但还没有经过现代战争的考验，因此也需要到朝鲜经受现代战争的锻炼，取得经验。

1952年5月15日，周恩来主持中央军委会议，讨论了战争拖到年底需解决的问题，其中包括部队轮换问题，并责成总参谋部与在北京治病的志愿军司令员彭德怀研究后提出方案。

总参谋部与彭德怀商量后，5月16日，代总参谋长聂荣臻、副总参谋长粟裕，向毛泽东、朱德、刘少奇、周恩来、彭德怀、林彪作出报告。关于部队和干部轮换问题，提出"为了使参战部队能得到较好的休整条件，并给国内部队以实战锻炼的机会，除决将二十六军调回山东休整外，今后拟有计划地抽调参战较久的部队回国休整（每次抽一二个军），而同时国内已改装的部队则可入朝接替（因弹药补充等限制，数目不能太大。未改装的部队尚不宜轮换），具体计划则由总参谋部与志司具体商定之"。"为了国内的部队和机关的干部能及时得到朝鲜作战的经验，遵照主席的指示，已组织了全国两批干部入朝参观。唯因人数太少和许多业务单位尚未组织，故今后拟据彭总意见，再有计划地组织全国部队团以上主要干部和参谋、后勤、政工、铁路等机关干部轮流入朝参观，俾使朝战经验能普及全军。另在朝干部因长期得不到休息、住宿营养等条件限制，故许多干部身体很差，不能持久，应调回国内休息治疗。因此需要组织干部的轮换。此事应由总干部管理部拟定具体方案，交军委审查批准后执行。"

聂荣臻和粟裕的报告经批准后，中央军委于1952年6月29日，制订了第一期部队轮换计划，即以国内华东军区第二十三、第二十四军和中南军区第四十六军轮换在朝鲜的第二十、第二十七、第四十二军，对入朝部队编制人数、武器配备以及入朝和回国部队的交接，都作了明确规定。这一计划于9月上旬开始实行。

7月22日，志愿军代司令员兼代政治委员邓华致电彭德怀（时彭已接替周恩来主持军委日常工作）并转呈毛泽东主席和中央军委，建议不仅轮换3个军，而应全部轮换。他说："如只部分轮换，其他便有影响，虽可解释，但麻烦是很多的，主要是干部中的问题。我想如战争拖下去，为使全国部队都能亲身取得朝战经验，而在朝部队又能休整改装，准备将来反攻，在不减弱战斗的原则下，采取分期达成全部轮换的方针，对国防建

---

① 《周恩来年谱》（1949—1976）上卷，中央文献出版社，1997年，第240页。

设似更有利。在战线比较稳定的情况下,是可行的。"

邓华提出了轮换的三条原则:(一)照顾战场情况,轮换与战场第一线的换防相结合;(二)新入朝部队的战斗力不弱于被轮换回国的部队;(三)在朝部队,以入朝时间先后为轮换回国顺序的先后,特殊情况另行考虑,被换部队均留顾问。根据这三条原则,邓华又提出了从1952年9月至1953年底分四期全部轮换在朝部队的方案,每期轮换时,到第一线接防的部队为3~4个军,入朝部队为4个军,回国部队为4个军。

邓华还提出了各兵种部队、各兵种指挥所、各兵团指挥员和兵团机关的轮换设想。兵种的轮换:除高炮(含城防高炮)与装甲部队已轮换外,在朝鲜的工兵团可分两期轮换完,炮兵部队分三期轮换完,如国内炮师不够,可组织回国待装的军属炮团经短期训练,入朝接替配属各该兵团的炮兵部队。铁道兵团任务繁重,而国内的铁道师又是新从步兵中改行的,除了铁道部调配一些工程技术人员进行一些基本训练之外,他们轮换可采带徒弟的分批换法,即国内各师先来1/3实习,待第二期1/3来到,铁道兵团才走1/3,如此四期也可换完,而不影响抢修。机关的轮换:各兵团机关可分批由各大军区组织轮换。志愿军后方勤务司令部由总后勤部组织轮换,下属5个分部由东北、华北、华东、中南、西南军区组织轮换,军管局则由铁道部组织轮换,公安纠察部队由公安司令部组织轮换,炮办、工指由军委炮兵司令部、工兵司令部组织轮换。干部的轮换:根据兵团级干部身体和精力情况,尤其为使全国高级干部都能亲身体验朝鲜战争经验,更有利于国防建设,似有分期轮换之必要,但也可以采取配双套干部轮流休息的办法。

中央军委原则同意了邓华提出的全部轮换设想。8月4日,毛泽东在全国政协常委会上说:"我们过去打了二十几年仗,从来没有空军,只有人家炸我们。现在空军也有了,高射炮、大炮、坦克都有了。抗美援朝战争是个大学校,我们在那里实行大演习,这个演习比办军事学校好。如果明年再打一年,全部陆军都可以轮流去训练一回。"[①]

8月6日,副总参谋长粟裕提出部队全面轮换方案。轮换的目的和原则是:"使国内百分之八十以上部队,均能取得对美帝国主义作战的经验,及在朝多数的军得到休整、改装,并完全适应整编情况,对朝鲜作战及国内防务均无大影响等。"在此目的与原则下,粟裕提出步兵部队轮换的三个方案供中央军委决策。中央军委原则同意了其中第一方案,即以军为单位轮换,从1952年8月开始至1953年12月,分4期以国内的14个军轮换在朝鲜的14个军,另以国内1个军(两个师)入朝后与第五十军合编。按此方案,志愿军除有两个军无部队轮换外,其余都可轮换回国。

---

① 《建国以来毛泽东军事文稿》中卷,军事科学出版社、中央文献出版社,2010年,第50页。

毛泽东于11日批示,此事由彭德怀处理,开会讨论一下,然后再作决定。"关于轮换问题,整个时间似不宜延长到明年下半年才毕,似应从今年八月起,在十二个月内轮换完毕。轮换办法似以军为单位为宜。"

彭德怀主持军委开会研究后,出访苏联(粟裕也出访苏联),8月30日,聂荣臻代总参谋长向毛泽东呈报了轮换计划,除第一期轮换计划9月初开始执行外,再将国内的第十一军编为两个师换回在朝鲜的第五十军,也作为第一期计划。待第二期轮换时,将国内的第十六军和在朝鲜的第六十军各编为两个师,将第十一军的两个师分别编入第十六、第六十军。第二期轮换7个军,即以国内的第一军、第十六军、第四十五军(后第四十四、第四十五两军合编为第五十四军)、第二十三兵团(3个师)、第二十一兵团(3个师)、第二十一军、第四十一军入朝,分别换回在朝鲜的第三十八、第三十九、第四十、第六十三、第六十四、第六十五、第四十七军。为免冬装改换的困难和浪费,拟于1953年3月开始,每月轮换两个军,6月底前轮换完毕。这样将在朝鲜的16个军分两批共轮换12个,还有4个军入朝较晚,暂不轮换。由于第二期轮换时,将第十一军分别编入第十六、第六十军,所以在朝鲜的实际有15个军。毛泽东于9月2日作出批示,同意这个计划,但"明年三至六月四个月内换七个军,似觉得太紧一点,而需延长时间,可到那时再定"。

按照中央军委的轮换计划,第一期轮换的第二十三、第二十四、第四十六军,于1952年9月5日—15日先后入朝,轮换第二十、第二十七、第四十二军回国。在此之前,第二十六军已于6月间回国担负守备任务。第十一军的第三十三师于12月入朝,准备编入第六十军。

1952年年末德怀特·艾森豪威尔当选美国总统后,美国当局酝酿进行大规模军事冒险。为防备"联合国军"在朝鲜北方实施登陆进攻,志愿军和人民军进行了大规模反登陆作战准备。根据这一情况,12月9日下午,聂荣臻召集黄克诚、邓华、滕代远、吕正操、王尚荣及各特种兵司令员研究后决定:志愿军现有16个军不作变动,第五十军暂不调回国,另调西北第一军第一步即开赴东北,第二步与在东北的第十六军入朝;调中南第五十四军、华东第二十一军于1953年1月下旬开赴东北,作为机动。这样,对原定从1953年3月开始的第二期轮换计划进行了调整,并提前实施。第一、第十六、第二十一、第五十四军于1953年1月开始入朝,加强志愿军在朝鲜的作战力量。原计划第二期轮换回国的第三十九、第三十八、第四十军暂不回国,全力进行反登陆作战准备工作。直至反登陆作战准备结束后,第三十九、第三十八、第四十军才分别于1953年5月、7月、8月回国。

1953年7月27日,朝鲜停战协定签字,抗美援朝战争胜利结束。此后,轮换计划即停止执行。

除了步兵的轮换外，志愿军空军、陆军技术兵种部队、高级指挥员和高级指挥机关，也进行了轮换。

高级指挥机关和高级指挥员的轮换情况是，由总参谋部各部负责轮换志愿军司令部各处以下干部，由华北军区司令部换第二十兵团司令部，中南军区司令部换第十九兵团司令部，西南军区司令部换第三兵团司令部，华东军区司令部换第九兵团司令部；由总政治部和东北军区政治部选派干部负责轮换志愿军政治部部以下干部，由西南军区政治部组织干部轮换第三兵团政治部，华东军区政治部组织干部轮换第九兵团政治部，西北、中南军区政治部组织干部轮换第十九兵团政治部，华北军区政治部组织干部轮换第二十兵团政治部；华东军区后勤部轮换志愿军后勤第一分部，中南军区后勤部轮换志愿军后勤第二分部，西南军区后勤部轮换志愿军后勤第三分部，华北军区后勤部轮换志愿军后勤第四分部，西北军区后勤部轮换志愿军后勤第五分部。上述轮换于1953年上半年完成。

从1952年下半年开始，对志愿军高级指挥员也进行了轮换。

1952年8月，中央军委调王建安接替宋时轮任第九兵团司令员，宋时轮回国任总高级步兵学校校长。1953年5月，李达轮换解方调任志愿军参谋长仍兼西南军区副司令员和参谋长，志愿军参谋长解方调任军委军训部副部长；许世友轮换王近山调任志愿军第三兵团司令员仍兼山东军区司令员，志愿军第三兵团副司令员王近山调任山东军区副司令员暂代司令员；中南军区副司令员兼参谋长黄永胜轮换韩先楚调任志愿军第十九兵团司令员，志愿军第十九兵团司令员韩先楚调任中南军区参谋长；第二高级步兵学校校长杨勇轮换郑维山调任志愿军第二十兵团司令员，志愿军第二十兵团代司令员郑维山调任第二高级步兵学校校长；王必成轮换陶勇调任第九兵团副司令员（陶勇因身体不好此前已回国）。

志愿军空军、炮兵、装甲兵、工程兵指挥机构的主要指挥员也进行了轮换。1952年6月，赵杰接替黄鹄显任志愿军装甲兵指挥所主任；1952年8月，谭善和接替陈正峰任志愿军工兵指挥所主任；1952年10月，华东军区空军司令员聂凤智接替刘震任志愿军空军代司令员，1953年4月为司令员，华东、华北、中南军区空军以完全换班的形式进行实战指挥锻炼，西南、西北军区空军采取见学的形式进行实战指挥锻炼；1953年年初，高存信接替匡裕民任志愿军炮兵司令员，刘何任政治委员。

采取轮番和轮换相结合的做法，既解决了作战部队的休整和保持作战力量问题，也使更多部队、指挥机关和指挥员得到了朝鲜战争锻炼，积累了现代条件下作战和指挥经验。这一做法是抗美援朝战争中的一个创造。在后来保卫国防作战中也借鉴了这一经验。

上甘岭战役是怎么回事

上甘岭战役是中国人民志愿军为粉碎美国为首的"联合国军"发动的"金化攻势",于1952年10月14日至11月25日,在上甘岭地区依托坑道工事进行的坚守防御作战。

"联合国军"1951年发动的夏季攻势和秋季攻势被粉碎以后,自1951年年底以来,在战场上,除以空军和海军航空兵继续对朝鲜北方进行狂轰滥炸和实施细菌战,企图以空中压力迫使朝中方面接受其在谈判中的无理条件外,其地面部队一直没有大的作为。从1951年12月至1952年6月,美第八集团军司令官范佛里特多次计划或建议发动地面进攻,但他的上司"联合国军"总司令,无论是李奇微还是其接任者克拉克,都没有批准范佛里特的计划或建议。美国参谋长联席会议和东京的"联合国军"总部均认为,以重大伤亡代价换取山头是不合算的,即使打下一些山头对谈判结局也无决定性影响。打又无力痛快地打,不打又难以忍受,美国当局和战场指挥官,从上到下都处于一种无可奈何的悲观状态。

与"联合国军"的情况相反,志愿军和人民军在构筑以坑道为骨干的坚固防御阵地的同时,1952年在战场上采取战术上积极活动的方针,特别是3月底以后,营连规模的不断主动出击、挤占阵地、狙击活动等等,战场上非常活跃,并将第一线斗争的焦点推向"联合国军"阵地。由于运输的改善、阵地的巩固、武器装备的加强,而越战越强、越战越主动。

1952年9月18日至10月31日,志愿军和人民军发起的全线性战术反击作战,对"联合国军"营以下兵力防守的60个阵地发动攻击,几乎是攻则必克、攻则必歼。"联合国军"在正面战线陷入更加被动的局面。

《韩国战争史》写道:共军"从1952年4月至9月,在整个战线的前沿不断挑衅,到10月初,全面发起高地争夺战"。"被我1951年秋季攻势迫居守势的敌人,过了一年,从1952年入秋开始,反而转入积极进攻。""相反,我军却一如既往,采取守势,因而不可避免地在作战上丢失先机之利,在战争精神上处于委靡状态。"[①] 美国陆军战史也承认:1952年"9月底10月初,种种迹象表明,共产党已越来越明显地掌握了地面作战的主

---

① 韩国战史编纂委员会编:《朝鲜战争》第四卷,固城等译编,黑龙江朝鲜民族出版社,1988年,第308页。

动权"①。

第七届联合国大会即将于10月14日开幕,朝鲜问题将要提交新一届联合国大会讨论,美国当局需要"联合国军"在朝鲜军事行动的配合,以占据政治上的有利地位。同时,给参加"联合国军"的其他国家一点"胜利"刺激,鼓舞一下部队的士气,让他们投入更多的金钱和生命,同时也是为了对志愿军的战术反击进行报复,经美第八集团军司令官范佛里特建议,克拉克批准,"联合国军"于10月14日第七届联合国大会开幕的当天,发动了名为"摊牌"行动的"金化攻势"。在此之前的10月8日,停战谈判中的美方代表团,根据美国总统杜鲁门的指令,单方面宣布无限期休会。

"联合国军""金化攻势"的目标,是夺取由志愿军第十五军四十五师分别以一个连防守的上甘岭地区597.9高地和537.7高地北山。上甘岭是志愿军中部战线战略要点五圣山的前沿阵地,位于五圣山主峰南4公里处。五圣山位于金城、金化、平康这一三角地区的中央,主峰海拔1061.7米,是战线中部地区的最高峰。它西临平康平原,东扼金化经金城到东海岸的公路,南距"联合国军"占据的金化只有7公里。

597.9高地和537.7高地北山,均位于上甘岭以南,537.7高地北山在东,597.9高地在西。这两个高地互为犄角,是五圣山的屏障,可直接瞰制金化东北"联合国军"防守的鸡雄山阵地和金化以南开阔地带,总面积3.7平方公里。537.7高地北山和"联合国军"据守的537.7高地共处一条山梁,两个阵地相距只有150米。该阵地位置极为重要,是志愿军防御的要点,它可直接控制金化至金城的唯一公路,控制"联合国军"中线与东线的连接点。在志愿军开展"冷枪冷炮"活动中,"联合国军"过往车辆和人员成为志愿军狙击的目标,故"联合国军"称537.7高地北山为"狙击兵岭"。597.9高地由3个小山头组成,最高峰在南面,"联合国军"称之为"三角形山"。该高地与"联合国军"占据的鸡雄山北南对峙,中间仅隔有一条公路。

志愿军上甘岭地区这两个阵地向"联合国军"战线突出约12公里,使"联合国军"倍感难受。同时也受到"联合国军"西面阵地、南面鸡雄山、东北面注字洞南山三面火力夹击,防守起来也不是很容易。上甘岭有失,五圣山就直接受到威胁;五圣山若失,"联合国军"居高临下,志愿军在平康平原就很难立足。因此志愿军必须守住上甘岭。上甘岭成为两军必争之地,志愿军第十五军四十五师在"联合国军"发动进攻之前,从南朝鲜军第二师投诚的一个参谋那里得知"联合国军"企图,而将上甘岭两个高地的防守兵力各增加到一个营。

---

① [美]沃尔特·G.赫姆斯:《朝鲜战争中的美国陆军(第一卷)——停战谈判的帐篷和战斗前线》,国防大学出版社,1988年,第346页。

"联合国军"总司令克拉克预想，仅美国第七师和南朝鲜军第二师各一个营就可以夺下这两个阵地，此行动将进行5天，有200多架次飞机和16个炮兵营280余门大炮的支援，只需付出200人的伤亡代价就可达到目的。

然而，战事的发展并不依克拉克的意志为转移。从10月14日至11月25日，志愿军为粉碎"联合国军"的"金化攻势"，进行了著名的上甘岭坚守防御作战，与"联合国军"持续争夺43个昼夜，粉碎了"联合国军"的进攻，取得了坚守防御的胜利。整个战役共分三个阶段。

第一阶段，争夺表面阵地（10月14—20日）

"联合国军"经过两天的炮火准备后，于10月14日5时开始进攻。但进攻发起后，遭到志愿军顽强抗击，"联合国军"进攻第一天即投入了美军第七师和南朝鲜军第二师各一部共7个营的兵力[①]，并动用了300余门大口径火炮、30余辆坦克、40余架次飞机进行支援。美军和南朝鲜军采取多路多波方式连续发动猛攻。志愿军第四十五师防御分队顽强抗击，先后击退1个排至1个营兵力的10余次冲击。战至17时，表面阵地大部丢失，防御分队转入坑道坚持战斗。当天夜间，第四十五师组织4个连进行反击，全部恢复表面阵地。战斗中，第一三五团排长孙占元双腿被炸断，仍坚持指挥战斗，最后拉响手榴弹与敌人同归于尽。克拉克和范佛里特大大高估了"联合国军"部队的作战能力，也大大低估了志愿军的防守能力。"摊牌"作战"一开始就挨了中国军队当头一棒"。第一天的进攻，什么也没有捞到，可伤亡已达2000多人。但范佛里特不甘心第一天进攻的受挫，继续投入力量进行争夺。

从15日起，"联合国军"又先后投入两个团另4个营的兵力在密集炮火和航空兵火力支援下轮番进攻。志愿军第四十五师调整部署，不断增加防守兵力，依托坑道工事，白天阻击，入夜反击，与美军和南朝鲜军激烈争夺表面阵地。在19日反击597.9高地的战斗中，第一三五团班长黄继光以身躯堵住敌军机枪工事射孔，为部队开辟冲锋道路，光荣牺牲。至20日，在大部表面阵地被敌占领后，志愿军防御分队全部转入坑道坚守作战。在第一阶段作战中，美军与南朝鲜军先后投入了17个营（美军9个营、南朝鲜军8个营）兵力，志愿军第四十五师先后投入21个步兵连的兵力。志愿军共毙伤敌人7000余人。

10月26日，志愿军代司令员兼代政治委员邓华、副司令员杨得志，志愿军和人民军联合司令部副政治委员朴一禹，志愿军代参谋长张文舟、副参谋长王政柱，政治部副主

[①] 这里使用7个营的说法是根据志愿军的材料。美国战史和南朝鲜军战史说，美军和南朝鲜军各使用2个营的兵力，即便如此，也是大大超过克拉克预先的用兵计划。

特级战斗英雄黄继光画像

坚守上甘岭阵地的志愿军部队向占领表面阵地之敌发动反攻

任杜平联名致电第十五军并转第四十五师全体同志,同时通报各军各兵团和人民军总部,嘉奖第十五军上甘岭作战。电报说:"十月十四日,敌纠集美七师、伪二师及大量空、坦、炮的配合下,向金化以北我十五军四十五师防守之五九七点九高地及五三七点七以北高地进攻。敌人吹嘘为一年来的'最大攻势'。但在我四十五师及炮兵部队坚决顽强的防御与积极反击作战下,至今激战十三昼夜,杀伤敌军八千余人,予进犯之敌以迎头痛击。虽山头阵地已变为焦土,但我仍始终坚守着坑道。我坑道部队不仅每次都主动有力地配合了反击作战,还独立自主地反击敌人。你们这种坚决顽强的积极作战,殊堪嘉奖。除通令表扬外,并望继续努力,再接再厉,彻底粉碎敌人的进犯。"

第二阶段,坚持坑道斗争(10月21—29日)

本来"联合国军"发动这次攻势,是为了扭转被动局面,但是,结果却是付出如此重大伤亡。志愿军的战术反击几乎是攻无不克、攻无不歼。而"联合国军"集中了那么多兵力和火力,只是攻击两个小小的山头,连攻7天都不能解决问题。无论作战的时间、使用的部队和人员的伤亡,都大大超出了克拉克和范佛里特的原定计划。这不免使克拉克和范佛里特觉得大失"联合国军"的面子。为了挽回面子,只好硬着头皮继续干下去。克拉克后来说:"这个开始为有限目标的攻击,发展成为一场残忍的挽救面子的恶性赌博。"①

"联合国军"在第一阶段进攻作战中遭受损失后,调整部署,将遭受重创的美军第七师撤出战斗,进攻任务全部交给南朝鲜军第二师,并将南朝鲜军第九师调至金化以南地区作为战役预备队。志愿军第三兵团和第十五军,根据志愿军代司令员兼代政治委员邓华关于抓住敌成营成团冲击这一有利时机予以大量杀伤的指示,为准备进行决定性反击,对上甘岭地区的部署进行了调整。第十五军令第四十五师全力投入597.9高地和537.7高地北山作战,并重点进行坚守坑道作战;以第二十九师接替第四十五师其他地段的防务。同时,以第四十四师、第二十九师部队在相邻地区加强对当面敌人阵地的反击作战,牵制敌人力量,配合第四十五师作战。第三兵团将第十二军第三十一师调往五圣山地区,作为战役预备队;给第十五军增加两个炮兵营又7个炮兵连。志愿军总部也给第十五军增加1个高射炮兵团和1个工兵营。第三兵团和第十五军还给第四十五师补充了1200名新兵。21—29日,占领表面阵地的"联合国军"和南朝鲜军采取轰炸、爆破、放毒、熏烧、堵塞、封锁等手段,力图消灭志愿军坚守坑道的分队。志愿军坚守分队充分发挥党支部的战斗堡垒作用和

---

① [美]马克·克拉克:《从多瑙河到鸭绿江》,(台湾)黎明文化出版公司,1956年,第72页。

政治思想工作的威力，团结一致，克服缺粮、缺弹、缺水和空气污浊等令人难以想象的困难，顽强坚守坑道，并组织班或战斗小组向表面阵地出击158次，毙伤敌2000余人，夺回7处阵地。志愿军纵深部队以19个炮兵连组成炮兵群，支援坚守坑道分队作战，保护两个高地的主要坑道口，并多次组织部队在坚守坑道分队配合下实施反击，减轻坚守坑道分队压力，还利用反击时机，部分轮换坚守坑道的分队，补充物资。在坑道内外部队的有力配合下，志愿军有效地坚持了坑道斗争，为准备决定性反击赢得了时间、创造了有利条件。

第三阶段，实施决定性反击（10月30日至11月25日）

10月30日夜，志愿军第十五军以第四十五师5个连、第二十九师两个连与坚守坑道的3个连相配合，在百余门火炮支援下，对597.9高地进行反击，夺回了表面阵地。11月1—5日，"联合国军"每日都以1~6个营的兵力对597.9高地实施攻击。志愿军第十二军部队于1日开始投入战斗，以第三十一师九十一团全部和第九十三团1个营与第四十五师防守部队紧密配合，粉碎了"联合国军"的进攻，巩固了597.9高地。在11月5日的战斗中，第九十一团新战士胡修道在全班战友都伤亡的情况下，孤身奋战，坚守阵地，毙伤敌人280余人。

"联合国军"在597.9高地吃尽了苦头，从11月5日以后，停止了对这一阵地的进攻。《韩国战争史》这样写道："停止进攻'三角'高地，是军团长①决定的。自从'摊牌作战'开始以来，美第七师打了12天，韩第二师打了11天，只是增加伤亡，加上'狙击'棱线②连日不断的血战，继续进攻也无所作为。因此，决定从即日起结束'三角'高地战斗。"③11月6日，美军无可奈何地宣布："到现在为止，联军在'三角形山'是打败了。"④美军战史说："至此，6个星期的艰苦奋战过去了，联合国军司令部所属部队控制了狙击岭的一部分，但失去了整个'三角山'。在'三角山'5天的战斗中，他们由最初的两个营的兵力发展到两个师以上的兵力，死伤人数由200人增加到9000人……'三角山'之战，中国军队以他们不屈不挠的斗争……迫使联合国军停止进攻。"⑤

11月5日，杨得志、朴一禹、张文舟、王政柱、杜平（此时，邓华回国请示汇报工

---

① 指美第九军军长。
② 指537.7北山。
③ 韩国战史编纂委员会编：《朝鲜战争》第四卷，固城等译编，黑龙江朝鲜民族出版社，1988年，第347—348页。
④ 志愿军第十五军：《上甘岭战役总结》，1952年12月。
⑤ [美]沃尔特·G.赫姆斯：《朝鲜战争中的美国陆军（第一卷）——停战谈判的帐篷和战斗前线》，国防大学出版社，1988年，第355页。

作）联名致电第十五军转全体指战员，祝贺收复和坚守597.9高地战斗取得胜利。电报指出："你军与敌血战二十余日，敌虽集中了空前优势的炮火飞机坦克及大量步兵集团冲锋，不仅不能夺去我阵地，而且丧失了一万五千余人的有生力量及大量炮弹。你们则高度发挥了坚韧顽强的战斗作风，愈打愈强，战术愈打愈灵活，步炮协同愈打愈密切。我军伤亡亦逐渐减少，特别是二日，毙伤敌一千五百余，我仅伤亡一百九十余名。这样打下去正如中央军委指出'必能制敌死命'。我们特向你们祝贺，望激励全军再接再厉，坚决战斗下去，直至将敌人的局部进攻完全彻底粉碎，预祝你们胜利。"

同日，第三兵团根据志愿军司令部"坚决战斗下去"的指示，决定第十二军三十一师所属3个团全部投入作战，第三十四师两个团为预备队。为便于指挥，决定由第十二军组成五圣山战斗指挥所，副军长李德生负责统一指挥；由炮兵第七师组成炮兵指挥所。该两指挥所仍归第十五军军长秦基伟直接指挥。第十五军除炮兵、通信、后勤保障部队外，撤出战斗进行休整。

11月6日，志愿军首长杨得志、张文舟向中央军委报告了坚决与"联合国军"争夺下去的决心和第三兵团的上述部署。7日，毛泽东拟稿以中央军委名义回电，指出："你们对加强十五军作战地区之决心和部署是正确的。此次五圣山附近的作战已发展成为战役的规模，并已取得巨大的胜利。望你们鼓励该军，坚决作战，为争取全胜而奋斗。"8日，毛泽东将上甘岭地区的作战情况和作战部署批转全军。

11月10日，杨得志、张文舟、王政柱、杜平致电第三兵团首长和第十五军首长，告知：对于上甘岭战役已取得的巨大胜利，"军委及总参谋部迭电嘉许，毛主席并于十一月八日将志司对十五军等部作战嘉奖批转全国各大军区、各特种兵、军事学院、总高级步兵学校"。补充第十五军及第十二军三十一师的7000余人正向指定地区集结，"望你们鼓励十五军与十二军参战部队，坚决作战，为争取全胜，恢复与巩固全部阵地，再予敌以更大杀伤而奋斗"。

中央军委领导和志愿军总部首长的关心、鼓励，极大地鼓舞了上甘岭地区作战的志愿军部队。参战部队纷纷表示，坚决在已得胜利的基础上，再接再厉，争取最后胜利。

11日16时25分，第三十一师第九十二团以两个连兵力，在110余门火炮支援下，分两路对537.7高地北山阵地发起反击，激战至17时夺回了该阵地。12—14日，第九十二团击退南朝鲜军2个营至1个团兵力的多次冲击。14日夜，第九十三团主力加入战斗。至17日，又击退南朝鲜军1个排至1个团兵力的冲击70余次。18日，第三十四师一〇六团接替九十三团加入537.7高地北山作战。激战至25日，击退南朝鲜军多次进攻，巩固了537.7高地北山阵地。

"联合国军"伤亡惨重,被迫停止进攻,上甘岭战役遂告结束。

从10月14日至11月25日,"联合国军"发动的"金化攻势",在上甘岭这个不足4平方公里的阵地上,先后投入3个多师6万余人、300余门火炮、近200辆坦克、3000余架次飞机,发射炮弹190多万发,投掷炸弹5000多枚。然而志愿军的上甘岭阵地屹立未动,"联合国军"以彻底失败而告终。志愿军也陆续投入3个多师4万余人,参战各种炮计有山炮、野炮、榴弹炮133门,火箭炮24门,高射炮47门,迫击炮292门,共发射35万余发炮弹。此战兵力火力之密集,在世界战争史上是罕见的。"联合国军"方面称此役是"继1951年'伤心岭'之后最大的一次攻势","以人与炮的比例来算,我们现在在这个战线上所用的大炮火力,是与在德国胡特林根森林战斗中所有的火力相等,那一次是第二次世界大战中我军所进行的最猛烈的炮战"。还称"这是共军炮火最强大最猛烈的一次"①。

上甘岭战役持续43天,志愿军防守部队依托以坑道为骨干的坚固防御阵地,在炮兵火力支援下,发扬革命英雄主义精神和机动灵活的战略战术,以伤亡1.1万余人的代价,胜利击退了"联合国军"的进攻,击退"联合国军"营以上兵力冲击25次,营以下兵力冲击653次,守住了阵地。共毙伤敌2.5万余人,击落击伤飞机274架,击毁击伤大口径火炮61门、坦克14辆。上甘岭山头石土被炮弹、炸弹炸成1米多厚的粉末,但志愿军部队像钉子一样牢牢地扎在了那里,创造了现代战争史上坚守防御的范例。通过上甘岭战役的坚守防御作战,志愿军更加完善了依托坑道进行作战的战术。

参与策划这次进攻的美国军事专家悲叹道:即使用原子弹也不能把狙击兵岭和爸爸山(指五圣山)上的共军部队全部消灭②。美联社从朝鲜报道说:"联军的军官们预算这是一次激烈的但是典型的有限的山头攻击。而这次战役实际上却变成了朝鲜战争中的凡尔登。"③美国新闻舆论说,"美军的伤亡率达到一年来的最高点","金化攻势已经成了一个无底洞,它所吞食的'联合国军'军事资源要比任何一次中国军队的总攻势所吞食的都更多"。"联合国军"总司令克拉克说:"我们死伤的人数八千以上,大部分为大韩民国之官兵,得不偿失……我认为这次作战是失败的。"④

上甘岭战役的胜利,使志愿军和人民军在整个正面战场完全掌握了主动权。而"联合国军"对在正面战线取得胜利完全失去了信心。韩国战争史承认:"在整个冬季,无论防御或进攻,主动权均被以优势兵力为后盾的敌人所夺去。"⑤

---

① 志愿军第十五军:《上甘岭战役总结》,1952年12月。
② 《参考消息》,1952年11月23日。
③ 《参考消息》,1952年11月3日。
④ [美] 马克·克拉克:《从多瑙河到鸭绿江》,(台湾)黎明文化出版公司,1956年,第72页。
⑤ 韩国战史编纂委员会编:《朝鲜战争》第四卷,固城等译编,黑龙江朝鲜民族出版社,1988年,第6页。

志愿军为什么进行反登陆作战准备

中国人民志愿军和朝鲜人民军从1952年年底至1953年4月底，进行了规模巨大的反登陆作战准备。这期间，为防止美国为首的"联合国军"在志愿军和人民军侧后朝鲜东西海岸登陆进攻，抽调志愿军司令部和政治部各一部分干部，加强充实西海岸志愿军和人民军联合指挥部，并以志愿军代司令员和代政治委员邓华亲自兼任西海岸联合指挥部司令员和政治委员，以在朝鲜作战一年半有余，并刚刚指挥部队取得上甘岭防御战役胜利的志愿军第三兵团及所属部队与入朝轮换不久的志愿军第九兵团及所属部队对调，以第三兵团司令部兼任东海岸志愿军和人民军联合司令部，以入朝时间不久的部队到正面第一线替换在朝鲜作战较有经验的部队，以在朝鲜作战较有经验的部队担任东西海岸防御，并从国内新调入4个军另1个师加强战场防御力量，也加强了技术兵种力量，进行了比1952年春夏巩固阵地斗争规模还要大的筑城作业，构筑了东西海岸永久性坚固防御阵地体系，进一步加强了正面战线防御工事，新建了两条横向铁路线和纵横共8条公路线，加强运输、储备粮弹，准备迎击"联合国军"以7个师左右兵力于1953年春在西海岸登陆进攻，同时也准备其以一定兵力在东海岸登陆进攻。整个准备规模之大，时间之长，工作之细，是抗美援朝战争中任何一次战役准备都不能相比的。至1953年4月底，反登陆作战的一切准备基本就绪，然而，"联合国军"并没有发动登陆进攻，直至朝鲜停战。于是学术界就有人对反登陆作战准备提出质疑：究竟是因为志愿军和人民军进行了充分准备而"联合国军"没登陆，还是"联合国军"根本就没有登陆企图？如果是后者，那么当初决定进行反登陆作战准备，是否对敌情判断有误？或者是否可以说根本没有必要进行这个准备？反登陆作战准备是否劳民伤财？这些质疑归结为一个问题，就是志愿军和人民军为什么要进行反登陆作战准备？

一、朝鲜战争发展到1952年年底，美军使用的招数只剩侧后登陆进攻一手了

自中国人民志愿军参战以来，到1952年年底，美军在朝鲜战场上除使用原子弹和在志

愿军与人民军侧后实施大规模登陆进攻外,其他的招法都已使用过了。然而战争的结果却仍不能如意。不但武装占领全朝鲜的军事目标早已无望实现而被迫放弃,而且就是停战谈判开始以后,为对志愿军和人民军方面施加军事压力,倚仗武器装备优势发动的1951年夏秋季局部攻势和以摧毁朝鲜北方铁路系统为目标的"绞杀战"也都失败了,不顾国际公法实施的细菌战不但未达到军事目的,而且遭到世界舆论的谴责,在朝鲜地面战场上则陷于越来越被动的状态,特别是志愿军和人民军进行1952年秋季战术反击作战,粉碎其"金化攻势"取得上甘岭防御战役胜利后,"联合国军"地面部队在正面战线上已经是无所作为了。战争的结果距离美国的愿望越来越远。当时任"联合国军"总司令的马克·克拉克后来回忆说,自停战谈判开始以来,"联合国军"在战场上只是不断增加伤亡和丢失阵地,而毫无收获①。按照艾森豪威尔的说法,到此时美军在朝鲜战场上的伤亡和失踪减员已达12.5万人,成为美国历史上仅次于内战和两次世界大战的第四次代价最大的战争②。而停战谈判,因美方顽固坚持所谓"自愿遣返"原则企图扣留志愿军和人民军被俘人员,自1952年5月起即已陷入僵局状态,10月8日,美方又单方面宣布停战谈判无限期休会,并且毫无复会迹象。至此,美国要改变战场态势,取得有利局面,就只剩下使用原子弹和在志愿军与人民军侧后实施大规模登陆进攻这两手。因为志愿军和人民军构筑了以坑道为骨干的坚固防御阵地,使用战术原子弹解决不了问题。同时,慑于世界人民的压力,并且苏联也有了原子弹,所以美国对使用原子弹这一手,尚不敢轻易作出决定。那么就只剩下在志愿军和人民军侧后实施登陆进攻一手了。况且美军在第二次世界大战中和朝鲜战争中都有大规模登陆作战的成功经验,新当选的美国总统德怀特·艾森豪威尔就是第二次世界大战中著名的诺曼底登陆战役的总指挥。

二、美国当局和"联合国军"确实有举行登陆冒险的明显迹象

一是美国第三十四届总统德怀特·艾森豪威尔当选后,就积极为结束朝鲜战争寻找出路,其中进行大规模军事冒险,包括在志愿军和人民军侧后实施登陆进攻,是他登台前后重点考虑的方案。

二是当时的"联合国军"总司令克拉克于1952年10月中旬前后就组织一个专门小组,秘密制订了大规模军事冒险计划,主要内容是:发动一场大规模的陆、海、空军联

① [美]马克·克拉克:《从多瑙河到鸭绿江》,(台湾)黎明文化出版公司,1956年,第62页。
② [美]德怀特·艾森豪威尔:《艾森豪威尔回忆录——白宫岁月(上):受命变革(一)》(1953—1956年),生活·读书·新知三联书店,1978年,第203页。

合的攻势作战，把战线推进至元山—平壤一线。整个进攻作战分为三个阶段，每个阶段大约需要20天的时间，包括地面部队的合围性攻击，大规模的两栖突击和在时机成熟时的空降作战，并从空中和海上对中国境内的目标实施突击。为实施这一计划，除联合国军在朝鲜的20个师外，需要增加3个美军师或其他联合国成员国部队组成的师（其中包括1个步兵师、1个空降师、1个海军陆战队师）、两个南朝鲜军师、两个蒋介石国民党军师、12个地面炮兵营和20个高射炮兵营[①]。克拉克将计划交给参谋长联席会议，布莱德雷也向艾森豪威尔作了汇报。

与此同时，自1952年10月以来，克拉克还频繁进行登陆作战演习。据统计，10月份进行了4次演习，11月份进行了3次演习，12月份则进行了15次演习。有的演习相当逼真，致使美军士兵以为真的在进行登陆作战。10月15日，克拉克集中6艘航空母舰、4艘巡洋舰、30多艘驱逐舰及美骑兵第一师一部，在朝鲜东海岸库底以东海面举行了一次大规模联合两栖登陆演习，美军称"吉他演习"。空军和海军对滩头目标进行了轰炸，并有载运空降部队的30余架飞机从正面战线通过，直到登陆部队抢滩前的最后一刻，参演士兵才知道是演习。1952年12月至1953年1月，美国空军也频繁进行两栖作战演习。美国海军第九十特混舰队，美陆战第一师、骑兵第一师、步兵第二十四师都进行过两栖作战训练。

1952年11月底以来，"联合国军"还以空投、海上登陆、陆地派遣等手段，大量派出特务，到志愿军和人民军后方和朝鲜东西海岸刺探情报，搜集地理、水文资料等，为登陆作战作准备。据12月底的统计，派遣特务57次410余人。由海岸登陆的特务多为零散便衣谍报人员，潜伏地下活动，其重点是西海岸的安州、平壤、沙里院、海州之线地区[②]。空降特务多以小组、小队形式，进行侦察、破坏活动。

1952年年底，美国为南朝鲜新建第十二和第十五两个步兵师及6个独立团、28个炮兵营，基本完成组训工作。美国空军增调第一战斗截击机联队到日本。

1952年年底至1953年年初，"联合国军"调动频繁，经调整后，地面部队在第一线共有17个师，其中美军4个师、英联邦军1个师、南朝鲜军12个师；在第二线，有美军3个师、南朝鲜军两个师另3个团的机动兵力[③]。在朝鲜战场，美军保有3个师作为机动后备部队，这是自朝鲜战争爆发以来的第一次。

虽然当时志愿军和人民军尚不知道克拉克的计划，但其他一系列迹象表明美军确有

---

① [美]沃尔特·G.赫姆斯：《朝鲜战争中的美国陆军（第一卷）——停战谈判的帐篷和战斗前线》，国防大学出版社，1988年，第410页。
② 中朝联合司令部：《十二月份敌特空降及登陆活动显著增加》，1952年12月29日。
③ 中央军委作战部：《朝鲜战场敌情综合》，1952年11月至1953年1月。

实施大规模登陆进攻的企图,不得不防。

三、朝鲜东西海岸防御问题一直是志愿军和人民军后顾之忧

志愿军入朝参战后,自第二次战役将美国为首的"联合国军"从鸭绿江边打回到三八线起,就一直提防着美军仁川登陆重演。而"联合国军"也确实一直保持对志愿军和人民军侧后进行登陆进攻的威胁。1951年4月下旬,志愿军和人民军发起的第五次战役,主要目的之一就是粉碎"联合国军"以正面进攻配合侧后登陆在朝鲜蜂腰部建立防线的企图。1951年夏,战争在三八线南北地区形成相持局面,双方均转入战略防御后,为防"联合国军"在侧后登陆进攻,9月,志愿军和人民军专门组成了东海岸联合司令部和西海岸联合指挥部,部署专门部队担任海岸防御。1952年夏,正面战线基本形成了以坑道为骨干的坚固阵地防御体系后,又从正面抽出一部分兵力,加强东西海岸防御力量,并开始在东西海岸选择要点构筑永久性防御工事。但这时志愿军和人民军的主要精力和兵力仍集中在正面战线。经过1952年秋季战术反击作战,特别是上甘岭防御战役取得胜利,正面战线防御经受住了考验,表明正面战线已经巩固。而侧后的东西海岸防御仍是后顾之忧。

四、反登陆作战准备,不仅仅是为了解决燃眉之急的战役准备,而且是长远的战略准备

早在1952年5月16日,中央军委代总参谋长聂荣臻和副总参谋长粟裕就根据中央军委决定致电志愿军首长,指出:"朝鲜战场防御不论和战或拖,均需构筑一些永久工事,否则经过几次雨季与春季,工事即将坍垮。"为贯彻这一指示,6月6日至9日,志愿军召开兵团以上干部参加的会议,对战场部署进行了全面调整,同时决定加强海岸工事,完成整个防御体系。会议确定,在朝鲜建立一条西起鸭绿江口、经过正面战线、东达图们江口的马蹄形、有纵深的坚固防线,阵地工事"要由野战筑城向永久筑城方面发展",首先选择要点,构筑一些永久性工事,然后再逐渐连贯成为完整的防御体系。不论战争是停或是拖下去,都必须完成,以作为长期战略准备。到1952年底,志愿军和人民军已经有精力重点顾及侧后海岸防御问题,并且"联合国军"确有进行登陆进攻的明显迹象。

12月20日，以中共中央名义给志愿军党委发出了由毛泽东起草的电报指示，要求"准备一切必要条件，坚决粉碎敌人登陆冒险，争取战争更大胜利"。中共中央的指示说：根据种种情况，判断"敌人有从我侧后海岸线特别是西海岸汉川江、清川江、鸭绿江一线以七个师左右兵力举行冒险登陆进攻的充分可能"。"我志愿军协同朝鲜人民军有坚决粉碎敌人登陆进攻、争取战争更大胜利的任务。"为此目的，我军必须：

（甲）尽一切可能的力量去极大地增强海岸及其纵深的坚固防御工事；同时增强三八线正面的纵深防御工事以为配合。

（乙）在对我侧后威胁最大的海岸线及其纵深部署充分的兵力和火力，保证粉碎敌人从海上的进攻及其大量空降部队的进攻。在其他可能遭受敌人登陆进攻的地区（通川、元山地区，瓮津半岛地区，镇南浦、汉川江地区及咸兴以东地区）则部署可能有的兵力和火力，同样要用其全力争取粉碎敌人的进攻。

（丙）坚决地迅速地采取加修新铁路线、改善旧铁路线（满浦、球场间），加宽许多公路线，加设仓库场站以及预先运储大量粮弹物资等项措施，保证不论在何种情况下我正面侧面全军（包括人民军）的运输畅通，供应不缺。

（丁）我正面各军过去作战成绩很大，在一九五三年应争取更大的成绩，消灭更多的敌人。

（戊）政治工作保证全军指战员都具有粉碎敌人进攻、争取更大胜利的坚强斗志和高昂士气。

（己）特别注意从目前起到一九五三年四月这一段时间内的准备工作，这是战胜敌人的关键所在。

（庚）以代理司令员和政治委员邓华同志兼任西海岸指挥部司令员和政治委员，以梁兴初同志为西海指副司令员，西海指的其他干部应予加强。

四、两年多以来，我志愿军协同朝鲜人民军，在对美帝国主义及其帮凶军的英勇顽强的战斗中，取得了伟大的辉煌的胜利，已经摸清了敌人的底子，克服了很多的困难，积蓄了丰富的经验。美帝国主义采用了很多办法和我们斗争，没有一样不遭到失败。现在剩下从我侧后冒险登陆的一手，它想用这一手来打击我们。只要我们能把它这一手打下去，使它的冒险归于失败，它的最后失败的局面就确定下来了。中央坚决相信我志愿军协同朝鲜人民军是能够粉碎敌人的冒险计划的。希望同志们小心谨慎，坚忍沉着，动员全力，争取时间，完成一切对敌登陆作战的准备工作,只要准备好了,胜利就是我们的了。①

志愿军将反登陆作战准备称为"过关仗"。据此,从1952年12月下旬起到1953年4月底,志愿军和人民军以打好"过关仗"的姿态进行了规模空前的反登陆作战准备。从而彻底解除了后顾之忧,为取得抗美援朝战争最后胜利铺平了道路。正是因为有了反登陆作战准备,美国当局和"联合国军"才没有下定大规模登陆冒险的决心,正是因为有了反登陆作战准备,才有志愿军为促进停战实现而放心大胆地进行1953年夏季反击战役,直至实现了有利的朝鲜停战。*

---

① 《建国以来毛泽东军事文稿》中卷,军事科学出版社、中央文献出版社,2010年,第95—96页。
* 本节是作者发表在《党史研究》1984年第5期上的文章,题目为《志愿军的一项重大战略措施》,收入本书,充实了许多新内容。

志愿军为什么进行1953年夏季反击战役

鉴于志愿军和人民军进行了反登陆作战的充分准备，美国当局和"联合国军"放弃了大规模登陆冒险的企图，转而于1953年4月26日恢复了由其单方面中断半年之久的停战谈判。

虽然这次谈判恢复后，朝鲜战争停下来的可能性比过去增大，但拖的可能性还是存在的。艾森豪威尔就任美国总统后，积极扩充南朝鲜军，实行亚洲人打亚洲人的政策，实际上就是一种拖打的措施。一旦停战，美国的扩军备战计划就要松弛下来，经济上也会发生恐慌。如此，战争拖延下去的可能性仍然不小。即使美国迫于形势不得不停下来，但谈判中也还有许多具体问题需要解决，停下来也还需要相当时间，其间仍可能节外生枝。

此外，南朝鲜李承晚集团，一直不愿实现停战，而仍企图以武力统一朝鲜。李承晚本人及其政府的主要官员，在许多场合公开表示，当前"最紧要的课题，是北进统一"，"韩国军可以独自采取北进行动"。根据艾森豪威尔回忆录，4月9日，李承晚写给艾森豪威尔的信中说，如果达成一项容许中国人留在朝鲜的和平协议，则南朝鲜将认为有理由要求，除了那些愿意参加把敌人驱逐到鸭绿江以北的国家外，所有盟国都要离开这个国家。如果美国武装部队要留下，那么他们就得跟随前沿阵地的战士，支持他们，并用飞机、远程大炮和在朝鲜半岛两边的舰炮来掩护他们。已经退休的美第八集团军司令官范佛里特和美国其他一些好战分子，仍在积极主张在朝鲜取得军事上的胜利。

因此，谈判恢复以后，志愿军和人民军只有以有力的作战相配合，谈判才有可能顺利进行。

此时"联合国军"在正面战场上，已是只有招架之功，而无还手之力了。志愿军同人民军基本完成了反登陆作战准备，解除了后顾之忧，正面部队可以放胆作战。此外，自1952年9月以来，志愿军新入朝的第二十三、第二十四、第四十六、第一、第十六、第二十一、第五十四军7个军和第三十三师，多数尚未得到朝鲜实战的锻炼，一旦停战，便失去了这个机会。

随着停战谈判即将恢复，3月31日，志愿军第九兵团司令员王建安致电志愿军代司令员兼代政治委员邓华和副司令员杨得志并报军委，认为，正面敌军守备兵力分散，以一个排至一个营守备的阵地最多，我一个军打敌一个营的阵地是有条件和有把握的。因此建议：如果4月份敌军不发动登陆进攻，我正面全军应在有充分组织准备和周密计划部署的情况下，于5月份统一动作进行一次战役性的反击；如4月份敌在东西海岸登陆，则我正面全军进行一次战术性的出击，以打击敌人，造成其内部的慌乱。此时邓华集中精力于西海岸的战备工作，志愿军总部的工作由杨得志主持。杨得志同意经军委批准后进行一次反击作战，认为一个军一次打敌一个连的阵地有把握，一次歼敌一个营的战例还不多。将王建安的建议转报军委，并建议，4月底以前还是以反登陆备战为中心，5月上旬进行反击作战的准备，最早5月下旬发起反击，届时志愿军将专门开会研究。军委接到上述建议后，由彭德怀起草了复电，经毛泽东审阅后，于4月3日发给杨得志并王建安，指出：根据目前情况，在确有充分准备下，举行小规模的歼灭战，每次歼敌一两个排至一两个连，使我第九兵团及其他兵团取得新的战斗经验，及促进停战谈判均有利。如确有把握，发动时间亦可提早，战役性的反击则待5月中旬或下旬为宜。

4月20日，主持西海岸指挥部工作的邓华，致电杨得志、中朝联合司令部副司令员崔庸健、志愿军参谋长解方、志愿军政治部主任李志民并报军委，对谈判恢复后战场形势的可能发展作了分析后，提出"我们必须遵照主席指示的方针：'争取停，准备拖，而军队方面则应做拖的打算，只管打，不管谈，不要松劲，一切仍按原计划进行。'所以，我们仍应加强各种准备，不能麻痹松懈，要继续完成东西海岸防御工事，要能随时粉碎敌人的任何登陆与进攻。同时，我们必须采取'针锋相对的方针'，以积极行动来配合谈判，也只有胜利才能推进谈判……如果敌人拖延讹诈，而五月又不登陆的情况下，我们就应该举行像去秋那样战役性的反击，给敌人以更严重的打击。并可锻炼部队，吸取经验，还可部分地改善阵地"。并在电报中提出了以打促谈的具体设想方案，请军委指示，并请杨、崔、解、李修正补充，发各兵团领导研究，提出具体意见，尔后召开会议决定。

毛泽东见到邓华的建议电报后，于4月23日批转彭德怀，指出："此件似可批准，使他们好作攻击准备。至于停战得早，或不要打以利谈判，可则于五月间适当时机再行决定。"①

邓华的建议经批准后，志愿军党委于4月30日至5月4日，召开了有各兵团首长参加的会

---

① 《建国以来毛泽东军事文稿》中卷，军事科学出版社、中央文献出版社，2010年，第137页。

议，对反击战役问题作了专题研究，于5月5日向各部下达了补充指示并报军委。确定：

一、战役的目的主要是消灭敌人，锻炼部队，吸取经验，以配合板门店谈判，同时适当改善现有阵地。战役指导的基本精神是"稳扎狠打"。"狠打"，是在侧后已作好了准备，正面可以应付敌军任何进攻的情况下，正面反击可以放手作战，狠狠地打击敌人，打击的重点是美军和其他"联合国军"。"稳扎"，一是仍掌握持久作战，不能急于求成，不能轻敌急躁草率，必须有周密细致的准备，必须确有把握然后攻击；二是在反击开始后，要准备敌人在全线进行两至三个"上甘岭"规模那样的报复，军师两级必须掌握一定的预备力量和机动炮火，反击目标以不超过一个营最好两个连为宜，一定做到"不打则已，打则必歼，攻则必克，守则必固"。

二、对攻击目标的选择和对不同目标的不同作战方式。攻击目标的守敌以不少于两个排、不超过一个营为限，既利于我隐蔽接敌，又便于兵力展开和发挥炮火威力。冲锋出发地距攻击目标不超过200米，并挖好防炮洞，其数目要能容纳第一梯队人数1/3以上。敌军阵地有坚固工事，有坑道，地形有利的，我攻克后要坚决固守，与敌争夺到底，直到敌无力再攻或不再来攻为止；敌阵地工事坚固，但无坑道或地形不十分有利，攻克后，要立即改造工事，利用第二、第三梯队与敌进行拉锯式的反复争夺，直打到敌人不再来攻为止；敌工事不强，地形不利，又非要点，则采取攻克后即撤离（所谓"咬一口"的方式），然后，另选其他目标攻击。第一、第二种目标，每军各选择一个，第三种目标，每军根据情况自定；如敌反扑兵力达到一个师时，则每军只保留一个重点目标进行攻击，敌反扑兵力达两个师时，则每个兵团只保留一个重点目标进行攻击，如敌反扑规模再大时，则全线只保留两个重点目标进行攻击。

三、兵力的调整。第一线除第六十五军因在板门店附近，且地形不利不参加攻击，第一军第一步攻击任务不多，不再增加兵力外，其余从西至东第四十六、第二十三、第二十四、第六十七、第六十军各从第二线部队中增加1个师；第十九、第九、第二十兵团各掌握1个师作为兵团预备队；志愿军总部掌握两个军为总预备队。第一线各兵团除原已配属坦克和炮兵不变外，为第一线各兵团共加强野炮和榴弹炮兵8个营、火箭炮兵4个团、反坦克炮兵1个团、高射炮兵1个师又两个团、工兵6个营；志愿军总部掌握榴弹炮兵1个团又3个营、火箭炮兵1个团作为机动。

四、各军在战役开始之前，仍积极进行小型攻点作战，吸取经验，创造条件，并掩护战役企图。各部选择目标后，由兵团统一报志愿军司令部审核，各兵团首长及司令部切实掌握战役准备，这是战役胜利的关键。5月底前完成一切准备，预定6月初开始战役反击，至7月上旬结束。整个战役分两至三个阶段，每阶段打10天，休息准备5天，第一阶段全线统一动作，第二、第三阶段，视情况由全线统一动作，或由兵团统一动作。

五、反击开始时，组织第二线部队的主要指挥员到第一线参观；高级指挥员的轮换，入朝的5月上旬到达部队，回国的主持反击，待反击结束后再走。

志愿军总部还对战术问题、炮弹的使用及保密问题作了规定。

根据志愿军党委确定的方针和部署，第一线各军认真进行了准备，共选择"联合国军"营以下兵力防守的阵地56个作为攻击目标。由于第二十兵团准备较早，经志愿军总部批准后，于5月13日晚即开始了对敌连以下兵力防守阵地的攻击，15日晚，第九兵团也开始了攻击。

5月16日，中央军委对志愿军5月5日的电报作了批复，同意对夏季战役各项积极准备措施，同时指出：目前停战谈判仍在拖延，何时能停尚难判定，因此，我们在朝鲜的作战方针仍然是坚持过去所提出的"长期的稳扎稳打"的方针，鉴于苏制炮弹补充较难，虽已向苏联提出了五、六月份的进口数目，但至今未见答复，六、七、八月能进口多少，尚无把握，因此，为避免反击时开口过大，持续时间拖长，弹药发生困难，陷于被动，最好将战役反击分为三个步骤进行，每一步骤大体以一个兵团为单位，于当面之敌选择数点攻击之，时间7～10天，然后视情况再动，如敌不进行大的反扑，则以另一兵团在另一地段上反击，敌若反扑，我则集中优势兵力大量歼灭消耗。这样打法，我们可更加主动些，更加持久些。同日，志愿军总部鉴于板门店谈判正在进行，并且战役第一阶段的小打业已开始，为避免国际舆论，决定将原拟6月1日统一开始战役，改为不统一开始，各部准备好后，可继续打下去，因第十九兵团要待25日方完成准备，故第一阶段打到24日。

至26日，第一阶段作战结束。这一阶段志愿军共对敌军连以下兵力防守的20个阵地，发动29次攻击，与敌争夺到底巩固占领两个阵地，有5个阵地与敌进行了反复争夺，大量歼敌后放弃，其余均是"咬一口"就走，共歼敌4000余人。

在战场作战的有力配合下，经过朝中代表的努力，美方代表团经过反复后，于5月25日的谈判会上，接受了朝中方面提出的将不直接遣返的战俘交由中立国在朝鲜看管，然后由战俘原属各方进行解释的建议。

其实，美方有关谈判的一切决定，都是由美国单独作出的，在决定作出后才通报南朝鲜李承晚，迫使其接受美国的决定。因此，在美方代表团中，美国代表和南朝鲜代表是互相戒备的，美国担心有关谈判的一些决定过早泄露给南朝鲜，会遭到他们的干扰，因此尽量对他们保密，直至在板门店谈判会上宣布之前才告诉他们。南朝鲜则担心美国为了早日停战而出卖他们的利益，则想方设法企图早些时候得知美国的决定。5月25日，美方接受朝中方面建议的决定，是在当天板门店谈判会议开始前一小时，才由克拉克告诉李承晚的。这使李承晚措手不及而大为恼火。

李承晚集团本来就反对停战，于是，一方面为了反对停战，另一方面也是对美国表示抗议，而指使其代表退出了谈判会议。直至朝鲜停战，南朝鲜代表再未出席谈判会议。李承晚及其政府官员公开申明：不能接受"联合国军"的新方案，韩国将坚决反对不规定国土统一的任何国际协定。

实际上，志愿军这次以打促谈，是根据"联合国军"内部对谈判的不同态度确定重点打击对象的。因美国是志愿军作战和谈判的主要对手，因此一开始即确定以打美军为重点。但谈判中，美方的态度在向朝中方面接近，而李承晚则从中干扰捣乱，因此志愿军的重点打击对象，也随之作了调整。

邓华、杨得志鉴于这种形势，为更有力地配合谈判，打得更策略些，决定将原定以打美军为重点，改为以打南朝鲜军为重点，于6月1日指示第一线各军："目前反击作战打击对象主要是李伪军，应坚决打击，求得大量杀伤歼灭其有生力量，对英国等仆从军暂不攻击，对美军亦不作大的攻击（只打一个连以下的），但原定之作战准备仍应进行，以便必要时再打，不管任何敌人，凡是向我们进攻，就应该坚决地彻底粉碎之。"同时，为使新入朝部队迅速开赴第一线得到作战锻炼，对部署也作了调整。

据此，第一线部队经过调整和准备之后，以打击南朝鲜军为重点，发起了夏季战役第二阶段攻击，攻击目标比第一阶段更多，作战规模比第一阶段更大。从5月27日至6月15日，第十九兵团指挥的第四十六军，第九兵团指挥的第二十三、第二十四军，第二十兵团指挥的第六十、第六十七军以及人民军第三、第七军团，共对"联合国军"团以下兵力防守的51个阵地攻击65次，扩大阵地面积58平方公里，歼敌4.1万余人。其中第六十军连续攻占南朝鲜军第五师和第三师共两个团的阵地，连同打反扑共歼其14800余人，据《韩国战争史》记载，南朝鲜第五师所属3个团及配属该师的另1个团均被打残[①]；第六十七军一次攻占南朝鲜军第八师1个团阵地，连同打反扑此阶段共歼敌13500余人。该两军均创造了阵地战以来一次攻歼敌军一个团的范例。

志愿军和人民军的作战，有力地促进了谈判斗争。6月8日，谈判双方首席代表正式签订了关于战俘遣返问题的协议。至此，朝鲜停战谈判各项议程全部分别达成协议。至6月15日，根据双方早已达成的军事分界线协议，重新校订军事分界线的工作业已完成，

---

① 韩国战史编纂委员会编：《朝鲜战争》第五卷，固城等译编，黑龙江朝鲜民族出版社，1988年，第120—136页。

双方司令官签署停战协定的各种准备基本就绪。为了保持政治上的主动,促进停战实现,6月15日18时,彭德怀致电邓华代司令员并转朝鲜人民军各军团和志愿军各兵团首长及李克农,指出:"顷接我停战谈判代表团电话称:军事分界线基本上已达协议,以今晚(六月十五日)廿四时为准,在本晚廿四时以前敌我双方攻占之阵地均为有效;在此时以后(零时起)即作为十六日计算,敌我所攻夺之阵地均属无效。我志愿军和朝鲜人民军为促进停战实现,应从明十六日起,坚守现阵地,不再主动攻击,但需提高警惕,严阵以待,对敢于向我军阵地侵犯之任何敌军,坚决给以歼灭之打击,切不可有任何疏忽。"当日19时,志愿军和人民军联合司令部,将此电内容下达给第一线各部。各部遂停止了第二阶段攻击作战。

至6月18日,停战前的各项准备工作均已完成。当时双方心照不宣地计划将签字日期定在朝鲜战争爆发3周年的6月25日,停战协定签字在即。

志愿军为什么进行金城战役

本来志愿军计划的夏季反击战役因朝鲜停战协定即将签字，到1953年6月15日24时就已经结束了。但是南朝鲜李承晚闹事了。

停战谈判在1953年4月下旬重新恢复以后，李承晚集团就极力主张扣留北朝鲜战俘，公开反对停战，并在部分城市组织反对停战的游行。5月25日美方接受朝中方面5月7日的遣俘方案后，南朝鲜代表拒绝出席谈判会议，李承晚反对停战的行为愈演愈烈。6月8日，停战谈判达成关于战俘遣返问题协议后，李承晚集团更是千方百计地阻挠和破坏停战的实现。李承晚十分清楚，一旦朝鲜停战实现，将使他以武力"统一"朝鲜的计划成为泡影。同时他更担心，一旦停战，美国对他的援助就可能减少。因此，他大肆叫嚷签订停战协定"意味着自由世界的败北""共产党的胜利"，坚决反对"不规定朝鲜统一的任何国际协议"。一方面表示反对停战，另一方面借此向美国提出要价，李承晚决心铤而走险。

经过秘密策划和精心布置，李承晚下令"释放"不直接遣返的朝鲜人民军被俘人员。"释放"战俘由南朝鲜宪兵总司令元容德具体组织实施。元容德命令看守战俘营的南朝鲜保安部队打开战俘营大门，武装警察在战俘营外接应，通过汉城中央电台广播，号召当地居民收容战俘并加以掩护。从6月17日深夜开始至6月19日，论山、马山、釜山、尚武台等战俘营中的2.5万名朝鲜人民军被俘人员（其中有志愿军被俘人员50名），在南朝鲜保安部队、武装警察和特务的胁迫下陆续离开战俘营，至6月底，共"释放"，也就是强迫扣留人民军战俘2.7万余人。

李承晚集团以"就地释放"为名，强行扣留朝鲜人民军被俘人员，并公开表示将他们强行编到南朝鲜军队中去。这一行动破坏了停战谈判刚刚达成的战俘遣返问题的协议，使停战协定无法签字，执行停战协定失去了保证。

李承晚集团的破坏行为，引起强烈国际反响，不但民主国家各国政府和人民纷纷谴责这种行为，就连英国、法国、加拿大、澳大利亚等国政府官员也强烈谴责这种行为，美国总统艾森豪威尔和接替艾奇逊任国务卿的约翰·福斯特·杜勒斯，也觉得面子上难堪而非常恼怒。包括美国在内的许多国家舆论纷纷要求撤换李承晚。6月18日，艾森豪威尔给李承晚发一急电，指责他"违抗了联合国军司令部的指挥"，并威胁说"要是你坚持目前的方针，就无法使联合国军司令部继续同你一致行动，除非你准备立即毫不含糊地接受联合国军司令部的指挥，处理并结束目前的敌对行动，否则就将另行安排"①。正如美国一位记者所说的："在整个世界上，李承晚的名望一落千丈，降到了最低点，世界上谴责之声四起。"②

对于李承晚的这种破坏行为，朝中方面当然不能容忍。6月19日，毛泽东致电李克农并告金日成和志愿军首长，指出："美军总部明知故犯地纵容李承晚破坏战俘协议，引起全世界严重注意和纷纷责难……帝国主义阵营内部的争吵和分歧正在扩大。鉴于这种形势，我们必须在行动上有重大表示方能配合形势，给敌方以充分压力，使此类事件不敢再度发生，并便于我方掌握主动。因此，我们决定以朝鲜人民军最高司令官和中国人民志愿军司令员名义写一封严厉的信给克拉克。"

同日，以朝鲜人民军最高司令官金日成和中国人民志愿军司令员彭德怀名义致函克拉克，指出美方"必须负起这次事件的严重责任"，"现在发生的这次李承晚'释放'和胁迫战俘事件，证明我们所反对的强迫扣留已进一步地成为不容置辩的事实"，而"你方所一贯宣传的所谓'防止强迫遣返战俘'，完全是无中生有"，"你方在这个问题上历来所表现的错误立场和纵容态度，不能不直接影响这次事件的爆发和即将签字的停战协定的实施"。"鉴于这次事件所产生的异常严重的后果，我们不能不质问你方：究竟联合国军司令部能否控制南朝鲜的政府和军队？如果不能，那么，朝鲜停战究竟包括不包括李承晚集团在内？如果不包括在内，则停战协定在南朝鲜方面的实施有什么保障？如果包括在内，那么，你方就必须负责立即将此次所'在逃'的、亦即被'释放'和胁迫扣留并准备编入南朝鲜军队中去的……战俘，全部追回，并保证以后绝对不再发生同类事件。"

这时，战场上的军事形势和政治形势对朝中方面都十分有利。为了对李承晚的破坏行为表示抗议，6月20日，朝中代表团要求谈判休会，直至美方作出保证。

同时为了加深敌人内部矛盾，予美方以更大压力，已从北京起程准备前往开城办理朝鲜停战协定签字事宜的彭德怀，于20日21时抵达平壤中国大使馆，与李克农、邓华分别通了电话后，22时致电毛泽东，建议："根据目前情况，停战签字需推迟至月底似较

---

① [美]德怀特·艾森豪威尔：《艾森豪威尔回忆录——白宫岁月（上）：受命变革（一）》，生活·读书·新知三联书店，1978年，第218页。
② [美]罗伯特·莱基：《冲突——1950～1953年朝鲜战争》第四部分，第七章。

有利，为加深敌人内部矛盾，拟再给李承晚伪军以打击，再消灭伪军一万五千人（六月上半月据邓华说消灭伪军一万五千人），此意已告邓华妥为布置，拟明二十一日见金首相，二十二日去志司面商停战后各项布置。妥否盼示。"次日，毛泽东复电同意彭德怀的建议，指出："停战签字必须推迟，推迟至何时为适宜，要看情况发展方能作决定。再歼灭伪军万余人，极为必要。"①同日，彭德怀也商得了金日成的同意。

邓华、杨得志和轮换解方任志愿军参谋长的李达，根据彭德怀20日晚的电话指示，于当晚23时半即给各部下达了指示，并告人民军前线指挥部和开城代表团，指出："李承晚匪帮破坏遣返战俘协议，释放大批北朝鲜战俘。这一无理行动，势将拖延停战协定的签字，在世界舆论上已造成极大震动。为给敌以更大压力，配合板门店谈判，并经彭总同意，决定在军事上继续给予李伪军以狠狠的打击。为此，各军应即根据原预选目标，如已准备就绪者应即坚决攻歼之，如新选目标，应抓紧时间进行准备，并在有坑道之新占阵地上应坚决扼守，求得在打敌反扑中大量杀伤敌人。对美军及外国帮凶军，仍不作主动攻击，但对任何向我进犯之敌，均必须予以坚决打击。"25日，再次指示第一线各部，已作好准备的各军可放手对南朝鲜军作战，尚未准备好的各军加紧准备，准备完毕后，狠狠打击南朝鲜军。

据此，志愿军本来已结束了的夏季反击战役开始了第三阶段作战。从6月24日开始，第一线之第一、第四十六、第二十三、第十六、第二十四、第六十、第六十七军及人民军第三、第七军团，纷纷对已作好攻击准备的目标展开了攻击。其中对南朝鲜军打击最狠、最疼的是金城战役。

这次战役由第二十兵团提出，经志愿军总部批准实施。这时，在志愿军第二十兵团防守的战线当面，西起金化东至北汉江的金城以南地区，由美第九军指挥的南朝鲜首都师和南朝鲜第二军团指挥的第六、第八、第三师共4个师防守，态势向北突出，并在志愿军夏季反击战役第一、第二阶段作战中，分别受到不同程度的打击，其原有的防御体系被破坏，重新调整后的防御结构尚未稳固。志愿军第二十兵团已掌握了南朝鲜军的防御特点，取得了进攻其营、团坚固阵地的经验，查明了其纵深阵地的工事情况。志愿军第二十兵团指挥第六十七、第六十八、第六十、第五十四军共4个军另第三十三师，有82毫米迫击炮以上火炮约1000门，其中山炮、野炮、榴弹炮约400门，在兵力、火力上都占有优势，具备了组织更大规模反击作战的有利条件。第二十兵团于6月22日召开作战会议，对情况进行了分析，决定发起金城战役，研究确定了战役部署。6月23日17时，第二十兵团新任司令员杨勇、原

---
① 《建国以来毛泽东军事文稿》中卷，军事科学出版社、中央文献出版社，2010年，第148页。

代司令员郑维山（准备轮换回国）、新任政治委员王平、参谋长萧文玖、副参谋长赵冠英给所指挥的各军发出指示，同时报志愿军总部和中央军委，决定将所指挥的4个军另1个师编成西、中、东3个作战集团，预定6月30日前完成小打任务，7月5日完成战役大打准备，7月10日前后发起进攻。获得志愿军总部批准，志愿军总部并决定第二十一军归第二十兵团指挥，第九兵团二十四军配合第二十兵团作战，参加金城战役。

  7月13日黄昏，第二十兵团指挥5个军又1个师组成的东、中、西3个作战集团，在第九兵团二十四军配合下，对南朝鲜军4个师防守的正面25公里阵地，同时发起了攻击，即金城战役。

  此次攻击，是志愿军转入阵地战以来规模最大的一次攻击，也是抗美援朝战争最后一次攻击，并且是抗美援朝战争中唯一的一次阵地进攻战役。自1952年下半年以来，志愿军方面地面火炮虽在质量上仍不能与"联合国军"相比，但在数量上已超过"联合国军"。这次战役，志愿军集中了1480余门各种火炮，地面火炮对比以1.7∶1占有优势，兵力对比以3∶1占有优势。志愿军共发射炮弹1.9万余吨，相当于运动战阶段第一至第五次战役发射炮弹总量的2.2倍。其中，在发起攻击当夜，1000余门火炮齐放，发射炮弹1900余吨，摧毁了南朝鲜军阵地的主要工事。志愿军在25公里正面上，一个小时之内即全部突破阵地。至14日黄昏，已拉平了战线，向南最远推进9.5公里。尔后向南朝鲜军纵深发展，最远的又推进了8公里。16日，"联合国军"总司令克拉克和接替范佛里特任美第八集团军司令官的马克斯韦尔·泰勒，组织美军和南朝鲜军共8个师，在飞机、坦克和炮兵火力支援下，全力展开反扑。志愿军遂转入防御，直至27日，共击退"联合国军"1个连至两个团兵力的反扑1000余次。金城战役共歼敌5.3万余人，南朝鲜军4个师被打残，收复阵地160余平方公里。

  著名的奇袭白虎团战斗就发生在这次战役中。7月13日，志愿军发起金城战役。第二十兵团西集团右翼第六十八军二〇三师以六〇九团二营和六〇七团侦察班组成穿插支队，在师主力于13日23时52分占领了522.1高地及其以北诸高地后，迅速通过3公里的炮火封锁区，向南朝鲜军纵深疾进。途中遇南朝鲜军约1个连兵力向北增援，穿插支队先头第五连当即以猛烈火力将其大部歼灭。14日0时50分，穿插支队进至三南里后，第五连向上枫洞方向前进；第四、第六连在侦察班引导下向二青洞猛插。1时40分，在二青洞沟口与乘坐40余辆汽车的南朝鲜军机甲团第二营遭遇，当即对其首尾夹击，予以大部歼灭。由副排长杨育才带领的侦察班（12人），化装成护送美军顾问的南朝鲜兵，巧妙通过多道岗哨，冲破南朝鲜军增援部队阻拦，迅速插至南朝鲜军白虎团团部，趁其开会之际，突然开火，击毙白虎团团长，缴获了白虎团团旗，捣毁了该团指挥系统，使部署于周围的南朝鲜军失去指挥，士兵丢弃武器弹药，四散奔逃。穿插支队在夜暗掩护下，乘机将位于该团部附近的美军第五五五弹炮兵营大部歼灭，于14日3时占领梨实洞、北亭岭以北诸高地。志愿军第二〇三师穿插支队在充分准备的基础上，发扬英勇顽强的战斗作风，勇猛迅速，机动灵活，独立作战，3个多小时穿插前进9公里，进行大小战斗11次，直插南朝鲜军防御核心，歼灭白虎团团部，打乱了南朝鲜军防御体系，对西集团顺利完成战役第一步任务起了关键性作用。

金城战役的胜利充分表明了志愿军作战能力大大增强。1951年"联合国军"发动秋季攻势时，志愿军在金城以南虽予"联合国军"以重大杀伤，但阵地被其突进6～9公里，战线在此形成了向北的突出部。到了1952年夏季以后，志愿军不但可以守住阵地，而且可以攻占"联合国军"连以下兵力防守的坚固阵地。到了1953年夏季又可以攻占"联合国军"营、团兵力防守的坚固阵地。而金城战役则一举攻占南朝鲜军4个师防守的正面25公里、纵深10余公里的坚固阵地，向南最远突进18公里，全部夺回了1951年秋季被美军和南朝鲜军突进的阵地，并予南朝鲜军4个师以歼灭性打击。毛泽东在1953年9月讲到这次战役时曾说："我们的军队是越战越强。今年夏天，我们已经能够在一小时内打破敌人正面二十一公里的阵地，能够集中发射几十万发炮弹，能够打进去十八公里。如果照这样打下去，再打它两次、三次、四次，敌人的整个战线就会被打破。"①

从6月24日至7月27日，志愿军和人民军共歼敌7.8万余人，收复阵地192.6平方公里。这次作战，严厉惩罚了李承晚集团，加深了美方内部矛盾，有力地保证了停战后朝鲜局势的稳定。

克拉克后来回忆时说："在我的心中毫无疑问认为，这次共产党攻势的主要原因，假使不是唯一原因的话，是给大韩民国陆军一个迎头痛击，并向他们及全世界表示'北进'是说易行难的事。"②艾森豪威尔也说："许多人认为，中国共产党人的政策在于通过只进攻大韩民国部队，不进攻美国部队，以此来分裂盟国……一个可能有用的后果是，提醒一下李总统，如果失去联合国军的支持，他的部队是脆弱的。"李承晚甚至抱怨："中共攻势之所以获得胜利，是由于第八集团军采取守势太久，以致让共产党建立了他们的实力。"③

---

① 《建国以来毛泽东军事文稿》中卷，军事科学出版社、中央文献出版社，2010年，第173—174页。
② [美] 马克·克拉克：《从多瑙河到鸭绿江》，（台湾）黎明文化出版公司，1956年，第258页。
③ [美] 德怀特·艾森豪威尔：《艾森豪威尔回忆录——白宫岁月（上）：受命变革（一）》，生活·读书·新知三联书店，1978年，第211页。

"联合国军"总司令克拉克向彭德怀、金日成,美方谈判代表向朝中方面代表,一再作出保证朝鲜停战后南朝鲜将遵守停战协定,并再次校订了军事分界线,这时,同1951年11月27日达成军事分界线协议时校订的军事分界线相比,朝中方面净推进了332.6平方公里。1953年7月27日上午10时,朝中代表团首席代表南日和美方代表团首席代表哈里逊,在板门店签署了停战协定。是日下午1时和晚上10时,"联合国军"总司令克拉克于开城东南的汶山、朝鲜人民军最高司令官金日成于平壤也先后在停战协定上签字。28日,中国人民志愿军司令员彭德怀于开城在停战协定上签字。谈判双方商定,1953年7月27日上午10时为签字时间。根据停战协定规定,双方于协定签字后12小时,即1953年7月27日22时同时停火,朝鲜停战实现。至此,中国人民的抗美援朝战争胜利结束。

志愿军火箭炮兵向敌军阵地发射炮火

年轻的志愿军空军是如何显身手的

在抗美援朝战争期间，年轻的中国人民志愿军空军同苏联防空空军（下称苏联空军）部队并肩作战，在平壤以北地区上空，沉重地打击了侵朝美国空军，对保卫朝鲜人民的后方安全、保证中国人民志愿军和朝鲜人民军后方运输和取得战争胜利起了重大作用。

美国在侵朝战争中投入大量空军力量，至1950年10月中国人民志愿军赴朝参战时，美国投入到朝鲜战场上的各型作战飞机约达1200架（包括空军和海军的飞机，以及参加联合国军行动其他国家的飞机），尔后陆续增加，至1951年夏以后，基本上保持1500架飞机作战，最多时曾达到2400余架，掌握整个战场的制空权，并且其飞行员1／2左右参加过第二次世界大战的空战，飞行时间均在数百小时以上，最多的达3000余小时，具有较丰富的空战经验。

朝鲜战争是世界战争史上喷气式飞机空战的开端。这场战争中的空战，双方均是以喷气式飞机为主进行的。

弱小的志愿军空军从1950年12月底起，陆续投入作战。在抗美援朝战争中志愿军空军作战，大体上可以分为四个阶段。

（一）

1950年12月至1951年8月为第一阶段。这一阶段，志愿军空军主要是进行参战准备，其中第四师在苏联空军带领下进行了实战练习。

中国人民空军于1949年11月才开始组建，至1950年10月中国人民志愿军入朝参战时，人民空军的作战部队只有1个混成旅，下辖4个团，仅有米格-15和拉-11歼击机、图-2轰炸机和伊尔-10强击机共117架，并且这个旅刚刚组建4个月，有的团才组建两个月。这支力量非常弱小。

为了适应抗美援朝战争的需要，在中国人民志愿军参战以后，中国人民解放军突击扩建了空军作战部队，至1950年年底，在原有1个混成旅基础上，先后扩建组成6个歼击机师，每师辖两个团，装备飞机50架左右，另有1个轰炸机师和1个强击机师。尔后，至1952年年底，又先后组建9个歼击机师、4个轰炸机师、两个强击机师和1个运输机师。

为统一组织领导志愿军空军参战准备和作战指挥，1951年3月中旬成立了以刘震为司令员、常乾坤为副司令员、沈启贤为参谋长的志愿军空军组织领导机构，在以彭德怀为司令员的中国人民志愿军总部和以刘亚楼为司令员的中国人民解放军空军总部的双重领导下，担负起志愿军空军的训练组织、作战指挥和协调与苏联空军、朝鲜人民军空军的作战协同等任务。

在突击扩建和训练基础上，从1950年12月下旬开始，空军第四师加入志愿军序列，在师长方子翼、政治委员李世安率领下，开赴东北边境机场，以大队为单位在苏联空军别洛夫将军部队带领下，投入实战练习。此时，第四师飞行员刚刚完成米格-15飞机飞行训练，平均每人只飞行20小时左右，既谈不上飞行技术的熟练，更谈不上空战经验。但这些飞行员都是从人民解放军陆军中挑选的优秀年轻干部、战士，有陆军作战经验，作战勇敢，战斗意志顽强，具有良好的政治素质。

苏联空军于1950年11月开始在鸭绿江地区上空担负作战任务，自1951年第二季度起，担负掩护清川江以北朝鲜两条主要铁路线的运输任务。在中国人民抗美援朝战争期间，苏联空军经常保持2～3个师，共4～7个团，米格-15飞机（1952年夏后改装为米格-15比斯）120～210架，同中国人民志愿军空军并肩作战。

志愿军空军第四师的实战练习，大体经过三个步骤：第一步，在没有敌情顾虑的条件下，飞战区航线，熟悉战区地形；第二步，在敌情不很严重的情况下，以中队为单位出动进行战斗飞行；第三步，在敌情比较复杂的情况下，以大队为单位出动进行战斗飞行。这三个步骤都是在苏联空军带领下进行的。在此以后，志愿军空军各师出动作战，大体也都经过这样三个步骤。

12月26日，志愿军空军第四师二十八大队首次进行了战区航线飞行，深入鸭绿江以南、清川江以北地区，顺利完成了熟悉战区地形任务。28日开始，以中队为单位进行战斗飞行，当日起飞4架米格-15飞机，迎战美国空军窜入朝鲜新义州上空的4架F-80战斗轰炸机。但由于经验不足，没有发现目标。以后又有几次战斗出动，均未与美机相遇。

1951年1月21日，第二十八大队首次与美机空战。上午9时许，美F-84战斗轰炸机20架，窜入宣川上空轰炸铁路。第二十八大队在大队长李汉率领下，奉命出动飞机8架（另两架掉队），配合苏联空军16架飞机前往迎击。大队长李汉击伤美F-84飞机1架。23日和29日，第二十八大队又先后两次出动大队编队配合苏联空军作战。在29日的空战中，大队长李汉击落击伤美F-84飞机各1架，首开志愿军空军历史上击落美军飞机的纪录。

继第二十八大队之后，志愿军空军第四师其他各大队，于1951年1月中旬开始，在苏联空军带领下，也陆续投入实战练习。至3月2日，第四师完成了实战练习任务，全师先后共战斗出动28批145架次，其中4批24架次与美机进行了空战，共击落美机1架、击伤美机2架。

1951年7月5日至8月4日，志愿军空军第四师再次出动到安东（今丹东）在苏联空军带领下作战，因逢安东雨季，只在苏联空军带领下进行一次空战，该师损失飞机1架。其间志愿军空军第三师1个团也开赴安东，准备参战，因逢雨季而未出动。

这一阶段的实战练习使部队经受了锻炼，学到了苏联空军空战和空中指挥的许多宝贵经验，为志愿军空军参战作出了榜样，坚定了信心。

（二）

1951年9月中旬至12月底为第二阶段。这一阶段，志愿军空军在苏联空军带领下，以掩护平壤以北地区铁路运输及机场修建和取得作战经验为目的，采取轮番作战方针，以师为单位陆续投入作战。

1951年7月，朝鲜停战谈判开始以后，美军方面为以军事压力迫使志愿军和人民军方面接受其在军事分界线问题谈判中的无理要求，则于8月中旬起，集中其投入到朝鲜战场上80%的空军作战力量，以破坏朝鲜北方铁路运输系统为主要目标，实施了大规模的"绞杀战"。每日出动飞机数百架次，分区分段对朝鲜北方铁路运输系统和物资仓库进行毁灭性轰炸。此时，美国空军已经装备80余架性能可与米格-15飞机匹敌的F-86飞机，担负空中掩护和空战任务。

为配合志愿军和人民军地面部队粉碎美国空军的"绞杀战"，志愿军空军首先以经过实战练习、有了一定作战经验的第四师（师长方子翼、政治委员谢锡玉）开到安东地区的第一线机场，在苏联空军带领下投入作战，9月20日开始战斗出动，同美国空军展开了激烈的空战。

9月25日下午，发现美军战斗机和轰炸机混合机群5批112架，向朝鲜新安州地区进犯，志愿军空军第四师奉命起飞32架米格-15飞机，配合苏联空军迎战美国机群，其中16架飞抵安州上空时与美军20余架飞机遭遇，经激烈空战，飞行员刘涌新击落美军F-86飞机1架，首创志愿军空军击落美军F-86战斗机的纪录。随后刘涌新的飞机遭到5架美机围攻，被击落，壮烈牺牲。此次战斗中，大队长李永泰的飞机被美机击伤，在中弹30余发、负伤56处、军械系统被打坏不能开炮的情况下，临危不惧，机智勇敢地与美机格斗,并安全返回基地,后来被战友们誉为"空中坦克"。此次空战,志愿军参战飞行员个个斗志高昂,打得勇敢顽强。

此后,第四师连续出动,在10月间配合苏联空军进行6次大规模空战,一次比一次打得好,尤其是10月5日和10日两次打得最为出色。在这两次空战中,第四师共战斗出动80架次飞机,飞行员勇敢战斗,长僚机密切协同,共击落美机8架、击伤3架,而自身仅被击落1架。

从9月20日至10月19日,第四师共战斗出动29批508架次飞机,进行大小空战11次,其中敌我双方共200余架飞机的大机群空战7次,共击落美机20架、击伤10架。自身损失飞机14架,与美机损失对比为1∶1.4。第四师飞行员战斗信心普遍提高,并取得了可贵的作战经验。

10月20日,第四师完成第一番作战,转到二线休整。第三师在代师长袁彬、政治委员高厚良率领下,开赴第一线投入作战。志愿军空军第三师学习第四师的经验,在苏联空军带领下,于11月2日至10日,连续与美空军分散的小机群进行5次空战,击落击伤美机8架,而自己仅轻伤1架。在总结作战经验的基础上,于11月16日开始与美军空军进行大机群作战。

11月18日14时许,发现美机9批184架,一部分轰炸扫射安州一带地区铁路目标;一部分活动于平壤以北永柔地区。志愿军空军第三师奉命配合苏联空军出动迎战,该师第九团16架米格-15飞机飞抵永柔东北肃川上空时,乘美机不备,一举冲乱美军20余架F-84战斗轰炸机队形,经几分钟激烈空战,击落美机6架,而后果断退出战斗。此次空战打得积极主动、干净利索。

11月23日12时45分,发现美空军F-86、F-84、F-80飞机6批116架飞向肃川、清川江地区轰炸铁路。志愿军空军第三师七团奉命出动20架米格-15飞机,配合苏联空军升空作战,飞至肃川上空时,遇美F-84战斗轰炸机20余架,遂同其展开激战,一举击落其7架、击伤1架。志愿军空军该团仅轻伤1架。这次战斗中,大队长刘玉堤创下了一次空战击落美机4架的纪录。

在12月上旬,志愿军空军第三师配合苏联空军连续进行3次敌我双方共达300架飞机的大规模空战,取得击落美空军F-86飞机9架、F-84飞机4架,击伤F-86飞机2架的战果,并初步取得了对F-86飞机作战的经验。

自1951年10月21日至1952年1月14日,86天中,志愿军空军第三师(50架飞机,50名飞行员)共出动飞机2391架次,进行大小空战23次。有31名飞行员击中美机,共击落美机55架、击伤8架。其中击落F-86飞机17架、击伤2架。个人战绩突出的有：大队长赵宝桐击落击伤美机8架，大队长刘玉堤击落击伤美机7架，大队长王海和飞行员范万章各击落击伤美机5架，飞行员焦景文击落击伤美机4架，团射击主任刘国民、飞行员刘德林和罗仓海各击落美机3架。第三师被击落飞机16架、被击伤7架，同美机损失对比为1∶3.4。

为争取时机，使更多部队得到实战锻炼，1951年11月中旬，志愿军空军第十四师（师长王毓怀、政治委员谢继友）、第二师（师长张庆和、政治委员张百春）六团，奉命开赴第一线机场，在第三师带领下投入作战。六师（政治委员张志勇、副师长北沙）于12月上旬也开到第一线机场，在苏联空军带领下作战。至12月31日，第十四师和第二师六团共击落美机7架、击伤2架。第六师于12月30日方进行第一次空战，1951年年底以前无战果。

此外，为配合志愿军地面部队攻占位于西朝鲜湾的大和岛等岛屿，志愿军空军第八师（师长吴恺、政治委员葛振岳）、第十师（师长刘善本、政治委员王学武）各一部，于1951年11月6日、29日和30日三次出动，轰炸大和岛，直接支援地面部队作战。在轰炸机出动之前，志愿军空军第三师的米格-15和第二师四团的拉-11飞机各4架，于11月2日先后对大和岛等岛屿进行了照相侦察，为攻岛作战提供了重要情报。

在11月6日的轰炸中，第八师二十二团出动9架图-2轰炸机，由第二师四团出动16架拉-11活塞式歼击机直接护航，第三师七团出动米格-15歼击机24架在宣川南面身弥岛上空担任警戒掩护。由于动作突然，各机种配合默契，未遭美机拦阻。志愿军空军轰炸机部队第一次执行战斗任务，圆满完成，将携带的所有炸弹投向目标，命中率90%，有力地支援了地面部队作战。

11月29日，志愿军轰炸机部队第一次执行夜间轰炸任务，第十师二十八团出动10架图-2轰炸机，由于缺乏经验，没有炸中目标。

11月30日，志愿军轰炸机部队再次执行轰炸大和岛任务，第八师二十四团出动9架图-2轰炸机，第二师四团出动16架拉-11歼击机护航。由于轰炸机编队起飞后提前转弯，速度较大，因此，比预定时间提前5分钟进入航线起点。在向目标行进途中，突遭美空军30架F-86飞机偷袭（据美国空军战史记载，这30架F-86飞机是后来被击落的美军王牌飞行员戴维斯率领的机群），当即有两架图-2轰炸机被击落。志愿军空军轰炸机第八师领队长机高月明沉着冷静，一面指挥编队奋勇反击，一面保持编队队形，继续向轰炸目标前进。与此同时，担任护航的第二师四团拉-11活塞式歼击机与美军最先进的喷气式歼击机F-86展开英勇格斗，掩护轰炸机将炸弹全部投向目标。担任警戒掩护任务的第三师米格-15歼击机，按原计划时间起飞，赶到时美机已逃逸。

此次作战，志愿军9架轰炸机被击落击伤各4架，16架拉-11活塞式歼击机被击落4架、被击伤3架，损失比较惨重。但志愿军轰炸机和活塞式歼击机也击落美军F-86飞机3架、击伤5架，首创轰炸机和活塞式歼击机击落美军F-86飞机的纪录，其中第二师四团副大队长王天保驾驶拉-11活塞式飞机击落F-86飞机1架、击伤3架。

轰炸大和岛，是抗美援朝战争中志愿军空军部队第一次多机种直接协同作战，第一次也是抗美援朝战争中唯一的一次直接支援地面部队作战，其经验教训具有重要意义。

志愿军空军在1951年9月中旬至12月底这一阶段的作战中，先后有5个歼击师全部（其中有1个团装备拉-11活塞式歼击机，余均为米格-15喷气式歼击机）和两个轰炸机师各一部，经受了实战锻炼，其中第三、第四两个歼击机师已较成熟，不但可以自己作战，而且可以带领新部队作战。整个这一阶段，志愿军空军共出动飞机3526架次，击落美机70架、击伤25架。志愿军空军飞机被击落42架、被击伤15架，与美军飞机损失对比为1∶1.66。

志愿军空军同苏联空军在这一阶段的并肩作战，严厉打击了美国侵朝空军的气焰，迫使美空军将战斗轰炸机的活动空域从鸭绿江地区缩至清川江以南地区，并将B-29型战略轰炸机全部转为夜间活动。志愿军空军和苏联空军在鸭绿江至清川江地区建立了"米格走廊"，夺得了这一地区局部时间内的制空权。对粉碎美国空军的"绞杀战"起了至关重要的作用。

（三）

1952年1月至12月底为第三阶段。这一阶段，志愿军空军已能独立作战，采取以老带新的方法，继续以师为单位实施轮番作战锻炼。根据第一线机场的容纳限度，每番作战部队保持3～4个师，即由1个有作战经验的师带领2～3个新参战的师作战，每个新参战的师，经过实战练习后，再打几次同本师兵力规模相当的机群战，受到锻炼，取得经验，即撤至第二线休整，由新的部队接替作战。一般每师作战3个月左右即行轮换，也有的作战一年左右方行轮换。第三、第四两师轮流执行了带领新部队作战的任务。这一阶段的主要任务，除继续掩护铁路运输外，还担负保卫清川江以北朝鲜的工业设施和鸭绿江桥，特别是保卫水丰发电厂的防空作战任务。这一阶段作战主要是打美军的F-86飞机，与苏联空军的配合主要表现为作战中的协同。

美国侵朝空军在1951年第三季度遭到中国人民志愿军空军和苏联空军的严厉打击后，为了加强其空战能力，1951年年底将F-86战斗机增加到150余架，企图夺回"米格走廊"地区制空权。志愿军空军和苏联空军并肩在清川江南北地区同美国空军展开激烈较量。

1952年1月中旬，志愿军空军第四师接替第三师进行第二次轮战，并负责带领新参战的师进行实战锻炼。从1月至5月，先后参加实战锻炼的志愿军空军部队有第十四师、第六师、第十五（师长黄玉庭、政治委员崔文斌）、第十二（师长王明礼、政治委员李明刚）、第十七师（师长李树荣、政治委员罗斌）。这期间，第四、第六两师打过几次大机群战，其余各师在第四师带领下仅打过几次小仗，有的还无战果。

1月31日，第六师出动米格-15飞机32架，采取远程奔袭方式，在平壤上空截住美机12架，经激战，击落美F-86、F-84飞机各1架。2月10日上午，美军战斗轰炸机两批16架，在F-86战斗机的掩护下轰炸价川附近铁路。志愿军空军第四师奉命起飞34架米格-15飞机，其中16架为攻击队，18架为掩护队，前往迎击。美国空军"王牌飞行员"、"空中英雄"、第四联队三三四中队少校中队长乔治·A·戴维斯就是在这次被志愿军空军第四师大队长张积慧击落的。戴维斯是美国参加过第二次世界大战的老牌飞行员，有3000小时的飞行经历。他被击毙，引起了美国空军的震动，美国远东空军司令奥托·威兰将军在1952年2月13日的声明中说，这"是对远东空军的一大打击""是一个悲惨的损失"。

1月至5月，志愿军空军打大空战机会较少，又由于这期间的气象条件不好，志愿军空军出动空战的机会较少，加之，参战部队多属实战练习，空战能力较弱，因此，空战战果相对较少，5个月共击落美机53架、击伤美机16架。志愿军空军被击落35架、被击伤14架，与美机损失对比为1∶1.51。这期间的空战战线仍在清川江南北地区。在中国人民志愿军空军和苏联空军打击下，加之志愿军高炮部队、铁路公路抢修、运输部队及后勤部队的共同努力，美国空军实施的"绞杀战"宣告基本失败。

志愿军空军自1951年9月大规模参战以来，即不断研究总结空战经验，至1952年4月，空战战术逐渐成熟，针对美国空军大纵深、多层次机群相互支援的活动特点，中国人民空军刘亚楼司令员和志愿军空军刘震司令员提出了"一域多层四四制"的空战战术原则，即在同一梯队出战的飞机，以四机为单位，按不同间隔、距离、高度，采取多层配置（最少两层），构成小编队、大纵深的队形，在统一作战意图下，相互联系，密切协同，在同一空域作战，以争取同一空域中兵力和战术上的优势。这一战术原则的提出，是志愿军空战战术从实践到理论的一次飞跃，在当时条件下起了重要作用。

1952年6月，美国空军实施的"绞杀战"失败以后，遂将其空中力量使用重点转向轰炸朝鲜北方主要城镇和重要工业设施。6月23日和24日，连续两天对位于鸭绿江南岸、龟城以北的水丰发电厂进行大规模轰炸，仅23日，其空军和海军即出动300余架战斗轰炸机轰炸水丰电厂，同一天还出动飞机对朝鲜北方其他电厂进行了轰炸。7月11日和8月29日，分别出动各种飞机1254架次和1403架次两度对平壤进行了大轰炸。此外还对其他70余个目标进行了轰炸。

针对美军的轰炸，从7月起，中国人民志愿军空军和苏联空军采取了"以保卫目标为主"的方针，将空战任务转为保卫水丰发电厂、鸭绿江桥及平壤、元山以北运输线主要目标。此时，志愿军空军先后已有9个歼击机师共18个团进行了实战锻炼，并且这9个师全部完成了实战练习，转入协同苏联空军掩护重点目标的独立作战阶段。从6月至12月底，志愿军空军先后在第一线作战的部队有第三、第四、第十二、第十七、第十八师（师长王定烈、政治委员徐明），其中第三师是第二次轮战。

7月和8月，志愿军空军和苏联空军为掩护清川江以北地区目标，曾多次前出到清川江及平壤地区上空迎击美军大机群中的F-86飞机，阻止其掩护战斗轰炸机接近清川江以北地区目标上空，迫使其战斗轰炸机中途返航。与此同时，志愿军空军还采取小编队远程奔袭的方式，深入到平壤及以南镇南浦、沙里院地区，打击单独活动的美军战斗轰炸机小机群，第三、第十二、第十七、第十八师都执行过这一任务，并都取得了战果。其中7月27日，第三师九团8架米格-15战斗机直插镇南浦，击落FMK-8战斗轰炸机3架、击伤1架。8月5日，第十二师三十四团和第三师九团各起飞8架飞机，分为前后两个梯队，在沙里院地区上空击落击伤美军F-84、F-80战斗轰炸机共4架（击落3架、击伤1架）。8月6日至10日，志愿军空军共出动11批92架次，在平壤以南地区上空击落美军战斗轰炸机10架。8月上旬，志愿军空军共出动58批442架次，其中15批122架次同美机空战，击落击伤美机21架。

9月，志愿军空军协同苏联空军积极作战，曾先后粉碎美空军4次以大机群进袭水丰发电厂和鸭绿江大桥的企图。其中9月14日，美空军出动100余架战斗轰炸机，在80余架F-86掩护下，分东西两路向水丰发电厂进袭。志愿军空军同苏联空军出动迎战。由苏联空军打击西路美机，志愿军空军第三、第十二师到碧潼、楚山打击东路美机。第三师七团起飞16架米格-15飞机，与利用云层隐蔽的32架美军F-86飞机遭遇，带队长机副团长孙景华，果断率领编队同美机展开格斗，在敌我力量悬殊的情况下，击落美机3架、击伤2架，自己也被美机击落击伤6架，但有效地阻止了美军轰炸机接近目标，完成了保卫水丰发电厂的任务。此次空战，是准备接替刘震任志愿军空军代司令员的聂凤智实施的第一次空战指挥。10月，聂凤智接替刘震任志愿军空军代司令员（在此前后，志愿军空军其他领导人也都有变化调整）。从10月起，志愿军空军有5个师开始改装为米格-15比斯飞机。第一线的第三、第十二师，在掌握这种飞机性能的基础上，先打小仗，10月中、下旬，使用米格-15比斯飞机击落F-86飞机两架。

11月以后，志愿军空军同苏联空军的作战协同更加密切。由志愿军空军代司令员聂凤智、苏联空军驻志愿军空军司令部顾问格鲁诺夫和苏联防空空军军长斯留沙列夫共同协商制订了在几种情况下保卫主要目标安全的协同作战方案，并依据该方案，每日研究确定第二天的协同作战计划，对于谁为第一梯队、谁为第二梯队，谁打西路、谁打中路、谁打东路，谁打高空、谁打低空，谁打F-86、谁打轰炸机和战斗轰炸机，均有具体协同计划。在获得具体空情后，再临时做必要调整。作战中均按协同计划执行。与此同时，志愿军空军也制订了第一、第二线作战部队的协同作战方案，规定保卫的目标、任务和出动飞机的数量，一般第一线每天保证出动不少于两个团（不少于32架飞机），第二线每天保证出动不少于1个团（不少于16架飞机）。

11月2日，美军战斗轰炸机和轰炸机150余架，在60余架F-86战斗机掩护下，企图袭击水丰发电厂。志愿军空军和苏联空军按协同计划各出动两个团。志愿军空军第三、第十二师40架米格-15比斯飞机，在宣川、定州一线上空拦截美F-86飞机，与其展开格斗。苏联空军两个团在熙川、云山一线上空拦截美机。本日空战，志愿军空军和苏联空军密切协同，共击落美机19架，迫使美机坠海1架。其中，志愿军空军击落美F-86战斗机5架，迫使F-86飞机坠海1架；苏联空军击落美轰炸机和战斗轰炸机14架。志愿军空军和苏联空军对此次作战的密切协同配合均很满意。在而后的空战中，双方的协同配合均较好。

第三师九团中队长孙生禄，在11月2日和3日的空战中击落美机3架。在3日下午的空战中，孙生禄因自己的驾机中弹而光荣牺牲。他生前曾击落击伤美机7架，被誉为"空中突击手"。

1952年12月，是志愿军空军空战战术运用比较好的一个月，全月作战26天，共战斗出动157批1623架次，其中空战34批398架次，击落美机37架、击伤7架。自己被击落12架、被击伤4架，与美机损失对比为1∶3.08。

1952年1月至12月，志愿军空军先后共有8个米格-15歼击机师进行了轮番作战（其中有6个师是第一次参加实战锻炼），全年共出动897批9817架次，其中125批1598架次与美国空军交战（与美军F-86飞机空战85次，占这一阶段空战总次数的68%），共击落美机133架、击伤31架。志愿军空军被击落95架、被击伤37架，与美国空军飞机损失对比为1∶1.4。同苏联空军一起，有力地保卫了清川江以北地区的重要目标和铁路运输。尤其第三季度的作战，基本上将美军战斗轰炸机阻止于清川江以南地区（大半被阻于平壤以南地区，越过清川江以北的仅占12%）。志愿军空军在这一年的空战中，取得了同美军F-86

大机群空战的经验。

（四）

　　1953年1月至7月为第四阶段。这一阶段志愿军空军在同苏联空军的共同作战中，又有新的进步，在取得协同苏联空军同美军F-86大机群空战经验的基础上，进一步取得了协同苏联空军反击美军混合机群作战的经验，采取多梯队、多层次的方法，从美军混合机群中打击轰炸机和战斗轰炸机，并开始在昼间复杂气象和夜间条件下进行空战取得战果。1953年志愿军空军的主要任务是，以大胆、勇敢、积极、顽强的作战，掩护志愿军地面部队的反登陆作战准备，促进朝鲜停战实现，仍然以保卫水丰发电厂、鸭绿江桥等重要目标和清川江以北铁路运输为主。1月至7月，志愿军空军先后参加轮战的部队有：第三、第四、第六、第十二、第十四、第十五、第十六（师长孙同盛、政治委员张雍耿）、第十七师和第二师的一个大队（第十六、第十七两师装备的是老式的米格-15飞机），其中第十六师是初次作战，第六、第十四、第十五师是第二次轮战，第四师是第三次轮战。

　　1953年1月至4月，美国空军为破坏中国人民志愿军和朝鲜人民军的反登陆作战准备，以混合大机群方式对朝鲜北方进行了一系列的猛烈突击。4月起其装备的既能空战，又能轰炸的F-86F型战斗轰炸机投入作战。

　　志愿军空军同苏联空军并肩作战，打击美军大机群。1953年1月，是志愿军空军空战最多的一个月。志愿军空军全月共战斗出动144批1566架次，其中117批1236架次是打击美军大机群。1月13日下午，美军出动4个梯队172架战斗轰炸机，在100余架F-86战斗机掩护下，进袭清川江桥和破坏永柔、镇南浦地区的交通运输线。志愿军空军和苏联空军出动反击，其中志愿军空军组织第一、第二线部队共7个团起飞96架飞机，分三个梯队，由第三、第十二、第十五师组成第一、第二梯队实施分进合击，由第四、第六师各1个团组成第三梯队

志愿军空军飞机起飞作战

担任掩护。此次空战，志愿军空军阵容严整，气势夺人，冲破美机先头编队，击落美机两架、击伤1架，迫使美机纷纷逃逸，圆满完成了保卫任务。

2月至4月，志愿军空军同苏联空军均多次出动打击美空军混合大机群。如3月13日中午，美国海军、空军飞机出动两个梯队共168架混合机群向北进袭，当进至镇南浦一线时，志愿军空军和苏联空军出动迎击。志愿军空军第一、第二线共出动5批64架米格-15和米格-15比斯飞机，以第十二、第十七、第十五师各1个团为第一梯队，其中第十二师12架米格-15比斯飞机掩护第十七师16架米格-15飞机为攻击队，于铁山以南地区插入美军机群打战斗轰炸机，第十五师12架米格-15比斯飞机为钳制队，在龟城上空与美空军F-86飞机纠缠；另以第三师和第十二师各1个团共24架米格-15比斯飞机，在铁山上空掩护一线飞机着陆。苏联空军出动100架次飞机，于云山、龟城、昌城地区上空作战。志愿军空军各部队之间，志愿军空军与苏联空军之间密切协同配合，予美机以严厉打击。志愿军空军击落F-84飞机3架，击落F-86飞机两架。美军战斗轰炸机慌乱投弹后回窜。

这期间，志愿军空军还多次出动小编队打美军小机群，以及打击进入中国境内偷袭志愿军空军着陆飞机的美机，也取得了较好的战果。其中4月7日下午，志愿军空军第十五师12架飞机空战返航后依次着陆。飞行员韩德彩和他的长机张牛科完成掩护其他飞机着陆任务后，正准备着陆时，遇美机2架偷袭。一架美机咬住正在着陆的张牛科。张牛科的飞机尾部被击伤，安全着陆。年仅20岁、战斗机飞行经历不到100小时的韩德彩，不顾自己飞机油量警告灯已亮，加大油门向这架美机冲去，机智地同狡猾的美机格斗。当将美机套进瞄准具光环后，一阵猛烈射击，将其击落。美机飞行员跳伞后被活捉。他是美空军第五十一联队上尉小队长哈罗德·爱德华·费席尔。美国空军称其为"第一流的喷气式空中英雄""双料王牌驾驶员"。4月12日，志愿军空军第十五师四十五团中队长蒋道平，击落美国远东空军"三料首席王牌"飞行员、第五十一联队十六中队小队长约瑟夫·麦克康奈尔的驾机。麦克康奈尔跳伞后被美军救护直升机救走。

1953年1月至4月，志愿军空军共击落美机70架、击伤21架，基本上保护了清川江以北地区铁路运输和重要目标，掩护了志愿军和人民军地面部队反登陆作战准备的顺利实施。这期间第十二师完成第一轮作战调回第二线休整。该师作战共1年零12天，是继第三、第四师之后，第一轮参战打得比较好的一个师，共击落美机57架（其中F-86飞机44架）、击伤美机11架（其中F-86飞机9架），作战中击落敌机与自己被击落飞机数量比为2∶1。

1953年5月至7月，志愿军空军不但在昼间简单气象条件下进行大小空战，而且开始在昼间复杂气象条件下和夜间进行空战。

为打击夜间活动的美军飞机，志愿军空军自1951年11月起，即组织部队在苏联空军带领下进行夜航和夜间作战训练，至1953年3月，已有第二师和第四师各1个大队先后开赴第一线进行夜间作战。其中第二师夜航大队装备8架拉-11活塞式歼击机，第四师夜航大队装备8架米格-15比斯歼击机。4月16日开始担负夜间战斗值班。5月29日夜，第四师十团副团长侯书军在安州地区上空击落美军飞机1架，首开志愿军空军夜间击落敌机的纪录。6月和7月，志愿军空军协同苏联空军多次在昼间复杂气象条件下出动打击美军混合大机群。其中6月24日上午，美军混合机群100余架，进袭鸭绿江大桥，志愿军空军第四、第六、第十五师起飞32架米格-15比斯飞机，同苏联空军出动反击。志愿军空军在铁山地区上空与美军担负掩护的机群遭遇，经激战击落美机5架，击伤1架，迫使美机群放弃北犯企图。7月19日，志愿军空军在复杂气象条件下又进行了一次空战。当日上午，美军出动两批机群袭击朝鲜新义州和义州两个机场，遭到反击。下午美军又出动一个混合机群168架飞机，企图再袭这两个机场。志愿军空军采取多梯队连续出动的战法，进行反击。先以第六师12架飞机为第一梯队，至义州上空，打乱了美机编队，击落击伤美机各1架；继以第四师8架飞机为第二梯队，再至义州上空，又击伤美机1架，迫使美军战斗轰炸机机群慌乱投弹后回窜。

7月19日后至7月27日朝鲜停战，志愿军空军虽有战斗出动，但无战机，因此，7月19日下午的空战，便成了中国人民志愿军空军抗美援朝战争的最后一次空战。

1953年1月至7月，志愿军空军共击落美机126架，击伤美机37架。志愿军空军被击落飞机84架，被击伤99架，与美机损失对比为1∶1.5。这一阶段作战，志愿军空军有力地掩护了地面部队反登陆作战准备的顺利实施，并同地面部队一起，有力地促进了朝鲜停战的实现。

（五）

从1950年12月下旬志愿军空军第四师在苏联空军带领下进行实战练习开始，至1953年7月朝鲜停战止的抗美援朝战争期间，中国人民志愿军空军在同苏联空军的并肩作战中，先后有第二、第三、第四、第六、第十二、第十四、第十五、第十六、第十七、第十八共10个歼击机师（21个团）672名飞行员，第八、第十两个轰炸机师的28个机组和近6万名地勤人员进行实战锻炼。其中第四师连同1951年8月以前的实战练习在内先后轮战5次；第二、第三、第六、第十四、第十五师各先后轮战两次，第三师第二次轮战时间较长（9个月）；第十二、第十六、第十七、第十八师先后轮战1次，第十七师作战时间1年零4个月，第十二师作战时间1年零12天。志愿军空军总共战斗起飞2457批26491架次，实战366批4872架次，有373名飞行员开炮，212名飞行员击落击伤美军飞机，共击落美机330架

（其中F-86飞机211架）、击伤美机95架（其中F-86飞机72架）。志愿军空军被击落飞机231架、被击伤151架。牺牲空勤人员116名。在志愿军空军参战部队中，第三、第四、第十二、第十五师打得比较成熟，战果较大。第三师共击落美机87架、击伤27架；第四师击落美机64架、击伤24架；第十二师击落美机57架、击伤11架；第十五师击落美机51架、击伤16架。

志愿军空军参战部队涌现了一批英雄集体和个人，荣立三等功以上的单位300余个，其中集体一等功6个单位、集体二等功两个单位；荣立三等功以上的个人8000余名，其中特等功臣、一级英雄6名，他们是赵宝桐（击落美机7架、击伤两架）、王海（击落美机4架、击伤5架）、刘玉堤（击落美机6架、击伤2架）、孙生禄（击落美机6架、击伤1架）、鲁珉（击落美机5架）、张积慧（击落美机4架）；特等功臣、二级英雄5名，他们是蒋道平（击落美机5架、击伤两架，其中包括20世纪90年代中后期才查明的击落美军的"王牌飞行员"）、范万章（击落美机5架、击伤1架）、杨振玉（击落美机3架、击伤1架）、焦景文（击落美机3架、击伤1架）、王天保（击落美机1架、击伤3架）。另有一等功臣、二级英雄7名，其中韩德彩击落美机5架，吴胜凯击落美机4架、击伤1架。

据统计，苏联空军自1950年11月至1953年7月，共击落美机1100余架、击伤350余架，被美空军击落270余架。这期间朝鲜人民军空军也有两个师参战，战果不详。

志愿军空军同苏联空军并肩作战，予侵略朝鲜的美国空军以严厉打击，对保卫朝鲜后方重要目标安全和保障后方运输线的畅通起了重要作用，对中国人民取得抗美援朝战争的胜利作出了重大贡献。中国人民志愿军空军虽然力量弱小，尚无力直接支援第一线志愿军地面部队作战，更无力对美军后方发动空中攻击，但在实战中经受了锻炼，取得了宝贵的经验。经过抗美援朝战争，中国人民解放军空军迅速成长起来。*

---

* 本节是作者发表在《军事历史》1995年第1期上的文章，题目是《雏鹰雄风——中国人民志愿军空军作战史略》，当年撰写此文参考了《当代中国空军》一书。选入本书，略有文字修改和内容充实。

志愿军炮兵在战争中发挥了什么作用

志愿军入朝参战时，炮兵第一、第二、第八师同时入朝配合步兵作战。10月25日，以邱创成为政治委员、匡裕民为副司令员的志愿军炮兵司令部入朝，统一领导和指挥志愿军炮兵部队。

当时，志愿军炮兵部队所配备的火炮，均为国内战争期间缴获的装备，口径小、威力弱、机动差，难以充分发挥作用，对步兵作战只能实施有限支援。第一次战役结束后，11月7日，邱创成、匡裕民联名致电中央军委，认为，从朝鲜战场的作战情况看，"野战炮火[①]必须以大炮一、小炮二之比例，并须以较新式炮改装始能胜任。野战炮兵[②]则军、师两级均应配属榴弹炮，机动炮兵必须装备牵引式大口径，始具歼灭性火力"。同时建议，在部队改装苏式火炮过程中，应首先改装具有炮战经验及技术的部队，以缩短训练时间，迅速投入作战。

中央军委高度重视这一建议，决定将在朝鲜作战、具有炮战经验的3个野战炮兵师抽调回国，改装苏式火炮，或组建整训新的炮兵部队。后根据志愿军总部要求，中央军委调整计划，决定以炮兵第一师继续留朝鲜并指挥野战炮兵部队，支援第三次战役，志愿军炮兵司令部与第二、第八师师部回国，负责改装和组建新的炮兵部队，计划1951年3月底以前，在东北地区完成训练防坦克歼击炮兵两个师120门炮、火箭炮兵9个团210门炮、榴弹炮兵3个团108门炮的组建和整训工作。

1951年1月18日，中央军委决定组成精干的志愿军炮兵指挥所，匡裕民任主任、贾克任副参谋长，统一指挥志愿军地面炮兵部队和高炮第六十一师（另3个高炮师归在朝鲜修建机场的空军指挥所指挥）。同时决定，将在朝鲜作战的志愿军野战炮兵第一师4个炮兵团，分别拨归在朝鲜作战的第三十八、第三十九、第四十、第四十二军建制，另将在国内整训的5个炮兵团分别拨归第五十、第六十六、第二十、第二十六、第二十七军建制，改编为军属炮兵部队，以加强各军的火力。第二番入朝的第十九、第三兵团各军也分别建立了军属炮兵团。

---

① 指野战炮兵部队。
② 指队属炮兵部队。

至1951年4月，志愿军第五次战役开始前，新组建和改装的志愿军炮兵部队陆续入朝参战。志愿军在朝鲜的地面炮兵已达28个团，其中在第一线作战的11个军共配属11个军属野榴炮团，另炮兵指挥所指挥的榴弹炮4个师（共11个团，其中包括3个苏式122毫米口径榴弹炮团，8个日式或美式野炮、榴弹炮团）、防坦克歼击炮兵1个师（4个团）、火箭炮兵1个师（两个团）。志愿军的火力得到明显加强。

但在运动战期间，志愿军的炮兵数量少、性能差、机动困难，对步兵跟进支援能力弱。志愿军步兵许多师、团级指挥员，习惯了指挥步兵作战，不懂得炮兵技术和战术，不了解火炮的性能及战术运用。作战中，对炮兵怕麻烦，怕引来美军飞机和炮兵火力袭击，不愿使用配属的野战炮兵，在第一、第二次战役中，甚至有的师连山炮都没用过，只愿使用步兵和携带方便的步兵火炮，因此，有的不给炮兵任务，有的给任务不给准备时间，有的乱给任务，将榴弹炮和迫击炮一起放列。因此，在运动战阶段，步炮协同问题没有得到很好解决，志愿军本来就数量很少的野战炮兵不能在作战中充分发挥作用。

随着火炮数量的增加和性能的提高，志愿军各级指挥员逐渐重视对炮兵的作战使用。1951年6月，志愿军进行持久作战准备时，就特别强调了各兵种的作战协同问题。志愿军副司令员邓华指出：要组织好各种火力和各兵种间的密切协同，特别是步兵与炮兵的协同，不要以为突破后就不需要炮兵了，也不要不敢使用炮兵，要为炮兵的跟进创造条件。炮兵火力的支援要一直持续到战斗结束。火力与突击不间断地密切结合，是今后组织战斗尤其是步炮协同的首要任务，是各级步兵指挥员和炮兵指挥员都必须注意的问题[①]。

经过研究总结，志愿军步兵和炮兵的作战协同问题有了明显进步。在1951年10月的秋季防御作战中，志愿军第四十七、第六十四、第六十七、第六十八军，除军属榴弹炮团及师属山炮营外，每个军还配属了1～2个团的榴弹炮、1个营至1个团的反坦克炮，有的还配属了1个火箭炮团和1个坦克团，平均每公里防御正面有8～10门火炮。各军较充分地发挥了炮兵的作用，根据各种火器性能组成多层防御火网，一般以榴弹炮、野炮、坦克炮组成第一层防御火网，实行远距离的火力袭击，杀伤"联合国军"有生力量，摧毁其坦克，压制其火炮，打乱其攻击部署；以山炮、迫击炮、步兵炮组成第二层防御火网，主要任务是消灭第一层防御火网的死角，打击集结和运动的"联合国军"，摧毁其伴随火炮，使其不能顺利向志愿军接近；以轻重机枪、冲锋枪、手榴弹组成第三层防御火网，直接打击"联合国军"步兵的冲锋。有的军还集中野炮、无后坐力炮和火箭筒，

---

① 邓华：《论朝鲜战场之持久战》，1951年6月下旬。

组成反坦克大队，打击"联合国军"进攻的坦克。在1951年秋季的整个防御作战中，炮兵有力地支援了步兵作战，步兵普遍较满意。在第四十七军方面，炮兵的歼敌数约占该军歼敌总数的1/3～1/2。在第六十七、第六十八军方向，有力地组织了炮火火力实施反坦克作战。第六十四军方向对炮火的组织与指挥受到志愿军总部的表扬。

1952年夏季以后，在全国人民开展捐献飞机、大炮运动的支援下，志愿军的武器装备有了更大的改善和加强。1952年9月同1951年7月相比，志愿军山炮、野炮、榴弹炮数量从1141门增加到1493门，其中野炮从388门增加到507门，榴弹炮从347门增加到578门，山炮数量基本无变化。火箭筒从752具增加到3028具（到1952年6月），轻迫击炮从4717门增加到4899门（到1952年6月），重迫击炮从208门增加到241门（到1952年6月），无后坐力炮从443门增加到1030门，火箭炮从73门增加到162门。此时，志愿军炮兵不但能够与步兵密切协同，有力地支援步兵作战，而且还在1952年4月30日至8月10日，先后对"联合国军"阵地组织了7次大规模炮击，参战火炮166门。

在1952年夏季的攻防作战和1952年秋季的战术反击作战中，志愿军在兵力火力使用上有了很大变化，一般攻击"联合国军"1个连阵地，使用步兵1个连攻坚，即有8～10个炮兵连、30～40门火炮予以支援，步兵、炮兵间的协同已相当默契，炮兵发挥了重要作用。同年10—11月的上甘岭战役中，志愿军的火炮数量和质量虽然还不能与"联合国军"相比，但在不到4平方公里的作战地区里，集中了山炮、野炮、榴弹炮133门，火箭炮24门，高射炮47门，迫击炮292门，共发射35万余发炮弹，火炮的密度和发射的炮弹均创造了志愿军参战以来的最高纪录。"联合国军"方面称"这是共军炮火最强大最猛烈的一次"[1]。1952年12月16日，毛泽东在给斯大林的电报中，总结1952年秋季志愿军作战胜利的原因时说："今年秋季作战，我取得如此胜利，除由于官兵勇敢、工事坚固、指挥得当、供应不缺外，炮火的猛烈和射击的准确实为致胜的要素。"[2] 1953年年初，高存信接替匡裕民任志愿军炮兵司令员、刘何任政治委员。

到1953年夏季，志愿军火炮虽在质量上仍不如"联合国军"，但在火炮数量上已超过"联合国军"（志愿军火炮14986门，人民军4716门，志愿军和人民军火炮合计19702门；美军火炮10136门，其他"联合国军"805门，南朝鲜军5228门，"联合国军"火炮合计16169门）[3]。7月13—27日的金城战役，志愿军火炮和炮火的密度都达到了志愿军抗美援朝战争中的最高水平。在金城以南25公里的正面上，第二十兵团和第二十四军集

---

[1] 志愿军第十五军：《上甘岭战役总结》，1952年12月。
[2] 《周恩来军事文选》第四卷，人民出版社，1997年，第310页。
[3] 中央军委作战部：《朝鲜战争几个基本数字的初步总结》，1953年9月8日。

彭德怀、陈赓、甘泗淇等志愿军首长视察志愿军炮兵阵地

中82毫米口径以上各种火炮共1000余门，平均每公里45门。整个金城战役消耗炮弹1.9万吨，相当于志愿军在第一至第五次战役中消耗炮弹总和的2.2倍。尽管与第二次世界大战中苏联军队作战平均每公里需100～120门火炮的标准还无法相比，但这已达到了志愿军的最高水平，并且在这次战役中充分发挥了作用。在突破中的炮火准备，破坏"联合国军"工事可达70%，"联合国军"的冲锋约40%左右是被志愿军炮火击退的。

到朝鲜战争停战时，志愿军炮兵已发展到拥有各种火炮14986门，包括野炮、榴弹炮、火箭炮、山炮2384门，反坦克炮7239门（包括火箭筒），迫击炮4046门，高射炮1317门，且大量装备了苏式122毫米榴弹炮、152毫米榴弹炮、132毫米火箭炮、76.2毫米野炮、57毫米战防炮。在正面战场第一线作战的志愿军各军共拥有队属火炮和支援火炮8389门，其中包括野炮、榴弹炮、火箭炮、山炮1575门，反坦克火炮（包括火箭筒）4095门，迫击炮2330门，高射炮389门。

志愿军炮兵作为陆军一个兵种在作战中使用，步兵与炮兵在作战中的密切协同，在抗美援朝战争中积累了丰富的经验，达到了成熟的程度。

志愿军炮兵在战争中不断得到加强和走向作战成熟，为战争中后期志愿军越战越强、越战越主动和取得抗美援朝战争胜利，发挥了巨大作用。

第五部分
战争和志愿军总体情况

抗美援朝战争有哪些基本特点

抗美援朝战争无论在中国革命战争史上，还是在世界战争史上，都具有许多新特点。基本特点如下：

第一，抗美援朝战争，是新中国成立伊始在各方面严重困难的情况下，美国当局强加给中国人民的一场战争，是新中国历史上第一场战争。新中国成立后，中共中央就确定中国人民的中心任务是用三至五年的时间治理战争创伤，恢复国民经济，为大规模经济建设创造条件。为此，要争取一个和平的国际环境。在中国大陆基本解放后，1950年6月刚刚作了部署。此时，除准备解放台湾和西藏完成祖国统一外，并没有进行一场新的战争计划。然而，美国当局公然武装干涉朝鲜内战和侵略中国的台湾。特别是美军仁川登陆后，美军地面部队越过三八线大举向中朝边境进犯，严重威胁了中国大陆的安全，朝鲜劳动党和朝鲜政府请求中国以人民解放军直接出动援助朝鲜人民作战。美国在朝鲜的侵略迫使中共中央不得不在国内情况十分困难的情况下，决策组成中国人民志愿军抗美援朝、保家卫国，进行新中国历史上的第一场战争。新中国进行这场战争是被迫的，但可以依靠新生国家政权的力量动员组织全国人民参加战争和支援战争。这是这场战争区别于中国革命战争史上其他战争的重要特点。这一特点决定了中国人民进行这场战争的正义性、困难性和长期性，也决定了取得胜利的可能性。

第二，抗美援朝战争，是中国人民以志愿军名义参加的第二次世界大战后第一场国际性局部战争。中国是这场战争的主要参战国之一，但中国不是以国家和政府的名义而是以中国人民志愿军的名义参战。这场战争的战场在朝鲜，但参战国之多在以往的战争史上却仅次于两次世界大战，美国第一次也是迄今为止唯一的一次，打着联合国的旗号，组成以美国为首的所谓"联合国军"干涉朝鲜内战。以美国为主由16个国家和地区的军队组成"联合国军"并指挥南朝鲜军为战争一方，还有5个国家为"联合国军"提供了医疗和其他服务；中国以志愿军名义和朝鲜军民以及苏联秘密出动空军为战争另一方。这场战争本身就是美苏冷战背景下的产物，美苏两国都不想将这场战争演变为世界大战，中国以志愿军的名义参战主要考虑就是力争避免战争扩大到中国境内，"联合国军"其他参战国更惧怕战争扩大到朝鲜以外。因此，战争双方既都全力以赴，又都对战场范围作了严格限制。战场的局部性和参战国的国际性，是这场战争区别于以往世界战争史上其他战争的重要特点。这一特点决定了这场战争政治上的错综复杂性。

第三，抗美援朝战争，是新中国与美国互为主要对手进行的一场军事、政治、经济、外交的全面较量。中国虽然是以志愿军名义参战，但战争双方都清楚，中国是以人民解放军正规的建制部队在朝鲜同美军作战，中国和美国都没有公开向对方宣战。尽管如此，中国人民志愿军参战后，这场国际性的局部战争实际上变成了中、美双方互为主要对手的一场战争，中美双方进行了军事、政治、经济、外交等方面的全面较量。双方的主要较量是军事较量，集中表现在战场上的两军对抗。围绕战场上的军事较量，双方展开的政治较量主要表现在两国的舆论宣传和停战谈判中的唇枪舌剑；经济较量主要表现在美国通过联合国操纵西方国家对中国实行封锁、禁运和中国的反封锁、反禁运；外交较量主要表现在美国操纵联合国，将新中国排除在联合国之外，美国在联合国内外对中国进行孤立和限制，中国则进行反孤立、反限制，争取国际朋友，建立反美国际战线。中美双方互为主要对手，以军事较量为主，展开军事、政治、经济、外交全面较量，是这场战争区别于中国革命战争史上其他战争的重要特点。这一特点决定了中国人民进行这场战争的艰巨性，同时也决定了进行这场战争的复杂性。

第四，抗美援朝战争，是双方经济力量和军队武器装备对比优劣悬殊，极不对称的一场战争。在这场战争中，美国为首的"联合国军"方面无论经济力量还是军队的武器装备都占有绝对的优势，中国和朝鲜的经济力量、中国人民志愿军和朝鲜人民军的武器装备都处于悬殊的劣势状态。这是这场战争的突出特点。特别是美国为首的"联合国军"实行陆海空军联合的全方位的立体作战，而志愿军和人民军则基本上是以陆军为主体的地面作战，是以一军（陆军）对三军（美军的陆海空军），以平面对立体。美国在这场战争中使用了除原子弹以外当时所有的新式武器和战争手段。战争的激烈程度和残酷程度都是世界战争史上罕见的。这不但决定了志愿军进行这场战争的长期性和极端困难性，而且决定了战争的极端残酷性。

第五，边打边谈，作战和谈判交织进行，也是这场战争的一个突出特点。抗美援朝战争共历时两年零九个月，而停战谈判开始以后，到朝鲜停战协定签字，即历时近两年零一个月。这种边打边谈，打谈交织进行的战争局面，是中外战争史上所罕见的。并且朝鲜停战谈判，是在双方战场力量旗鼓相当打成相持局面情况下进行的，双方都有讨价还价的资本，而志愿军和人民军谈判的主要对手又是推行强权政治、妄图称霸世界的美国军队的代表，因此，这场谈判本身就具有极强的政治性，具有特殊的艰巨性和复杂性。

　　抗美援朝战争的这些基本特点，构成了这场战争的基本舞台，这个舞台对新中国是一场全面的严峻考验。在中共中央、中央人民政府和中央军委领导下，新中国在这个舞台上导演出了威武雄壮的戏剧，经受住了考验，特别是中国人民志愿军打败了美国侵略者，取得了抗美援朝战争的伟大胜利。

中共中央和中央军委是如何控制朝鲜战局的

抗美援朝战争是一场国际性的局部战争，战场的范围始终在朝鲜境内，既未因此引发世界大战，也未将战争扩大到朝鲜以外。主要原因当然是战争双方对战争局势都进行了控制。从中国方面说，中共中央和中央军委主要从以下方面对战局进行了控制。

一、在志愿军参战前就明确朝鲜战事地方化

在东北边防军组成并集中到东北地区后，1950年8月13日召开的师以上干部动员大会上，东北军区司令员兼政治委员高岗受毛泽东和中央军委委托作的报告就指出："美国帝国主义者虽然发动了侵略战争，但是美国的战争动员和战争准备还没有完全做好……所以这一战争只能是局部性的。"在美军地面部队准备越过三八线北进时，10月3日，周恩来约见印度驻中国大使潘尼迦时，明确指出："关于朝鲜事件，我们曾经交换过意见。我们主张和平解决，使朝鲜事件地方化。""朝鲜战事应该即刻停止，外国军队应该撤退，这对于东方的和平是有利的。朝鲜事件地方化的意见，就是不使美军的侵略行动扩大成为世界性的事件。"[①]周恩来约见潘尼迦大使的目的，就是请潘尼迦大使将中国政府的态度转告印度政府，并通过印度政府转告美国当局。

二、以志愿军名义参战，不给美国对中国宣战以口实

1950年8月13日东北军区司令员兼政治委员高岗在东北边防军师以上干部动员大会上作的报告中就指出，边防军出动时，"到朝鲜去是以志愿军的名义出现，穿朝鲜服装，用朝鲜番号，打朝鲜人民军的旗帜，主要干部改用朝鲜名字。这样的处置，可以使朝鲜人民喜欢，又很策略"。10月2日，毛泽东在接到斯大林建议由中国出动军队援助朝鲜的电报后，起草答复斯大林的电报（未发出）中第一点就明确"我们决定用志愿军名义派

---

① 《周恩来军事文选》第四卷，人民出版社，1997年，第66、67页。

一部分军队至朝鲜境内和美国及其走狗李承晚的军队作战,援助朝鲜同志。"在中国人民志愿军组成后,10月16日,彭德怀主持召开志愿军师以上干部会议,进行临战前的动员时指出:我们只是以中国人民志愿军的名义,支援朝鲜人民革命战争,并不等于向美国宣战。10月24日周恩来在中国人民政治协商会议第一届全国委员会第十八次常务委员会会议上的报告中也明确指出:"方式上,我们采取志愿军的形式,无须宣战。"[1]

中国人民志愿军抗美援朝本来是国家行为,但在名义上则是以中国人民志愿军这种民间组织形式出现,而不是以中国人民解放军名义,不是以中国政府官方的名义派出部队支援朝鲜,目的就是不给美国向中国宣战以口实。而中国也不向美国宣战。志愿军参战后直至1951年春,在以朝鲜人民军总部发布的战报中,在国内新闻媒体的报道中,只提到"中国人民抗美援朝保家卫国志愿军部队",而不提"中国人民志愿军"。尽管中国人民志愿军是由中国人民解放军部队组成的,始终是在中央军委直接领导下,但在整个抗美援朝战争期间,甚至到1958年中国人民志愿军撤出朝鲜回国时,在中国政府的声明以及中朝两国政府的联合声明中,仍将中国人民志愿军与中国官方分开,说法上用的是"商得中国人民志愿军的同意","向中国人民志愿军提出了主动撤出朝鲜的建议"等,以此表明中国人民志愿军不是中国官方派出的部队。采取以志愿军名义参战的方式,有效避免了美国向中国宣战。

三、适度确定参战的军事战略目标,打得有理有节

中共中央决策出兵参战时,就对参战后战争形势发展作了几种可能的分析。但参战的直接军事目的和基本军事目标,就是给美国以挫折,使美国在朝鲜知难而退。这一点周恩来曾作了明确阐述。他指出,"如果美帝国主义真正进攻我们的大陆,那就不只是中国一个国家的战争问题,我们和苏联已签订了中苏友好同盟互助条约,一打起来,就是全面性的打",那就是世界大战,而美国事实上还没有准备好。"追随美帝的国家毕竟是少数。在朝鲜战场,和美国在一起的虽然有十五个国家,可是万一战争发生在中国,是否也有那么多国家参加对中国作战呢?这是很值得怀疑的。敢于坚决和我们敌对并走上战场的究竟还是少数。"[2] 如果美国使用原子弹,那美国自己也要考虑一下,因为苏联也有原子弹,双方都有,损害也是双方的。因此,美国铤而走险,把战争打到中国境内的可能性虽然存在,但从美国自身的准备和美国的盟国情况看,美国走出这一步

---

[1] 《周恩来军事文选》第四卷,人民出版社,1997年,第76页。
[2] 《周恩来外交文选》,中央文献出版社,1990年,第53页。

是很困难的。而经过中国人民志愿军和朝鲜人民军并肩作战，使美国在朝鲜遭到严重打击和损失，使它碰得头破血流，知难而退，这种"可能性要大些，而这也是我们所要争取的。我们抗美援朝、保家卫国，就是要争取这种可能的实现，我们相信自己的力量是可以争取这种可能的实现的"。但是，美帝也有疯狂的一派，对于它铤而走险，我们也必须有所防备，我们不怕，"我们并不愿意战争扩大，它要扩大，也没有办法。我们这一代如果遇着第三次世界大战，为了我们的子孙，只好承担下来，让子孙永享和平。不过我们绝不挑起世界大战"。只要志愿军实施灵活的作战指挥，充分发挥自己在作战上的战术特长，能够在朝鲜坚持作战，能够攻打除大、中城市以外的其他地区，那么，有可能迫使美国通过谈判解决问题。如美国知难而退，中国"就可以在联合国内或联合国外谈判解决问题"[①]。整个抗美援朝战争，就是本着这一目的和基本军事目标进行指导的。在战场上的作战，对美国就是要打疼它，真正给它教训，并且有所节制。志愿军参战后，尤其第二次战役一举将美国为首的"联合国军"从鸭绿江边打回到三八线，打疼了美国，打疼了美军。后经过第三、第四、第五次战役的较量，双方在三八线南北地区形成相持局面，美国不得不放弃军事占领全朝鲜的目标，同意通过谈判实现停战，1951年7月10日双方开始了停战谈判。志愿军随着武器装备的改善，运输补给问题的解决和阵地的巩固，到1952年夏季以后，越战越强、越战越主动，特别是1953年朝鲜停战实现之前，政治、军事形势对志愿军都十分有利，志愿军也有能力将美国为首的"联合国军"再打到汉城，甚至打到三七线，但当时朝鲜战争的总体形势是停而不是继续打，所以志愿军只给破坏停战实现的南朝鲜李承晚集团以有力打击，歼灭其4个师大部，夺取金城以南向己方突出的阵地，而未凭着当时具有的战场实力继续向汉城和三七线发展，从而实现了有利的停战。

四、做好最坏的准备，力争避免最不利情况的出现

出兵决策作出后，中共中央、中央人民政府、中央军委进行了全方位的部署和准备。

在军事方面：

1.调整军队建设的重点。中央军委决定，人民解放军建设由原来重点加强海军、空军建设，转为重点加强空军、炮兵（含高射炮兵）和装甲兵的建设。1950年2月中旬，中

[①] 《周恩来军事文选》第四卷，人民出版社，1997年，第75—76页、第92—95页、第107—109页、第116页。

国政府同苏联政府签订贸易协定，在苏联向中国提供的3亿美元贷款中，原计划以1.5亿美元用于购买海军装备，此时决定将这笔贷款大部分转为用于购买空军飞机和陆军武器装备，以保证抗美援朝战争的需要。

2.调整部队军政训练时间比例，重点加强军事训练。早在1950年9月即解除了全国野战军担负的生产建设任务，重点转为军事整训。志愿军参战后，12月3日，毛泽东以中央军委主席名义发布指示，将原定自1951年开始全军教育以提高文化为首要任务，调整为以军事训练为主，并将原定教育时间比例军事为30%、政治为10%、文化为60%，调整为军事为60%、政治为30%、文化为10%。已开始的大规模复员工作，到1950年年底也已停止。

3.部署筹备全国防空，防范美国飞机对中国大陆的空袭。10月31日，成立了由政务院总理周恩来、北京市市长彭真、中央军委代总参谋长聂荣臻、中央财经委员会副主任兼财政部部长薄一波、劳动部部长李立三5人组成的全国防空筹委会，研究筹划全国的防空工作。

4.部署和加强海岸防御。为防范美军和台湾国民党军队对沿海地区发动攻击，根据中央军委指示，人民解放军海军将海岸炮兵建设作为当务之急，在沿海主要防御地段抢修了一批海岸炮阵地，从上海开始，北到长山列岛、营口、安东海岸，选择要点布置了水雷。

5.部署防空作战力量。将人民解放军空军当时唯一一支作战部队——第四混成旅，部署于上海担负防空任务。此外，还将国内仅有的高射炮兵部队部署于沈阳、鞍山、本溪、北京、天津、上海、南京、杭州、广州等沿海大中城市。并商请苏联出动歼击机航空兵部队，协助中国担负防空任务。苏联先后派遣11个歼击机航空兵师，驻扎中国境内，协助中国担负了吉林、公主岭、安东、沈阳、辽阳、鞍山、唐山、青岛、广州等地的防空任务。中国人民解放军突击扩建了空军歼击机航空兵部队，分别部署于广州、青岛、天津、北京、唐山等城市，担负防空任务，并逐步独自承担起了国土防空任务。驻扎中国境内协助防空的苏联航空兵部队，从1951年7月起陆续回国。

6.部署部队，准备粉碎美国和台湾蒋介石集团的联合登陆进犯。在志愿军进入朝鲜境内抗击美国侵略之后，为了防范美国扩大战争，派遣军队与台湾蒋介石军队对中国大陆实施联合登陆进攻，中共中央和中央军委决定，以广东、广西和福建、江浙沿海为主要防御方向，进行抗击美蒋军队联合登陆进攻的准备。11月17日，毛泽东指示中共中央华南分局第一书记叶剑英和第三书记方方："你们必须统筹两广，将两广作为一个对付帝国主义和蒋介石登陆进犯的统一的单位。"同日指示中共中央华东局第二书记、军区司令员陈毅和华东局第一书记、军区政治委员饶漱石："华东一切工作要以美国和蒋介石登陆进犯为假想的基础去作布置。"①据此，在福建和广东方向各部署了4个军防范美军和国民党军登陆进攻。

7.东北行政区转入战时体制，作为抗美援朝战争总后方基地。1950年10月8日，在毛泽东签署的关于组成中国人民志愿军的命令中规定："中国人民志愿军以东北行政区为总后方基地，所有一切后方工作供应事宜，以及有关援助朝鲜同志的事务，统由东北军区司令员兼政治委员高岗同志调度指挥并负责保证之。"

除上述军事方面的准备和部署外，还加速了剿匪、土地改革和镇压反革命的步伐，以便为支援战争，也为恢复国内建设提供稳固的社会基础；调整财政方针，一切服从战争，将原定财政方针以恢复国民经济为基点调整为以保证战争胜利为基点，在财政工作部署上，"战争第一，这是无疑问的，一切服从战争，一切为了战争的胜利"，其他排在第二、第三位②；并开展了全国性的抗美援朝运动。

这些部署和准备，有力地保证了抗美援朝战争的胜利，也有力地防范了美国将战争扩大到中国境内。

五、遏制战争和战略威慑相结合

遏制战争就是战场上打疼美国军队。朝鲜停战谈判的出现是志愿军在战场上取得胜利，打疼了美国军队的结果。到了1952年夏季以后，志愿军越战越强、越战越主动，在地面战场上，美国为首的"联合国军"则始终处于被动地位，以至到1952年冬以后处于无所作为状态。

战略威慑，一是动员全国人民支援战争（抗美援朝运动）。二是发挥志愿军的兵力优势。这两者都是显示力量。三是显示中国人民反抗侵略的决心。尤其在1953年2月4日至7日召开的中国人民政治协商会议第一届全国委员会第四次会议上，毛泽东、周恩来针对美国新任总统艾森豪威尔上台前后的一系列活动及美军准备在朝鲜登陆冒险情况所表明的态度。周恩来在2月4日的政治报告中指出："中国人民爱好和平，但是并不惧怕战争。如果美国新政府还有意于用和平方式结束朝鲜战争，那么，它就应该无条件地恢复板门店的谈判……如果美国新政府仍然执行杜鲁门政府的政策，仍然无意于恢复板门店谈判而继续和扩大朝鲜战争，那么，朝中人民在这方面也将继续斗争下去，并且是有

---

① 《建国以来毛泽东军事文稿》上卷，军事科学出版社、中央文献出版社，2010年，第353、第356页。
② 《陈云文选》（1949—1956年），人民出版社，1984年，第111—112页。

了充分准备的。朝中人民深刻地了解,对于帝国主义者的挑衅,只有进行坚决的斗争,使帝国主义者的每一个战争计划都受到粉碎性的打击,每一个侵略行动都遭到彻底的失败,才能迫使敌人罢手,取得人民所热望的和平。"毛泽东在2月7日闭幕会上的讲话中更加强有力地警告美国当局:"我们是要和平的,但是,只要美帝国主义一天不放弃它那种蛮横无理的要求和扩大侵略的阴谋,中国人民的决心就是只有同朝鲜人民一起,一直战斗下去。这不是因为我们好战,我们愿意立即停战,剩下的问题待将来去解决。但美帝国主义不愿意这样做,那么好罢,就打下去,美帝国主义愿意打多少年,我们也就准备跟它打多少年,一直打到美帝国主义愿意罢手的时候为止,一直打到中朝人民完全胜利的时候为止。"[①]美国当局从朝鲜战争中已深深感受到了中国人民说话是算数的,中国人民是有力量的。中国人民志愿军和朝鲜人民军在战场上的充分准备和毛泽东、周恩来的警告威慑,最终迫使美国当局放弃了进行大规模登陆冒险的企图,转而恢复停战谈判。

中共中央和中央军委采取控制战局的这些措施,有效控制了朝鲜战争范围,实现了朝鲜战争地方化的预想。

[①] 《建国以来毛泽东军事文稿》中卷,军事科学出版社、中央文献出版社,2010年,第121页。

东北总后方基地在抗美援朝战争中发挥了什么作用

1950年10月8日，在毛泽东签署关于组成中国人民志愿军的命令中，即规定："中国人民志愿军以东北行政区为总后方基地，所有一切后方工作供应事宜，以及有关援助朝鲜同志的事务，统由东北军区司令员兼政治委员高岗同志调度指挥并负责保证之。"同日，毛泽东将这一情况通报给了金日成。9日，毛泽东又在给中国驻朝鲜大使倪志亮的电报中指示："中央已委托高岗同志负责处理一切有关援助朝鲜同志的问题，嗣后关于此类事务均向高岗同志直接接洽，由高岗同志答复。"①

东北行政区当时辖辽东、辽西、热河、吉林、松江、黑龙江六省和沈阳、旅大（现大连）、抚顺、鞍山、本溪五市，总面积约为120万平方公里，人口近4000万。

东北行政区在地理上与朝鲜紧密相连，仅一江之隔，东为图们江，西为鸭绿江，与朝鲜接壤的国境线约1400公里。历史上，东北地区人民与朝鲜人民具有互相帮助、互相支援的传统友谊，中国几个人口比较多的少数民族之一朝鲜族，绝大部分居住在东北地区。1931年九一八事变后，日本帝国主义侵略东北，朝鲜以金日成、金策为代表的革命者，率队参加东北抗日联军，与中国军民共同抗击日本侵略。

在全国解放战争时期，东北地区解放最早（1948年年底东北全境解放），最先建立了东北人民政府和各级人民政权，最先剿灭了匪患和完成了土地改革，为支援和保证全国解放战争的胜利作出的贡献最大。

1949年东北地区即全部开始了经济重建工作，1950年已经开始进行有计划的经济建设，1950年5月，中央财经委员会编制的1950年国民经济计划概要中，国家对经济建设投资总额共相当于154.6亿斤米，其中东北地区投资即为79.9亿斤米，占国家经济建设总投资额的51.7%。

此外，苏联援助中国人民抗美援朝的装备和物资主要是从东北入境，中国人民支援

---

① 《建国以来毛泽东军事文稿》上卷，军事科学出版社、中央文献出版社，2010年，第235、第238页。

抗美援朝战争的人力、物资等也都是从东北出境。

因此，无论就东北的地理位置，还是东北的经济条件或是东北的社会环境，都决定了只能由东北地区作为抗美援朝战争的总后方基地。

东北边防军组建后，中共中央东北局、东北人民政府、东北军区和东北各族广大人民，尽其所能为边防军各种准备提供了保障。东北边防军改为中国人民志愿军后，东北军区协助彭德怀司令员作了志愿军出国作战的直接准备，由东北军区派出后勤保障，并组织设立了向朝鲜境内出动的兵站供应线，提前运送了志愿军出国作战所需粮草、弹药、油料等物资。中共东北局和东北人民政府抽调中共东北局副书记、政府副主席李富春，东北局秘书长张明远等东北局6名委员和东北人民政府4名部长以及一批干部，会同东北军区后勤部，全力做好后方保障工作。

从1950年10月开始，东北行政区即转为战时体制，党、政、军、民各行各业，全力以赴，展开了总后方基地的各种保障工作。在中共中央、中央人民政府、中央军委的领导和支持下，东北行政区在战争期间主要负责筹集、储备和组织向战场运送作战物资，与空军和其他技术兵种领导机关共同在东北地区为前方组训部队和训练新兵，收治志愿军伤病员，接收朝鲜难民，安置朝鲜新组建部队整训和军事院校，并在辖区内广泛动员青年参军参战等。

中共中央、中央人民政府、中央军委和各总部，对总后方基地的工作给予全力支持。1950年11月5日，周恩来专门致信高岗、李富春，指出："对于东北全部支援部队工作，我们已想见其繁重。只要东北提出要求，我们愿全力以赴，帮助你们解决困难。凡为东北已决定者，我们定做你们后盾，支持你们贯彻下去。有些事情职权属于中央，但你们仍可便宜行事，只要通知一声，当由中央追认。凡能统一于东北者，我们无不赞成统一于东北。"①

为解决部队昼间防空袭不能生火做饭，夜间行军打仗无暇做饭的问题，在志愿军第一次战役结束后，11月8日东北军区后勤部提出以制作炒面为主供应熟食的建议。征得志愿军司令员彭德怀同意后，东北人民政府首先动员沈阳市内各党、政、军系统制作炒面。至11月底，国内送达前线第一批炒面2000吨。

为解决战场上后勤工作滞后问题，1951年1月22日至30日，由东北军区副政治委员李富春主持，在沈阳召开了志愿军后勤工作会议。会议确定"千条万条，运输第一条"，采取一切措施，建立兵站运输线，改变运输的被动局面。有力促进了后勤工作由"小米

---

① 《周恩来军事文选》第四卷，人民出版社，1997年，第87页。

加步枪，仓库在前方"的保障观念向适应现代战争要求的转变。

1951年第一季度由东北军区组织完成高射炮3个师另22个营364门炮，战防炮（即反坦克炮）两个师120门炮，火箭炮9个团210门炮，榴弹炮3个团108门炮的训练，另完成12万新兵训练，这些技术兵种和新兵从1月份开始先后入朝作战。

1951年元旦前后，东北人民为前方捐献慰问品、慰问金等共折合东北币2380多亿元（相当于人民币旧币250多亿元）。此外，还捐集东北币500亿元（相当于人民币旧币52.6亿元）和2万套衣服，救济朝鲜难民[①]。还接收安置大批朝鲜难民，安置朝鲜军事院校和朝鲜人民军新组建的10余万部队在东北整训。

据不完全统计，抗美援朝战争期间，东北地区共动员39.9万余人参军，其中参加志愿军的约30万人；动员394万余人参加战勤工作，其中直接赴朝服务的民工74万余人、各种技术人员4万余人；仅辽东、辽西、黑龙江、松江四省即组织担架1.66万余副；辽东、辽西、吉林三省即出动战勤大车24.8万辆[②]。

以东北行政区为抗美援朝战争的总后方基地，有力地保证了志愿军在朝鲜的作战。彭德怀在抗美援朝战争期间曾说过，志愿军在前方打胜仗，应该感谢两个人，一个是高岗，一个是洪学智（时任志愿军副司令员兼志愿军后方勤务司令部司令员）[③]。表明了总后方基地和后勤保障工作对志愿军作战的巨大作用。

---

① 《人民日报》1951年10月23日第一版。
② 《当代中国辽宁》上卷，当代中国出版社，1994年，第56—58页；《当代中国吉林》上卷，当代中国出版社，1991年，第89页；《当代中国黑龙江》，中国社会科学出版社，1990年，第76页；《中国军事百科全书·中国人民志愿军战史分册》，军事科学出版社，1993年，第202页。
③ 洪学智：《抗美援朝战争回忆》，解放军文艺出版社，1990年，第211页。

抗美援朝运动是怎么回事

抗美援朝运动是新中国成立之初,国家各方面存在严重困难的情况下,中国人民为抗美援朝、保家卫国开展的一场史无前例的大规模群众运动。这场运动是中国共产党人民战争理论在新中国历史上的第一次伟大实践,反映了新中国领导人驾驭国家全局和指导战争的高超斗争艺术,对取得抗美援朝战争的胜利和国内建设任务的完成,起了巨大作用。

一、抗美援朝、保家卫国运动的决策和组织领导机构的建立

为对全国人民进行普遍深入的抗美援朝教育,激发爱国热情,以各种方式和行动支援抗美援朝战争,1950年10月26日,中共中央发出《关于在全国进行时事宣传的指示》。《指示》指出:"为了使全体人民正确地认识当前形势,确立胜利信心,消灭恐美心理,各地应即展开关于目前时事的宣传运动。"

同日,中国保卫世界和平大会委员会在北京的委员,与中国人民反对美国侵略台湾朝鲜运动委员会的各民主党派和人民团体代表,在北京举行联席会议。会议决定将这两个组织合并,组成中国人民保卫世界和平反对美国侵略委员会,以统一领导全国抗美援朝运动。该会由包括各民主党派、各人民团体和各界代表人士158人组成,其中常务委员31人,他们是司徒美堂、李立三、李四光、吴耀宗、沈钧儒、沈雁冰、邢西萍、邵力子、郭沫若、胡乔木、乌兰夫、陈叔通、陈其尤、马叙伦、马寅初、张奚若、章乃器、许德珩、许宝驹、梁希、黄炎培、彭真、彭泽民、蒋南翔、廖承志、蔡畅、邓颖超、刘宁一、萧三、谢雪红、罗隆基。著名的社会活动家郭沫若为主席,彭真、陈叔通为副主席,后又增加廖承志为副主席。自1951年3月中旬起,该会简称为中国人民抗美援朝总会。

中国人民保卫世界和平反对美国侵略委员会成立后,于11月21日指示各地立即成立抗美援朝分会。各大行政区和各省、市先后成立了抗美援朝总分会、分会。

中国人民保卫世界和平反对美国侵略委员会的成立,为全国开展大规模抗美援朝运

动，在政治上和组织上提供了强有力的保证。

二、抗美援朝运动的开展

中国人民保卫世界和平反对美国侵略委员会（下称"抗美援朝总会"）成立后，立即根据中共中央指示，组织领导全国人民开展了声势浩大并广泛深入的抗美援朝运动。根据抗美援朝战争和国际国内形势发展，适时对全国抗美援朝运动工作作出指示、部署，把全国抗美援朝运动引向持久、深入，主要做了如下几个方面工作。

（一）开展以"三视"教育为中心内容的抗美援朝爱国宣传教育活动

中共中央在10月26日《关于在全国进行时事宣传的指示》中即指出："我国人民对美帝国主义应有一致的认识和立场，坚决消灭亲美的反动思想和恐美的错误心理，普遍养成对美帝国主义的仇视、鄙视、蔑视的态度。"要求通过宣传，正确认识抗美援朝与保卫国家安全的关系，认清美帝国主义是中朝两国人民的共同敌人及纸老虎的本质，求得人人在思想上对抗美援朝表示积极和有胜利信心，对美帝国主义表示不共戴天，使亲美、恐美、崇美情绪不能容身。

抗美援朝总会根据中共中央这一指示，在全国开展了以仇视、鄙视、蔑视（"三视"）美帝国主义为中心内容的抗美援朝爱国宣传教育活动。1950年11月4日，中国共产党和各民主党派发表联合宣言，庄严宣告："中国各民主党派誓以全力拥护全国人民的正义要求，拥护全国人民在志愿基础上为着抗美援朝保家卫国的神圣任务而奋斗。"号召全国人民团结一致，积极行动起来，抵制暴行，制止侵略，支援朝鲜人民的抗美救国战争。

这一宣言发表后，"三视"教育即与拥护这一宣言教育紧密结合在一起进行，中央和地方报刊、电台，大量刊登和播送"三视"教育材料。学校师生和文艺工作者，纷纷组成宣传队走上街头和下厂、下乡，以极大的政治热情投入抗美援朝宣传活动。利用墙报、宣传画、声讨会、座谈会、报告会等形式，有针对性地进行宣传教育，力求做到家喻户晓，深入人心。各民主党派、人民团体普遍召开会议，对各自联系的单位、群众进行宣传教育，并提出了在抗美援朝运动中的具体奋斗目标。各地普遍召开抗美援朝代表会议，吸收各族各界人民代表参加，统一思想认识，研究如何加强抗美援朝工作。毛泽东对这一宣传教育运动高度重视，多次在有关报告上作出批示，并向全国转发了北京和南京两市开展这一活动的好做法、好经验。

1951年2月2日，中共中央发出《关于进一步开展抗美援朝运动的指示》，2月中旬，中共中央政治局会议决定"在全国范围内继续推行这个运动，已推行者深入之，未推行者普及之，务使全国每处每人都受到这种教育"。据此，抗美援朝总会于3月14日发出了《在全国普及深入抗美援朝运动的通告》，要求务使全国每一处、每一人，都受到爱国主义和国际主义教育，都能积极参加抗美援朝、保家卫国行动。

经过这一宣传教育活动，清除了百余年来帝国主义侵略特别是美帝国主义侵略，造成的部分中国人中亲美、恐美、崇美心理，使中国人民懂得了美国侵略者是我们不共戴天的敌人，懂得了抗美援朝就是保家卫国，普遍提高了爱国主义和国际主义觉悟，增强了民族自尊心和自信心，坚定了争取抗美援朝战争胜利的信念，在中国共产党的领导下，团结一致，同仇敌忾，竭尽全力，支援抗美援朝战争。

（二）动员参军参战支前

为保证志愿军在前线作战和建设现代化国防军的需要，1950年12月1日和1951年6月24日，中央军委和政务院两次发出招收青年学生、工人参加各种军事干部学校学习的决定，在抗美援朝战争期间，每年都两次征集20万左右青年参军参战，中央人民政府和中央军委并以东北行政区为抗美援朝战争总后方基地，动员民工组织大车队、担架队以及各种技术人员，到朝鲜担负战场勤务。

为做好这些工作，抗美援朝总会多次发出通知、指示，号召各地总分会、分会配合各当地人民政府，动员参军参战支前，1951年2月1日并与中国红十字总会联合发出《关于组织医疗队的通知》，组织医务人员到朝鲜担负战地救护勤务。

1950年年底和1951年年初，全国掀起了参军参战支前热潮，各族青年踊跃参军参战，父母送儿子、妻子送丈夫、兄弟争相入伍的动人事迹屡见不鲜。成千上万的铁路员工、汽车司机、医务工作人员和大批农民，纷纷组成运输队、医疗队、担架队等，志愿开赴朝鲜前线，担任战地各种勤务工作，为中国人民志愿军和朝鲜人民军服务，为抗美援朝战争作贡献。

据不完全统计，抗美援朝战争期间，全国先后参加志愿军赴朝参战达290余万人，仅东北地区即动员了近40万人参军（其中参加志愿军的30余万人），70余万人组成大车队、担架队，还有汽车司机、铁路员工、医务人员等4.5万人，前往担负战场勤务。从人力上有力地支援和保证了志愿军作战的胜利。

青年踊跃报名参军

准备支前的汽车司机

支前民工队伍

（三）组织慰问最可爱的人

1951年1月12日和22日，中共中央先后发出了关于募集救济品、慰劳品和组织慰问志愿军和人民军的指示。据此，抗美援朝总会于1月14日和22日，先后发出了《关于在全国发起慰劳中国人民志愿军和朝鲜人民军并救济朝鲜难民的通知》和《关于组织慰问团的通知》。志愿军第二次战役结束后，著名作家魏巍到朝鲜进行战地采访，将志愿军第三十八军一一二师三三五团三连在松骨峰与美军英勇作战的动人事迹，写成了通讯《谁是最可爱的人》，于1951年4月11日在《人民日报》上发表。从此，祖国人民把一个崇高的称号——"最可爱的人"送给了志愿军全体将士。全国各族人民积极响应抗美援朝总会的号召，掀起了向志愿军募集慰问品、慰问金和慰问信的热潮。中国人民发自内心支持和拥戴志愿军的慰问信、慰问袋等，纷纷寄送到战斗在朝鲜前线的英雄儿女手中。仅当月，各地就寄慰问金人民币114万余元、慰问信45万封、慰问袋36万余个、慰问品61万余件。据不完全统计，从1950年11月20日至1952年1月21日，全国各族人民包括海外华侨共募集慰问金2165万余元人民币，表达全国人民对志愿军的热爱之情，鼓励他们英勇杀敌，为抗美援朝战争的胜利奋斗。

为了更直接地向中国人民志愿军和朝鲜军民表达尊敬和爱戴之情，抗美援朝总会于1951年4月、1952年9月和1953年10月，先后组织三届大规模中国人民赴朝慰问团，前往朝鲜慰问中国人民志愿军和朝鲜人民军。慰问团带去了祖国人民大量的慰问金、慰问品和慰问信。随团的文艺工作者们不辞辛苦、不避艰险，在美军飞机经常袭扰下，为指战员们做了千百次精彩的表演，不少演员还深入到前沿阵地为战士们进行演唱，把祖国人民的温暖送到每个战士的心坎上，有的还献出了宝贵生命。

这些慰问活动极大地鼓舞支援了中国人民志愿军和朝鲜军民。

抗美援朝总会还多次邀请中国人民志愿军归国代表团和朝鲜人民军访华团，到全国各地作报告，以志愿军和朝鲜人民军在前线的英勇作战事迹，激励全国人民的爱国之情。

在抗美援朝总会组织下，中国人民还节衣缩食，运送大批粮食和物资，救济朝鲜人民。据不完全统计，先后救济粮食2130万斤、棉花40万斤、肉20车皮、毛毯11万条、布3.5万匹、棉衣36万套、鞋15万双、毛巾15万条、其他物资127万箱，还有大批医疗药品和器材，等等。

（四）开展订立爱国公约和增产节约运动

订立爱国公约，是人民群众在抗美援朝运动中的创造。为了把这一很有意义的运动

1953年10月下旬，贺龙率中国人民第三届赴朝慰问团到达志愿军总部所在地桧仓，志愿军代司令员兼政治委员邓华、副司令员杨得志等热烈欢迎慰问团

在全国普及深入地开展起来，中共中央和中国人民抗美援朝总会于1951年6月1日发出推行爱国公约优待烈军属的指示和号召。这一运动，是群众表达爱国决心和爱国行动的一种好形式，把抗美援朝保家卫国的爱国热情与实际行动结合起来，用公约的形式加以强化和巩固。把开展生产竞赛、优待烈军属、反对美日单独媾和、拥护世界和平理事会关于缔结和平公约签名均列为爱国公约的内容。1951年10月，中共中央发出增加生产、厉行节约号召后，也把增产节约列为爱国公约的内容。人人按照订立的公约执行，在一定时期内完成爱国公约所订目标任务。订立爱国公约的群众性活动，在全国普遍推广，是深入持久进行抗美援朝运动的一个重要步骤。在中国人民抗美援朝总会的号召下，全国80%以上的人口订立了爱国公约，并以此作为行动的准绳，身体力行。这一运动，把抗美援朝运动推向深入持久。

订立爱国公约

订立爱国公约运动，推动了全国工业、农业、商业、交通等各条战线的生产竞赛和增产节约活动，调动了全国人民的革命生产积极性，掀起了人人为抗美援朝作贡献、人人为生产建设作贡献的热潮，大大提高了生产效率，促进了财政税收的增加，增强了国防力量，加速了生产建设的恢复和发展。

与此同时，广泛开展拥军优属活动。在"先军属，后自己"的口号下，尽一切努力帮助志愿军和解放军烈、军属，解决生产和生活上的困难，安排好他们的生活。对于特别困难的烈、军属，当地人民政府拨出优抚专款予以救济，并发动群众捐助实物、现金，保证他们的生活达到当地群众的平均水平。元旦、春节和"八一"等重大节日，普遍组织对烈、军属的慰问，解除志愿军和解放军广大指战员的后顾之忧。广大烈、军属不仅积极参加各项社会政治活动和做好本职工作，还写信鼓励前线的亲人英勇作战，杀敌立功。

在抗美援朝总会组织下，1951年五一国际劳动节前后，全国有2.299亿多人参加了抗美援朝、反对武装日本、保卫世界和平的示威游行。从1951年4月到7月，全国4.75亿人口中，有3.399亿多人参加投票反对美国武装日本，有3.44亿多人参加支持世界和平理事会关于缔结和平公约的签名。反对美国侵略的爱国运动达到空前规模。

（五）组织开展捐献飞机大炮运动

为改善志愿军和解放军的武器装备，增强作战能力，1951年6月1日，中共中央和中国人民抗美援朝总会发出了开展捐献飞机、大炮运动的指示和号召，抗美援朝总会又于6月7日，就捐献的具体办法发出通知，进一步强调了捐献运动必须有充分深入的宣传和周密的组织工作，必须与增加生产、增加收入相结合，必须贯彻自愿的原则。

各工厂、农村、机关、学校、街道以及各民主党派、各人民团体和工商业者同业工会等组织，纷纷制订了捐献武器计划。

在捐献武器运动中，很多地方、单位和个人，都把捐献武器列入爱国公约之内，作为参加抗美援朝运动的一项重要实际行动。广大干部、工人、农民、学生、教职员工、民主人士、文学艺术工作者、各少数民族以及海外华侨和驻外使领馆工作人员踊跃捐献，绝大多数地区提前、超额完成了原定的捐献计划，并且涌现出大批成绩显著的单位和个人，出现许多感人至深的事迹。从1951年6月1日至1952年5月31日，全国各族各界爱国同胞共捐献了人民币5.56亿元，相当于3710架战斗机的价款。捐献武器运动所取得的辉煌成就，购买的武器源源不断地运往朝鲜前线，使中国人民志愿军的武器装备有了明显改善，战斗力得到提高，为赢得抗美援朝战争胜利提供了重要物质保证。

此外，1952年1月，美国当局不顾国际公法，违反人道主义，在朝鲜战场和中国东北地区秘密实施细菌战。为配合中朝两国政府和军民的反细菌战斗争，抗美援朝总会还组织有中国红十字总会，各人民团体和有关方面专家、学者组成的"美帝国主义细菌战调查团"，分赴朝鲜和中国东北地区进行现地调查，并公布了调查报告，有力地揭露和控诉了美国细菌战的罪行。

周恩来曾经指出，抗美援朝运动"动员的深入、爱国主义的发扬，超过了过去任何反帝国主义运动，这是一个空前的、大规模的、全国性的、领导与群众结合的运动，它的力量将是不可打破的。中华民族的觉醒，这一次更加高扬起来了，更加深入化了"[①]。

中国人民抗美援朝运动的开展，有力地支援了中国人民志愿军在朝鲜的作战，在中国人民志愿军和朝鲜人民军的打击下，以美国为首的"联合国军"被迫于1953年7月27日在朝鲜停战协定书上签字，历时两年零九个月的抗美援朝战争胜利结束。

1953年9月12日，毛泽东在总结抗美援朝伟大胜利的经验时说："领导是一个因素，没有正确的领导，事情是做不好的。但主要是因为我们的战争是人民战争，全国人民支

---

① 《周恩来军事文选》第四卷，人民出版社，1997年，第230页。

湖南湘潭农民谭楚云将每天挑水积攒的钱存放在竹筒里,为捐献飞机大炮作贡献

江苏泰县姜堰小学学生发起捐献儿童号飞机倡议,这是少年儿童捐献的"中国少年先锋号"飞机

援,中朝两国人民并肩战斗。""我们的经验是:依靠人民,再加上一个比较正确的领导,就可以用我们的劣势装备战胜优势装备的敌人"①。

与此同时,这一运动有力地促进了国民经济的恢复,1952年下半年,国民经济恢复按原计划完成,从1953年开始,中国进入了有计划的大规模经济建设。

1953年7月28日,中国人民抗美援朝总会向中国人民志愿军司令员彭德怀及志愿军全体指战员发去致敬电。7月31日,中国人民志愿军领导机关给中国人民抗美援朝总会发来贺电,祝贺祖国人民抗美援朝运动的伟大胜利。至此,全国抗美援朝运动基本结束。*

---

① 《建国以来毛泽东军事文稿》中卷,军事科学出版社、中央文献出版社,2010年,第173、第174—175页。
* 本节是作者与军事科学院研究员邓礼峰共同撰写的一篇文章,题目《抗美援朝运动的组织领导与开展》,被收入《支援抗美援朝纪实》一书作为代序,中国文史出版社,2000年。

你不了解的抗美援朝战争

中苏联盟在抗美援朝战争中发挥了什么作用

  1949年12月至1950年2月,中华人民共和国中央人民政府主席毛泽东率中国政府代表团访问苏联,于1950年2月14日同苏联政府缔结了有效期为30年的《中苏友好同盟互助条约》。《条约》规定:"缔约国双方保证共同尽力采取一切必要的措施,以期制止日本或其他直接间接在侵略行为上与日本相勾结的任何国家之重新侵略与破坏和平。一旦缔约国任何一方受到日本或与日本同盟的国家之侵袭因而处于战争状态时,缔约国另一方即尽其全力给予军事及其他援助。""双方并宣布愿以忠诚的合作精神,参加所有以确保世界和平与安全为目的之国际活动,并为此目的之实现充分贡献其力量。""缔约国双方保证以友好合作的精神,并遵照平等、互利、互相尊重国家主权与领土完整及不干涉对方内政的原则,发展和巩固中苏两国之间的经济与文化关系,彼此给予一切可能的经济援助,并进行必要的经济合作。"在缔结这一条约的同时,中苏两国还签订了《关于苏联贷款给中华人民共和国的协定》。中国同苏联建立友好同盟时,还没有料到很快就同美国进行一场战争,但中苏同盟的建立在中国人民的抗美援朝战争中发挥了极为重要的作用,这个作用用一句话概括,就是苏联是中国人民进行抗美援朝战争的强大后盾。周恩来在中国人民政治协商会议第一届全国委员会第十八次常务委员会会议上的报告中就说过,抗美援朝,"在政治上,我们有同盟国家,友好国家的支援"[1]。苏联是中国人民进行抗美援朝战争强大后盾的主要表现如下:

  ❄ 第一,在国际政治中有力地牵制了美国,使其不敢将战争扩大到中国境内

  中苏同盟建立虽不是针对美国,但中苏同盟建立本身,在抗美援朝战争中就对美国将朝鲜战争扩大到中国境内具有威慑作用。1950年10月5日,斯大林在给毛泽东的电报中

---

[1] 《周恩来军事文选》第四卷,人民出版社,1997年,第76页。

关于中国出兵抗美援朝问题表明了苏联政府的态度。他在电报中说："当然，我也考虑过，美国尽管没有做好大战的准备，仍可能为了面子而被拖入大战，这样一来，自然中国将被拖入战争，苏联也将同时被拖入战争，因为它同中国签有互助条约。这需要害怕吗？我认为不需要，因为我们在一起将比美国和英国更有力量。德国现在不能给美国任何帮助，而欧洲其他资本主义国家更不会成为重要的军事力量。如果战争不可避免，那就让它现在就打，而不要过几年以后。"

朝鲜战争期间，曾任"联合国军"总司令的麦克阿瑟和曾任美第八集团军司令官的范佛里特等，一直主张将战争扩大到中国境内，而美国军政当局始终没有采纳他们的主张，始终没有将战争扩大到中国境内，包括没有使用原子弹和放弃1953年春大规模登陆冒险企图。所以如此，美国军政当局的主要考虑，就是中国和苏联签订了友好同盟互助条约。1951年5月初至6月下旬，美国参议院军事委员会和外交委员会联合主持召开的关于美国在朝鲜应采取什么政策问题的听证会上，当时的美国国务卿迪安·艾奇逊在听证会上就指出：如果把战争扩大到中国，就会给俄国一个合法的借口干涉这一战争，中苏之间的条约具备这样的性质。同时中国人也会根据这个条约，要求俄国人这样做[1]。德怀特·艾森豪威尔在1952年11月当选为美国第三十四届总统后，考虑结束朝鲜战争出路时放弃大规模登陆冒险的选择，也是由于这个考虑。艾森豪威尔在回忆录中说，如果"采取除了常规的地面进攻以外的行动"，即不惜进行一次大规模的军事冒险：发动大规模的攻势，把战争扩大到朝鲜以外，"同时打击中国在满洲的机场，封锁中国海岸，还要采取其他类似措施"。这需要增加至少3个美国师的兵力，和再扩充南朝鲜军两个师的兵力。为了"避免进攻时付出过分高昂的代价"，还要使用原子弹。但是原子弹对于具有坚固地下工事的志愿军和人民军作用不大，并且要取得盟国主要是英国的赞同，否则会"和盟国之间造成分裂情绪"。美国最担心的还是苏联可能作出反应，担心美国占领的日本遭到苏联报复攻击[2]。

第二，在军事上，苏联对中国和中国人民抗美援朝战争提供了有力援助

一是为中国人民志愿军在朝鲜作战提供了大量武器装备。从1951年春起，志愿军步兵武器即陆续全部统一更换了苏联装备。志愿军空军装备的所有飞机、志愿军炮兵装备

---

[1] 《参考消息》，1951年6月5日。
[2] [美]德怀特·艾森豪威尔：《艾森豪威尔——白宫岁月（上）：受命变革（一）》，生活·读书·新知三联书店，1978年，第210—213页。

的主战火炮（包括122毫米口径、152毫米口径榴弹炮和喀秋莎火箭炮等）、志愿军反坦克炮兵装备的76.2毫米口径野炮、志愿军高射炮兵装备的所有高炮、志愿军装备的所有坦克、志愿军装备的所有卡车，都是来自苏联的援助。

二是苏联在保密状态下派出空军部队从1951年第二季度开始掩护朝鲜清川江以北地区铁路运输。

三是苏联派出空军部队协助中国进行国土防空，从1950年10月到1951年下半年先后派出11个歼击机航空兵师协助中国担负国土防空任务。

四是苏联为中国人民解放军现代化建设以中国贷款购买方式从1951年年底开始提供了60个陆军师的装备（其中相当部分用于志愿军抗美援朝战争，另有4个师的装备给了朝鲜人民军）。

虽然中国为解决志愿军战场作战需要向苏联请求的武器装备，并非都是有求必应，比如关于122毫米和152毫米榴弹炮炮弹等苏式炮弹不能满足需要，60个陆军师装备的谈判也并非一帆风顺等，但苏联的军事支援，为志愿军取得抗美援朝战争胜利和中国人民解放军加强现代化建设，起了极为重要的作用。

第三，在经济上，积极帮助中国打破西方国家的经济封锁，大力援助中国建设工业基础

早在中华人民共和国成立伊始，美国联合15个西方国家组成的"巴黎统筹委员会"就开始对中国实施经济禁运，并积极支持和配合跑到台湾岛的蒋介石集团利用海空军封锁阻挠任何国家商船进入中国大陆港口。1950年6月朝鲜内战爆发后，美国在武装干涉朝鲜内战的同时，又以其海军第七舰队侵入台湾海峡，直接封锁中国大陆。中国人民志愿军赴朝鲜参战后，美国为对中国人民志愿军的参战实施报复，于1950年12月开始，对中国大陆（包括香港和澳门）实施全面禁运，并将中国在美国的所有公私财产置于美国的管制之下，禁止所有国家在美国注册的船只驶往中国港口。1951年5月中旬，美国操纵联合国大会通过了对中国和朝鲜实施禁运的决议。根据这个决议，美国联合40多个西方国家对中国实施了禁运。

为帮助中国打破美国为首的西方国家对中国的经济封锁，苏联积极同中国发展贸易，1950年中苏贸易额约占中国对外贸易总数的30%，到1953年则为56.3%[①]。同时以苏

[①] 《当代中国对外贸易》（上），当代中国出版社，1992年，第258—259页。

联为首的民主阵营其他国家，如保加利亚、罗马尼亚、匈牙利、捷克斯洛伐克、波兰、民主德国、阿尔巴尼亚、蒙古、越南等，先后与中国签订了贸易协定。其中民主德国和捷克斯洛伐克分别成为中国第二、第三大贸易伙伴。波兰还同中国建立了中波合营轮船公司，中国或中国委托他国从西方国家进口的禁运物资，大部分是由该公司运输的。中国同民主国家的贸易额，1950年占中国对外贸易总额的32.4%，1951年上升为52.9%，1952年上升为72%，1953年上升为76%①。这对打破美国为首西方国家对中国的封锁、禁运起了重要作用。

新中国成立后，20世纪50年代，苏联援助中国156个大型工程建设项目，其中有141个项目就是在抗美援朝战争期间援助的。苏联为这些工程建设项目提供成套设备，派遣专家，从设计、施工、技术培训到仿制生产等方面提供全面技术援助。苏联还帮助中国原有几十个军工企业进行扩建和技术改造。苏联的援助，为新中国的工业建设包括国防工业建设奠定了主要基础。

第四，在外交上，坚决同美国孤立中国的政策作斗争

新中国一成立，美国就对新中国采取外交上孤立的政策，并联合西方国家拒绝承认新中国的合法地位，拒绝恢复中华人民共和国在联合国的合法席位。对此，苏联采取了坚决斗争的方针。从1950年1月起，为抗议美国拒绝恢复中华人民共和国在联合国的合法席位，苏联驻联合国代表则拒绝参加联合国会议。美国武装干涉朝鲜内战后，1950年8月，苏联驻联合国代表根据苏联政府指示，重新参加联合国安全理事会会议，并担任8月安全理事会轮值主席。8月4日，苏联代表提出了和平解决朝鲜问题的提案，并在提案中提出，在讨论朝鲜问题时，应邀请中华人民共和国的代表参加。同月24日，周恩来以中国外交部部长身份致电当月联合国安全理事会主席苏联代表马立克和联合国秘书长，代表中华人民共和国中央人民政府就美国武装侵略中国领土台湾问题向联合国提出控诉案，要求联合国安理会立即采取措施制裁美国武装侵略中国领土的罪行。美国驻联合国代表极力阻挠和反对将其列入联合国安全理事会议程。而当月安全理事会主席、苏联代表马立克据理力争，会同其他国家代表坚决支持中国政府的要求，联合国安全理事会最终将中国政府控诉美国武装侵略台湾案列入议程。11月下旬，中华人民共和国代表（伍修权）首次出席联合国会议，于28日在安全理事会上控诉了美国侵略台湾的罪行，并代

---

① 《当代中国对外贸易》（上），当代中国出版社，1992年，第19页。

表中国政府提出三点建议:"一、联合国安全理事会公开谴责,并采取具体步骤严厉制裁美国政府武装侵略中国领土台湾和武装干涉朝鲜的罪行。二、联合国安全理事会立即采取有效措施,使美国政府自台湾完全撤出它的武装侵略力量,以保证太平洋与亚洲的和平与安全。三、联合国安全理事会立即采取有效措施,使美国及其他外国军队一律撤出朝鲜,朝鲜内政由南北朝鲜人民自己解决,以和平处理朝鲜问题。"这是联合国会场上第一次响起新中国外交代表的正义之声,在世界上引起了巨大轰动。在1951年2月1日美国操纵联合国大会通过诬蔑中国为"侵略者"的决议,5月18日美国操纵联合国大会通过对中国和朝鲜实行禁运的决议,9月初美国操纵片面对日本媾和的《旧金山和平条约》签字等,苏联代表及以苏联为首的民主阵营国家代表都坚决反对。

总之,因为中苏两国建立了同盟,苏联成为中国人民进行抗美援朝战争的强大后盾,对中国人民取得抗美援朝战争的胜利提供了强力的支援和保证。

抗美援朝战争中毛泽东、斯大林、金日成是什么关系

斯大林是共产主义运动的领袖，毛泽东和金日成都十分尊重他。在朝鲜战争中，毛泽东、斯大林、金日成之间的关系，以中国人民志愿军参战为标志，前后有所不同。在此之前，金日成与斯大林直接联系，根据斯大林的意见进行有关战争的决策和指导，金日成与毛泽东之间基本没有联系，有关朝鲜战争的情况，由斯大林向毛泽东作些通报。在此之后，是毛泽东与斯大林直接联系，毛泽东也与金日成相互联系，金日成一般不与斯大林直接联系。在抗美援朝战争中，有关毛泽东、斯大林、金日成之间的关系大体如下。

一、有关战争形势的分析、战争指导方针和原则等都由毛泽东为首的中国方面提出，斯大林表示肯定和赞成

斯大林在接到1950年9月29日金日成、朴宪永联名请求苏联直接出兵援助的信后，于10月1日给毛泽东的电报中建议中国出兵支援朝鲜时，就明确指出："中国部队可以志愿者身份出现。当然，由中国的指挥员统率。"中国人民志愿军入朝时，朝鲜人民军主力被隔在三八线以南，并且大部失去联系，新组建的部队尚未完成训练，以金日成为最高统帅的朝鲜人民军最高司令部控制的部队只有3个多师尚可坚持作战，已无力阻止美国为首的"联合国军"的进攻。志愿军入朝后第一、第二次战役，人民军只有零星部队配合，从第三次战役开始，志愿军和人民军在统一指挥下联合作战，但仍是以志愿军为主体进行作战，直至朝鲜停战，一般志愿军在第一线作战的为6～11个军，而人民军在第一线作战的为3～4个军团。不但志愿军由中国指挥员指挥，而且关于战争形势的分析判断、战争中一系列重大决策和方针等，都是由毛泽东或周恩来等中国方面提出具体意见和主张，征得金日成的同意后实施。许多也都报告给斯大林，征求斯大林的意见。斯大

毛泽东与斯大林在一起

毛泽东与金日成在一起

林基本上都是表示同意或赞成。

如在志愿军将美国为首的"联合国军"打退到三八线后，是否越过三八线作战问题，1950年12月4日，中国驻苏联大使王稼祥因有事准备回国，向苏联副外长安·葛罗米柯辞行。王稼祥就朝鲜战场形势问道："从政治角度看，中国军队在成功地继续进攻的情况下，是否应该越过三八线？"葛罗米柯非正式地表达了苏联方面的意见："鉴于当前朝鲜的形势，提出'趁热打铁'这句古老的谚语是十分恰当的。"这虽然是王稼祥与葛罗米柯之间的谈话，但实际上反映了两国领导人毛泽东和斯大林的意图。紧接着，12月5日，联合国13个亚非国家阿富汗、缅甸、埃及、印度、印度尼西亚、伊朗、伊拉克、黎巴嫩、巴基斯坦、菲律宾、沙特阿拉伯、叙利亚和也门代表团，"呼吁北朝鲜当局和中华人民共和国中央人民政府立即声明它们没有意思使它们控制下的任何部队前往三八线以南"。中国领导人认真地考虑了这个问题，拟制了如下五个条件：1.所有外国军队撤出朝鲜；2.美国军队撤出台湾海峡和台湾岛；3.朝鲜问题应由朝鲜人民自己解决；4.中华人民共和国的代表参加联合国并从联合国中逐出蒋介石的代表；5.召开五大国外长会议准备对日和约。采纳上述五个条件，即可召开五大国代表会议，签订停战条件。12月7日，中国政府通过苏联驻中国大使，征求了斯大林的意见，斯大林"完全同意"中国政府的这五个条件，并且指出在联合国未就停止朝鲜军事行动问题拿出意见之前，不宜亮出这些底牌。

1951年2月，毛泽东根据战场情况，决定志愿军实行轮番作战的方针，6月至7月毛泽东关于准备与美方进行停战谈判和拟就的谈判议程，8月下旬毛泽东就美方在谈判期间在中立区滋事破坏，朝中方面宣布暂停谈判，11月中旬毛泽东关于军事分界线问题谈判将达成协议对谈判形势的估计，1952年1月和2月毛泽东关于谈判中停战安排方案的考虑，12月毛泽东关于美国可能进行大规模登陆军事冒险的判断，等等，均报告给斯大林。斯大林的复电用词基本上是"我们同意你关于朝鲜未来战争的看法"，"对你们的建议我们没有异议"，"我们认为你们的观点是正确的"，"我们同意你对谈判目前形势的评价"，"同意你所拟订的计划和你对谈判进程作出的估计"等等。

二、在个别问题上金日成与毛泽东产生意见分歧，斯大林裁决支持毛泽东

抗美援朝战争期间，中国方面和朝鲜方面在重大问题上的认识总体上是一致的，但有时也有意见分歧，为能在战争中达成行动上的一致，毛泽东均将情况报告斯大林，由

斯大林作出裁决。斯大林的裁决都是支持中国方面的意见，比较突出的有如下几例：

一是关于组建志愿军和人民军联合指挥机构问题。从志愿军入朝开始，彭德怀就主张建立志愿军和人民军联合指挥机构，以便于作战。彭德怀直接或通过朝鲜派到志愿军担任联络的朴一禹，几次与金日成和苏联驻朝鲜大使史蒂科夫进行协商，史蒂科夫也主张建立联合指挥机构，但直到第一次战役结束后，第二次战役诱敌深入已开始的1950年11月中旬，仍没有结果，并且在第一次战役即将结束时，已经发生了人民军误击志愿军事件。11月13日，周恩来就此起草了毛泽东致斯大林的电报，指出："彭德怀同志提议，希望金日成同志和史蒂科夫同志能常驻前方，并由金日成、史蒂科夫、彭德怀组织三人小组，负责决定军事政策，包括建军、作战、正面战场和敌后战场以及与作战有关的许多现行政策，求得彼此意见一致，以利战争进行。我们同意这个提议，现特电告，请求您的指示。如您认为可行，即请由您处向史蒂科夫同志和金日成同志提出为妥……现在的重要问题是朝、苏、中三国在那里的领导同志们能很好地团结，对各项军事政治政策能取得一致的意见，朝鲜人民军和中国人民志愿军在作战上能有较好的配合……胜利是有把握的。"斯大林接电后，于当月16日回电，提出同意由中国同志统一指挥，并将此意同时电告金日成和史蒂科夫[①]。致使第二次战役西线作战结束后，12月上旬，经毛泽东、周恩来、刘少奇与金日成协商，组成了志愿军和人民军联合司令部，实现了志愿军和人民军作战的统一指挥。

二是关于第三次战役结束后是否立即发起新的进攻问题。第三次战役于1950年12月31日黄昏发起，总体发展比较顺利。彭德怀鉴于志愿军和人民军在进攻中未能大量歼灭敌人有生力量，"联合国军"似在有计划地撤退，企图诱使志愿军和人民军向南深入，造成志愿军和人民军侧后东西海岸防御空虚，侧翼暴露，以便其利用海空军优势，实施侧后登陆，对志愿军和人民军进行南北夹击。而志愿军经过三次战役后，减员较大，疲劳异常，亟须休整补充，又因战线向前推进，志愿军后方运输线延长，且运输能力本身就弱，又遭美国空军严重封锁破坏，供应非常困难。为了避免前进过远而陷于不利的境地，并为准备进行春季攻势，遂于1951年1月8日结束了第三次战役。1月10日前后，苏联驻朝鲜大使兼军事顾问及金日成、朴宪永对彭德怀结束战役，停止追击均表示不满，主张立即发起新的攻势作战，并发生争执。第二次战役结束后苏联驻朝鲜大使兼军事顾问，就曾当面指责彭德怀：打了胜仗为什么不追击？世界上哪有这种打法？事情反映到毛泽东和斯大林那里，斯大林说，彭德怀以那样劣势装备打败世界上最强大的美国军队，是当代军事天才，彭德怀

---

① 《建国以来周恩来文稿》第三册（周恩来起草毛泽东给彭德怀、高岗的电报），中央文献出版社，2008年，第515页。

的意见是正确的①。

三是1952年7月关于是否接受美方提出遣返人民军和志愿军被俘人员数额问题。至1952年6月底，美方为强迫扣留志愿军和人民军被俘人员，对战俘采取法西斯手段进行的强行"甄别"全部结束。就是这样，美方"甄别"的结果，要求遣返的战俘也不是美方于4月19日宣布的7万人，而是8.3万人。7月13日，在谈判双方代表团大会上，美方将这一新数字通知了朝中方面。在8.3万人中，有朝鲜人民军战俘7.66万人，约占应遣返人民军人数的80%；中国人民志愿军战俘6400人，约占应遣返志愿军人数的32%。二者比例极不相称。美方声称这是最后的、坚定的、不可更改的方案。毛泽东和周恩来认为，如果美方真愿停战，那么在其承认收容的11.6万战俘中，至少应提出遣返9万上下的数字，"这个数目虽还不是全部遣返，但已经是绝大部分遣返"。"我们准备与其达成协议，而将其余两万多人保留到停战后继续解决。"② 美方宣布的这一遣返数字中，朝鲜人民军的遣返人数和志愿军的遣返人数，占各自应遣返人数的比例相差如此之大，带有明显的挑拨性，并且是在其空军对朝鲜北方电力系统和平壤市进行大规模轰炸的军事压力下宣布的，因此是不能接受的。而此时，金日成则主张接受美方这一方案，以实现停战。毛泽东、周恩来经两日考虑，于7月15日发出由周恩来起草以毛泽东名义致金日成的电报，对此事进行了分析，表明了态度。同日，毛泽东将对这一问题的分析电告斯大林。16日，斯大林复电，认为"你们在和平谈判中所持的立场是完全正确的"③。8月15日至9月22日，周恩来率中国政府代表团出访苏联，主要讨论中国第一个五年计划问题。这期间也多次与斯大林讨论了朝鲜的形势问题，9月初，金日成、朴宪永和彭德怀也前往莫斯科，中、朝、苏三国领导人共同讨论了朝鲜的形势和停战谈判问题，并取得了一致的意见。

三、对斯大林反对的个别主张，毛泽东仍根据战争实际坚持贯彻实行

这主要是毛泽东总结运动战期间志愿军五次战役的情况，于1951年5月26日致彭德怀电报提出的对美英军打小歼灭战的方针。5月27日，毛泽东将这个电报的内容通报给斯大林。斯大林在29日给毛泽东的回电中认为，这个方针是"冒险的"，很易被美英军识

---

① 洪学智：《抗美援朝战争回忆》，解放军文艺出版社，1990年，第110—112页；杜平：《在志愿军总部》，解放军出版社，1989年，第168页。
② 1952年7月15日，毛泽东致菲利波夫电报。见《周恩来年谱》（1949—1976）上卷，中央文献出版社，1997年，第249页。
③ 《周恩来年谱》（1949—1976）上卷，中央文献出版社，1997年，第250页。

破,"拿蒋介石军队作类比,也是不能令人信服的",一旦美英军向北推进,并建立一道道防线,你们突破防线就会付出巨大损失。他建议:"看来你们将要准备一次重大的战役,其目的当然不是为了局部机动,而是为了给美英军以沉重打击。"毛泽东和中国人民志愿军并未接受斯大林的建议,而是根据战争实际情况,按打小歼灭战方针对部队进行了教育和部署。5月30日,彭德怀起草了致人民军前线总指挥金雄的信,就是根据毛泽东关于打小歼灭战的指示,提出了"三至六个月作战方针"。在粉碎"联合国军"1951年夏秋季局部攻势后,从10月底开始直至1953年7月朝鲜停战,志愿军在作战指导上就是贯彻的这个方针。

总之,在抗美援朝战争开始后,中国和朝鲜方面如何进行战争指导,在毛泽东、斯大林、金日成三人之间,形式上斯大林是核心人物,而实质上毛泽东是核心人物。

抗美援朝战争中志愿军参战部队累计有多少

参加抗美援朝战争的志愿军部队，先后共有陆军27个军另1个师、炮兵10个师共46个团、高射炮兵5个野战师又21个城防团和70余个独立营、装甲兵坦克9个团、工兵15个团、铁道兵10个师又1个团、公安部队两个师共11个团、空军歼击机10个师共21个团和轰炸机2个师，再加上志愿军总部机关、各兵团机关、后方勤务司令部的保障部队和不同时期补充的兵员等，先后参加抗美援朝战争的志愿军总人数达290万余人。同一时间在战场上志愿军兵力最高峰，是1953年春反登陆作战准备期间，总兵力为135万人。

一、参加抗美援朝战争的志愿军陆军部队

（一）陆军27个军又1个师

参加抗美援朝战争的陆军27个军中，有25个军直接参加作战。

第一军，下辖第一、第二、第七师，各师均编有炮兵团和坦克团，1953年1月下旬入朝，军长黄新廷（后唐金龙）、政治委员梁仁芥（后颜金生），参加了1953年春反登陆作战准备和1953年夏季反击战役。朝鲜停战后，1958年10月撤离朝鲜回国。

第十二军，下辖第三十一、第三十四、第三十五师，1951年3月下旬入朝，军长曾绍山（后肖永银）、政治委员李震，参加了第五次战役、1951年秋季局部战术反击作战、1952年春夏巩固阵地作战、1952年秋季战术反击作战和上甘岭战役、1953年春反登陆作战准备。朝鲜停战后，1954年4月撤离朝鲜回国。

第十五军，下辖第二十九、第四十四、第四十五师，1951年3月25日入朝，军长秦基伟（后李成芳代）、政治委员谷景生，参加了第五次战役、1952年春夏巩固阵地作战、1952年秋季战术反击作战和上甘岭战役、1953年春反登陆作战准备。朝鲜停战后，1954年4月撤离朝鲜回国。

第十六军，下辖第三十二、第四十六、第四十七师，各师均辖有炮兵团和坦克团，1951年9月军主力抵达吉林通化地区，为志愿军总预备队，军长尹先炳（后潘焱）、政治

委员陈云开（后吴保山），第四十七师入朝至咸兴地区，担负朝鲜东海岸防御任务，12月返回国内。1952年12月，全军入朝，参加了1953年春反登陆作战准备和1953年夏季反击战役。朝鲜停战后，1958年4月初撤离朝鲜回国。

第二十军，下辖第五十八、第五十九、第六十、第八十九师，1950年11月8日入朝，军长兼政治委员张翼翔，后谭佑铭为政治委员，参加了第二次战役和第五次战役，在第二次战役结束后整编撤销第八十九师。1952年10月撤离朝鲜回国。

第二十一军，下辖第六十一、第六十二、第六十三师。1953年3月15日入朝，军长吴咏湘、政治委员谢福林，参加了1953年春反登陆作战准备和金城战役。朝鲜停战后，1958年7月20日至8月1日分两批撤离朝鲜回国。

第二十三军，下辖第六十七、第六十九、第七十三师，1952年9月入朝，军长钟国楚、政治委员卢胜，参加了1953年春反登陆作战准备、1953年夏季反击战役。朝鲜停战后，1958年3月撤离朝鲜回国。

第二十四军，下辖第七十、第七十二、第七十四师，1952年9月12日入朝，军长王必成、政治委员廖海光（后皮定均任军长兼政治委员，张震任代军长兼代政治委员，梁金华任军长），参加了1953年春反登陆作战准备、1953年夏季反击战役和金城战役。朝鲜停战后，1955年10月撤离朝鲜回国。

第二十六军，下辖第七十六、第七十七、第七十八、第八十八师，1950年11月入朝，军长张仁初、政治委员李耀文，参加了第二次战役、第四次战役、第五次战役、1951年夏秋防御战役和1952年春夏巩固阵地斗争，第二次战役结束后整编撤销第八十八师。1952年6月撤离朝鲜回国。

第二十七军，下辖第七十九、第八十、第八十一、第九十四师，1950年11月初入朝，军长彭德清、政治委员刘浩天，参加了第二次战役、第五次战役和1951年夏秋防御战役，第二次战役结束后整编撤销第九十四师。1952年10月初撤离朝鲜回国。

第三十八军，下辖第一一二、第一一三、第一一四师，1950年10月22日入朝，军长梁兴初（后江拥辉任代军长、军长）、政治委员刘西元（后吴岱任代政治委员、政治委员），参加了第一至第四次战役、1952年春夏巩固阵地作战、1952年秋季战术反击作战、1953年春反登陆作战准备。1953年7月撤离朝鲜回国。

第三十九军，下辖第一一五、第一一六、第一一七师，1950年10月19日入朝，军长吴信泉（后张竭诚代）、政治委员徐斌洲（后李雪三），参加了第一至第五次战役、1952年春夏巩固阵地作战、1952年秋季战术反击作战、1953年春反登陆作战准备。1953年5月至7月撤离朝鲜回国。

第四十军，下辖第一一八、第一一九、第一二〇师，1950年10月19日入朝，军长温玉成、政治委员袁升平（后温玉成兼任），参加了第一至第五次战役、1952年春夏巩固阵地作战、1952年秋季战术反击作战、1953年春反登陆作战准备。1953年7月底撤离朝鲜回国。

第四十二军，下辖第一二四、第一二五、第一二六师，1950年10月19日入朝，军长吴瑞林、政治委员周彪，参加第一至第四次战役、1951年夏秋季防御战役和1952年春巩固阵地作战。1952年10月撤离朝鲜回国。

第四十六军，下辖第一三三、第一三六、第一三七师。1952年9月入朝，军长萧全夫、政治委员吴保山，参加了1953年春反登陆作战准备和1953年夏季反击战役。朝鲜停战后，1955年10月撤离朝鲜回国。

第四十七军，下辖第一三九、第一四〇、第一四一师，1951年4月11日入朝，军长曹里怀、政治委员李人林，参加修建朝鲜北部地区机场、1951年夏秋季防御战役、1952年春夏巩固阵地作战、1953年春反登陆作战准备。朝鲜停战后，1954年9月撤离朝鲜回国。

第五十军，下辖第一四八、第一四九、第一五〇师，1950年10月25日入朝，军长曾泽生、政治委员徐文烈，参加了第一至第四次战役。1951年4月12日，返回国内安东凤城地区休整。7月上旬，再次入朝，参加修建朝鲜北部地区机场，11月攻占西朝鲜湾大小和岛等10余个岛屿。参加了1953年春反登陆作战准备。朝鲜停战实现后，1955年3月撤离朝鲜回国。

第五十四军，下辖第一三〇、第一三四、第一三五师，1953年2月，该军第一三〇师先期入朝，5月全部入朝，军长丁盛、政治委员谢明，参加了反登陆作战准备和金城战役。朝鲜停战后，1958年7月撤离朝鲜回国。

第六十军，下辖第一七九、第一八〇、第一八一师，1951年3月18日入朝，军长韦杰（后张祖谅）、政治委员袁子钦，参加了第五次战役、1953年春反登陆作战准备、1953年夏季反击战役和金城战役。朝鲜停战后，1953年10月撤离朝鲜回国。

第六十三军，下辖第一八七、第一八八、第一八九师，1951年2月20日入朝，军长傅崇碧、政治委员龙道权，参加了第五次战役和1953年反登陆作战准备。朝鲜停战后，1953年9月撤离朝鲜回国。

第六十四军，下辖第一九〇、第一九一、第一九二师，1951年2月17日入朝，军长曾思玉（后唐子安）、政治委员王昭（后黄文明），参加了第五次战役、1951年夏秋季防御战役、1953年春反登陆作战准备。朝鲜停战后，1953年8月撤离朝鲜回国。

第六十五军，下辖第一九三、第一九四、第一九五师，1951年2月22日入朝，军长萧应棠（后王道邦兼）、政治委员王道邦，参加了第五次战役、1951年夏秋季防御战役、1952年春夏巩固阵地作战、1952年秋季战术反击作战和1953年春反登陆作战准备。朝鲜停战后，1953年10月撤离朝鲜回国。

第六十六军，下辖第一九六、第一九七、第一九八师，1950年10月26日入朝，军长萧新槐、政治委员王紫峰，参加了第一至第四次战役。1951年4月撤离朝鲜回国。

第六十七军，下辖第一九九、第二〇〇、第二〇一师，1951年6月21日入朝，代理军长李湘（后为军长，后邱蔚继任军长）、政治委员旷伏兆，参加1951年秋季防御战役、1953年春反登陆作战准备、1953年夏季反击战役和金城战役。朝鲜停战后，1954年9月、10月撤离朝鲜回国。

第六十八军，下辖第二〇二、第二〇三、第二〇四师，1951年7月入朝，军长陈坊仁、代政治委员李呈瑞（后任政治委员），参加了1951年秋季防御战役、1952年春夏巩固阵地斗争、1952年秋季战术反击作战、1953年春反登陆作战准备和金城战役。朝鲜停战后，1955年3月、4月撤离朝鲜回国。

第三十三师，1952年12月入朝，师长童国贵、政治委员史景班，参加了1953年春反登陆作战准备和金城战役。朝鲜停战后，1958年3月撤离朝鲜回国。

第三十六和第三十七军，参加抗美援朝战争，但没有参战作战。第三十六军，军长王建业、政治委员康建民，辖第一〇六、第一〇七师；第三十七军，军长张世珍、政治委员帅荣，辖第一〇九、第一一〇师。该两军于1951年9月7日入朝，担负清川江以北泰川、院里、南市三个机场的修建任务，当年10月底完成上述机场修建任务，11月底全部撤出朝鲜回国。

另1951年6月中旬志愿军和人民军组建了游击支队，准备到三八线以南开展游击战争，由于7月朝鲜停战谈判开始，游击支队未执行到三八线以南开展游击战争的任务，改在延安、白川地区剿匪，1952年8月，游击支队中的4个志愿军中队改为志愿军独立团。

（二）陆军各技术兵种部队

炮兵：先后有10个师共46个团参战。10个师的番号是榴弹炮第一、第二、第七、第八、第十、第十一师，火箭炮第二十一、第二十二师，战防炮第三十一、第三十三师。炮兵基本上以师为单位入朝，以团或营为单位配属各兵团或各军作战。1952年夏季巩固阵地作战期间，也有单独的炮战。志愿军炮兵从抗美援朝战争开始就参加作战，1951年下半年开始，炮兵在作战中发挥的作用越来越理想，步兵与炮兵的作战协同也越来越密切。1952年秋季战术反击作战中，炮兵协同步兵作战摧毁"联合国军"地堡和火力点，可达到70%。在抗美援朝战争中，志愿军炮兵共毙伤敌15.8万余人，击毁击伤"联合国军"火炮570余门、汽车880余辆、坦克940余辆，摧毁敌碉堡2490余个，为战争的胜利作出了重大贡献。

高射炮兵：先后有野战高射炮兵5个师另64个独立营，城防高射炮兵21个团另10个独立营、两个对空监视团、1个雷达营、5个探照灯营参战。5个野战师是高炮第六十一、第六十二、第六十三、第六十四师和第六十五师（第六十五师是朝鲜停战前成立）。野战高炮师和城防高炮部队主要用于掩护铁路重点桥梁和铁路运输，野战独立营主要用于掩护炮兵阵地和军以上指挥所。在抗美援朝战争中，志愿军高射炮兵共击落敌机2300余架，为战争的胜利作出了重要贡献。

装甲兵：先后参战共有9个坦克团，即第一、第二、第三、第四、第五、第六、独立第一、独立第二、独立第三团。另有坦克第五十三团徒手入朝，没有参战，后回国。志愿军装甲兵部队于1951年3月开始入朝，7月开始参加作战。在抗美援朝战争中，共参战240余次，共击毁击伤"联合国军"坦克74辆、火炮20门，摧毁地堡864个，为战争的胜利作出了重要贡献。

工兵：先后参加抗美援朝战争的共15个团，即工兵第三、第四、第六、第七、第八、第九、第十、第十二、第十四、第十五、第十六、第十七、第十八、第二十一、第二十二团。在抗美援朝战争中，志愿军工兵部队共新建道路2200多公里，加修和维护公路9600余公里；新建桥梁1100余座，总长6.3万余米；构筑坑道的土石方量28.5万多立方米，构筑指挥所、人员掩体和掩蔽部1.6万多个；排除地雷和定时炸弹6.3万余枚，修建飞机场120余万平方米，建造仓库、医院病房、营房等5.4万余座，为战争的胜利作出了重要贡献。

铁道兵：10个师又1个团。铁道抢修部队4个师又1个团，即铁道兵第一、第二、第三、第四师和铁道兵团直属桥梁团，这4个师又1个团于1950年11月至1951年6月先后入朝担负朝鲜铁道抢修任务。铁道新建部队6个师，即铁道工程第五、第六、第七、第九、第十、第十一师，1952年12月至1953年1月先后入朝，担负朝鲜铁路新建任务。在抗美援朝战争中，志愿军铁道兵部队，与朝鲜军民一起，共抢修、抢建、复旧正桥128.88公里，便线便桥127.79公里，线路1003.3公里，车站股道161.13公里，隧道122座次，给水310站次，通信线路2.03万余公里，使朝鲜北部铁路通车里程由志愿军入朝时的107公里延长到停战前的1382公里，与其他部队共同建成了一条"打不烂、炸不断的钢铁运输线"，为战争的胜利作出了重大贡献。

二、参加抗美援朝战争的志愿军空军部队

志愿军空军参加抗美援朝作战先后有歼击机10个师共21个团，轰炸机两个师。

志愿军空军歼击机部队于1950年12月参加实战练习，1951年9月开始，以师为单位轮番作战，掩护朝鲜北方重要工业目标和铁路运输。最先出动的是第四师，在苏联空军带领下作战，而后由第三师接替第四师作战。从1952年1月开始，志愿军空军新参战部队，即在第四、第三师即轮流带领下作战，先后有第二、第六、第十二、第十四、第十五、第十六、第十七、第十八师参战。志愿军轰炸机参战的是第八、第十两个师，为配合志愿军地面部队攻占位于西朝鲜湾的大和岛等岛屿，志愿军空军轰炸机第八、第十师，于1951年11月6日、29日和30日三次出动，在歼击机掩护下轰炸大和岛，直接支援地面部队作战。

在整个抗美援朝作战中，志愿军空军总共战斗起飞2457批26491架次，实战366批4872架次，有373名飞行员开炮，212名飞行员击落击伤美军飞机，共击落美机330架（其中F-86飞机211架）、击伤美机95架（其中F-86飞机72架）。志愿军空军被击落飞机231架、被击伤151架。牺牲空勤人员116名。

志愿军空军同苏联空军并肩作战，予侵略朝鲜的美国空军以严厉打击，对保卫朝鲜后方重要目标安全和保障后方运输线的畅通起了重要作用，对抗美援朝战争的胜利作出了重大贡献。中国人民空军也在战争中成长壮大起来。

除此，还有公安部队两个师共11个团先后参加抗美援朝战争，担任后方剿匪、警卫、物资押运、装卸和防空哨任务。两个师的番号是公安第一、第十八师。

据中央军委作战部统计，在两年零九个月的抗美援朝战争期间，人民解放军步兵部队受到朝鲜战争锻炼者共25个军76个师，约占步兵部队34个军108个师的70%。人民解放军公安部队17个师中有两个师经过了朝鲜战争锻炼，铁道兵10个师全部经过朝鲜战争锻炼。40%的空军部队得到了朝鲜战争锻炼。陆军各特种兵中73%的炮兵部队，30%的坦克部队，60%的防空部队，57%的工兵部队得到了朝鲜战争的锻炼。[1]

---

[1] 军委作战部：《朝鲜战争几个基本数字的初步总结》，1953年9月8日。

中国人民志愿军历任司令员和政治委员是谁

　　从1950年10月8日中国人民志愿军组成到朝鲜停战以后的1954年9月，中国人民志愿军司令员兼政治委员始终是彭德怀。其间，1952年4月上旬彭德怀回国治病，由陈赓主持志愿军的全面工作，按陈赓日记说法"彭之一切职务由我代理"。6月中旬陈赓回国筹建军事工程学院，由邓华继任志愿军代司令员兼代政治委员。7月彭德怀接替周恩来主持中央军委日常工作，仍兼任志愿军司令员和政治委员。1954年9月邓华接替彭德怀成为志愿军第二任司令员兼政治委员，同年11月杨得志接替邓华成为志愿军第三任司令员。1955年4月下旬杨勇接替杨得志成为志愿军第四任也是最后一任司令员。在邓华之后1955年3月李志民任志愿军政治委员，成为志愿军第三任政治委员。1957年8月王平接替李志民成为第四任也是最后一任志愿军政治委员。

　　志愿军第一任司令员兼政治委员彭德怀（1898—1974），湖南湘潭人，1916年入湘军当兵，1926年任营长，随部改编为国民革命军，参加北伐战争，1927年10月任团长。在中国革命处于低潮时的1928年4月加入中国共产党，同年7月22日与滕代远、黄公略领导平江起义，组建中国工农红军第五军，任军长兼师长，年底率红五军主力到井冈山与朱德、毛泽东领导的红四军会师，任红四军副军长兼团长。率部坚持湘鄂赣边区游击战争，1930年6月成立中国工农红军第三军团，任总指挥，曾率部攻入长沙，占领10日。10月与红军第一军团会合，成立红军第一方面军，任方面军副总司令兼红三军团军团长。1931年11月任中华苏维埃共和国中央军事委员会副主席。率部参加了中央苏区历次反"围剿"作战和红一方面军长征，作出了重大贡献。长征到达陕北后，毛泽东曾写诗赞扬他："山高路远坑深，大军纵横驰奔，谁敢横刀立马，惟我彭大将军。"1935年11月任西北革命军事委员会副主席，红军第一方面军司令员，参与指挥直罗镇战役，红一方面军东征、西征战役。1936年红军三大主力会师后，任红军前敌总指挥，具体指挥山城堡战役。全国抗日战争开始后，任八路军副总指挥，协助总指挥朱德指挥八路军开赴华北抗日前线，取得平型关战役等胜利。1940年8月组织指挥百团大战，历时3个多月，歼日伪军4万余人，振奋了全国人民取得抗战胜利的信心。1945年6月当选中共第七届中央政治

彭德怀

陈赓

局委员，8月被任命为中共中央军委副主席兼总参谋长。解放战争时期，任中国人民解放军副总司令、西北野战军（后为第一野战军）司令员兼政治委员，1947年春指挥所部2万余人，采取"蘑菇战术"与国民党军23万余人周旋，在一个半月内连续取得青化砭、羊马河、蟠龙镇三战三捷。1949年指挥第一野战军和华北军区第十八、第十九兵团歼灭和改编国民党军30余万人，解放西北五省。新中国成立后任中央人民政府人民革命军事委员会副主席、中共西北局第一书记、西北军区司令员。

1950年10月中共中央决策组成中国人民志愿军抗美援朝、保家卫国，彭德怀出任志愿军司令员兼政治委员，率部开赴朝鲜作战。12月出任中国人民志愿军和朝鲜人民军联合司令部司令员兼政治委员。指挥部队在完全没有制空权、制海权，且地面部队敌我双方武器装备优劣极为悬殊的情况下，连续取得五次运动战役的胜利，特别是第二次战役，指挥志愿军一举将美国为首的"联合国军"从鸭绿江边打回到三八线，打得东京的"联合国军"总部和华盛顿的美国军政当局一时均不知所措，迅速解决了志愿军能不能打的问题。彭德怀的指挥曾受到斯大林称赞。第三次战役又指挥志愿军和人民军将"联合国军"打退到三七线附近地区，经过第四、第五次战役的较量，将战线稳定在三八线南北地区，迫使美国当局调整朝鲜战争政策，举行停战谈判。停战谈判开始后，指挥部队粉碎了"联合国军"1951年夏季、秋季局部攻势和名为"绞杀战"的空中攻势，建立了防空、抢修、抢运相结合，火车运输、汽车运输和人畜力运输相结合，从后方基地到第一线各军前后贯通、纵横交错的运输网络，形成了"打不烂、炸不断的钢铁运输线"，解决了能不能保证给养运输问题。1952年春夏指挥部队在正面战线构筑了以坑道为骨干的坚固阵地防御体系，解决了能不能守的问题。主持中央军委日常工作后，指导志愿军取得了1952年秋季战术反击作战、上甘岭防御战役、1953年夏季反击战役（包括金城战役）的胜利和1953年春反登陆作战准备任务的完成。1953年7月28日作为中国人民志愿军司令员、以胜利者的姿态于开城在朝鲜停战协定上签字。同月31日朝鲜最高人民会议常任委员会授予彭德怀"朝鲜民主主义人民共和国英雄"称号。"联合国军"第三任司令官、美国陆军上将马克·克拉克在回忆录中讲到彭德怀时说："站在联合国部队统帅的地位，我必须承认彭德怀是一个资质很高的人。我们不是和一个容易打倒的对手在作战。"①

代理彭德怀在志愿军一切职务的陈赓（1903—1961），湖南湘乡人，1916年入湘军当兵，因不满军阀混战于1921年脱离湘军。1922年加入中国社会主义青年团，同年12月转为中共党员。1924年5月考入黄埔军校（第一期学员）。1926年赴苏联学习保卫工作和爆破

---

① ［美］马克·克拉克：《从多瑙河到鸭绿江》，（台湾）黎明文化出版公司，1956年，第76页。

技术，1927年回国任国民革命军第八军特务营营长，同年8月参加南昌起义。1928年起在周恩来领导下参加中共中央特科工作。1931年10月到鄂豫皖苏区任红四方面军师长。1932年9月因负伤到上海就医，1933年因叛徒出卖被捕，经中共组织和宋庆龄营救，于5月脱险到中央苏区任彭（湃）杨（殷）步兵学校校长。1934年10月参加红一方面军长征，任军委干部团团长，到达陕北后任红一军团第一师师长，率部参加了直罗镇、东征、西征和山城堡等战役。全国抗战爆发后任八路军第一二九师三八六旅旅长，率部取得神头岭、响堂铺等战斗胜利，参加创建晋冀鲁豫和冀南抗日根据地。1940年任太岳军区司令员，率部参加了百团大战。1941年任太岳纵队司令员。1945年6月被选为中共第七届中央候补委员。抗日战争胜利后率部参加了粉碎国民党军进攻的上党等战役，1947年8月组成陈（赓）谢（富治）集团，任中共前委书记，率部强渡黄河，转入战略进攻，继而进军豫西，参与经略中原。1948年11月率部参加淮海战役。1949年2月任第二野战军第四兵团司令员兼政治委员，后率部参加渡江战役，解放南昌，参加广东战役、广西战役，进军云南并指挥滇南战役等。新中国成立后，1950年任西南军区副司令员、云南军区司令员、云南省人民政府主席。同年7—11月作为中共中央代表，应邀赴越南，帮助越南人民军组织指挥边界战役取得胜利。年底赴朝鲜战场考察并参加了1951年1月下旬中国人民志愿军和朝鲜人民军高级干部联席会议。

1951年3月被任命为中国人民志愿军第三兵团司令员兼政治委员，但因腿伤复发而留大连治疗。6月1日，被任命为志愿军第二副司令员，仍兼第三兵团司令员和政治委员。8月中旬入朝，被彭德怀留在志愿军总部协助负责作战工作，指导1951年夏秋季防御作战，起草了许多以志愿军总部和中朝联合司令部名义发给部队的指示。1951年10月底回国治病，1952年3月下旬再次入朝，4月7日接替彭德怀主持志愿军的全面工作。4月至5月底，组织了志愿军第一、第二线部队的换防，组织召开志愿军各兵团和各军参谋长会议，总结工事构筑经验，统一坑道工事标准，使志愿军的工事构筑逐渐由初期的应急性向系统化、规范化发展。6月上旬，与邓华共同主持召开志愿军兵团以上干部会议，进一步明确了持久作战、积极防御的作战方针，全面调整战场部署，增加正面战线和东西海岸机动力量，并确定构筑东西海岸永久性防御工事，以利坚持长期作战。这次会议对志愿军尔后作战，直至战争结束具有重要指导意义。6月中旬回国筹建军事工程学院。

志愿军第二任司令员兼政治委员邓华（1910—1980），湖南郴州人，1927年加入中国共产党，翌年1月参加湘南起义，后随朱德、陈毅到井冈山。1930年后任红军军教导队、红军团和师政治委员，率部参加了中央苏区历次反"围剿"和红一方面军长征。到达陕北后任红一军团第二师政治部主任,第一、第二师政治委员,率部参加了直罗镇、东征、西征和山城堡战役。全国抗战爆发后任八路军第一一五师六八五团政治处主任,参加平型关战役。后任该师独立团、晋察冀军区第一分区政治委员,平西支队司令员兼政治委员,参与领导开辟平西抗日根据地。1938年5月任八路军第四纵队政治委员,率部开辟冀东抗日游击根据地。1940年起任晋察冀军区第五分区司令员兼政治委员、第四分区司令员,率部参加了百团大战。1944年到延安,任陕甘宁晋绥联防军教导第二旅政治委员。解放战争时期任东北保安副司令兼沈阳市卫戍司令,率部参加了四平保卫战等。1947年起,任东北民主联军纵队、东北野战军纵队司令员、军长,第四野战军第十五兵团司令员,率部参加辽沈、平津、湘赣、广东等战役。

新中国成立后兼广东军区第一副司令员,1950年组织指挥两个军取得著名的海南岛渡海登陆战役胜利。同年7月组建东北边防军时,原东北野战军司令员林彪、政治委员罗荣桓、参谋长刘亚楼力举邓华任边防军第十三兵团司令员(后兼政治委员),邓华并具体主持了东北边防军整训。东北边防军改为中国人民志愿军后,10月25日被任命为志愿军副司令员兼副政治委员,协助彭德怀司令员组织指挥第一至第五次战役和1952年春夏巩固阵地作战。在第四次战役第一阶段直接指挥6个军取得著名的横城反击战胜利。但接着指挥的围攻砥平里美军战斗,由于多种原因未达目的,邓华主动承担责任,深刻检讨教训,深得彭德怀信赖。彭德怀在1951年2月下旬和3月上旬返京向毛泽东汇报战争情况期间,委托邓华全权指挥战场作战,邓华不辱使命,指挥部队按预定计划完成了防御作战任务。1951年初起,邓华任中国人民志愿军和朝鲜人民军联合司令部副司令员。同年7月至10月作为志愿军谈判代表参加朝鲜停战谈判。在关于军事分界线问题谈判中,对军事分界线如何确定、作战如何配合谈判,提出许多有建树的建议,为毛泽东和彭德怀采纳。1952年6月中旬任志愿军代司令员兼代政治委员。此后,在中朝两国人民支援下,指挥部队越战越强、越战越主动,先后组织指挥1952年秋季战术反击作战、上甘岭防御战役、1953年春反登陆作战准备和1953年夏季反击战役(包括金城战役),打得"联合国军"地面部队一直处于被动状态,直至朝鲜停战,取得了依托以坑道为骨干的坚固阵地防御作战的丰富经验。在战争期间,邓华还两次提出让职。第一次是随着第九、第十九、第三兵团加入志愿军序列入朝参战,1951年4月中旬,邓华向彭德怀司令员、军委总干部部并毛泽东主席建议,以陈赓专任志愿军第一副司令员兼第一副政治委员协助彭总指挥,以宋时轮任第二副司令员兼第九兵团司令员,他自己任第三副司令员兼第十三兵团司令员。第五次战役结束前,5月27日彭德怀司令员致电毛泽东主席,请示"惟便于联系各野战军,志司似应增加陈赓为

邓华

杨得志

杨勇

李志民

第二副司令员，宋时轮为第三副司令员"。6月1日，中央军委批准了这一请示，邓华仍为第一副司令员兼副政治委员。第二次是邓华担任志愿军代司令员和代政治委员不久的1952年7月下旬，认为自己能力和身体素质不能胜任主持志愿军全面工作，在向主持军委日常工作的彭德怀（并转呈毛泽东主席和中央军委）提出全部轮换在朝志愿军部队的同时，建议由能力素质均很强的粟裕来朝主持志愿军全面工作，他自己只负责某一方面的工作或只负责一个兵团的工作。但毛泽东、彭德怀均相信他的能力和素质，仍由他主持志愿军全面工作。邓华是经历抗美援朝战争全过程的志愿军领导人，也是善于总结作战经验的志愿军领导人，他总结抗美援朝战争作战经验的专题材料最多。1954年9月邓华被任命为志愿军司令员兼政治委员，同年回国任东北军区第一副司令员、代司令员。（2010年4月是邓华诞辰100周年，作者写了一篇文章《邓华在抗美援朝战争中鲜为人知的几件事》，以表达对邓华将军的崇敬和纪念，发表在《军事历史》2010年第3期上，也用在这里，作为介绍邓华的附录，放在本题目内容最后）

志愿军第三任司令员杨得志（1911—1994），湖南醴陵人，1928年2月参加湘南起义武装组成的工农革命军第7师，后随部队到井冈山。同年10月加入中国共产党。1930年起任红1军团排长、连长、团长，率部参加了中央苏区历次反"围剿"和红一方面军长征。长征中作为方面军先遣团团长曾组织著名的"十七勇士"强渡大渡河，为后续部队打开通路。到达陕北后任红一军团第一师副师长、第二师师长，率部参加了直罗镇、东征、西征和山城堡战役。全国抗战爆发后任八路军第一一五师六八五团团长，率部参加了平型关战役。后任第三四四旅代旅长、晋冀鲁豫支队支队长，率部东进冀鲁豫地区开展游击战争。1940年任八路军第二纵队司令员、冀鲁豫军区司令员，组织开展敌后平原游击战争。1944年率部返回延安，任陕甘宁晋绥联防军教导第一旅旅长。1945年8月起任晋冀鲁豫军区第一纵队，晋察冀军区第一、第二纵队司令员，率部参加粉碎国民党军进攻的邯郸、正太路战役等。解放战争时期1947年任晋察冀野战军司令员，组织指挥清风店等战役，11月在朱德、聂荣臻领导下指挥石家庄战役，创造了解放军夺取坚固设防城市先例。1948年任华北军区第二兵团（后改为中国人民志愿军第十九兵团）司令员，率部参加平津、太原、兰州战役。新中国成立后1950年年初兼陕西军区司令员。1951年2月率第十九兵团加入中国人民志愿军序列入朝参战，参加了第五次战役、1951年夏秋季防御战役和1952年春夏巩固阵地作战。1952年7月11日被任命为志愿军第二副司令员，协助代司令员兼代政治委员邓华主持志愿军全面工作。先后协助邓华组织指挥了1952年秋季战术反击作战和上甘岭防御战役、1953年春反登陆作战准备和1953年夏季反击战役（包括金城战役）。朝鲜停战以后，邓华于1953年11月奉命回国主持东北军区工作，志愿军的工作由杨得志主持。1954年杨得志回国入南京军事学院学习期间，于11月被任命为志愿军司令员，直至1955年4月。

志愿军最后一任司令员杨勇（1913—1983），湖南浏阳人，1927年4月加入中国共产主义青年团，1930年入红军随营学校学习，同年转为中共党员，曾任红三军团连长、营长、营、团政治委员，参加了中央苏区历次反"围剿"和红一方面军长征，到陕北后先后任红一军团第一师、第四师政治委员。全国抗战爆发后任八路军第一一五师六八六团副团长、团长兼政治委员，率部参加平型关战役等。1939年随第一一五师东进支队进入山东，领导开辟鲁西抗日根据地。后任第一一五师独立旅旅长兼政治委员，第三四三旅、教导第三旅旅长，鲁西军区司令员、冀鲁豫军区副司令员。解放战争时期任晋冀鲁豫军区第七、第一纵队司令员，率部参加邯郸、定陶等战役。1947年率部参加进军大别山，1948年淮海战役中率部参加围歼黄维兵团。1949年春任第二野战军第五兵团司令员，率部参加渡江战役和进军西南。新中国成立后，1950年1月兼任贵州军区司令员和省人民政府主席。1952年任总高级步兵学校副校长、第二高级步兵学校校长。1953年5月入朝轮换郑维山，任志愿军第二十兵团司令员，具体组织指挥第二十兵团进行金城战役。朝鲜停战后，1954年4月任志愿军副司令员兼参谋长，1955年4月任志愿军司令员，直至中国人民志愿军撤出朝鲜回国。

志愿军第三任政治委员李志民（1906—1987），湖南浏阳人，1925年开始从事农民运动，1927年4月加入中国共产党。1928年3月参与组建区游击队，任党代表，同年冬调入红五军，历任中队党代表、军部随营学校党支部书记、团政治委员、师政治部主任等，参加了中央苏区历次反"围剿"和红一方面军长征。到达陕北后任红一方面军的团政治委员、师政治部主任，参加直罗镇、东征、西征战役。1937年春任红二十七军政治部主任。全国抗战爆发后任抗日军政大学队长兼教员、抗大第二分校政治部主任等职。1943年起任晋察冀军区第一分区副政治委员、第四分区政治委员、冀中军区副政治委员兼政治部主任等。解放战争时期任晋察冀军区第三纵队、晋察冀野战军第二纵队政治委员，参加平绥路、正太路等战役。1948年起先后任中国人民解放军第二十兵团政治部主任、第十九兵团政治委员，率部参加了察绥、平津、太原、兰州、宁夏等战役。新中国成立后兼任陕西军区政治委员。1951年2月与司令员杨得志率第十九兵团加入中国人民志愿军序列入朝参战，参加了第五次战役、1951年夏秋季防御战役和1952年春夏巩固阵地作战。1952年12月任志愿军政治部主任，参与组织指挥1953年夏季反击战役（包括金城战役）。朝鲜停战后，1954年2月任志愿军副政治委员，1955年3月任志愿军政治委员，1957年10月回国任解放军高等军事学院副政治委员兼政治部主任。

王平

洪学智

韩先楚

志愿军最后一任政治委员王平（1907—1998），湖北阳新县人，1926年冬在家乡参与组织农民协会，从事农运工作。1930年5月参加中国工农红军，9月加入中国共产党。1931年起在红三军团任连指导员、师教导大队政治委员、团政治处主任、团政治委员，参加了中央苏区历次反"围剿"和红一方面军长征。到达陕北参加了直罗镇战役。1936年东征时任红一军团第四师政治部主任，12月任红二十七军政治委员。全国抗战爆发后任八路军政治部组织部科长，不久任晋察冀临时省委军事部长，赴冀西参与创建阜平为中心的抗日根据地，任阜平战地委员会主任兼县长。后任晋察冀军区第三分区政治委员兼政治部主任、第三纵队兼冀中军区政治委员、冀晋军区政治委员兼政治部主任等职。1945年5月与司令员赵尔陆率部进军雁门关，发起雁北战役。解放战争时期任晋察冀军区第四纵队政治委员、晋察冀野战军第一纵队政治委员兼北岳军区第二政治委员，率部参加保北、察南、绥东等战役，后任北岳军区司令员，率部参加平津战役。1949年任察哈尔军区司令员，曾指挥部队攻克大同。新中国成立后兼察哈尔省人民政府第一副主席兼公安厅厅长，后任华北军区副参谋长兼军区干部部部长。1953年5月入朝轮换张南生任志愿军第二十兵团政治委员，与司令员杨勇共同组织指挥了第二十兵团的金城战役。1955年5月任总参谋部动员部部长。1957年2月再次回到志愿军，8月任志愿军副政治委员兼政治部主任、志愿军政治委员，直至中国人民志愿军撤出朝鲜回国。

除上述志愿军司令员、政治委员外，担任过志愿军领导职务的还有：

副司令员洪学智，1950年8月任东北边防军第十三兵团第一副司令员，东北边防军改为中国人民志愿军后，1950年10月25日被任命为志愿军副司令员，协助彭德怀负责作战和后勤保障工作。1951年6月兼任志愿军后方勤务司令部司令员，组织指挥战场上志愿军后勤保障工作，受到彭德怀好评。1954年回国，任中国人民解放军总后勤部副部长、部长等职。

副司令员韩先楚，1950年7月任东北边防军第十三兵团副司令员，东北边防军改为中国人民志愿军后，1950年10月25日被任命为志愿军副司令员。在抗美援朝战争第二次战役中，具体指挥第三十八、第四十二军作战，第三次战役具体指挥第三十八、第三十九、第四十、第五十军作战，第四次战役具体指挥第三十八、第五十军作战。1951年9月任志愿军和人民军西海岸联合指挥所（后为指挥部）司令员。1952年7月接替杨得志任志愿军第十九兵团司令员，指挥所部参加了1953年春反登陆作战准备和夏季反击战役。1953年5月由黄永胜轮换回国，任中南军区参谋长。

志愿军第三副司令员宋时轮，1950年11月率解放军第九兵团加入志愿军序列，任兵团司令员兼政治委员，指挥该兵团参加第二次战役东线作战，在极困难情况下完成了重大战略任

宋时轮

甘泗淇

李达

务。率部并指挥第三十九、第四十军参加第五次战役第一阶段作战，并在第二阶段作战中统一指挥该兵团（欠第二十六军，配属第十二军）和人民军两个军团取得县里地区围歼战胜利。1951年6月1日被任命为志愿军第三副司令员兼第九兵团司令员和政治委员，指挥第九兵团参加了1951年秋季防御作战。同年9月兼任志愿军和人民军东海岸联合司令部司令员。1952年4—6月陈赓主持志愿军全面工作期间，协助陈赓负责志愿军作战、教育训练和装甲兵以外志愿军技术兵种工作。同年7月被任命为中国人民解放军总高级步兵学校校长后回国。

志愿军副政治委员甘泗淇，1951年8月任志愿军副政治委员兼政治部主任，参与组织指挥1951年夏秋季防御作战、1952年春夏巩固阵地作战、1952年秋季战术反击作战和上甘岭防御战役，1953年1月回国任军委总政治部副主任。

志愿军副政治委员梁必业，1957年8月被任命为志愿军副政治委员兼政治部主任入朝，后接任志愿军政治部主任。

志愿军参谋长解方，1950年7月任东北边防军第十三兵团参谋长，东北边防军改为中国人民志愿军后，10月25日被任命为志愿军参谋长，参与组织指挥第一至第五次战役。朝鲜停战谈判开始后，任志愿军谈判代表参加停战谈判，参加谈判期间由张文舟代理志愿军参谋长。1953年5月李达轮换解方任志愿军参谋长，解方回国任军委军训部副部长。李达参与指挥了1953年夏季反击战役（包括金城战役），于1954年回国后，11月任国防部副部长。1955年4月杨勇任志愿军副司令员兼参谋长，后由王蕴瑞任志愿军参谋长，直至中国人民志愿军撤出朝鲜回国。

志愿军政治部主任杜平，1950年7月任东北边防军第十三兵团政治部主任，东北边防军改为中国人民志愿军后，杜平为志愿军政治部主任。1951年8月甘泗淇兼任志愿军政治部主任后，杜平改任志愿军政治部副主任，1951年底后参加停战谈判工作。1953年春反登陆作战准备期间任志愿军和人民军西海岸联合指挥部副政治委员兼政治部主任。朝鲜停战后任朝鲜军事停战委员会志愿军代表团党委副书记、书记，1954年回国任东北军区政治部主任。

另王政柱从第五次战役开始至朝鲜停战任志愿军副参谋长。1956年10月，萧应棠任志愿军副参谋长。张南生从1953年下半年起先后任志愿军政治部副主任、主任，丁莱夫任志愿军政治部副主任。

附：邓华将军在抗美援朝战争中鲜为人知的几件事

邓华是中国人民解放军开国上将，为中国革命战争取得胜利作出了重要贡献,特别是著名的海南岛登陆战役,组织指挥部队以木船和机帆船取得渡海登陆作战的胜利。1950年7月组建东北边防军时任第十三兵团司令员,抗美援朝战争开始被任命为志愿军副司令员兼副政治委员(实际上是第一副司令员兼第一副政治委员)协助彭德怀司令员指挥作战,1951年7—10月参加朝鲜停战谈判,1952年6月被任命为志愿军代司令员兼代政治委员,朝鲜停战后,1954年9月被任命为志愿军司令员兼政治委员。邓华是志愿军总部经历抗美援朝战争全过程的唯一一位志愿军领导人,为抗美援朝战争取得胜利作出了突出贡献。抗美援朝战争是邓华军事生涯中最为精彩、最为辉煌的一个阶段,但邓华在抗美援朝战争中做的有些事情尚不为人们所熟知,有的事情到目前为止的所有著述中都没有反映。时值邓华将军诞辰100周年之际,撰写这篇文章,向读者介绍邓华在抗美援朝战争中鲜为人知的几件事,以表达对邓华将军的崇敬和纪念。

一、组建东北边防军时,林彪、罗荣桓、刘亚楼力举邓华任第十三兵团司令员

1950年6月25日,朝鲜南北双方为实现统一问题爆发了内战,美国当局从其称霸全球的帝国主义利益出发,立即进行武装干涉,支援南朝鲜军作战,同时以其驻菲律宾的海军舰队侵入台湾海峡,干涉中国内政和威胁中国东北大陆安全。中共中央和中央军委未雨绸缪,毛泽东委托主持中央军委日常工作的周恩来副主席于7月7日和10日两次主持召开中央军委会议讨论组建东北边防军,保卫国防问题。决定调已向中原地区集中整训的国防机动部队第十三兵团等部队组成东北边防军,开赴东北边防整训,以保卫东北边防和必要时支援朝鲜人民反抗美国侵略。第十三兵团司令员是黄永胜。在7日的会议上,曾担任东北野战军司令员、政治委员和参谋长的林彪、罗荣桓、刘亚楼三人一致认为黄永胜全面素质不如第十五兵团司令员邓华,而主张调邓华为第十三兵团司令员。据此,会议决定以第十五兵团部与第十三兵团部对调,由邓华任第十三兵团司令员。13日以中央军委《关于保卫东北边防的决定》确定了此事。东北边防军集中后,原确定的边防军司令员粟裕因病,军委批准其休养一个时期,不能到职,副司令员萧劲光主持刚组建的海军工作、副政治委员萧华主持总政日常工作也都不能到职。经周恩来、聂荣臻等建议,毛泽东批准,东北边防军暂归东

北军区司令员兼政治委员高岗指挥并统一供应。这样,整个东北边防军整训的具体工作都是由邓华为司令员的第十三兵团领导机关负责完成的。

二、担任中国人民志愿军和朝鲜人民军联合司令部副司令员,指挥中朝联军作战

从中国人民志愿军入朝伊始,志愿军司令员兼政治委员彭德怀就考虑志愿军和朝鲜人民军作战的统一协调和指挥问题。虽朝鲜方面派内务相朴一禹作为志愿军副司令员兼副政治委员负责联络,但由于作战部署和指挥不统一,在第一次战役中还是发生了人民军误击志愿军的情况。鉴于此,彭德怀力主由金日成、苏联驻朝鲜大使史蒂科夫和彭德怀建立统一的联合指挥部,经报毛泽东同意并转斯大林协调,于1950年12月组成了以彭德怀为司令员兼政治委员,朝鲜方面派出金雄为副司令员、朴一禹为副政治委员的中国人民志愿军和朝鲜人民军联合司令部,统一指挥志愿军和人民军作战等问题。为作战指挥需要,经中朝双方协商,1951年初增补邓华为志愿军和人民军联合司令部副司令员。从此,邓华协助彭德怀统一指挥中朝联军作战。1952年6月中旬后,邓华代理志愿军司令员和政治委员,同时以志愿军和人民军联合司令部副司令员的身份统一指挥中朝联军作战,直到朝鲜战争结束。

三、第四次战役紧要关头彭德怀委托邓华全权指挥作战

志愿军参战后,连续取得第一、第二、第三次战役的胜利,不但将美国为首的"联合国军"从鸭绿江边打回到三八线,而且将战线推进到三七线附近。这在朝鲜、在中国国内、在苏联都产生一种轻敌速胜的情绪,认为朝鲜战争可以迅速结束。而身为志愿军统帅的彭德怀对这种情绪十分担忧。前三次战役基本上是在美国军政当局轻视中国人民力量,对志愿军不知底细,遭到志愿军突然打击而败退的。而第三次战役结束后,志愿军本身固有的弱点已经显露,由于运输线遭美国空军严密封锁,且运输能力弱,志愿军的粮食供应只能满足需要的25%,弹药供应只能作重点保障,连续进行三次战役,部队未得任何休整、兵员未得任何补充、运输补给情况未得任何改善。第三次战役结束后,部

署休整,部队刚到达休整位置,"联合国军"就发起进攻。部队立即停止休整转入第四次战役防御作战。彭德怀认为就志愿军现有的装备水平,要取得战争的胜利,不但是艰苦的,而且是长期的。为更有利于战争指导,有必要对这个问题统一认识。在第四次战役第一阶段作战结束后,彭德怀决定回京,向毛泽东和中央面报各项,获得了同意。1951年2月19日下午4时30分,彭德怀对作战进行部署后,致电在前线的邓华、韩先楚两位副司令员和人民军前线总指挥及第十九兵团首长,告知:"我拟明(廿)日黄昏动身去中央,十至十五天返部。志司拟日内移金化前线,请邓华指挥。待洪[学智]解[方]率司令部到金化时,请邓华回金化司令部主持。"彭德怀于20日动身回京,3月9日返回志愿军总部,前后近20天的时间,由邓华全权指挥志愿军和人民军作战。而这期间恰是"联合国军"发动代号为"屠夫行动"的进攻,目的是将战线从三七线附近的原州、平昌、旌善一线向北推进到汉江南岸、杨平、横城至东海岸的江陵一线,并消灭汉江南岸的志愿军和人民军部队,进攻于2月21日开始。邓华指挥志愿军和人民军部队顽强灵活阻击"联合国军"进攻,"联合国军"在空军、坦克、炮兵猛烈火力支援下,连续攻击15天,至3月6日才到达这一线,并且在彭德怀动身回京前就将汉江南岸的志愿军和人民军部队撤至汉江以北,因此,"联合国军"并未达到消灭汉江南岸志愿军和人民军部队的目的。3月7日,"联合国军"又发动了"撕裂者行动"的进攻,目的是夺取汉城和向三八线推进。为使志愿军和人民军部队既能有效阻击敌人进攻,又能减少自身伤亡并更多杀伤敌军,3月8日邓华以志愿军和人民军联合司令部的名义致电第一线志愿军和人民军各部,发出了战术指示,提出了阻击的具体战术原则和要求。至3月9日彭德怀返回志愿军总部时,志愿军和人民军已按预定计划在第一防御地带坚持阻击20天,实现了预定的以空间换取时间的目的。

四、两次提出让职

抗美援朝战争期间,邓华从自身资历、能力和身体状况考虑,曾先后两次建议由资历能力都比自己高的军队将领担任志愿军第一副司令员兼第一副政治委员或志愿军代司令员兼代政治委员。

第一次是在第五次战役前,随着第九、第十九、第三兵团入朝参战,部队增多,比邓华资历高的兵团指挥员也增多。邓华在直接面报彭德怀之后，于1951年4月16日致电军委总干部部并转毛主席，提出"开始入朝作战主要是十三兵团的几个军，那时十三兵团机构与志司合并在彭总直接领导和指挥下是很对的。现在情况不同了，陆续来朝部队已有第九、第三、第十九兵团，由于战争的拖长，今后各区换班部队还会继续来，而来的部队首长中，有些同志在能力资望上都比较高，原十三兵团干部和机构又比较弱，如果志司仍维持现状很不合适，而十三兵团本身几个军的工作也很难照顾，特别志司工作范围广而复杂繁重，彭总亦需几个得力帮手（我因能力与身体关系对彭总的帮助实在太渺小），根据这种情况和长期打算，建议志司有改组和加强的必要，原则上志司辅助干部中每一战略区至少应有一个，便于联系各区轮番部队和吸取经验，同时十三兵团也需一个小的机构来加强对各军的工作，因此以陈赓同志专任志司第一副司令兼第一副政委帮助彭总，宋［时轮］为第二副司令兼九兵团，我为第三副司令兼十三兵团……如此措施不仅于工作有利，而且在团结上也是必需的。"但是，毛泽东、彭德怀和中央军委相信邓华的能力和水平。同年5月27日，彭德怀司令员致电毛泽东主席，请示："惟便于联系各野战军，志司似应增加陈赓为第二副司令员，宋时轮为第三副司令员。"6月1日，中央军委批准了这一请示。

第二次是1952年。当年4月彭德怀回国治病，代理彭德怀职务主持志愿军全面工作的陈赓也于6月中旬调回国内主持筹建军事工程学院，邓华被任命为志愿军代司令员兼代政治委员。7月上旬彭德怀接替周恩来主持中央军委日常工作。当月22日，邓华为贯彻中央军委轮换志愿军部队的指示，在致彭德怀并请呈毛主席关于全部轮换在朝部队的请示中提出："志司任务繁重，且关系全局，个人德才资体均很不够，实在费力挑不动。目前虽无大的战斗，但工作上是有损失的，为加强志司领导，彭总不能回时，粟裕同志来此很好，副总长职陈赓同志很可胜任。工程学院可另选人，我则到兵团去再锻炼一下能取得一点前线的经验是有益的，如仍需我留志司则只能搞一部分工作，请另派一人任党委书记，负责全面领导才不致贻误。"同样由于毛泽东、彭德怀和中央军委相信邓华的能力和水平，而仍由邓华代理志愿军司令员和政治委员，主持志愿军全面工作，直到抗美援朝战争结束。邓华的这次让职在目前出版的所有关于邓华的著述中均没有反映。邓华代理志愿军司令员和政治委员期间，志愿军越战越强、越战越主动，"联合国军"地面部队一直处于被动挨打的状态，直到朝鲜停战。也是巧合，邓华任志愿军代司令员兼代政治委员期间，恰是"联合国军"第三任司令官马克·克拉克在任期间。克拉克在其回忆录《从多瑠河到鸭绿江》一书中写道:"在一九五二年五月,当我受命为联合国军统帅时,韩战与停战谈判是在一种完全停顿状态。宽一百五十五英里之正面,在六个月以前固定于一条歪曲的战线,从西海岸三十八度线南十英里的汉江入海口,延伸到东海岸三十八度线北四十英里之高城。除开在停战前一个月'中共'军在他们最后一次挽救面子的攻势中稍有进展外,这条线一直保持没有变动……这个冻结的战线是如此的一个悲剧:它使联合国军司令部在人员死、伤与失踪方面所付出的代价,等于釜山周边防御、仁川登陆、一九五〇年之向鸭绿江前进以及从北韩严酷的冬季撤退各役的总伤亡人数的一半,而战果毫无。"①

五、在志愿军领导人中邓华总结抗美援朝战争经验最多

邓华在人民解放军高级将领中有儒将之称,善于总结作战经验。早在抗日战争时期他担任晋察冀军区第四分区司令员时,就多次总结了反"扫荡"、反"蚕食"斗争的经验教训,解放战争中指挥海南岛渡海登陆战役过程中,先后总结了《渡海作战几点经验》《偷渡与强行登陆作战经验》、《帆船对军舰作战经验》等。

在抗美援朝战争中和朝鲜停战后,邓华总结的抗美援朝战争及作战的经验有《对美军作战的初步经验》(1951年1月8日)《论朝鲜战场之持久战》(1951年6月下旬)、《关于积极防御作战的若干战术问题》(1952年11月30日)、《反登陆作战战术问题的研究》(1953年2月9日)、《中国人民志愿军抗美援朝三年来的胜利》(1953年10月31日)、《抗美援朝战争经验的介绍》(1954年1月)等。1954年至1956年志愿军抽调人员编写《抗美援朝战争的经验总结》也是由邓华主持完成的。此外,在他代理志愿军司令员和政治委员期间,关于进行1952年秋季战术反击作战、1953年反登陆作战准备、1953年夏季反击战役的决定和指示等,也有许多作战经验总结。邓华总结的抗美援朝战争及作战经验,既有运动战的经验,也有阵地战的经验,特别是依托以坑道为骨干的坚固阵地进行攻防作战的经验,既有战略层次的,也有战役和战术层次的。他总结的经验实际、深刻、具体,便于操作运用,为志愿军各级指挥员在战场上指挥作战发挥了重要的指导作用,也为加强国防和军队建设、为后来边境自卫反击作战指导提供了重要历史借鉴。*

---

① [美]马克·克拉克:《从多瑙河到鸭绿江》,(台湾)黎明文化出版公司,1956年,第62页。
* 本附录已发表在《军事历史》2010年第3期上。

抗美援朝战争中志愿军的组织指挥体系是什么

抗美援朝战争中,中国人民志愿军组织指挥体系包括志愿军领导机关,志愿军各军兵种指挥机构,志愿军各兵团领导机关。

志愿军领导机关是在志愿军入朝后于1950年10月25日组成的。这一天,志愿军在开进中与"联合国军"(包括归其指挥的南朝鲜军)遭遇,开始进行抗美援朝战争第一次战役。同日,中共中央决定,将第十三兵团领导机关与志愿军司令员兼政治委员彭德怀的指挥所合并,组成志愿军领导机关,邓华任志愿军副司令员兼副政治委员,洪学智、韩先楚任副司令员,解方任参谋长,杜平任政治部主任。同时成立中国共产党中国人民志愿军委员会,彭德怀为书记,邓华为副书记。另朝鲜方面派来负责志愿军和人民军协调联络工作的朝鲜内务相朴一禹兼任志愿军副司令员和副政治委员,并任志愿军党委副书记。

第二至第五次战役期间,第九、第三、第十九兵团先后入朝参战,为便于协调指挥,经邓华、彭德怀建议,1951年6月1日,中央军委任命陈赓为志愿军第二副司令员兼第三兵团司令员、宋时轮为志愿军第三副司令员兼第九兵团司令员。8月任命甘泗淇为志愿军副政治委员兼政治部主任。

1952年4月彭德怀回国治病(后留在国内主持军委日常工作,仍任志愿军司令员兼政治委员),由陈赓主持志愿军全面工作。6月陈赓回国主持筹建军事工程学院,中央军委任命邓华代理志愿军司令员兼代政治委员。7月杨得志升任志愿军第二副司令员,宋时轮回国任职。

志愿军司令部:1950年10月组成,解方任参谋长,1951年7月朝鲜停战谈判开始后,解方参加停战谈判工作,8月由张文舟代理志愿军参谋长。1953年5月李达接替解方任志愿军参谋长。1951年王正柱任志愿军副参谋长直至朝鲜停战。

志愿军政治部:1950年10月组成,杜平任政治部主任。1951年8月甘泗淇兼任志愿军政治部主任后,杜平改任志愿军政治部副主任。1953年1月,甘泗淇回国任职,李志民接任志愿军政治部主任。杜平参加停战谈判工作,1953年5月张南生任志愿军政治部副主任。

志愿军后方勤务司令部：1951年6月组成，洪学智兼任司令员，周纯全任政治委员。在此之前志愿军后勤工作由东北军区派出的前方指挥所（部）负责。志愿军后方勤务司令部组成后，张明远、吴先恩（1953年春开始）任副司令员，杜者蘅、李雪三任副政治委员。

志愿军军兵种指挥机构包括：志愿军空军司令部，1951年3月组成，刘震任司令员，1952年10月后聂凤智任代司令员、司令员。

志愿军炮兵司令部，1950年10月组成，邱创成任政治委员。后改为炮兵指挥所，匡裕民任主任。1953年年初，高存信接替匡裕民任炮兵司令员，刘何任政治委员。

志愿军装甲兵指挥所，1951年2月组成，黄鹄显任主任。1952年6月赵杰接替黄鹄显任主任。1953年1月又组成装甲兵第二指挥所，罗杰任主任。

志愿军高射炮兵指挥所，1951年12月组成，吴昌炽任司令员。

志愿军工兵指挥所，1950年10月组成，陈正峰任主任。1952年8月谭善和接替陈正峰任主任。

志愿军铁道抢修指挥所，1951年2月组成，李寿轩任主任，后改为抢修指挥局，李寿轩任局长、崔田民任政治委员。

志愿军铁道运输司令部，1951年6月组成，贺晋年任司令员，中共东北局秘书长张明远任政治委员，下设抢修指挥局、工程局、军管局等。12月在铁道运输司令部下成立了前方运输司令部，刘居英任司令员兼政治委员（后崔田民任政治委员）。前方运输司令部成立后，志愿军铁道抢修指挥局、工程局、军管局等归其指挥，反"绞杀战"期间志愿军高射炮兵指挥所也归其指挥。1952年12月组成志愿军新建铁路指挥局，郭维城任局长，也归前方运输司令部指挥。

此外，还有中国人民志愿军和朝鲜人民军联合指挥机构（见本书"中国人民志愿军和朝鲜人民军联合司令部是怎么回事"一节）。

志愿军各兵团领导机关包括：志愿军第十三兵团，1950年10月组成，邓华任司令员兼政治委员，洪学智、韩先楚任副司令员，解方任参谋长，杜平任政治部主任。辖第三十八、第三十九、第四十、第四十二军和炮兵第一、第二、第八师。当月入朝，入朝后10月25日兵团部改为志愿军领导机关，先后指挥了第一至第五次战役。

志愿军第九兵团，1950年11月由解放军第九兵团改成，宋时轮任司令员兼政治委员、陶勇任副司令员、覃健任参谋长、谢有法任政治部主任，辖第二十、第二十六、第二十七军共约15万人，当月入朝。先后参加了第二、第四、第五次战役和1951年夏秋季防御战役、1952年春夏巩固阵地作战等，第五次战役中指挥过第三十九、第四十、第十二军。1951年9月兼任志愿军和人民军东海岸联合司令部司令员。1952年8月王建安接替宋时轮任司令员，后王必成接替陶勇任副司令员、胡炳云接替覃健任参谋长，第二十、第二十六、第二十七军先后回国，所属部队为第二十三、第二十四军。参加了1953年春反登陆作战准备和1953年夏季反击战役，并指挥过第十六军。

志愿军第十九兵团，1951年2月由解放军第十九兵团改成，杨得志任司令员、李志民任政治委员、郑维山任副司令员兼参谋长、陈先瑞任政治部主任，辖第六十三、第六十四、第六十五军共约10万人，当月入朝，先后参加第五次战役、1951年夏秋季防御战役、1952年春夏巩固阵地作战等，指挥过第四十七、第四十、第三十九军。1952年7月杨得志升任志愿军第二副司令员，韩先楚接任司令员，曾思玉任副司令员兼参谋长，参加了1952年秋季战术反击作战，指挥过第三十九、第四十军，1953年1月李志民任志愿军政治部主任，陈先瑞任副政治委员兼政治部主任，参加了1953年春反登陆作战准备和夏季反击战役。5月黄永胜轮换韩先楚任司令员，参加了1953年夏季进攻战役第三阶段作战，指挥过第一、第四十六军。

志愿军第三兵团，1951年3月16日组成，陈赓任司令员兼政治委员，王近山任副司令员、杜义德任副政治委员、王蕴瑞任参谋长、刘有光任政治部主任，辖第十二、第十五、第六十军共约10万人，当月入朝（陈赓因养伤未随部队入朝），先后参加第五次战役、1952年春夏巩固阵地作战、1952年秋季战术反击作战、上甘岭防御战役等，指挥过第三十九、第三十八军。1952年12月兼任志愿军和人民军东海岸联合司令部，参加了1953年春反登陆作战准备，指挥过第三十三师。1953年5月许世友轮换王近山任司令员、曾绍山任副司令员。

志愿军第二十兵团，1951年2月组成，杨成武任司令员、张南生任政治委员兼政治部主任、肖文玖任参谋长，辖第六十七、第六十八军，约9万人，当年6月入朝，参加1951年夏秋季防御战役、1952年春夏巩固阵地作战。1952年7月杨成武回国治病，郑维山任代司令员，参加1952年秋季战术反击作战、1953年春反登陆作战准备和夏季反击战役，指挥过第十二、第六十军。1953年5月杨勇轮换郑维山任司令员、王平接替张南生任政治委员，指挥第六十七、第六十八、第六十、第五十四、第二十一军及第三十三师进行金城战役。

志愿军第二十三兵团，1951年9月将解放军第二十三兵团改为志愿军第二十三兵团，董其武任司令员、高克林任政治委员、姚喆任副司令员、裴周玉任政治部主任，辖第三十六、第三十七军共约4万人，当月入朝，担负朝鲜北方泰川、院里、南市三个机场修建任务，完成任务后于当年11月底回国。

志愿军第三、第九、第十九、第二十兵团在入朝时是完整的建制单位。到1952年6月，这4个兵团领导机关开始具有指挥机构性质。

所有指挥机构均归志愿军首长指挥。如将志愿军首长、志愿军司令部、志愿军政治部统称志愿军总部，那么，志愿军后方勤务司令部、志愿军所有兵团领导机关、志愿军军兵种指挥机构（除有明确指挥关系者外）均归志愿军总部直接指挥。

抗美援朝战争中牺牲病故的志愿军师以上领导干部有多少

据有关部门不完全统计，中国人民志愿军在抗美援朝战争期间牺牲病故的师以上领导干部有23人，其中军职领导干部4人，师职领导干部19人（包括赴朝慰问团和参观见学的师职领导干部）。按职务高低和牺牲病故时间排序，他们是：

志愿军第六十七军军长李湘，江西永新县人，1914年生，1930年8月在吉安参加工农红军，1931年4月加入中国共产主义青年团，同年9月转为中共党员。参加了中央苏区第一至第五次反"围剿"作战和红一方面军长征，参加了抗日战争和全国解放战争，1951年6月率部入朝参战，任第六十七军代军长，指挥所部参加了1951年秋季防御作战，后为该军军长，1952年8月在朝鲜病故，时年38岁。

志愿军第三十九军副军长吴国璋，安徽金寨县人，1918年生，1930年参加工农红军，1934年加入中国共产党，历任战士、排长、政治指导员、营长、团长、师长、军参谋长等职，抗日战争时期在冀鲁豫地区坚持抗日游击战争，解放战争时期随部队进军东北，参加了东北解放战争和南下作战，并率部在广西剿匪。1950年10月随部队入朝，任第三十九军副军长。1951年10月，在朝鲜成川郡遭美军空袭负重伤牺牲，时年33岁。

志愿军第五十军副军长蔡正国，江西永新县人，1909年生，1929年参加革命，1932年参加工农红军，1933年加入中国共产党。历任战士、班长、排长、连长、团参谋长、团长、师长等职。解放战争期间参加东北解放战争，曾率全师坚持敌后斗争配合主力取得四保临江重大胜利而获通报表扬。1950年随部队入朝，任第四十军副军长，后调任第五十军副军长，1953年4月12日在朝鲜龟城郡遭美军空袭牺牲，时年44岁。

志愿军第二十三军参谋长饶惠谭，湖北大冶县人，1915年生，1928年参加工农红军，1930年加入中国共产党。历任班长、排长、连长、营长、团长、师长等职，参加了鄂豫皖地区红军三年游击战争和皖南地区敌后抗日游击战争，解放战争时期在华东地区参加作战。1952年9月入朝，任第二十三军参谋长，1953年3月1日在朝鲜遭美军空袭牺牲，时年37岁。

志愿军第二十军后勤部长喻求清，湖南平江县人，1912年生，1930年参加工农红军，中共党员。参加过湘鄂赣苏区反"围剿"斗争和三年游击战争，1937年编入新四军第一支队参加敌后抗日游击战争，解放战争后期任第二十军后勤部长。1950年11月入朝参战，1951年5月在第五次战役中牺牲，时年39岁。

志愿军第六十七军第二〇〇师师长李雪瑞，湖南茶陵县人，1914年生，1931年参加红军游击队，同年加入中国共产主义青年团，1932年转为中共党员，1933年参加工农红军。先后任排长、副连长、副团长、军分区司令员等职。1951年6月率部入朝参战，7月18日遭美军空袭牺牲，时年37岁。

志愿军炮兵第八师师长王珩，河北任丘县人，1911年3月生，1938年3月在望都起义参加人民军队，同年12月加入中国共产党。1950年10月入朝参战，任炮兵第八师师长，1951年7月24日在朝鲜牺牲，时年40岁。

志愿军第四十军第一一八师师长罗春生，江西吉安县人，1916年生，1930年8月参加工农红军，同年12月加入中国共产主义青年团，翌年转为中共党员，曾任班长、排长、保卫科员、营长、团长、副师长等职。1950年10月率部入朝，任第四十军第一二〇师师长，后调任第一一八师师长，1952年5月15日在朝鲜涟川前线新寺洞遭美军空袭牺牲，时年36岁。

西康省公安纵队政治部主任宋文海，山西长治县人，1917年生，1938年参加革命，1939年加入中国共产党。1952年6月赴朝鲜参观见学时在黄海道新溪郡牺牲，时年35岁。

志愿军空军第二师师长张庆和，河北宁晋县人，1921年生，1938年参加革命，翌年加入中国共产党。抗日战争期间任连队指导员时，所在连队荣获"模范连队"、"模范党支部"、"模范朱德青年突击队"荣誉称号。1947年任副团长时，被授予"杀敌英雄"称号。抗美援朝战争期间任志愿军空军第二师师长，1953年牺牲，时年32岁。

志愿军第三十九军司令部参谋处长何凌登，福建闽侯县人，1915年生，1938年入陕北公学，后编入抗大，1941年5月加入中国共产党，先后任八路军旅团作战参谋、新四军师作战科副科长、东北民主联军侦察科长和作战科长，1950年1月任第三十九军司令部参谋处长。1950年7月东北边防军组成后，9月19日，与其他4人以中国驻朝鲜大使馆武官名义，前往朝鲜收集美军情况和了解朝鲜地形，为边防军出动作战作准备。10月21日随部队入朝即遭美军飞机扫射牺牲，时年35岁。

志愿军第二十军第五十八师参谋长胡乾秀，湖北阳新县人，1916年生，1929年参加革命，1931年加入中国共产党。1950年11月入朝参战，同年12月在长津湖战斗中牺牲，时年34岁。

志愿军第三十九军第一一七师政治部主任吴书，江苏灌云县人，1918年生，1937年参加革命，中共党员。1950年10月入朝参战，1951年2月在朝鲜牺牲，时年33岁。

志愿军第三十九军后勤部副政治委员邱世清，江西瑞金县人，1913年生，1933年参加工农红军，1936年加入中国共产党。1950年10月随该军入朝参战，1951年3月12日在朝鲜昭阳江畔牺牲，时年38岁。

志愿军第十二军第三十五师副师长蔡启荣，安徽金寨县人，1915年生，1932年参加赤卫队，后编入鄂豫皖红二十五军，中共党员。1951年3月入朝参战，同年5月17日在第五次战役中指挥作战时牺牲，时年36岁。

中国人民第一届赴朝慰问团第二分团副团长廖亨禄，福建永定县人，1913年生，1930年参加工农红军，1931年加入中国共产党，曾任连指导员、师保卫科长、团政治委员、军分区政治部主任、平原军区干部管理部副部长。1951年8月6日在朝鲜慰问中遭美军空袭负重伤牺牲，时年38岁。

志愿军第三十九军后勤部副部长赵顺启，河北省人，1922年生，1939年参加革命，中共党员。1950年10月入朝参战，1951年8月15日在朝鲜牺牲，时年29岁。

志愿军第三十九军第一一六师参谋长薛剑强，江苏涟水县人，1922年生，1940年参加革命，中共党员。1950年10月入朝参战，1951年在朝鲜牺牲，时年29岁。

志愿军第二十兵团政治部保卫部长冯建屏，中共党员，1952年3月13日在朝鲜牺牲。

志愿军第四十军第一一八师参谋长汤景仲，山东寿南县人，1917年生，1937年11月参加革命，1939年加入中国共产党。1950年东北边防军组成后，9月19日与其他4人以中国驻朝鲜大使馆武官名义，前往朝鲜收集美军情况和了解朝鲜地形，为边防军出动作战作准备，10月随部队入朝参战，1952年5月15日在朝鲜涟川前线新寺洞遭美军空袭牺牲，时年35岁。

辽西军区后勤部副政治委员罗永祥，江西兴国县人，1916年生，1931年参加工农红军，1932年加入中国共产党。赴朝参战期间1952年9月在朝鲜阳德郡牺牲，时年36岁。

中南军区赴朝实习团副团长王德勇，中共党员。1953年6月在朝鲜实习时牺牲。

中南军区赴朝实习团副政治委员李文范，河南长垣县人，1919年生，1938年6月参加革命。1953年6月在朝鲜实习时牺牲，时年34岁。

另有志愿军司令部办公室秘书毛岸英，中共中央委员会主席、中华人民共和国中央人民政府主席、中华人民共和国人民革命军事委员会主席毛泽东之子，1922年生于长沙，1936年11月赴苏联，先后在苏联士官学校、莫斯科列宁军政学校、伏龙芝军事学院学习。1943年1月被授予苏军中尉军衔，参加了苏联卫国战争，担任坦克连党代表。后随部队开往波兰、捷克等国参加反法西斯作战，1944年晋升为上尉军衔。1946年回国，1950年10月坚决要求参加志愿军，担任志愿军司令部办公室秘书。同年12月25日在大榆洞志愿军司令部遭美军空袭时牺牲，时年28岁。

据有关部门统计，在抗美援朝战争期间志愿军牺牲病故团以上领导干部共238人，其中团长26人，团政治委员17人，他们为抗美援朝、保家卫国献出了年轻宝贵的生命。*

---

* 本节撰写参考了军事科学院军事历史研究部编著：《中国人民志愿军抗美援朝战史》，军事科学出版社，1990年；中国人民解放军总政治部组织部编：《中国人民志愿军烈士英名录》第1卷，长征出版社，2002年。另本节所写牺牲病故师职领导干部，除职级明确者外，其他均是作者根据解放军现行编制职级判定的。

毛泽东与毛岸英合影

毛岸英烈士墓

第六部分
抗美援朝战争的结局和影响

你不了解的抗美援朝战争

为什么朝鲜战争开始于三八线又停在三八线附近

1950年6月25日,朝鲜战争(朝鲜内战)从三八线地区爆发,美国立即进行武装干涉,使本来是内战的朝鲜战争演变成一场国际性的局部战争。中国为抗美援朝、保家卫国也被迫以志愿军名义参加了这场战争。整个朝鲜战争历时三年零一个月,于1953年7月27日朝鲜停战协定签字,朝鲜战争又在三八线地区结束。为什么朝鲜战争起于三八线又停于三八线?

回答这个问题,首先应该了解"三八线"的由来。三八线原本是地图上的一条纬度线,北纬38°线恰好横穿朝鲜半岛中央。朝鲜于公元7世纪就是一个统一的国家。1910年被日本殖民者吞并,直到1945年8月,第二次世界大战结束时,才被从日本帝国主义的铁蹄下解放出来。因为当时朝鲜没有自己的政府和军队,日本帝国主义宣布投降时,取得反法西斯胜利的美国和苏联经过协商,达成了以北纬38°线为界,分别由美苏两国军队占领朝鲜南方和北方接受日军投降,而后再对朝鲜由美、苏、中、英四国进行一个时期托管的妥协。美苏两国本来就是社会制度和意识形态完全不同的两个国家,在第二次世界大战结束后,立即由原来的反法西斯盟国变成了互为敌对的国家,四国托管成了泡影,三八线也由美苏两国接受日军投降的临时分界线,变成了美苏两国及以两国为首的资本主义阵营和民主阵营利益在朝鲜的分界线。统一的朝鲜被人为地分割成南北两部分,并且统一遥遥无期。美苏两国按照各自的意识形态管理南方和北方,并在两国的分别支持下在南方和北方各成立一个政府,南北两个政府互不承认,又各自宣布代表整个朝鲜。美苏两国军队撤出朝鲜后,朝鲜南北两个政府都力图实现半岛的统一。然而,南北两个政府在如何实现统一和统一于谁的问题上尖锐对立,遂于1950年6月25日为统一问题爆发了内战。这就是战争起于三八线。

其次要了解朝鲜战争的完整概念。朝鲜内战爆发是朝鲜半岛内部南北双方自己的事。然而,美国从其称霸全球和所谓遏制共产主义的利益出发,立即进行了武装干涉,支援南朝鲜军作战,并操纵联合国安理会通过了组成以美国为首的所谓"联合国军"的决议,使朝鲜战争本来是朝鲜南北双方的内战变成了侵略和反侵略的战争,并使本来是朝鲜一国的战争变成了国际性的局部战争。与此同时,美国派出海军舰队侵入台湾海峡,将中国的台湾问题与朝鲜战争连在一起,美国侵略朝鲜的飞机还不断侵入中国东北领空,轰炸中国的城镇和乡村。1950年10月上旬,美军地面部队大举越过三八线,向中朝边境进攻。新中国在刚刚成立一年,面临着各方面严重困难的情况下,中共中央被迫决策抗美援朝、保家卫国,以志愿军名义支援朝鲜人民反抗侵略,参加了这场战争。自此,这场战争构成了完整意义上的"朝鲜战争"。

第三,朝鲜战争停止于三八线是战场上双方实际较量的结果。朝鲜内战爆发后,朝鲜人民军作战发展极为顺利,迅速将战线推进到朝鲜半岛东南角的洛东江一线。然而由于美国的武装干涉,特别是美军于1950年9月中旬在仁川登陆成功后,朝鲜战争形势发生逆转。中国人民志愿军入朝参战时,美军已打到鸭绿江边。从1950年10月25日至12月24日,两个月时间,志愿军连续进行两次战役,将美国为首的"联合国军"从鸭绿江边打回到三八线。1950年12月31日至1951年1月8日,中国人民志愿军和朝鲜人民军并肩作战,将战线推进到三七线附近。此后双方又进行了两次战役,虽互有进退,但基本上在三八线南北地区拉锯。至1951年6月中旬,双方战场力量形成均势,战线稳定在三八线南北地区。此时双方均已看清,短时间内谁都不可能打破僵持局面取得彻底的军事胜利,并且战线基本上在三八线地区,双方在三八线南或北所占地区也大体平衡,于是双方都转入了战略防御,并于7月10日开始了停战谈判。谈判的第一个实质性问题就是关于确定军事分界线问题。经过谈判桌上的谈和战场上的打,至11月27日,谈判双方最终达成了以实际接触线为军事分界线,并以此线为基础各后撤2公里以建立非军事区的协议。整个停战谈判历时两年零一个月,其间双方在战场上互有攻防,但战线在三八线地区无大变化,1953年7月下旬对双方实际接触线进行了最后校订,同月27日签订了朝鲜停战协定。战争停止于三八线地区。

第四,朝鲜战争停止于三八线地区是战争双方唯一都能接受的选择。尽管朝鲜停战的军事分界线不是严格意义上的三八线,但基本在三八线南北地区,并且双方在三八线南北所占地盘相差无几,这对双方在面子上都过得去。既可以说是三八线停战,也可以说是就地停战。双方在政治上或宣传上都可以按照各自的解释说取得了胜利,或者说没有失败。朝鲜战争本来就从三八线而起的,打了三年零一个月,如果双方的接触线不在三八线地区而是在三八线以南或以北的其他地区,那么总有一方不会善罢甘休。加之,三八线在当时已经变成了美苏两国及两大阵营利益在朝鲜的分界线。因此,战争还将长期拖下去,或直到战线稳定在三八线地区为止,或者直至打到一方彻底胜利,另一方彻底失败为止,然而长期战争对任何一方都没有好处。到1953年7月,战线稳定在三八线南北地区已两年多,尽管中国人民志愿军和朝鲜人民军方面在政治上和军事态势上均有利,并有力量继续将战线推进到汉城或三七线地区,但此时战争双方谈判的内容全部达成了协议,因此,此时签订停战协定、实现朝鲜停战,既是大势所趋,也是最佳时机。*

---

* 本节是作者写的一篇文章《朝鲜战争的结局为什么停在三八线》,以"薛奇"名义发表在《军事历史》2003年第4期上。

抗美援朝战争向国际社会表明了什么

1950年10月至1953年7月的抗美援朝战争，是新中国诞生后的第一声呐喊，也是对"中国人从此站起来了"这句话具体而生动的诠释。抗美援朝战争的胜利创造了世界现代战争史上弱国打败强国的奇迹，无论对中国，对朝鲜，对东方，乃至对于整个世界都具有十分重要的巨大意义，并产生了积极深远的影响。这场战争及其胜利，实际上成了新中国的有力宣示。

一、中国人是不畏强权的

美国是当时世界上经济实力和军事实力最强大的国家。经济上，美国资本主义的发展已有170多年的历史，并在两次世界大战中发了横财，第二次世界大战后，跃居资本主义最强国，工业发达，实力雄厚。1950年美国的国民生产总值为2848亿美元，钢产量为8772万吨。而新中国刚刚成立一年，由于近代以来世界列强的侵略严重抑制了中国民族工业的发展，加上长期战争的破坏，中国的工业基础和技术水平极为落后，没有像样的加工工业，更没有机械制造业，国家的经济力量相当薄弱，综合经济实力无法与美国相比，年人均收入不但与美国无法相比，而且远远低于亚洲国家平均水平。1950年中国的工农业总产值为574亿元人民币，按人民币与美元2.5∶1的比值计算，仅相当于229.6亿美元，还不足美国的1/12；钢产量为60.6万吨，仅相当于美国的1/144。军事上，美国军队是世界上装备最现代化的军队，具有强大的海军和空军，地面部队装备基本机械化和摩托化，参加过两次世界大战，训练有素，具有现代战争经验，并且是两次世界大战的胜利之师。而中国人民解放军的武器装备极为落后，海、空军刚刚组建，尚未形成作战能力，陆军的装备水平很差，虽然有国内作战的丰富经验，但没有经受过现代战争锻炼，1950年大部分部队投入了恢复国民经济的工农业生产建设，缺乏严格的训练。这些均无法与美国相比。

此外，对新中国来说，台湾等一些沿海岛屿和大陆的西藏还没有解放，统一祖国的任务尚未最后完成,战争还没有最后结束,人民解放军仍有重大作战任务;新解放区的土匪危害相当严重,尚未肃清,许多基层政权尚未建立,已经建立的也还不完全巩固,整个社会秩序还不很安定;占全国农村土地面积2/3地区的土地改革尚未开始,尚有三四百万城市失业工人和知识分子未得到妥善安置等等。总之,旧中国留下来的千疮百孔、百废待兴的局面急需根治,新中国的政治秩序、经济秩序、生活秩序都还没有完全步入正轨,再加上帝国主义和国民党反动派实行联合经济封锁,因此新中国面临的形势严峻,任务艰巨,困难很大。中共中央刚刚决定集中精力用三年左右时间恢复国民经济,实现财政经济状况的根本好转,为大规模经济建设创造条件。中国人民不愿打仗,中国人民热爱和平,非常希望有一个良好的和平环境,集中精力恢复国家建设。

然而,美国推行全球霸权主义政策,野心勃勃,企图由其一统天下。1950年6月25日朝鲜内战爆发后,美国立即进行武装干涉,同时侵略中国台湾,严重侵犯中国主权。美国当局无视中国政府和人民的一再抗议和警告,操纵联合国安理会通过了组成以美国为首的"联合国军"的决议,继续扩大干涉朝鲜的战争。同时,美军飞机不断侵犯中国东北边境领空进行野蛮轰炸扫射。9月中旬,美军在仁川登陆后,10月初,其地面部队大举越过三八线疯狂向中朝边境进攻,朝鲜处境危急,朝鲜劳动党和政府请求中国直接出兵予以援助。面对朝鲜的困境和请求,面对中国的安全直接受到威胁,面对强大的美国侵略者,尽管新中国各方面存在严重困难,尽管中国人民解放军的武器装备相当落后,但是为了反抗侵略,中共中央毅然作出了组成中国人民志愿军抗美援朝、保家卫国的重大战略决策。

这一战略决策,是中共中央政治局迫于当时的形势作出的,是基于支援朝鲜人民反抗美国侵略和保卫中国国家安全的共同需要作出的。就连当时强大的苏联也惧美国三分,而积贫积弱的新中国却作出了如此决策,这充分体现了中国人民敢于斗争、敢于胜利的英雄气魄,充分体现了中国人民不畏强权、反抗侵略的决心,充分体现了中华民族保卫和平、维护正义的气概。毛泽东后来指出:"我们不要去侵犯任何国家,我们只是反对帝国主义者对于我国的侵略。大家都明白,如果不是美国军队占领我国的台湾、侵略朝鲜民主主义人民共和国和打到了我国的东北边疆,中国人民是不会和美国军队作战的。但是既然美国侵略者已经向我们进攻了,我们就不能不举起反侵略的旗帜,这是完全必要的和完全正义的,全国人民都已明白这种必要性和正义性。"[①]作出抗美援朝出兵决策本身,就在国际上得到了普遍的理解和赞赏,从而改变了自近代以来中国给国际社

---

① 《建国以来毛泽东军事文稿》上卷,军事科学出版社、中央文献出版社,2010年,第555页。

会留下的软弱无能的印象。

二、中国人说话是算数的

在美国武装干涉朝鲜内战、侵略中国台湾之初，1950年6月28日，毛泽东在中央人民政府委员会第八次会议上，即针对美国侵略台湾和朝鲜的行动指出："中国人民早已声明，全世界各国的事务应由各国人民自己来管，亚洲的事务应由亚洲人民自己来管，而不应由美国来管。美国对亚洲的侵略，只能引起亚洲人民广泛的和坚决的反抗。"中国人民"既不受帝国主义的利诱，也不怕帝国主义的威胁"，"全国和全世界的人民团结起来，进行充分的准备，打败美帝国主义的任何挑衅"。同日，周恩来以外长名义代表中国政府发表声明指出："全世界一切爱好和平正义和自由的人类，尤其是东方各个被压迫的民族和人民，一致奋起，制止美国帝国主义在东方的新侵略。"毛泽东的讲话和周恩来的声明同时发表在当年6月29日的《人民日报》上，公开表明了中国的立场。

然而美国当局对此置之不理。7月上旬，操纵联合国安理会通过了组成所谓"联合国军"的决议，扩大侵略朝鲜的战争。8月下旬开始，美军侵略朝鲜的飞机不断侵入中国东北边境地区，轰炸中国的城镇和乡村。9月中旬，美军在仁川登陆，其在洛东江一线的部队开始向三八线推进。在这种情况下，9月27日，中华人民共和国中央人民政府人民革命军事委员会代总参谋长聂荣臻在与印度驻华大使潘尼迦会见时，明确指出：鉴于美国飞机已经对中国东北进行轰炸，中国决不会忍气吞声，不作出反应。"如果帝国主义者果真要发动战争，那么我们也只有起而抵抗。"通过印度驻华大使向美国当局传递了中国对美国侵略的态度和立场。在此前的9月22日，中国外交部发言人发表声明驳斥美国政府制造的谣言时，明确公开表示："我们将永远站在朝鲜人民方面，正如数十年来朝鲜人民站在中国人民方面一样，坚决地反对美帝国主义侵略朝鲜的罪行，坚决地反对美帝国主义扩大战争的阴谋。"

9月28日，美军在仁川登陆的部队占领汉城，29日，从洛东江一线北进的美军进抵三八线。对此，9月30日，中央人民政府政务院总理周恩来在庆祝中华人民共和国成立一周年的报告中，向美国当局发出了严正警告："美国的侵略武力已经侵入中华人民共和国的版图，并且随时有扩大这种侵略的可能……中国人民密切地关心着朝鲜被美国侵略后的形势。""中国人民热爱和平，但是为了保卫和平，从不也永不害怕反抗侵略战争。中国人民决不能容忍外国的侵略，也不能听任帝国主义者对自己的邻人肆行侵略而置之不理。"

10月初,中国政府得到消息,在美国军队的默认下,南朝鲜军已经越过三八线向北进攻,美军地面部队也已准备就绪,即将越过三八线。在这种情况下,10月3日凌晨1时,周恩来总理紧急召见印度驻华大使潘尼迦,请其通过印度政府转达美国当局,再次表明了中国的严正立场,指出:"美国军队正企图越过三八线,扩大战争。美国军队果真如此做的话,我们不能坐视不顾,我们要管。""我们主张和平解决,使朝鲜事件地方化。我们至今仍主张如此。我在十月一日的报告中也声明了我国政府的态度。"[指前述9月30日向美国当局提出的警告——本文作者注]。

然而,美国当局认为中国没有能力也不敢同美国对抗,周恩来的警告只是一种虚张声势的"恫吓",是"为挽救北朝鲜政权而进行的外交努力的一部分"。认定:"俄国人或中共干涉朝鲜,要冒世界大战的风险;俄国人尚未作好为了朝鲜而冒险发动世界大战的准备;中国在军事上不具备单独进行干涉的能力。"此外,中国如果单独出兵朝鲜,也将不会给战局造成决定性的变化,实际上反可能遭到惨重的失败。更不要说中国出兵的最好时机已经丧失。①当时的美国国务卿艾奇逊后来说,所有看过潘尼迦电报的人"都得出了这样的结论,即他们[指中国——本文作者注]更为可能的是不介入,而不是介入"。而当时的美国总统杜鲁门则认为,"潘尼迦先生在过去却是经常同情中国共产党的家伙,因此他的话不能当作一个公正观察家的话来看待,充其量不过是一个共产党宣传的传声筒罢了"②。因此美国当局对中国政府的严正警告置若罔闻,10月7日,美国军队大举越过三八线北进。

10月8日,毛泽东以中国人民革命军事委员会主席的名义签署了组成中国人民志愿军迅即出动到朝鲜作战的命令。10月19日,在美军进至朝鲜平壤、元山一线的当晚,中国人民志愿军在司令员兼政治委员彭德怀的率领下,开赴朝鲜战场与美国为首的"联合国军"作战。中国人民志愿军真的出现在了朝鲜战场上,使美国和整个世界都感到震惊。中国人民志愿军的参战行动,充分向世人证明,中国人说话是负责任的,中国人说话是算数的。不但美国而且整个世界都对中国刮目相看了。曾任"联合国军"总司令的美国李奇微将军,在其回忆录《朝鲜战争》一书中总结的第一条教训,就是美国当初不相信中国人民的决心和力量,不相信中国人说话是算数的,没有重视中国政府的一再警告。正是总结了这一教训,在20世纪60年代的越南战争中,美国的约翰逊政府才没把中国政

---

① [美]奥马尔·布雷德利:《将军百战归》,廉怡之译,军事译文出版社,1985年,第739—740页
② [美]哈里·杜鲁门:《杜鲁门回忆录》第二卷,李石译,生活·读书·新知三联书店,1974年,第432页。

府的警告当作耳旁风，其地面部队才未敢越过北纬17°线。

三、中国人是有力量的

美国当局所以无视中国政府的一再警告，敢于指使其地面部队越过三八线向中朝边境进攻，敢于向中国进行战争挑衅，就是认为中国不具备与其对抗的实力。然而在朝鲜战场上，美国却在事实面前遭到了严厉的惩罚。尽管中国积贫积弱，尽管中美两国经济实力和军队武器装备对比优劣悬殊，但是，已经站起来的中国人民，在中国共产党的领导下，不畏强权、反抗侵略的决心化作了无穷的巨大精神力量和巨大物质力量。

在战场上，志愿军广大官兵高举爱国主义、国际主义和革命英雄主义的旗帜，以大无畏的英雄气概加灵活机动的战术，同美军一接触就严厉地教训了美军。在第一次战役中就重创美军历史最久的"王牌"部队之一美骑兵第一师，歼灭其第八团大部。第二次战役即将进至鸭绿江边的美国为首的"联合国军"打回到三八线，并给予侵朝美军7个师中的4个师以歼灭性打击或重创，其中全歼美第七师1个团，号称只有进攻和胜利的美军另一个"王牌"部队陆战第一师遭到歼灭性打击，不得不使用"撤退"这个字眼。对此，当时的美国参谋长联席会议主席布莱德雷在其回忆录中写道："朝鲜战争出乎预料地一下子从胜利变成了丢脸的失败——我军历史上最可耻的一次失败。"经过这次战役的打击，战场上的美军从轻视中国军队转而惧怕中国军队。美军战场统帅被打蒙了，美国当局也被打蒙了。从华盛顿的美国最高当局到东京的"联合国军"总部，都搞不清出了什么问题，也不知道该怎么办。从第三次战役开始，志愿军和朝鲜人民军在统一指挥下并肩作战，将美国为首的"联合国军"又打退到北纬37°线附近，加深了美国当局的恐惧，加大了美国及其与盟国的内部矛盾，进一步扩大了中国人民志愿军和朝鲜人民军的国际影响。此后，又经过第四、第五次战役，使美国当局看到，从三七线再次打到三八线，每前进一步都要付出重大的伤亡代价，已不可能再打到鸭绿江边，仅仅依靠军事手段已不可能解决朝鲜问题，因而不得不谋求通过谈判沿三八线一带实现停战。

停战谈判开始以后，美国方面仍霸气十足，企图在谈判桌上得到其在战场上没有得到的东西。为实现其无理要求，依靠优势的飞机大炮同时发动了空中攻势（"绞杀战"）和地面攻势，但都未达到目的。而志愿军在战场上已是越战越强、越战越主动。1952年秋季战术反击作战，志愿军和人民军对"联合国军"营以下兵力防守的60个阵地攻击77次（其中人民军对3个阵地攻击3次），几乎是攻则必克、攻则必歼。相反，美国为首的"联合国军"为对志愿军和人民军的战术反击进行报复而发动的"金化攻势",动用3个多师,在3000余架次飞机、170余辆坦克、300余门大炮的支援下,对上甘岭志愿军两个连的阵地连攻43天,付出2.5万余人的伤亡,却寸土未得,以彻底失败而告终。此后,"联合国军"除了以其空军和海军的飞机继续施以狂轰滥炸外,其地面部队已无可奈何了,直至朝鲜停战一直处于防守态势。志愿军为促使朝鲜停战早日实现,于1953年夏季连续发动三次进攻,作战规模一次比一次大。第三次进攻中的金城战役,一举突破了南朝鲜军4个师防守的正面25公里的坚固阵地,连同战役期间其他部队的作战,共毙伤俘敌7.8万余人,扩展阵地192.6平方公里。最终迫使美国为首的"联合国军"于1953年7月27日在朝鲜停战协定上签字,结束朝鲜战争。美国人承认"朝鲜战争是美国第一次没有凯旋班师的战争"①。

在中国国内,开展了广泛深入、轰轰烈烈而又扎扎实实的抗美援朝爱国运动。为抗击帝国主义的侵略,保证战争的胜利,中国政府和人民高度团结和统一,万众一心,同仇敌忾,空前地表现了中华民族的强大凝聚力,表现了中华民族反抗侵略的决心和力量。广大中国人民把自己和国家联系起来,把抗美援朝和保家卫国联系起来,把爱国主义和国际主义高度统一起来,积极参军参战和支前、订立爱国公约、开展生产竞赛、踊跃捐献武器,以各种形式慰问战场上的志愿军,为志愿军提供了巨大的精神鼓励和源源不断的物资支援。

战场上的志愿军和国内广大人民共同形成了不可战胜的强大战争力量,有力地震慑了美国侵略者。正如毛泽东在1953年9月讲到这场战争时所说的:"帝国主义侵略者应当懂得:现在中国人民已经组织起来了,是惹不得的。如果惹翻了,是不好办的。"②美国也不得不承认,中国在这场战争中显示了坚强有力的领导和巨大的力量,"它再也不是第二次世界大战时的那个软弱无能的国家了",中国在这场战争中"赢得了声誉","提高了地位"③。

四、中国人做事是有节制的

美国侵朝以后,中国政府一直主张美国军队撤出朝鲜,朝鲜问题由朝鲜人民自己解决。中共中央被迫作出以志愿军名义进行抗美援朝战争后,中国政府仍主张和平解决朝

---

① [美]约瑟夫·格登:《朝鲜战争——未透露的内情》,于滨等译,解放军出版社,1990年,第1页。
② 《建国以来毛泽东军事文稿》中卷,军事科学出版社、中央文献出版社,2010年,第175页。
③ [美]沃尔特·G.赫姆斯:《朝鲜战争中的美国陆军(第一卷)——停战谈判的帐篷和战斗前线》,国防大学出版社,1990年,第565页。

鲜问题。但是，在没有经过战场上实际较量之前，美国当局执意扩大战争，一直企图以军事手段占领全部朝鲜。中国人民志愿军参战后，从1950年10月至1951年6月，连续进行五次战役，将美国为首的"联合国军"从鸭绿江边打回到三八线，并将战线稳定在三八线南北地区。美国当局被迫调整朝鲜战争政策，同意通过停战谈判结束朝鲜战争。中共中央认为结束朝鲜战争无论对朝鲜人民，还是对中美两国人民都有利。于是，从1951年7月10日开始了朝鲜停战谈判。

在此之前7月1日，志愿军为配合停战谈判着手计划准备了第六次战役，也是考虑到停战谈判的需要等原因而未付诸实施。但美军方面在停战谈判开始后，仍将平壤、元山一线视为其夺取的目标，并于8月中旬同时开始了空中和地面攻势。1952年冬到1953年初，美国当局和"联合国军"总部不惜军事冒险，甚至谋划和准备把战线推到平壤、元山一线以北。因为中国人民志愿军和朝鲜人民军作了充分准备，美国当局被迫放弃了这个企图。1953年7月，中国人民志愿军惩罚李承晚集团破坏停战谈判达成的协议而进行金城战役时，已完全有能力继续向汉城和三七线发动进攻。毛泽东曾说："如果照这样打下去，再打它两次、三次、四次，敌人的整个战线就会被打破。"①对于当时志愿军的作战能力，彭德怀也说过类似的话：停战前一仗，消灭了南朝鲜军队4个师的大部分，消灭美军一小部分。敌人经过这次打击后比较服输了些。如果再打3～6个月，再经过3～5次较大的战役，打到汉城附近然后我再撤回到三八线，敌人才可能完全服输。②然而，朝中方面考虑到美方代表在谈判中已就朝中方面提出如何保证有效停战的问题，逐条作出了保证，并将其公之于世。同时，"联合国军"方面表示希望能早日停战。因此，中国人民志愿军没有再继续打下去，而于7月27日同美方在朝鲜停战协定上签字。

这些充分向世人表明，中国人做事是讲道理的，中国人做事是有节制的。

刚刚建立的中华人民共和国，在极为困难的情况下，以志愿军名义进行抗美援朝战争并取得胜利，在国际上有力地宣示了中国人是不畏强权的，中国人是说话算数的，中国人是有力量的，中国人做事是有节制的，同时也促使国内形成了强大的民族凝聚力，从而极大地提高了新中国的国际地位和国际威望。此后，在亚洲和国际事务中不得不把中国摆到适当的位置，就是1971年中国恢复在联合国的合法席位，1972年美国第38届总统理查德·尼克松访华，1979年美国同中国建立外交关系等，都有中国人民取得抗美援朝战争胜利这个因素在发生重要作用。*

---

① 《建国以来毛泽东军事文稿》中卷，军事科学出版社、中央文献出版社，2010年，第174页。
② 《彭德怀年谱》，人民出版社，1998年，第555页。
* 本节是作者发表在《军事历史》2003年第4期上的文章，题目是《新中国的有力昭示》。

你不了解的抗美援朝战争

为什么说抗美援朝战争志愿军在军事上打胜了

朝鲜战争的结局，是敌对双方通过停战谈判在三八线南北地区划定军事分界线而达成停战的。这场战争起始于三八线，又停止于三八线附近，这就给人一种印象，即战争双方打成了平手，双方没有胜利者，也没有失败者。学术界和社会上都有这种认识。当然，对于这场战争的结局从直观上看，从形式上看，得出这样的结论不能说没有道理。但对这场战争中双方的情况稍作具体分析，就会觉得这个结论不太合适。如果把这场战争比作擂台比武，较量的双方，一个是明显的强者，一个是明显的弱者，在规定的时间之内，比赛的结果是不分胜负，并且强者身上还多带了几处伤，那么裁判员除了按规则裁定双方打成平手外，恐怕谁都不能不认为这场擂台比武的弱者是赢家，是了不起的赢家，而那个强者是输家。强者自己也不会认为就是比了个平手，而是认为自己输了。作为强手与弱手比赛，不赢就是输了，反过来作为弱手与强手比赛，不输就是赢了。这是很浅显的道理。如果对抗美援朝战争中敌对双方具体情况进行分析，那么也会很自然地得出结论：中国人民志愿军在这场战争中取得了胜利，不仅仅在政治上而且在军事上取得了胜利，是了不起的胜利者。

首先，从战争双方人员伤亡和财力物力消耗看。中国人民志愿军和朝鲜人民军1953年8月14日公布，从1950年6月25日至1953年7月27日，朝鲜人民军和中国人民志愿军共歼敌（包括毙、伤、俘）109.3万余人，其中美军39.7万余人、南朝鲜军66.7万余人、"联合国军"其他国家军队2.9万人。美国和韩国公布其人员阵亡、战伤、失踪和被俘的数量之和大于志愿军和人民军公布歼灭其人员的数量。1953年10月23日，美联社公布的"联合国军"伤亡总数是147万余人。美国官方公布的美军损失情况是：阵亡3.36万余人、战伤10.32万余人、失踪和被俘0.51万余人，共14.2万余人。韩国国防部公布的南朝鲜军的损失情况是：阵亡22.78万余人、战伤71.71万余人、失踪和被俘4.35万余人，共98.84万余人。美国与韩国官方公布各自损失数字总和为113万余人（不包括其他"联合国军"伤亡）。而整个战争期间志愿军和人民军作战减员总数为62.8万余人（志愿军36.6万余人、人民军26.2万余人）。按志愿军和人民军公布的歼敌数字计算，敌我伤亡损失对比为1.7∶1，朝

第六部分
抗美援朝战争的结局和影响

鲜人民军和中国人民志愿军是胜利者。（附：志愿军作战减员、非作战减员、阵亡等几个统计，放在本节之后）

单从1950年10月25日至1953年7月27日志愿军作战的结果看，情况是，志愿军共歼敌70万余人，其中美军29万余人，南朝鲜军39万余人，其他国家军队2万余人。而志愿军的作战减员，根据1953年8月志愿军司令部作战处的统计，阵亡11.57万余人、战伤22.1万余人、失踪和被俘29万余人，共36.57万余人。敌我伤亡损失对比为1.9：1，志愿军是胜利者。

战争期间，志愿军共击毁和缴获飞机4268架、坦克1492辆、装甲车92辆、汽车7949辆，缴获（不含击毁）各种炮4037门。志愿军损失飞机231架、坦克9辆、汽车6060辆，各种炮（含被击毁）4371门。美国在战争中的战费支出是400亿美元，消耗作战物资7300余万吨。而中国支出战费62.5亿元人民币（相当于25亿美元），消耗作战物资560余万吨。这样对比，志愿军也是胜利者。

其次，从双方战线进退的情况看。自从志愿军参战后，双方战线互有进退。志愿军入朝时，美国为首的"联合国军"地面部队已进至清川江以北地区，后又进至鸭绿江和图们江边地区，而志愿军连续举行第一、第二两个战役，就将美国为首的"联合国军"地面部队打回到三八线及以南地区，第三次战役志愿军和人民军又将其打退到三七线附近地区。"联合国军"也从三七线附近和汉江北岸两度将战线向北推进，但也只推进到三八线南北地区，最后双方在三八线附近地区形成了相持局面，战线稳定在三八线地区。双方进退相抵，志愿军和人民军净推进了从鸭绿江到三八线的数百公里，而"联合国军"净后退了从鸭绿江到三八线的数百公里，志愿军和人民军彻底粉碎了美国当局军事占领全朝鲜的企图。两相比较，志愿军当然是胜利者。

第三，从双方部队在作战中遭受打击的情况看。志愿军入朝后进行的第一、第二次战役是在双方对进的状态下进行的。第一次战役志愿军就给予美军历史最长的"王牌"部队骑兵第一师以重创，并歼灭其一个团大部。第二次战役中，志愿军在东西两线给予美军第二师、第七师、陆战第一师和土耳其旅以歼灭性打击，给予美第二十五师以重创，整个战役打得痛快淋漓。虽然这次战役中在东线作战的志愿军第九兵团减员比较大，但那不仅是因为遭受美军打击，而且是因为该兵团临急入朝，志愿军运输补给能力跟不上所致。相反，志愿军第九兵团在这样困难的情况下，却将美军陆战第一师和步兵第七师打得落花流水，美陆战第一师这个美军"王牌"部队也不得不在其历史上第一次使用"撤退"的字眼。当时几乎所有美国军政当局的要员都认为这是美军历史上的一次惨败，一次丢脸的失败。[①]而志愿军除在第五次战役进攻作战结束后，转移准备休整过程中，第一八〇师为掩护主力转移因处置不当等原因被围遭受重大损失外，没有一个建制团以上部队遭受如此不预的打击。虽然第四次战役中在汉江南岸防御的第五十军和第三十八军第一一二师、第一一四师部队伤亡较大，但那是为了掩护主力歼敌而预期的伤亡。到了抗美援朝战争阵地战阶段，特别是1952年夏季以后，志愿军在战场上越战越强，越战越主动，采取"零敲牛皮糖"打小歼灭战的方针，对"联合国军"营以下兵力防守的阵地几乎是攻则必克、攻则必歼。到了1953年的金城战役，志愿军可以对南朝鲜军4个师防守的坚固防御阵地同时发起进攻，突入阵地最深达18公里，一举歼灭其4个师大部。而美国为首的"联合国军"地面部队，从1952年夏季以后，除发动一次他们自己称为失败的恶性赌博[②]的"金化攻势"外，直至朝鲜停战几乎没有什么作为。

第四，特别应该指出的是，中国人民志愿军是在作战条件极端困难的情况下取得胜利的。这个困难主要是同主要作战对手相比，武器装备落后悬殊和经济力量极为薄弱，具体情况，在本书《中共中央决策出兵抗美援朝的背景和原因是什么》和《抗美援朝战争开始时敌我双方武器装备差距有多大》两节中作了对比。此外，美国在朝鲜战争中，使用了除原子弹以外的所有当时的现代化武器，包括细菌武器和化学武器，使用其优势的空军力量对志愿军和人民军后方进行毁灭性的轰炸，在朝鲜北方12万平方公里的狭小战场上，共投掷炸弹69万余吨，平均每平方公里落弹5.8吨，在某些地区的投弹密度达到了世界战争史上的最高水平。中国人民志愿军在如此困难的条件下作战，把武装到牙齿的美国军队从鸭绿江边打回到三八线地区，并在三八线地区坚持作战两年多，最终迫使美国为首的"联合国军"签字停战，这本身就是了不起的胜利。

此外，美国人在评论这场战争时，只是说成功地阻止了共产主义的进攻，其海、空军优势的威力得到了充分展示，除此几乎没有一个美国人认为美国在这场战争中取得了军事胜利。讲到这场战争时，多是用"受挫失利""苦涩""损失""没有获得胜利"等。美国知名的政论著作家约瑟夫·格登在他所著的《朝鲜战争——未透露的内情》一书的引言中，一开篇就说："美国政坛老手艾夫里尔·哈里曼谈到朝鲜战争时，称它是'一场苦涩的战争'。""在美国不甚愉快的经历中，朝鲜战争算是其中的一个：当它结束之后，大多数美国人都急于把它从记忆的罅隙中轻轻抹掉。出于某一原因，朝鲜战争是美国第一次没有凯旋班师的战争。美国使朝鲜处于僵持状态，同共产党中国这个庞

---

① [美]奥马尔·布雷德利：《将军百战归》，廉怡之译，军事译文出版社，1985年，第754页。
② [美]马克雷·克拉克：《从多瑙河到鸭绿江》，（台湾）黎明文化出版公司，1956年，第72页。

大而落后的亚洲国家打成了平手。"① "联合国军"第三任总司令克拉克后来也说了一段话："1952年5月，我受命为联合国军统帅，代表17个国家，在韩国抵抗共产党侵略。15个月以后，我签订了一项停战协定，这协定暂时停止了……那个不幸半岛上的战争。对我来说这亦是表示我四十年戎马生涯的结束。他是我军事经历最高的一个职位，但是他没有光荣。在执行我政府的训令中，我获得了一项不值得羡慕的荣誉，那就是我成了历史上签订没有胜利的停战条约的第一位美国陆军司令官。我感到一种失望和痛苦。我想我的前任麦克阿瑟和李奇微两位将军一定具有同感。"②

这些充分说明，中国人民志愿军抗美援朝、保家卫国不但取得了政治上的伟大胜利，而且也在军事上取得了伟大胜利。

附：有关志愿军减员几个统计

1. 1953年8月15日志愿军作战处关于志愿军作战减员统计：

阵亡115786人，战伤221264人，失踪、被俘和投降29095人，共计366145人。

2. 抗美援朝卫生工作统计资料（无统计时间）：

阵亡114084人，负伤383218人，失踪及被俘等25621人，共计522923人。（这个统计与1953年8月15日志愿军作战处关于志愿军作战减员统计主要在负伤的数字上相差较大，判断这个统计中的负伤数字计算的是人次）

3. 1953年9月8日军委作战部关于志愿军非作战减员统计：

非作战减员共556146人。其中，病亡4204人，事故亡10808人，自杀786人，处决64人，逃跑17715人，转业53135人，回乡生产20554人，清洗2473人，解雇450人，犯人3089人，其他228133人，病和非战伤入院214735人。在非作战减员556146人中有173405人归队，实际非作战减员为382741人。

4. 1958年9月20日志愿军军务处关于志愿军非作战减员统计：

事故伤25215人，事故亡20929人，病亡4909人，病送177317人，逃亡33640人，掉队40713人，其他4818人，共计307541人（原表统计为307601人，与各分项统计对不上）。

以上4个统计说明，一是不同部门对同一事的统计，其结果是有差异的；二是任何统计都只能接近准确而难以达到十分准确；三是作战减员和非作战减员

---

① [美] 约瑟夫·格登：《朝鲜战争——未透露的内情》，于滨等译，解放军出版社，1990，第1—2页。
② [美] 马克·克拉克：《从多瑙河到鸭绿江》，（台湾）黎明文化出版公司，1956年，第1页。

并不都是死亡和负伤。这三点一向如此。

5. 解放军报2000年10月16日第11版公布丹东抗美援朝纪念馆刘升瑜提供志愿军烈士在册数字：

1992年各省市区统计*（按统计时行政区划，海南省计入广东省，重庆市计入四川省）

四川省30 789	山东省19 685	吉林省18 260
辽宁省13 374	湖南省10 687	河南省10 673
河北省10 155	黑龙江省8222	江苏省7268
山西省5853	湖北省5167	安徽省4151
浙江省3732	广东省3186	广西壮族自治区2915
陕西省2802	贵州省2799	江西省2162
内蒙古自治区1683	上海市1634	云南省1482
北京市1438	甘肃省1041	福建省982
天津市977	宁夏回族自治区461	新疆维吾尔自治区61
青海省48		

---

* 本书作者注：总计171 705。这些均为抗美援朝战争的志愿军烈士无疑，但是否均为阵亡恐不好查证。另这个数字比志愿军统计的阵亡和非作战死亡数141 624人多出30 081人。这一方面说明，这种统计本身是很复杂的事，任何统计都难以做到十分准确；另一方面，出现这种差距并不奇怪，就是美国关于朝鲜战争中阵亡、失踪人数的统计也不断变化。截至2005年年底，丹东抗美援朝纪念馆统计的在册志愿军烈士已增加到18.3万人。

抗美援朝战争胜利的基本经验是什么

抗美援朝战争是在敌我双方经济力量和军队武器装备强弱优劣极为悬殊的条件下进行的，但是中国人民取得了抗美援朝战争的胜利。那么，中国人民取得抗美援朝战争胜利有哪些基本经验呢？有关抗美援朝战争的研究成果已作了充分总结。作者在这里只谈如下四点。

第一，正确的战略决策和作战指导

毛泽东指出："战争的胜负，固然决定于双方军事、政治、经济、地理、战争性质、国际援助诸条件，然而不仅仅决定于这些；仅有这些，还只是有了胜负的可能性，它本身没有分胜负。要分胜负，还须加上主观的努力，这就是指导战争和实行战争，这就是战争中的自觉的能动性。"[1]在敌我双方经济力量和军队武器装备强弱优劣如此悬殊的条件下，取得了抗美援朝战争的胜利，中共中央和中央军委高瞻远瞩的战略筹划、战略决策、战略指导及志愿军总部灵活机动的作战指导，起了决定性的作用。这些包括未雨绸缪组建东北边防军；从支援朝鲜和维护国家根本利益出发适时决策组成中国人民志愿军抗美援朝、保家卫国；为保证战争胜利进行全面筹划和部署；根据战争形势的变化适时调整战场指导方针；扬长避短、避强击弱，你打你的，我打我的，根据自身装备特点和作战能力确定打法，抓住和利用美军作战中难以克服的弱点予以打击等。正是中共中央和中央军委的英明决策和战略指导，才在抗美援朝战争初期打出了美国军政当局所不预，打得美国军政当局不知所措的有利战争态势。在战场上，尽管美国的第三任"联合国军"总司令克拉克将志愿军称为"乌合之众的农民军队"，但他也不得不承认彭德怀"是一位战术专家"[2]。

---

[1]《毛泽东军事文集》第二卷，军事科学出版社、中央文献出版社，1993年，第306页。
[2] [美] 马克·克拉克：《从多瑙河到鸭绿江》，（台湾）黎明文化出版公司，1956年，第79页。

第二，尽力加强和改善志愿军武器装备，提高作战能力和水平

战争是力量的竞赛，武器是战争的重要因素，是战争力量的重要物质基础。"批判的武器当然不能代替武器的批判，物质力量只能用物质力量来摧毁。"[①]志愿军在战争中遇到的能不能打、能不能守、能不能保证给养的问题，都是因为敌我双方武器装备优劣悬殊造成的。中共中央、中央军委和毛泽东主席、周恩来副主席等，始终高度重视志愿军武器装备的加强和改善，以提高志愿军在现代条件下的作战能力。从组建东北边防军开始，就从国内其他部队中抽调武器装备，以使边防军按作战编制配齐，并抽调一些炮兵（含高射炮兵）、汽车部队编入东北边防军。决策出兵时，又派周恩来同苏联领导人谈武器装备援助问题。出兵后，随着这些武器装备的到达，则突击组建装甲兵作战部队、扩建空军和炮兵（含高炮）作战部队，还通过协商，请求苏联出动空军掩护朝鲜境内清川江以北两条铁路线的运输。从第五次战役开始，志愿军武器装备就有所加强和改善。根据中共中央指示，1951年6月至1952年5月由中国人民抗美援朝总会组织的全国各族人民捐献飞机大炮运动，捐献的钱款可供购买3710架战斗机。到1952年下半年，志愿军武器装备有了明显加强和改善，不仅有坦克、飞机参战，而且火炮数量明显增多、质量明显改善，主战火炮均装备了苏式122毫米和152毫米口径榴弹炮，还有了"喀秋莎"火箭炮。在1952年夏季挤占阵地作战中，在1952年秋季战术反击作战和上甘岭防御战役中，炮兵发挥了巨大作用。当年12月16日由周恩来起草毛泽东给斯大林的电报中说："今年秋季作战，我取得如此胜利，除由于官兵勇敢、工事坚固、指挥得当、供应不缺外，炮火的猛烈和射击的准确实为致胜的要素。"[②]到1953年，志愿军火炮质量虽仍不比美军，但数量已超过美军。武器装备的加强和改善，使志愿军作战水平和能力大为提高，为取得抗美援朝战争胜利提供了重要的物质保证。

第三，充分发挥志愿军广大官兵的智慧创造

在抗美援朝战争中，志愿军自始至终占有兵力优势，这本身对美国为首的"联合国军"就是一种威慑。但取得抗美援朝战争胜利绝不仅仅是靠中国人多兵多，更不是靠有人说的"人海战术"。志愿军武器不如美军，靠的是勇敢加智慧。从第一次战役开始，志愿军就充分发动广大官兵研究防空、防炮、冬季野外露营防冻和用步兵武器打美军飞机、坦克问题，研究避敌锋芒击其弱点的战法问题。运动战期间志愿军进攻作战，隔离

---

① 《马克思恩格斯选集》第一卷，人民出版社，1972年，第9页。
② 《周恩来军事文选》第四卷，人民出版社，1997年，第310页。

美军步兵和坦克的联系，专打步兵，组织小分队直捣敌军团营指挥所和炮兵阵地；铁路抢修采取枕木排架法代替美军飞机轰炸后的弹坑填土，架设活动桥梁，夜间接好，昼间拆除，迷惑美军飞机，夜间抢修不能有灯光而在道钉上涂抹白灰以提高抢修速度；铁路运输采取分段倒运，顶牛过江；夏季在公路上架设水下桥梁，汽车司机遇美军飞机轰炸扫射时，将事先准备好的废油桶等点燃迷惑美军飞机；阵地战期间由防炮洞发展到坑道工事，形成真正的"铜墙铁壁"，等等，这些都是志愿军广大官兵的智慧创造，为保存自己、减少损失、消灭敌人都起了重要作用。毛泽东在1953年9月讲到抗美援朝战争的胜利时，高度赞扬了志愿军这些群众性的创造，指出："我们的干部和战士想出了各种打仗的办法。我讲一个例子。战争的头一个月，我们的汽车损失很大。怎么办呢？除了领导想办法以外，主要是靠群众想办法。在汽车路两旁用一万多人站岗，飞机来了就打信号枪，司机听到就躲着走，或者找个地方把车藏起来。同时，把汽车路加宽，又修了许多新汽车路，汽车开过来开过去，畅行无阻。这样，汽车的损失就由开始时的百分之四十，减少到百分之零点几。"①

第四，依靠人民

中国共产党领导进行的所有战争都是为了人民，依靠人民。毛泽东一向强调："只有动员群众才能进行战争，只有依靠群众才能进行战争。"抗美援朝战争是新中国成立后被迫进行的第一场战争。一则这场战争是抗美援朝、保家卫国的正义战争，二则可以充分发挥各级人民政权的作用动员人民群众支援战争，三则当时中国共产党不但具有极强的组织领导能力，而且在全国人民中具有极高的威望，因此也具有极强的号召力。进行抗美援朝战争比起历次中国革命战争，动员和依靠人民群众更有条件。为支援抗美援朝战争，也为恢复国家建设，在抗美援朝战争期间，中共中央依托中国人民抗美援朝总会，开展了广泛深入，轰轰烈烈又扎扎实实的抗美援朝运动，开创了新中国历史上人民战争的新形式，充分调动了中国人民的爱国热情和工作生产积极性，既有力地支援了战争，保证了抗美援朝战争的胜利，又有力地保证了国民经济按时完成恢复和按计划开始了大规模经济建设。

总之，正如毛泽东在总结抗美援朝战争胜利经验时所说的："我们的经验是：依靠人民，再加上一个比较正确的领导，就可以用我们劣势装备战胜优势装备的敌人。"②抗美援朝战争的胜利完全证明了这一点。

---

① 《建国以来毛泽东军事文稿》中卷，军事科学出版社、中央文献出版社，2010年，第174页。
② 《建国以来毛泽东军事文稿》中卷，军事科学出版社、中央文献出版社，2010年，第174—175页。

为什么战争双方公布美军伤亡损失差距那么大

朝鲜战争结束后,战争双方公布的美军伤亡(包括伤、亡、失踪和被俘)数字差距比较大。美国官方公布美国人在朝鲜战争中的作战减员共计14.2万余人,其中阵亡33 629人,负伤103 284人,失踪或被俘5178人[①]。按美国在朝鲜战争纪念墙上公布的数字是阵亡54 246人,失踪8177人,被俘7140人,负伤103 284人,总计172 847人。2000年6月1日,美国国防部公布朝鲜战争中的伤亡数字为,阵亡23 637人,伤后和失踪被俘后死亡10 049人,战斗死亡数共为33 686人;非战斗死亡和非战斗失踪为2830人;负伤103 284人,总计139 800人(不包括战斗失踪和被俘)。1953年8月14日志愿军和人民军联合公布战绩公报:自1950年6月25日至1953年7月27日,共毙伤俘敌1 093 837人,其中美军397 543人。双方公布美军伤亡数字比较,相差22.4万或25.5万余人。为什么会有这么大的差距?是否中朝方面夸大了歼灭美军数字?如果不是,那么相差的原因又在哪里?关于这个问题,作者于1992年曾写过一篇小文章,专门作了考证分析。

首先,中国人民志愿军和朝鲜人民军方面公布的歼敌数字是根据逐月歼敌累计统计的。自中国人民志愿军参战后,逐月歼敌统计由志愿军作战处负责。因许多情况下,同一个战斗是由不同建制的几个部队打的,同一个敌军是由不同的几个部队歼灭的,因此对同一个战斗不同部队上报的战绩难免重叠。据战争期间在志愿军作战处工作的老同志讲,为挤掉战绩统计中的这种水分,志愿军司令部规定对下级上报的战绩要逐级核实挤水分,最后报到志愿军总部,有时要挤掉1/3的水分。如此,志愿军的战绩统计应是比较符合实际歼敌情况的。也就是说中国人民志愿军和朝鲜人民军方面公布的战绩没有夸大。

其次,美国公布的美军伤亡是讲的美国人,而不包括编在美军部队中的南朝鲜人。1950年9月美军在仁川登陆前,美军即在南朝鲜紧急征召8600余人编入美军步兵第七师中,另有2100余人分别补入美第二、第二十四、第二十五步兵师和第一骑兵师。后来,美国当局规定,为解决美军兵员不足,允许在朝鲜作战的每个美军师编入2500名南朝鲜

[①] [美]奥马尔·布雷德利:《将军百战归》,廉怡之译,军事译文出版社,1985年,第896页。

人。而志愿军统计歼灭美军数字时，均统计的是歼灭美军部队，将美军部队中的美国人和南朝鲜人均计为美军。这样双方公布的美军伤亡就有了明显的差距。

第三，韩国人编写的韩国战争史中公布韩国在战争中的伤亡，远大于中国人民志愿军和朝鲜人民军方面公布的数字。中国人民志愿军和朝鲜人民军公布的南朝鲜军被歼（包括伤、亡、失踪和被俘）数字为66.7万余人，而韩国方面公布的数字是98.8万余人，其中阵亡22.78万人、失踪和被俘43500人、负伤71.71万人[1]，比志愿军和人民军公布的其被歼数多32.1万余人。这个多出的32.1万余人与美军公布的美国人伤、亡、失踪和被俘的14.2万人或17.28万人相加，分别为46.3万余人和49.38万余人，比志愿军和人民军公布的歼灭美军39.7万余人分别多出6.6万余人和9.68万余人。这也说明志愿军和人民军公布的歼灭美军数字是可信的。

第四，也不能排除美国公布的美军作战减员数字有隐瞒情况，尤其是战伤和失踪被俘的数字。*

---

[1] 韩国战史编纂委员会编：《朝鲜战争》第五卷，固城等译编，黑龙江朝鲜民族出版社，1988年，第24页。
* 本节是作者写的一篇文章，题目《朝鲜战争中美军损失人数等》，发表在《军事历史》1992年第5期。收入本书时改动较大。

台湾问题没有解决是因为抗美援朝吗

根据1943年12月的开罗宣言和1945年8月的波茨坦宣言，在日本投降后，1945年10月，台湾及澎湖列岛的主权已在事实上归还中国。但由于台湾的战略地位十分重要，美国当局一直觊觎台湾，并为干涉台湾制造"法律"依据，即在对日和约签订以前，"在法律上日本目前仍对台湾拥有主权"。这就是所谓"台湾地位未定"论[①]。到1949年10月中华人民共和国成立之前，美国已先后制定了台湾由国际"托管""分离台湾"的预案，为日后直接插手台湾问题埋下了伏笔。

中华人民共和国成立后，美国在中国势力大势已去，并对蒋介石的国民党当局失去了信心，只好摆出一副面对现实的表现，同时等待"尘埃落定"，并对苏联施加压力（根据1945年雅尔塔协定，苏联对中国的东北和旅顺港享有特权）。1949年12月23日，美国国务院作出了关于台湾问题的宣传指示，1950年1月5日，美国总统杜鲁门发表了关于台湾问题的声明，宣布台湾是中国的领土，属于中国的一个省，"美国对台湾或中国其他领土从无掠夺的野心。现在美国无意在台湾获取特别权利或建立军事基地"。就在这个宣传指示和杜鲁门的声明中，对日后直接插手台湾问题也留有了余地。

1950年2月14日，《中苏友好同盟互助条约》签订，美国等待的"尘埃"已经落定，美国军方和国务院都认为杜鲁门1月5日的声明已经过时，必须进行修改，都主张对台湾问题不能撒手不管，必须迅速采取"激烈而强硬的立场"。麦克阿瑟更是把台湾看成是美国的一艘永不沉没的航空母舰。军方主张，一旦中共发起解放台湾的战斗，美国立即进行军事干预。与此同时，美国国家安全委员会制定了《国家安全委员会第68号文件》，于4月7日提交总统杜鲁门。这个文件的中心内容是，把殖民地和半殖民地国家争取民族解放和独立的斗争，把纯属内政事务的国家、民族统一运动，把代表社会进步的民族民主革命，都视为对美国地位的挑战，对自由世界的"侵犯"，美国都要迅速作出最激烈的反应，直至进行武装干预。杜鲁门完全同意这一文件，但落实这一文件的要求，则需大大增加国防预算，因而没有马上批准，而在等待时机。

---

① 《美国对外关系文件》（FRUS 1947，vol. Ⅶ），第433页。

第六部分
抗美援朝战争的结局和影响

1950年6月25日，朝鲜战争的爆发，为美国总统批准《国家安全委员会第68号文件》和为美国直接干涉台湾提供了一个时机和借口。6月27日，杜鲁门发表声明，声称由于朝鲜战争的爆发，"共产党部队占领台湾，将直接威胁太平洋地区的安全"，"因此，我已命令第七舰队阻止对台湾的任何进攻"，并正式抛出了"台湾地位未定"论。美国海军和空军部队入侵台湾，公然阻止中国人民解放军解放台湾，统一祖国。

也就是说，美国武装侵略台湾，在朝鲜战争爆发之前，已是美国的既定政策，不是因为朝鲜战争的爆发，美国才改变了对台湾的政策。即便没有朝鲜战争的爆发，中国人民解放军进行解放台湾的作战，美国也会立即进行军事干预，就当时人民解放军的武器装备水平也不见得能顺利解决台湾问题。解放台湾是渡海登陆作战，不同于陆地作战，也不同于解放海南岛的作战，其组织准备工作本来就比陆地作战和解放海南岛的作战都艰巨复杂得多。美国海军第七舰队侵入台湾海峡，更增加了人民解放军攻台的困难，使人民解放军的攻台计划短时间内难以实现。

事实上，是美国对台湾的侵略在先，中国人民的抗美援朝战争在后，延缓了台湾问题的解决不是因为朝鲜战争或抗美援朝战争造成的。正是由于美国政府继续坚持干预中国内政、阻挠中国统一的政策，造成了台湾海峡地区的长期紧张对峙局势，造成了台湾与祖国大陆长期处于分离的状态。

抗美援朝战争在中国人民解放军历史上出现哪些第一次

抗美援朝战争在人民解放军历史上出现许多第一次,志愿军也有许多新创造。主要是:

一、抗美援朝战争是新中国历史上的第一场战争

新中国成立后面临的是长期战争留下的千疮百孔的烂摊子,在全国大陆(西藏尚待解放)和沿海大部岛屿解放后,1950年6月6日至9日,中共第七届中央委员会第三次全体会议,确定全国的中心任务是以三年左右时间完成国民经济恢复,争取财政经济状况根本好转。然而,6月25日朝鲜内战爆发,美国立即进行武装干涉,同时派海军第7舰队侵入台湾海峡,并将战火烧到鸭绿江边,严重威胁中国大陆安全。应朝鲜劳动党中央和朝鲜民主主义人民共和国政府请求,中共中央被迫作出"抗美援朝、保家卫国"的战略决策,组成中国人民志愿军进行抗美援朝战争。抗美援朝战争便成为新中国历史上的第一场战争。

二、抗美援朝战争是人民解放军历史上依靠落后武器装备进行的第一场现代化战争

在中国革命战争史上,人民军队是靠大刀长矛和"小米加步枪"的装备水平进行战争的,虽国民党军和侵华日军武器装备明显优于人民军队,但总体水平也不高,虽他们有空军,但数量很有限,在战略、战役上对人民军队都构不成大的威胁,作战基本还是依靠地面部队。朝鲜战争中,美军使用了除原子弹以外的当时所有最现代化武器装备,掌握有整个战场的制空权和制海权,实行的是陆海空军联合的全方位立体作战。而志愿军武器装备无论在数量上还是质量上均无法与美军相比,运动战阶段只是步兵在少量炮兵支援下作战,到阵地战阶段有少量坦克支援作战,空军虽参战但主要是掩护后方交通运输,整个战

争期间没有海军参战，谈不上制空权，更谈不上制海权。这场战争是人民解放军历史上依靠落后武器装备进行的第一场现代化战争，也是人民解放军历史上依靠劣势装备战胜优势装备之敌最为典型的一场战争。

三、抗美援朝战争是中国人民解放军部队以志愿军名义第一次出国作战

在中国人民解放军历史上，从1927年八一南昌起义起到新中国成立，中国共产党领导的人民军队，除抗日战争期间东北抗日联军在极端艰苦的环境下坚持斗争，到1941年全部兵力不足2500人，转到中苏边境地区进行整训外，一直在中国境内作战。而抗美援朝战争，则是第一次出国作战，并且是第一次以志愿军名义作战。

四、抗美援朝战争是中国人民解放军部队以志愿军名义第一次与美军作战

在中国革命战争中，人民解放军的作战对象，有国民党军，有侵华日军，还有抗日战争期间的伪军。而抗美援朝战争中同美军作战，是中国人民解放军历史上的第一次。在朝鲜战场上志愿军第一次与美军直接交锋的是第三十九军，第一次战役中1950年11月1日至3日，清川江以北的云山战斗给予美军骑兵第1师以重创，歼灭其第八团大部1800余人。志愿军第一次全歼美军一个多团的部队是第二十七军，第二次战役中1950年11月30日至12月2日，长津湖地区的新兴里战斗全歼美军步兵第七师第三十一团，击毙其团长，缴获其团旗，全歼美军该团3190余人。

志愿军第九兵团缴获的美军第七师三十一团团旗

五、抗美援朝战争实现了中国人民解放军空军第一次参加作战

中国人民解放军空军作战部队于1950年夏组建后第一次参加作战,就是以志愿军空军名义在抗美援朝战争中的作战。1951年1月21日和29日,在苏联空军带领下进行实战练习的志愿军空军第四师第十团第二十八大队大队长李汉,首开志愿军空军击落击伤美军飞机的纪录,击落美军F-84飞机1架、击伤2架。1951年9月,志愿军空军以师为单位出动作战,首先出动的是第四师,9月25日,首次参加了敌我双方共250余架飞机的大空战,飞行员刘涌新首创志愿军空军击落美军F-86战斗机的纪录。志愿军空军英雄王海和赵宝桐在抗美援朝战争中分别创造了击落击伤美军飞机9架的纪录;志愿军空军英雄张积慧、韩德彩、蒋道平,分别创造了击落美军王牌飞行员的纪录(蒋道平击落王牌飞行员是20世纪90年代中后期才查明的);1951年11月30日,志愿军空军第2师副大队长王天保和第八师轰炸机编队分别创造了志愿军空军以活塞式歼击机和轰炸机击落击伤美军喷气式飞机的纪录,其中,王天保以拉-11活塞式飞机接连击落F-86喷气式飞机1架、击伤3架;1953年5月29日夜,志愿军空军第四师第十团副团长侯书军在安州地区上空创造了志愿军空军第一次在夜间击落敌机的纪录,击落美机1架。这场战争中也是人民解放军空军(以志愿军空军名义)第一次与苏联空军协同作战。

六、抗美援朝战争是中国人民解放军第一次多军兵种参加作战

在中国革命战争史上,人民解放军基本上是单一的步兵作战,土地革命战争时期和抗日战争时期很少有炮兵部队,更无坦克部队,到解放战争中期以后,炮兵部队有了明显增加,并有了坦克部队,但这时炮兵部队和坦克部队都不是作为一个独立兵种参加作战的。抗美援朝战争中炮兵(含高射炮兵)部队和坦克部队(装甲兵)都是第一次作为独立兵种参加作战,空军参加了作战,还有铁道兵、工兵、公安部队作为独立兵种部队也参加了这场战争,并且步炮协同,后期还有步坦协同和步炮坦协同作战。炮兵在作战中于1951年9月1日至3日第一次使用喀秋莎火箭炮,志愿军以5个炮兵营火力(包括首次使用喀秋莎火箭炮),支援第二十七军3个团的兵力分别向黑云吐岭东西一线进行了连续3天的反击作战。此后,喀秋莎火箭炮在地面作战中发挥了巨大威力。抗美援朝战争是人民解放军历史上第一次多军兵种参加作战。

七、抗美援朝战争中实现了人民解放军第一次陆空协同作战

从1951年11月5日开始至12月1日,志愿军第五十军对鸭绿江口至清川江口之间的沿海岛屿,连续进行4次渡海攻岛作战。在空军配合下,先后攻占14个岛屿,共歼灭武装匪特570余人。志愿军空军轰炸机第八、第十师各一部,在歼击机掩护下,于11月6日、29日和30日三次出动,轰炸大和岛,直接支援地面部队作战。在轰炸机出动之前,志愿军空军第三师的米格-15和第二师四团的拉-11飞机各4架,于11月2日先后对大和岛等岛屿进行了照相侦察,为攻岛作战提供了重要情报。这次攻岛作战是抗美援朝战争中唯一的一次陆空协同作战,也是中国人民解放军历史上第一次陆空协同作战和人民解放军空军第一次多机种协同作战。

八、抗美援朝战争使阵地战在人民解放军历史上第一次上升到战略主导地位

在中国革命战争史上,土地革命战争时期红军的主要作战方式,前期是游击战,后期是运动战;抗日战争时期八路军、新四军和中国共产党领导的其他人民武装的主要作战方式是游击战;解放战争时期解放军的主要作战方式是运动战,虽在解放战争后期阵地战的作战方式有所增多,但在整个中国革命战争史上,阵地战始终是处于次要和辅助地位的。而抗美援朝战争1951年夏双方转入战略相持后,阵地战则成了志愿军的主要作战方式,志愿军创造了以坑道为骨干的坚固阵地防御体系,并采取相应的坑道战术。抗美援朝战争使阵地战在人民解放军历史上第一次上升到战略主导地位。

九、抗美援朝战争使人民解放军第一次实现在统一指挥下与外军联合作战

1950年12月上旬,组建了中国人民志愿军和朝鲜人民军联合司令部,12月31日开始的第三次战役,是志愿军和人民军在统一指挥下进行的首次战役,初次进行了两军统一联合作战的实践。此后直至朝鲜停战,志愿军和人民军一直在统一指挥下联合作战。这是人民解放军历史上第一次在统一指挥下与外军联合作战。

十、抗美援朝战争是人民解放军第一次实行轮番作战和轮换作战

1951年2月上旬,中央军委为解决志愿军战场休整和保持优势作战兵力的矛盾,以便坚持长期作战,决定志愿军实行轮番作战的方针。4月22日至6月10日的第五次战役就是以志愿军第二番作战部队为主进行的。1952年9月起又实行轮换作战方针,以国内完成整编的部队轮换在战场上作战较久的部队,使更多的部队得到现代战争锻炼。轮番作战和轮换作战是中央军委在用兵问题上的一大创造。

十一、抗美援朝战争使人民解放军的后勤保障观念发生了质的飞跃

抗美援朝战争使人民解放军第一次真正认识了现代化战争中后勤建设的极端重要性,从而实现了后勤保障观念由"小米加步枪,仓库在前方"就地取给和取给于敌向由国家统一供应的转变,由单一陆军后勤向诸军兵种合成军队后勤的转变,由主要组织物资、卫生、技术等保障向既组织物资、卫生、技术等保障,又要组织后方对敌斗争的转变,由少数勤务部门和分队组成的保障向多勤务部门和部队,包括防空部队、铁路和公路抢修运输部队、后方警卫部队等组成联合保障的转变。抗美援朝战争使人民解放军的后勤保障观念发生了质的飞跃。

此外,志愿军广大官兵在防空、反坦克、野外生存等方面创造了许多有效办法。志愿军铁路、公路抢修、运输部队,也创造了许多保障抢修、运输的有效办法。

朝鲜战争在世界战争史上出现哪些第一次

朝鲜战争在世界战争史上出现了许多第一次，主要有：

一、朝鲜战争是第二次世界大战后第一场较大规模的国际性局部战争

朝鲜战争发生在第二次世界大战后的1950年至1953年，由朝鲜南北双方为解决统一问题的内战而起。美国当局从其称霸全球的帝国主义利益出发，操纵联合国安理会通过关于组成侵朝"联合国军"的决议，组成以美国为首由16个国家和地区部队参加的"联合国军"，并有5个国家直接为"联合国军"派出战场服务。中国为"抗美援朝、保家卫国"派出中国人民志愿军参加作战。苏联秘密派出空军在朝鲜北方清川江以北地区上空参加掩护铁路运输的空战。战场在朝鲜半岛这个局部地区，加上朝鲜南北双方，涉及的参战国家和地区共有25个。朝鲜战争参战国之多在以往战争史上仅次于两次世界大战，这场战争是第二次世界大战后第一场较大规模的国际性局部战争。外国有学者称这场战争是小型的第三次世界大战。

二、朝鲜战争是现代局部战争的开端

朝鲜战争是第二次世界大战后第一场国际性局部战争，是美国垄断核武器局面被打破的背景下爆发的一场战争，是世界现代局部战争的开端，充分表现了现代局部战争的一些基本特点，主要有：一是战争目的的有限性和战争规模、战争手段的可控性。尽管朝鲜战争参战国较多，但除了美国一些好战分子极力主张扩大战争外，战争双方的军事战略目标均很有限，均力争将战争限制在朝鲜境内。二是同以往战争相比，朝鲜战争的政治性更加突出。当时国际上对立的两大政治阵营严重影响这场战争。三是战争有大国的参与或有大国的背景。第二次世界大战后，朝鲜问题的由来和朝鲜战争的爆发本身就有美苏两个大国的背景。朝鲜内战爆发后，美国立即公开进行武装干涉，成了这场战争的主要一方。

苏联没有公开介入这场战争，但对朝鲜和中国提供了尽可能的武器装备和其他战争物资支援，在政治上、道义上公开站在朝鲜和中国一边，同美国在联合国和其他各种外交场合进行斗争。四是战争结局的妥协性。历史上的两次世界大战和其他一些战争，基本上是以一方彻底胜利，另一方彻底失败而告结束的。朝鲜战争的结局则是在战争形成相持局面的情况下，通过停战谈判达成停战协定结束战争的。这种战争结局的妥协性创下了现代局部战争的一个先例。五是战争的激烈程度高，物资消耗量大。战争虽然只在朝鲜半岛进行，但战争的激烈程度不亚于两次世界大战。在单位面积之内，双方的兵力密度，美军的轰炸密度，美军火炮和发射炮弹的密度都达到了以往世界战争史上的最高水平。六是战争是新式武器装备的试验场。在朝鲜战争中，除没有使用原子弹以外，当时所有的新式武器都在战争中投入使用。战争双方都大量使用了喷气式飞机、大口径火炮和坦克。由于朝鲜战争和它所充分表现的现代局部战争特点，因此，从这场战争开始，世界许多国家就注重了局部战争研究。自此以后，虽然世界大战的危险依然存在，但世界上爆发的战争都是局部战争。［附：抗美援朝战争（朝鲜战争）表现了现代局部战争哪些特点］

三、朝鲜战争是美国第一次打着联合国旗号进行的一场战争

联合国于第二次世界大战结束后的1945年10月成立。1950年6月朝鲜战争爆发，美国从其称霸全球的帝国主义利益出发，立即进行武装干涉，为使其武装干涉合法化，乘苏联常驻联合国代表抗议美国为首的资本主义集团拒绝恢复中华人民共和国在联合国的合法席位而拒绝出席联合国会议之机，操纵联合国安理会通过关于组成侵朝"联合国军"的决议，从而使美国在朝鲜的武装干涉活动披上了联合国的外衣。朝鲜战争也就成了美国第一次打着联合国旗号进行的一场战争。

四、朝鲜战争是美苏两国历史上第一次空军交战

1950年10月中国人民志愿军出动到朝鲜作战后，苏联派出空军协助中国担负国土防空任务。1950年11月1日参加朝鲜战争的美国空军飞机飞抵鸭绿江上空，苏美空军在鸭绿江上空发生交战。1951年第二季度后，苏联空军秘密出动到朝鲜境内清川江以北地区上空作战，尤其1951年8月美国空军发动"绞杀战"后，苏联空军出动更为频繁，直至1953年7月朝鲜停战。美苏空军在朝鲜战争中的交战，是美苏两国历史上空军的第一次交战，只

不过苏联空军是在秘密状态下与美国空军交战的,据说,美国当局已判断出苏联空军参战,但为了避免引起世界大战和国内舆论的压力,而装聋作哑、心照不宣。

五、抗美援朝战争第二次战役美国第一次被打得不知所措

在抗美援朝战争第二次战役中,志愿军采取诱敌深入的方针,将美国为首的"联合国军"诱到预定战场后,突然发起反击,给予美军第二师、第七师和海军陆战队第一师以歼灭性打击,重创美军第二十五师。美军在作战中遭受如此惨重打击,这在美国历史上是空前的,大大出乎华盛顿美国军政当局和东京"联合国军"总部的预料。"联合国军"总司令麦克阿瑟被打蒙了,美国当局被打蒙了。在美国历史上,第一次从总统到政府和军队的最高决策人,都忧心忡忡、不知所措。

六、朝鲜战争是美国历史上第一次没有取得胜利的战争

美国于1776年宣布成立美利坚合众国以来,至1950年朝鲜战争之前,美国进行和参加的所有战争都是胜利者,尤其参加两次世界大战,美国不但是胜利者,而且还发了横财,一跃成为资本主义世界最强国。但朝鲜战争却是美国历史上第一次没有取得胜利的战争。"联合国军"第三任司令官、美国陆军上将马克·克拉克,在其回忆录《从多瑙河到鸭绿江》中,一开篇就说:"1952年5月,我受命为联合国军统帅,代表17个国家,在韩国抵抗共产党侵略。15个月以后,我签订了一项停战协定,这协定暂时停止了……那个不幸半岛上的战争。对我来说这亦是表示我四十年戎马生涯的结束。它是我军事经历最高的一个职位,但是它没有光荣。在我执行政府的训令中,我获得了一项不值得羡慕的荣誉,那就是我成了历史上签订没有胜利的停战条约的第一位美国陆军司令官。"[①] 许多美国史学研究者也认同"朝鲜战争是美国第一次没有凯旋班师的战争"[②]。

七、朝鲜战争是世界战争史上喷气式战斗机第一次参加空战

喷气式战斗机出现于第二次世界大战末期,但没有进行交战。在朝鲜战争中,主要是中国人民志愿军参战以后,喷气式战斗机开始出现交战,最早交战就是本节前述1950

---

① [美] 马克·克拉克:《从多瑙河到鸭绿江》,(台湾) 黎明文化出版公司,1956年,第1页。
② [美] 约瑟夫·格登:《朝鲜战争——未透露的内情》,于滨等译,解放军出版社,1990年,第1—2页。

年11月1日美苏两国空军在鸭绿江上空的交战,苏联的米格-15喷气式战斗机击落了美国的F-84喷气式战斗机。此后,整个朝鲜战争期间的空军交战主要是喷气式战斗机的交战,到了1952年6月以后,主要是苏联空军和中国人民志愿军空军飞行员驾驶的米格-15战斗机与美军飞行员驾驶的F-86战斗机的交战。

八、朝鲜战争中出现了世界战争史上第一次直升机机降作战

1951年3月28日,美第二十五师及空降第一八七团在坦克70余辆和大量炮兵与飞机支援下,向志愿军第二十六军防守的仙岩里、七峰山、海龙山、抱川、云岳山一线阵地发起猛烈攻击。志愿军第二十六军二三四团两个连被包围于七峰山。美军为了配合地面部队争夺制高点,以1架直升机载步兵1个排(30余人),在10余架战斗机掩护下,降落在志愿军第二十六军第二三三团2个班控制的旺方山阵地侧后。志愿军第二三三团两个班与机降美军展开争夺,但由于寡不敌众,其中1个班大部伤亡,阵地失守。美军这次直升机机降作战,是世界战争史上第一次直升机机降作战。

九、朝鲜停战谈判中美方代表无理提出海空军优势补偿论是世界历史上第一次

1951年7月27日,美方首席代表特纳·乔埃海军中将在关于军事分界线问题谈判中,抛出了预先准备的长篇发言,鼓吹"海空军优势补偿论",即所谓非军事区域的划定,要以军事实力为基础,美方的海空军强,其"优势"必须在地面军事分界线的划定上得到补偿。路透社记者说,交战一方根据空中和海上的威力要求领土,这还是历史上的第一次①。

十、抗美援朝战争中,中国人民志愿军创造了世界战争史上的奇迹

除了"抗美援朝战争在中国人民解放军历史上出现哪些第一次"一节中讲到的志愿军的创造以外,志愿军在这场战争中还有许多创造,其中有三件事堪称世界战争史上的奇迹。一是抗美援朝战争胜利本身。中国人民不畏强暴,在敌我武器装备和经济力量强

---

① 《新华社新闻稿》,1951年8月9日。

弱悬殊的条件下,战胜了资本主义世界的最强国。新中国经受住了考验,在现代战争史上树立了弱国打败强国,以劣势武器装备打败优势装备强敌的光辉典范。二是上甘岭防御战役。1952年10月14日至11月25日"联合国军"发动的"金化攻势",在上甘岭这个不足4平方公里的阵地上,先后投入3个多师6万余人、300余门大炮、近200辆坦克、3000余架次飞机,发射炮弹190多万发,投掷炸弹5000多枚,阵地土石被炸松2米。然而志愿军的上甘岭阵地屹立未动,"联合国军"未能夺取一寸阵地。志愿军上甘岭防御战役创造了现代战争史上坚守防御的范例。三是志愿军第六十军3000余人的潜伏。1953年6月9日晚,志愿军第六十军将13个步兵连、4个机炮连、4个营部、1个团指挥所共3000余人,秘密运动至南朝鲜军防守的北汉江以东883.7高地、973高地、902.8等高地前沿300米的有利地形和森林内隐蔽潜伏,至10日黄昏发起攻击,3000余人的庞大队伍在南朝鲜军眼皮底下潜伏了19个小时而未被发觉,创造了世界战争史上的奇迹。

附:抗美援朝战争(朝鲜战争)表现了现代局部战争哪些特点

朝鲜战争是第二次世界大战后第一场国际性的局部战争,是美国垄断核武器局面被打破的背景下爆发的一场战争,是世界现代局部战争的开端,充分表现了现代局部战争的一些基本特点,主要有:

(一)战争目的的有限性和战争规模、战争手段的可控性

朝鲜战争参战国之多在以往战争史上仅次于两次世界大战,美国第一次也是唯一一次打着联合国的旗号,组成以美国为首的所谓"联合国军"干涉朝鲜内战。以美国为主由16个国家和地区的军队组成"联合国军"并指挥南朝鲜军为战争的一方,中国以志愿军名义和朝鲜军民以及苏联秘密出动空军为战争的另一方,还有5个国家为"联合国军"提供了医疗和其他服务。尽管这场战争的参战国较多,但除了美国一些好战分子极力主张扩大战争外,战争双方的军事战略目标均很有限,均力争将战争限制在朝鲜境内。美国的军事战略目标是军事占领全朝鲜,在遭到中国人民志愿军的严厉打击,退缩到三八线以南后,又确定打一场有限战争。中国一直主张朝鲜战争地方化,中国参战的目的就是抗美援朝,保家卫国。中国以"志愿军"的名义参战的一个重要考虑就是力争避免战争扩大到中国境内。双方作战的范围没有超出朝鲜半岛,虽然美国空军飞机侵入中国和苏联边境的领空,但美国最高军政当局的指示和命令是严格限制美军飞机越过中朝、朝苏边界的,美国威胁使用原子

弹,但最终没能使用原子弹。中国和苏联也没有在朝鲜半岛以外开辟战场。总之,战争双方既都全力以赴,又都对战场范围、战争的规模和战争手段作了严格的限制,这是这场战争区别于以往世界战争史上其他战争的重要特点。

（二）战争的政治性更加突出,军事行动受到国际政治、外交等因素的严重制约

同以往的战争相比,朝鲜战争的政治性更加突出。当时国际上两大政治阵营严重影响这场战争。这场战争的爆发有两大政治阵营的背景。战争爆发后,美国未敢将战争打到中国境内,未敢在战争中使用原子弹,主要的考虑是中国和苏联签有友好同盟互助条约,担心一旦将战争扩大到中国境内和使用原子弹,会将苏联牵进战争,引起苏联的原子弹报复和引起世界大战,特别是担心苏联向欧洲进攻,而美国的盟国英国、法国等也特别惧怕这一点。美国的盟国中,本身参战的目的和心态就各不相同,与中国的关系也各不相同。因此,战争的军事行动不能不受到复杂的国际政治因素和外交因素的制约。此外,这场战争同以往世界上战争相比,其政治目的性也更加突出,虽然在战场上表现为消灭对方的军事力量、攻城略地,但其政治目的主要是达到政治上的影响和控制。

（三）战争有大国的参与或有大国的背景

第二次世界大战后,朝鲜问题的由来和朝鲜战争的爆发本身就有美苏两个大国的背景。朝鲜内战爆发后,美国立即公开进行武装干涉,成了这场战争的主要一方。苏联没有公开介入这场战争,但对朝鲜和中国提供了尽可能的武器装备和其他战争物资的支援,在政治上、道义上公开站在朝鲜和中国一边,同美国在联合国和其他各种外交场合进行斗争。此外,苏联还秘密出动志愿空军到朝鲜清川江以北地区上空作战,帮助朝鲜人民军和中国人民志愿军掩护交通运输。大国的参与或有大国的背景是朝鲜战争的重要特点,也是现代局部战争的重要特点。

（四）战争结局的妥协性

历史上的两次世界大战和其他一些战争,基本上是以一方彻底胜利,另一方彻底失败而告结束的。朝鲜战争的结局则不同于两次世界大战和以往其他许多战争。朝鲜战争是双方在战场上经过较量,力量形成均势,战争形成相持局面,任何一方都难以在短时间打破力量的平衡,取得彻底的军事胜利的形势下,通过停战谈判达成停战协定结束战争的。这种战争结局的妥协性创下了现

代局部战争的一个先例。

（五）战争的激烈程度高，物资消耗量大

战争虽然只在朝鲜半岛进行，但战争的激烈程度不次于两次世界大战。在单位面积之内，双方的兵力密度，美军的轰炸密度，美军火炮和发射炮弹的密度都达到了以往世界战争史上的最高水平。1952年美军发动"金化攻势"，双方在不足4平方公里的地区内，投入兵力兵器的密度和美军发射炮弹的密度，都是世界战争史上罕见的。整个战争期间，美军在朝鲜战场上投掷的炸弹达69万余吨，消耗作战物资7 300余万吨，仅仅次于两次世界大战。战争的激烈程度高，物资消耗量大，是现代局部战争的重要特点。

（六）战争是新式武器装备的试验场

朝鲜战争中，除没使用原子弹以外，当时所有的新式武器都在战争中投入使用。战争双方都大量使用了喷气式飞机、大口径火炮和坦克。在世界战争史上第一次出现了喷气式飞机的空战，并且朝鲜战场上的空战，主要是以喷气式飞机进行的。双方都使用了最新式的飞机，美国方面使用了美国制造的F-86飞机，朝中方面和苏联使用了苏联制造的M-15和M-15比斯飞机。美国方面在朝鲜战场上第一次使用的新式武器还有美国的巴顿式、英国的逊丘伦式新式坦克，美国的280毫米口径新式加农火炮，美国的M-83弹束、凝固汽油弹等新式炸弹，细菌武器和红外侦察器材等。美国还在朝鲜战场上第一次实施了直升机机降作战。

由于朝鲜战争和它所充分表现的现代局部战争特点，因此，从这场战争开始，世界许多国家注重了局部战争的研究，尤其是美国、英国、苏联等国，对许多国家的军事战略也开始发生影响。曾在朝鲜战争中担任"联合国军"总司令的美国将军马修·李奇微，在其回忆录《朝鲜战争》一书中说，"朝鲜战争之前，我们的全部军事计划都是设想打一场席卷世界的战争"，"可是，朝鲜战争却使我们懂得，自此以后的一切战争必定是有限战争。""由于许多国家都拥有热核武器或者已经掌握了制造这种武器的技术，打无限规模的战争已经成为不可想象的事情。因为，打这种战争就意味着交战双方同归于尽。"[①]自此以后，虽然世界大战的危险依然存在，但世界上爆发的战争都是局部战争。*

---

① [美]马修·李奇微：《朝鲜战争》，军事科学院外国军事研究所译，军事科学出版社，1983年，第3页。
* 这是作者为《百年战争评说》一书撰写书稿《现代局部战争的开端》的一部分。该书2003年由军事科学出版社出版。

抗美援朝战争中毛泽东军事思想有哪些新发展

毛泽东是中国人民解放军的主要创建人和领导人,是举世公认的著名军事家。中国革命战争取得伟大胜利,就是毛泽东军事思想的伟大胜利。抗美援朝战争的胜利也是毛泽东军事思想的伟大胜利,并且毛泽东军事思想在这场战争中有许多新的发展。

一、提出打小歼灭战的方针,发展了歼灭战思想

毛泽东指导中国革命战争向来强调打歼灭战,指出:"对于人,伤其十指不如断其一指;对于敌,击溃其十个师不如歼灭其一个师。"[1]贯彻这个指导思想,土地革命战争时期中央苏区反"围剿"作战和长征到达陕北以后的直罗镇战役,红军一个战役即能歼灭国民党军一个到几个师。解放战争时期,人民解放军从初期一个战役歼灭国民党军一个至几个旅,逐步发展到战略决战期间一个战役歼灭国民党军几个兵团几十万人,取得了革命战争的胜利。

抗美援朝战争中,志愿军也是贯彻打歼灭战的指导思想,在运动战阶段第一至第五次战役中,每次战役均实行战役或战略性的大迂回,计划包围歼灭"联合国军"一个师到几个师,然而由于敌我双方武器装备优劣极为悬殊,实战的结果,对南朝鲜军可以实现整团、整师成建制歼灭,而对于美军虽可实现对其一个师到几个师的包围,但只有第二次战役东线作战,第九兵团第二十七军以5个团成建制包围歼灭美军第七师一个加强团,其余只是大部歼灭其一个团,或是歼灭其营以下建制部队。鉴于这种情况,毛泽东总结志愿军五次战役的经验,于1951年5月26日致电彭德怀,提出了对美英军打小歼灭战的方针,指出:"历次战役证明我军实行战略或战役性的大迂回,一次包围美军几个师,或一个整师,甚至一个整团,都难达到歼灭任务。这是因为美军在现时还有颇强的战斗意志和自信心。为了打落敌人的这种自信心以达最后大围歼的目的,似宜每次作战野心不要太大,只要求我军每一个军在一次作战中,歼灭美、英、土军一个整营,至多

---

[1] 《毛泽东选集》第一卷,人民出版社,1991年,第237页。

两个整营,也就够了。现在我第一线有八个军,每个军歼敌一个整营,共有八个整营,这就给敌以很大的打击了。假如每次每军能歼敌两个整营,共有十六个整营,那对敌人打击就更大了。如果这样做办不到,则还是要求每次每军只歼敌一个整营为适宜。这就是说,打美英军和打伪军不同,打伪军可以实行战略或战役的大包围,打美英军则在几个月内还不要实行这种大包围,只实行战术的小包围,即每军每次只精心选择敌军一个营或略多一点为对象而全部地包围歼灭之。这样,再打三四个战役,即每个美英军,都再有三四整营被干净歼灭,则其士气非降低不可,其信心非动摇不可,那时就可以作一次歼敌一个整师,或两个、三个整师的计划了。过去我们打蒋介石的新一军、新六军、五军、十八军和桂系的第七军,就是经过这种小歼灭到大歼灭的过程的。我军入朝以来五次战役,已完成这种小歼灭战的一段路程,但是还不够,还须经过几次战役才能完成小歼灭战的阶段,进到大歼灭战的阶段。"①27日,毛泽东在接见志愿军参谋长解方和志愿军第三兵团司令员陈赓时,又将打小歼灭战形象地喻为"零敲牛皮糖"。毛泽东关于打小歼灭战的方针,是根据战场上敌我双方武器装备特点,和志愿军作战的实际情况提出的,是符合战场实际的,揭示了以劣势装备战胜优势装备之敌的客观规律,是毛泽东关于打歼灭战思想在抗美援朝战争具体条件下的创造和发展。

转入阵地战阶段后,志愿军贯彻打小歼灭战的方针,1951年10月底至11月底和1952年9月18日至10月31日两次组织战术反击作战,选择"联合国军"营以下兵力防守的阵地实施攻击,除个别未达目的外,其余均是攻则必克,攻则必歼,有效杀伤了"联合国军"有生力量和打击了其士气。到了1953年夏季反击战役时,不但可以攻歼其营以下建制兵力,而且发展到金城战役时,一次就攻克南朝鲜军4个师防守的阵地,歼南朝鲜军4个师大部。"联合国军"方面不得不请求志愿军和人民军方面早日签署朝鲜停战协定,结束朝鲜战争。

二、实行轮番作战和轮换作战方针,创新了用兵思想

中国革命战争中,都是由各战略区指挥所属部队作战,不但武器装备上敌优我劣,而且在解放战争战略决战以前兵力上也是敌优我劣,各战略区部队可以利用作战间隙进行休整补充,坚持长期作战。

然而在朝鲜战场上,敌我双方武器装备优劣悬殊,志愿军作战和运输行动基本在夜

---

① 《建国以来毛泽东军事文稿》上卷,军事科学出版社、中央文献出版社,2010年,第490—491页。

间进行，本来志愿军运输能力就弱，加上美国空军的轰炸封锁，物资运输的跟进保障能力更弱。只能靠作战部队自身携带，带几天打几天，一般能维持7~10天，美军称志愿军是"礼拜攻势"。美国为首的"联合国军"针对志愿军这一弱点，利用其优势武器装备机动快的特点，对志愿军采取"磁性战术"，志愿军进攻时其撤退快，志愿军停止进攻准备转移休整时，其反扑也快。志愿军没有可资利用的作战间隙进行休整补充。为解决志愿军的休整并保持战场优势的作战力量，以坚持长期作战，1951年2月上旬，毛泽东决定"在朝鲜采取轮番作战的方针"，并委托周恩来制定了中央军委关于轮番作战的计划，以21个军轮番作战，轮番休整，每番作战9~10个军，作战两个月左右即行休整，由下一番作战部队接替，共分三番。第五次战役就是以计划的第二番作战部队为主进行的。后来战争双方均转入战略防御，朝鲜停战谈判开始，轮番作战未再进行，但计划的第三番作战部队有3个军仍按计划入朝，先后接替了第一线防御作战任务。

1952年5月，朝鲜停战谈判各项议程中，只剩战俘问题一项议程未达成协议，而在这个问题上美方违反由美国参加签署的1929年缔结、1949年修订的《关于战俘待遇之日内瓦公约》中关于"战事停止后，应即释放或遣返战俘"的规定，提出并顽固坚持所谓"自愿遣返"原则，企图强迫扣留志愿军和人民军被俘人员，致使关于战俘问题的谈判陷入僵局。中共中央和中央军委判断，战争可能会拖延至1953年。为使在朝鲜作战较久的志愿军部队得到很好休整并按国内国防军新编制进行整编，同时使国内已完成整编的部队经受朝鲜战争现代作战的锻炼，经毛泽东批准，中央军委决定以国内完成整编的部队轮换志愿军部队。先后作了两批计划，第一批计划由国内3个军轮换在朝鲜的志愿军3个军，于1952年9月实施，第二批计划由国内7个军轮换在朝鲜的志愿军7个军，因朝鲜停战实现，第二批只轮换4个军。

1952年8月4日，毛泽东在全国政协常委会上的讲话中曾经指出："抗美援朝战争是个大学校，我们在那里实行大演习，这个演习比办军事学校好。如果明年再打一年，全部陆军都可以轮流去训练一回。"① 轮番作战和轮换作战，是毛泽东和中央军委在使用兵力问题上的一个创造，既解决了志愿军的战场休整和保持持续作战的优势兵力，又使更多部队得到现代战争的锻炼，并为后来边境自卫反击作战使用和锻炼部队提供了经验。

---

① 《建国以来毛泽东军事文稿》中卷，军事科学出版社、中央文献出版社，2010年，第50页。

三、阵地战成为主要作战形式，发展了战略防御思想

毛泽东认为，在敌强我弱的情况下，基本上是不能进行阵地战的，旷日持久的阵地战，既不能掌握主动地位，也拼不起消耗。因此，在中国革命战争史上，人民军队主要作战形式在土地革命战争时期是游击战和运动战，在抗日战争时期是游击战，在解放战争时期也是运动战，阵地战只是处于从属地位起辅助作用的一种作战形式。

在朝鲜战场上，志愿军参战后，经过连续五次战役与"联合国军"的较量，将"联合国军"从鸭绿江边打回到三八线附近，战争形成相持局面，双方都转入战略防御。朝鲜战争政治形势的变化已不允许志愿军再进行大规模进退的运动战，而必须守住已占领的地区，同"联合国军"打阵地战。这样，阵地战即不再是处于从属和配合的地位了，而是上升到了战略主导地位，直至朝鲜停战。中央军委为志愿军确定了"持久作战，积极防御"的方针。随着停战谈判的开始，特别是关于军事分界线问题谈判的开始，能不能守住战线已不仅仅是地盘的得失问题，而且是涉及政治上的重大战略问题，中央军委又进一步为志愿军明确了"坚守现在战线，大量消耗敌人，以争取战争的胜利结束"的指导方针。据此志愿军在正面战线，后来又在东西海岸构筑了以坑道为骨干的坚固阵地防御体系，至1953年4月底，共挖掘坑道总长约为1250公里，堑壕、交通壕总长为6240公里，接近于中国万里长城的长度。东西海岸和正面战线均构筑两道防御阵地，使朝鲜东西海岸和正面战线绵亘1130余公里的弧形防线上，形成了坚固地下长城，这在世界战争史上本身就是一个创造。不但解决了在"联合国军"飞机轰炸、炮火轰击下有效保存有生力量问题，而且依托这样坚固的阵地可以自如地进行攻防作战。组织进行了1952年秋季战术反击作战，对"联合国军"营以下兵力防守的60个阵地进攻77次（其中人民军对3个目标攻击3次），除个别目标未完全达成目的外，其余均攻克阵地，全歼守军，并在反复争夺中大量杀伤消耗了敌军有生力量，歼敌2.7万余人，巩固占领17个阵地。而上甘岭防御战役更成为世界战争史上坚守防御的典范，"联合国军"对志愿军第十五军两个连防守的不足4平方公里的阵地，先后动用3个多师6万余人的兵力、300门大炮、近200辆坦克和3000架次飞机，发射炮弹190余万发、投掷炸弹5000余枚，掀翻阵地土石2米多深，然而志愿军阵地岿然不动，第十五军、第十二军先后共3个多师4万余人，经过与敌40余天的争夺，歼敌2.5万余人，全部恢复阵地。1953年夏季又依托这样的阵地胜利地进行了战役反击。经过两年零一个月的阵地战，志愿军和人民军共歼敌72万余人，从停战谈判达成军事分界线的协议后，净推进阵地332.6平方公里，迫使美

国签字停战。

志愿军在抗美援朝战争中,依靠劣势装备,不但取得了同现代化装备敌军打运动战的经验,而且取得了同现代化装备敌军打阵地战的丰富经验。抗美援朝战争阵地战,极大地丰富了毛泽东战略防御思想。

四、开展抗美援朝运动,创造了人民战争的新形式

中国革命战争是人民战争,毛泽东历来强调,"革命战争是群众的战争,只有动员群众才能进行战争,只有依靠群众才能进行战争"。"兵民是胜利之本"。"战争的伟力之最深厚的根源,存在于民众之中。""动员了全国的老百姓,就造成了陷敌于灭顶之灾的汪洋大海,造成了弥补武器等等缺陷的补救条件,造成了克服一切战争困难的前提。"中国革命战争所以能取得胜利,一个重要法宝,就是充分动员、依靠和组织人民群众进行战争。革命战争期间的人民战争,主要表现在动员组织人民群众直接参军参战和直接支前上,特别是抗日战争期间的敌后游击战争,男女老少齐参战,陷敌于灭顶之灾的人民战争汪洋大海之中。

而抗美援朝战争期间,中共中央和中华人民共和国中央人民政府依托中国人民抗美援朝总会开展的既轰轰烈烈又扎扎实实的抗美援朝运动,不但动员组织青壮年参军参战,动员组织民众支前,包括担架队、大车队、医疗队、汽车司机等直接到战地服务,而且组织慰问团慰问最可爱的人,优待烈军属,开展订立爱国公约和增产节约运动,组织开展捐献飞机大炮运动,等等。不但工人、农民、学生参加了这个运动,而且全国各地、各行各业、各个民族、海外侨胞、中国驻外使领馆人员,都参加了这个运动。周恩来曾经指出:抗美援朝运动"动员的深入、爱国主义的发扬,超过了过去任何反帝国主义运动,这是一个空前的、大规模的、全国性的、领导与群众结合的运动,它的力量将是不可打破的。中华民族的觉醒,这一次更加高扬起来了,更加深入化了"[①]。

中国人民抗美援朝运动的开展,有力地支援了中国人民志愿军在朝鲜作战的胜利,与此同时,有力地促进了国民经济的恢复,1952年下半年,国民经济恢复按原计划完成,从1953年开始,就进入了有计划的大规模经济建设。1953年9月12日,毛泽东在总结抗美援朝伟大胜利的经验时说:"领导是一个因素,没有正确的领导,事情是做不好的。但主要是因为我们的战争是人民战争,全国人民支援。""我们的经验是:依靠人

---
① 《周恩来军事文选》第四卷,人民出版社,1997年,第230页。

民,再加上一个比较正确的领导,就可以用我们的劣势装备战胜优势装备的敌人。"①

抗美援朝运动是中国共产党人民战争理论在新中国历史上第一次伟大实践,是取得国家政权以后创造的人民战争新形式。

五、实行边打边建方针,创造性地解决战场作战需要和加速人民解放军现代化建设问题

志愿军入朝参战之初,武器装备与"联合国军"的差距极为悬殊。这种差距可用"敌有我无,敌多我少,敌好我差"12个字来概括。这在本书"抗美援朝战争开始时敌我双方武器装备差距有多大"一节中已作了详细交代。

战争是力量的竞赛,武器装备则是战争力量的重要物质基础。特别是在现代条件下作战,没有必需的现代技术装备,很难圆满达成作战企图。改为志愿军的中国人民解放军部队尽管在长期革命战争中,积累了丰富的以劣势装备战胜优势装备敌人的作战经验,但开赴朝鲜战场是同拥有高度现代化装备的美国军队作战,没有必需的现代化装备是难以取胜的。因此,加强和改善志愿军的武器装备,成为志愿军夺取战争胜利的关键因素之一。中共中央和中央军委高度重视这一问题,实行"边打边建"的方针,包括两个方面:一是在保证志愿军在朝鲜作战的同时,人民解放军按国防军建设要求进行现代化、正规化建设;二是为保证志愿军在朝鲜作战的需要,在国内突击组建和扩建空军部队和陆军技术兵种部队,致使志愿军的现代作战能力不断得到提高。

边打边建改善军队武器装备的出路主要是请求苏联给予援助,中共中央在作出组成中国人民志愿军赴朝参战的决策后,即派代表团或以毛泽东、周恩来的名义致电斯大林,请求苏联给予中国人民志愿军提供武器装备援助。鉴于国内经济建设正在恢复之中,国家财政收入状况紧张,中国政府要求苏联政府以军事贷款形式向中国提供武器装备。苏联政府同意以军事贷款方式为中国人民志愿军提供飞机、火炮、坦克和步兵武器等装备。从1951年2月志愿军第二番作战部队入朝起,志愿军步兵部队陆续改换了苏联提供的统一制式装备。

1951年6月中旬,又要求从苏联军事贷款中订购60个师的武器装备,同时为适应战场情况需要,要求苏方1951年底前先提供10个师的装备(包括战场上急需的坦克和大炮),其余于1952年至1954年分批提供。后在60个师之外,要求再补充提供85毫米口径高炮120

---

① 《建国以来毛泽东军事文稿》中卷,军事科学出版社、中央文献出版社,2010 年,第 173、174—175 页。

门、各种炮弹229.25万发、反坦克手榴弹10万枚、火炮和牵引车轮胎1056个，于1951年年底前提供，而将60个师中56个师的装备均推迟半年提供。经过谈判，苏联方面基本满足中国方面的要求。此外，中苏双方商定，中国从苏联军事贷款中订购苏联6000辆汽车，于1951年下半年提供。5—6月，苏联政府为补偿过去未能向中国提供更多的米格-15飞机而提供较落后的米格-9飞机的过失，无偿（只收运输费）向中国提供372架米格-15飞机。

国内也加紧军工生产，充分利用当时的物质条件和技术条件，生产战场作战急需的步兵武器弹药，逐步提高自给自足能力。

1951年6月至1952年5月，全国人民开展的捐献飞机大炮运动，所捐献全部价款，可供购买3710架战斗机。这一运动对加强和改善志愿军和解放军武器装备起了巨大作用，从1952年夏季开始，志愿军武器装备有了明显的加强和改善。

在这样的基础上，自1950年10月起，就组建装甲兵部队，扩建人民空军作战部队。11月起陆军炮兵和高射炮兵部队也陆续扩建、改装。扩建、改装的炮兵和高射炮兵部队从1951年1月起陆续入朝参战，装甲兵部队于第五次战役期间入朝，7月开始参加作战，志愿军空军于1951年9月起以师为单位参战。

实行边打边建的方针，是抗美援朝战争期间保证作战和加强军队建设的一个创造，既有力保证了战场作战需要，同时也加速了人民解放军的现代化建设。1952年8月4日，毛泽东在全国政协常委会上的讲话中曾经指出："我们过去打了二十几年仗，从来没有空军，只有人家炸我们。现在空军也有了，高射炮、大炮、坦克都有了。"[1] 至1953年7月朝鲜停战时，人民解放军完成了由单一陆军向诸军兵种合成军队的转变。

---

[1] 《建国以来毛泽东军事文稿》中卷，军事科学出版社、中央文献出版社，2010年，第50页。

抗美援朝战争使人民解放军作战观念发生了哪些变化

抗美援朝战争是一场现代条件下的局部战争，是人民解放军战争史上现代化程度最高的一场战争。这场战争对人民解放军后来的建设和作战指导产生了巨大影响，极大地推动了中国军事学术的发展，使人民解放军作战观念发生了许多重要转变。

第一，由单一步兵作战向现代多兵种协同作战的转变

人民解放军从1927年八一南昌起义诞生起，直至夺取全国胜利，历经的各次战争中，基本上是单一步兵作战，只是到了解放战争后期，炮兵才在个别战略区作为一个兵种配合步兵作战，个别的作战也有少量坦克参战。这时，客观上火炮和坦克数量极为有限，很难构成真正意义上的兵种协同作战；主观上，各级指挥员基本上是单一步兵作战的观念。

抗美援朝战争与国内作战有了很大不同，尽管志愿军武器装备与以美国为首的"联合国军"相比处于悬殊劣势状态，但也有了很大加强和改善，在入朝以后一开始的作战中，就是步兵和炮兵的协同作战。在运动战阶段，志愿军的高级指挥员较之中、初级指挥员更加注重炮兵在现代战争中的作用，而许多步兵中、初级指挥员仍是以往单一步兵作战的观念，有的不愿使用炮兵，有的不会使用炮兵，加上炮兵本身的机动能力差，致使本来就不多的炮兵，在运动战阶段没有充分发挥作用。到了阵地战阶段，一方面志愿军火炮的数量和种类都有了较大增加，坦克部队也投入作战；另一方面，志愿军广大步兵指挥员已认识到了火炮和坦克在现代战争中的作用，作战观念上发生了重大变化，注重发挥各作战兵种在作战中的作用。特别是1952年夏季以后的作战中表现得更为明显，志愿军在局部作战中，炮兵的数量和火力可以达到优势，一般攻击"联合国军"一个连的阵地，志愿军使用炮兵8～10个连、火炮30～40门，而使用步兵为一个连或一个加强连，有时还有坦克参

战。1953年夏季的金城战役，志愿军火炮以1.7∶1占有优势，作战中不仅直接支援步兵歼灭敌人，而且也有相对独立的其他摧毁打击任务，并有20余辆坦克参加了作战。此外，志愿军在1951年11月攻占西朝鲜湾沿海岛屿的作战中，还进行了陆军和空军的协同作战，志愿军空军3次出动28架次轰炸机，在歼击机掩护下轰炸大和岛敌军阵地，为地面部队攻击扫除障碍。因受当时武器装备条件限制，志愿军抗美援朝战争中的协同作战还是较为初级的，步、炮协同作战组织得越来越好，积累了较丰富的经验；步、坦协同作战，由于坦克数量少，加之后来大规模的作战不多，因此，坦克作战基本上是当活动火炮使用的，尚未能充分发挥其突击作用；陆、空协同作战只有一次。尽管如此，抗美援朝战争已使人民解放军作战观念，由单一步兵作战向现代多兵种（甚至军种）协同作战实现了转变，也由集中兵力打歼灭战向现代战争集中兵力、火力打歼灭战实现了转变。

第二，由平面作战向现代立体作战的转变

在以往几十年的革命战争中，人民解放军没有高射炮部队，更没有空军。国民党军和日军虽有飞机，但数量很少，对人民解放军作战构不成大的威胁。因此，无论敌军、我军基本上都是地面部队的平面作战。

在朝鲜战场上，美军具有强大的海军和空军，掌握整个战场的制空权和制海权，进行全方位的立体作战。志愿军在抗美援朝战争中没有海军参战，前期也没有空军参战，入朝初期的作战中几乎也没有高射炮兵，因此作战极为困难。1951年1月至4月的第四次战役期间，志愿军高射炮兵陆续有4个师数个团和数十个独立营入朝参战，1951年9月，志愿军空军也开始以师为单位轮番作战。这样，志愿军既要组织地面部队作战，又要组织对空防御作战，还有空军参加空战，在作战观念上，由仅仅是平面作战向现代立体作战实现了转变。但志愿军这时的立体作战也是比较初级的，空军数量少，仅仅用于掩护后方，还不具备直接支援地面部队作战的条件和能力，除歼击机进行空战和只有一次出动28架次轰炸机支援地面部队攻岛作战外，整个抗美援朝战争中，没有打击地面目标的强击机参战；高炮部队也很有限，高炮数量还没有美军作战飞机数量多。

第三，由打战略战役性大歼灭战向打战术性小歼灭战的转变

人民解放军在革命战争中，虽然武器装备与敌军相比处于劣势，但这种劣势主要表

现在武器装备的数量上，而在质量上差别不是很大。因此，土地革命战争时期，红军一次战役即可全歼国民党军一个或几个整师，到了解放战争后期，解放军一次战役可以歼灭国民党军几个兵团几十万人。

抗美援朝战争与过去革命战争不同，敌我武器装备优劣极为悬殊，这个悬殊不但表现在武器装备的数量上，而且更主要的是表现在质量上。美军具有强大的海军和空军，而志愿军没有海军，只在后期有少量空军参战；美军地面部队基本上是机械化和摩托化的装备，而志愿军前期既没有机械化装备，也没有摩托化装备，在后期有少量坦克参战；美军每个步兵师即编有坦克140余辆、装甲车35辆、各种火炮950余门，而志愿军除后期有个别军编有坦克（自行火炮）外，其他各军均没有坦克和装甲车编制，各种火炮仅540~600门，并且与美军相比，火炮陈旧、型号杂、射程近、口径小、炮弹少、威力小；美军后方不受志愿军的威胁，作战物资运输补给有保证，而志愿军后方完全在美国空军控制之下，作战物资运输补给极为困难，没有保证。因此，志愿军同美军作战，虽一次战役可对美军一个师或几个师实现包围，但无力全歼，在运动战阶段的五次战役中，没有歼灭一个美军建制师，最好的时候只能歼灭其一个建制团（对南朝鲜军可以歼灭其建制师）。鉴于这种情况，毛泽东主席提出了对美英军打小歼灭战的原则，即每次战役志愿军每个军以包围歼灭美、英、土军1~2个营为目标，经过这样一个打小歼灭战的阶段，削弱敌军力量，打击敌军士气，逐渐向打大歼灭战过渡。这适应了敌我双方武器装备优劣悬殊的特点。志愿军在后期阵地战阶段的作战中，贯彻打小歼灭战的原则，特别是1952年秋季战术反击作战，打"联合国军"营以下兵力防守的目标，几乎是攻则必克，攻则必歼，为向打大歼灭战过渡创造了条件。1953年的金城战役一举突破南朝鲜军4个师防守的坚固阵地，歼灭其4个师大部。

第四，由注重打运动战向既注重打运动战又注重打阵地战的转变

人民解放军在几十年的革命战争中，由于力量弱小，没有本钱同敌军打阵地战，因此，主要的是实行运动战。阵地战基本上处于从属和配合的地位。

在抗美援朝战争中，志愿军虽在武器装备上处于悬殊的劣势状态，但兵力占有巨大优势，不但可以打运动战，而且也可以打阵地战。从1950年10月至1951年6月，志愿军进行运动战，连续打了五次战役，同朝鲜人民军一起歼敌23万余人，把美国为首的"联合国军"从鸭绿江边打回到三八线，并一度打回到三七线，经过反复较量，将战线稳定在

三八线南北地区，迫使美国接受停战谈判。在朝鲜停战谈判开始以后，朝鲜战争政治形势的变化已不允许志愿军再进行大规模进退的运动战，而必须守住已占领的地区，同敌军打阵地战。这样，阵地战即不再是处于从属和配合的地位了，而是上升到了战略主导地位。经过两年零一个月的阵地战，志愿军和人民军共歼敌72万余人，从停战谈判达成军事分界线的协议后，净推进阵地332.6平方公里，迫使美国签字停战。志愿军在抗美援朝战争中，依靠劣势装备，不但取得了同现代化装备敌军打运动战的经验，而且取得了同现代化装备敌军打阵地战的丰富经验，特别是在整个战线上构筑了以坑道为骨干的坚固阵地体系，既可防御敌军的进攻，也可依托其攻击敌军，到了1953年夏季，还创造了依托坚固阵地实施大规模进攻战役的经验，一举攻占敌军4个师防守的坚固防御阵地。

第五，由单纯前方作战向现代前后方全面作战的转变

这个转变是同前述第二个转变相连的。由于美军具有强大的空军，并且控制了整个战场，因此，志愿军在朝鲜作战已不同于革命战争时期作战，前方和后方的界线已不很明显，后方也变成了战场。志愿军从入朝开始，无论前方后方都必须周密组织对空防御，防止美军空袭，不但组织前方对敌军地面部队作战，而且前后方都要组织对空防御斗争。单就对空防御斗争而言，后方的任务更加艰巨复杂，因为美军侵朝空军大部分力量用于轰炸扫射志愿军后方交通运输系统、物资囤积地、部队集结地、朝鲜的工业设施等。后方战场的对空斗争，在1951年8月至1952年6月的反"绞杀战"期间表现得更为激烈。美军空军集中力量轰炸封锁志愿军后方以铁路为主要目标的交通运输系统，志愿军则集中有限的高射炮兵布置在铁路沿线打击美军飞机，志愿军空军也投入空战，还组织有一个多师的步兵在公路沿线设置防空哨，为运输车辆防空报警并打击低飞的美军飞机，铁道兵、工兵和铁路、公路运输部队利用夜间美军飞机轰炸的间隙抢修道路和运输物资，前后方其他部队也普遍组织使用步兵武器打击低飞的美军飞机。

第六，后勤保障由"小米加步枪、仓库在前方"向组织现代后勤保障的转变

人民解放军在几十年的革命战争中，作战物资的补给基本上靠作战部队本身从战场上缴获或就地从民众中征集，就是所谓"小米加步枪、仓库在前方"。在抗美援朝战

争中，一则美军是现代化的武器装备，志愿军难以缴获，即便有所缴获，美军也利用其空军将其大部摧毁，使志愿军难以利用；二则朝鲜国度小，物资有限，并且已经过美军的洗劫，加之作战地区群众已逃所剩无几，志愿军作战物资靠就地征集极为困难；三则志愿军虽然武器装备落后，但同革命战争时期作战相比也有了较大加强和改善，技术兵种部队增多，作战物资消耗量大大增加。志愿军作战物资几乎全靠从国内运输补给，过去那种"小米加步枪、仓库在前方"的后勤保障方式已经完全不适应朝鲜战场现代作战的需要，必须建立现代的后勤保障体系。这个观念，在志愿军第二次战役后即已实现了转变。但受中国经济力量和技术水平的限制，虽然国内和志愿军都尽了很大努力，但在整个运动战期间，志愿军的后勤保障一直处于被动状态，主要是运输手段有限（没有空中和海上运输，只有地面运输）、运输工具少，又在美国空军的轰炸封锁之下，物资运输极为困难，而运到前方的物资也难以及时补充到作战部队，致使严重地影响了作战的实施和作战效果。在阵地战期间，由于战线稳定，经过反"绞杀战"斗争，建立了由防空、抢修、抢运相结合，铁路、公路和人畜力运输相结合的"钢铁运输线"，基本上解决了物资运输问题，但第一线作战部队的补给有时仍很困难，这在上甘岭战役和金城战役期间都有表现。

抗美援朝战争中，人民解放军作战观念虽然向现代战争实现了这些转变，但由于当时志愿军武器装备技术水平总体上较为落后，因此，这些转变都还是较为初级的，许多实际问题在当时还没有完全解决，仍是以后需要研究的课题。这些实际问题的研究解决，对加强人民解放军的现代化建设和研究打赢信息条件下局部战争的作战指导具有重要价值。*

---

* 本节是作者发表在《军事历史》1997 年第 1 期上的文章，题目为《抗美援朝战争使我军作战观念发生的几个转变》，选入本书时略有修改。

抗美援朝战争对人民解放军现代化建设有什么影响

抗美援朝战争是中国人民志愿军依靠劣势武器装备同以美国为首的"联合国军"进行的一场现代化战争，美国在这场战争中使用了除原子弹以外的当时所有现代化武器。这场战争使中共中央和中央军委深刻认识到加强军队现代化建设的极端重要性，从而极大地促进了人民解放军的现代化建设。

一、抗美援朝战争使中共中央和中央军委深刻认识到加强军队现代化建设的极端重要性

抗美援朝战争是在敌我双方武器装备优劣极为悬殊的条件下进行的。特别是中国人民志愿军入朝参战的前期，也就是整个运动战期间，美军投入到战场上的作战飞机1200～1700架、坦克800～1100辆、装甲车400余辆、舰船艇200余艘，轻迫击炮以上火炮108500余门。而志愿军不但没有海军参战，而且也没有空军和坦克部队参战，虽有炮兵参战，但火炮质量很差，数量也极为有限。武器装备的优劣悬殊，给志愿军作战造成极大困难。美军飞机肆无忌惮，防空袭成了志愿军作战的第一要务，没有制空权使志愿军整个作战机器的运转受到极大限制，部队行动和物资运输只能在夜间或美军飞机不能出动时进行；志愿军没有坦克并严重缺乏反坦克武器，对在战场上横冲直撞的美军坦克不能打击其嚣张气焰；志愿军攻击火力太弱，对已包围的美军难以做到全歼，在美军突围后，志愿军的徒步追击又无法比得上美军的汽车轮子和机械化等等。朝鲜战争实践使中共中央和中央军委领导人充分看到，没有现代化的武器装备则难以打赢现代化的战争。当时，中国人民解放军和中国人民志愿军的许多高级将领都深有感触地表示，无论如何，就是"当了裤子也要买飞机"，改善志愿军和解放军的武器装备。在战争期间担任志愿军副司令员兼副政治委员、代司令员兼代政治委员的邓华，在总结抗美援朝战争经验时，从战争中的亲身体验指出："朝鲜战争证明，现代战争一定要

有必需的现代技术装备。没有必需的炮火既不能摧毁敌人的坚固阵地，也不能粉碎敌人的大举进攻；没有坦克和反坦克武器，便不能击毁敌人的坦克；没有空军和防空武器，便不能打击敌人的空军，掩护自己的战场。"[1]1953年1月7日，毛泽东主席为总高级步兵学校写的训词中指出："帝国主义者则继续占领我国的台湾，并继续侵略朝鲜，威胁我国的安全。为了保卫祖国免受帝国主义者的侵略，依靠我们过去和较为落后的国内敌人作战的装备和战术是不够的了，我们必须掌握最新的装备和随之而来的最新的战术。我们必须向苏联的军事科学学习，以便迅速把我军提高到足以在现代化的战争中取胜的水平。"[2]

二、抗美援朝战争本身为人民解放军现代化建设奠定了雄厚基础

当时中国工业技术水平落后，自己不能生产飞机、坦克和大炮，就决心从同中国签订有友好同盟互助条约的苏联购买。中国经济贫穷，国家无力购买，就开展抗美援朝爱国运动，动员全国各行各业各族各界人民，节衣缩食，增加生产，捐献钱物购买飞机大炮。仅1951年6月至1952年5月的一年时间，全国人民即捐献了可供购买3710架战斗机的钱款。

抗美援朝现代战争实践的刺激，使中国人民解放军和中国人民志愿军武器装备在这场战争期间有了突破性的改善和加强。空军迅速成长发展起来，其航空兵部队从1950年8月的1个混成旅共4个团110余架飞机，到抗美援朝战争结束后的1953年年底，发展到28个师共70个团，拥有各型飞机3000余架，并且装备了当时世界上最先进的战斗机，形成了有各种航空兵组成的有战斗力的空中力量。地面炮兵和高射炮兵有了明显的发展和加强，地面炮兵装备了当时先进的苏式122毫米和152毫米口径榴弹炮和"喀秋莎"火箭炮；高射炮兵在抗美援朝战争开始时只有16个城防团，到抗美援朝战争结束时发展到5个野战高炮师、近70个野战高炮营和数十个城防高炮团。陆军（步兵）的武器装备也有了很大变化，抗美援朝战争开始时，中国人民解放军和中国人民志愿军所有的军，都没有队属炮兵团和坦克团，步兵轻武器是所谓"万国牌"的杂色武器，到抗美援朝战争结束时，中国人民解放军和中国人民志愿军几乎所有的军都在编制内有了军属炮兵团，有的还有军属坦克团和师属炮兵团，个别的师还编有自行火炮团，步兵轻武器统一换装苏式武器。装甲兵和工兵也有明显发展。抗美援朝战争期间人民志愿军和人民解放军现代化建设的明显改善和加强，既为取得战争胜利提供了有力保障，又为20世纪50年代中后期人民解放军现代化建设奠定了雄厚基础。

---

[1] 邓华在全国军事系统党的高级干部会议上的发言《抗美援朝战争经验的介绍》，1954年1月。
[2] 《建国以来毛泽东军事文稿》中卷，军事科学出版社、中央文献出版社，2010年，第108页。

三、抗美援朝战争有力地促进了人民解放军的现代化建设

为加强人民解放军现代化建设,抗美援朝战争期间,通过与苏联方面谈判,签订了用苏联贷款订购苏联装备的协定。抗美援朝战争结束后,至1954年年底全部兑现,共有60个步兵师和12个空军师的装备,还有海军36艘鱼雷快艇。1954年和1955年,原驻中国安东(今丹东)、沈阳和大连地区的苏军撤回苏联时,中国又有选择地有偿接收苏军1个潜艇基地、5个歼击机师、1个轰炸机师、两个步兵师、1个机械化师、3个地面炮兵师和3个高射炮兵师等部队的大部分装备。还在苏联政府的帮助下建设了国防工业基础,新中国成立后及第一个五年计划期间,苏联援助的156个建设项目中,即有41个是国防工业项目。到20世纪50年代末,中国就建成了包括兵器工业、航空工业、船舶工业、电子工业等一大批军工骨干企业,初步形成了自己的国防工业体系,先后仿制飞机、坦克成功。其间,决策研制导弹、原子弹和人造地球卫星,制定了《国防科学技术研究工作(1958—1967年)规划纲要》。1964年10月至1970年4月,第一颗原子弹爆炸、首次导弹核武器发射、第一颗氢弹爆炸和第一颗人造地球卫星发射先后试验成功。1966年组建了战略导弹部队第二炮兵。正如邓小平所指出的:"如果二十世纪六十年代以来中国没有原子弹、氢弹,没有发射卫星,中国就不能叫有重要影响的大国,就没有现在这样的国际地位。"[①]到1965年,人民解放军的现代化水平有了明显提高,人民解放军也成为仅次于美军、苏军的世界第三大军事力量。

[①] 《邓小平军事文集》第三卷,军事科学出版社、中央文献出版社,2004年,第294页。

抗美援朝战争对当时中国国内恢复和建设有什么影响

局部战争对经济的影响是多方面的,中华人民共和国成立初期的抗美援朝战争就充分体现了对经济的多方面影响。

（一）

抗美援朝战争是中共中央、中国政府和中国人民为保卫中国的国防安全、支援朝鲜人民反抗侵略而被迫进行的一场战争。1950年10月,中华人民共和国刚刚成立一周年。当时的中国,正处于千疮百孔、百废待兴,全国的国民生产总值尚不足当年美国国民生产总值2 848亿美元的1/10,年人均收入不但远远不能与资本主义国家相比,而且远远低于亚洲国家平均水平。已经饱受战争煎熬的中国人民热爱和平,千疮百孔的中国需要在和平环境下恢复国民经济。但是,美国武装干涉朝鲜内战,武装占领中国领土台湾,美国地面部队越过三八线向中朝边境进攻,朝鲜处境危急,美国参加朝鲜战争的空军越过鸭绿江,轰炸中国边境地区的城镇乡村,战火烧到中国的大门口,中国东北地区大陆安全受到严重威胁,中共中央不得不被迫决策组成中国人民志愿军抗美援朝、保家卫国。

（二）

战争本身要付出消耗,进行战争也必将对非战争情况下的经济建设计划进行调整。进行抗美援朝战争,中国共开支战费62.5亿元人民币,相当于当时的25亿美元,几乎等于中国1950年全年的财政收入（1950年中国的财政收入为65.19亿元人民币,相当于26亿美元）,消耗各种作战物资560余万吨。除此,为了保证进行抗美援朝战争的需要,中共中央和中华人民共和国中央人民政府对刚刚确定的全面恢复国民经济的计划进行了调整。1950年6月,中国共产党第七届中央委员会第三次全体会议确定用三年左右时间恢复国民经济。为此，中央人民政府在制定国家1951年财政预算时，决定将财政预算中的军费支出比例，由1950年度的40%左右降到1951年度的30%，而以财政预算总支出的70%左右用于经济建设和文化教育事业等。但被迫进行抗美援朝战争后，中共中央和中央人民政府决定一切服从战争需要，一切为了保证战争的胜利，不得不对原拟1951年度的财政预算进行调整，军费预算支出不但没有减少，而且比1950年又有增加，在1951年度财政预算总收入69.5亿元人民币中，有33.4亿元列为军费支出，占48.5%；用于经济建设和社会文教事业的费用共为16.8亿元人民币，仅占24.1%。1952年度和1953年度财政收支总预算，军费支出比例虽有减少，但绝对数也都是增加的。也就是说，进行战争，不得不比非战争情况下增加军事费用。

（三）

抗美援朝战争中，美国联合40多个资本主义国家对中国实行了经济禁运和封锁，给中国的国际经济贸易和往来造成严重困难。但同时以苏联为代表的当时的社会主义国家对中国在经济上给予了巨大的支援和帮助。

早在中华人民共和国成立伊始，美国联合15个西方国家组成的"巴黎统筹委员会"即开始对中国实施经济禁运，并积极支持和配合跑到台湾岛的蒋介石集团利用海空军封锁阻挠任何国家商船进入中国大陆港口。1950年6月朝鲜内战爆发后，美国在武装干涉朝鲜内战的同时，又以其海军第七舰队侵入台湾海峡，直接封锁中国大陆。中国人民志愿军赴朝鲜参战后，美国为对中国人民志愿军的参战实施报复，于1950年12月开始，对中国大陆（包括香港和澳门）实施全面禁运，并将中国在美国的所有公私财产置于美国的管制之下，禁止所有国家在美国注册的船只驶往中国港口。1951年5月中旬，美国操纵联合国大会通过了对中国和朝鲜实施禁运的决议。根据这个决议，美国联合40多个西方国家对中国实施了禁运。这一方面给中国的经济贸易造成了巨大困难，另一方面，也促使中国政府和人民采取积极措施肃清美国在中国的经济文化特权以及同苏联等友好国家开展经济贸易。

在1950年2月中国和苏联签订《中苏友好同盟互助条约》时，中苏两国政府就签订了苏联政府《关于贷款给中华人民共和国的协定》，规定苏联政府以年利率1%的优惠条件，从1950年1月1日开始，5年内为中国贷款3亿美元，用于中国恢复和发展经济。根据这个协定，1950年苏联即向中国提供第一批大型工程项目50个。苏联坚决反对联合国通过的对中国和朝鲜实施禁运的决议。在1951年5月联合国通过这个决议后，中苏两国政府通过谈判，达成了由苏联向中国提供60个步兵师武器装备的协定。1953年5月，中苏两国政府还签订了关于苏联援助中国发展国民经济的协定和议定书，苏联又向中国提供91个大型工程项目。至此，仅在抗美援朝战争期间，苏联即向中国提供141个大型工程项目。中国作为回报，向苏联提供了农产品和橡胶等原料。中国同苏联之间的贸易额占中国对外贸易总额的比例，1950年为30%，到1953年则为56.3%。

与此同时，中国也积极同当时的其他社会主义国家发展贸易，还同当时的中立国家和未对中国实施禁运的资本主义国家、甚至对中国实施禁运国家的民间工商企业积极发展贸易。美国对外援助事务管理署在1953年和1954年的报告中说，1951—1953年自由世界输往中国的物资，每年都有数亿美元，虽然1952年同1951年相比有所减少，但1953年又有明显上升。同时中国的输出，1953年也比1952年有明显增加。

事实证明，封锁、禁运是一项损人不利己的政策。尽管美国等40多个西方国家对中国实施了禁运封锁，给中国的经济贸易造成巨大困难，但既未能阻止中国人民志愿军在朝鲜战场上取得胜利，也未能阻止中国与世界有关国家，包括宣布对中国实施封锁、禁运国家的贸易往来。

（四）

抗美援朝战争极大地激发了中国人民的爱国热情，中国人民充分发挥工作、生产积极性，有力地促进了中国国民经济恢复的完成。

中共中央和中国政府在保证抗美援朝战争需要的同时，积极采取措施恢复国民经济，边打边建。1951年2月，中共中央确定，仍按原计划在1952年年底前完成国民经济恢复，为大规模经济建设作好准备。为此采取的有效措施之一，就是充分组织动员全中国人民开展抗美援朝爱国运动，最大限度地发挥工作生产能力。美国武装干涉朝鲜内战和武装占领中国领土台湾，激起了中国人民的极大义愤，极大地教育了中国人民，唤醒了中国人民。为了中华民族的尊严，为了打败美国在朝鲜的侵略，中国人民表现了空前的团结和统一，万众一心，同仇敌忾，形成了强大的民族凝聚力，激发了高度的爱国热情。"国家兴亡，匹夫有责"，中国人民充分发挥了工作生产的积极性，订立爱国公约，开展生产竞赛，踊跃捐献财物，为中国人民志愿军的战场需要，为国家建设的恢复和发展作出自己最大的努力。因此，中国原定的国民经济恢复计划，虽因抗美援朝战争而进行了调整，但1951年中国财政实际收支和经济生产，都"出现了远比原来预计要好的情况"，当年的实际财政收入为133.14亿元人民币，比预算的69.5亿元人民币增长了91.9%，比1950年的实际收入增加

104.2%。1952年，中国的工农业生产总值比1949年增长344亿元人民币，达810亿元人民币，三年中平均每年增长24.6%。至1952年10月，中国的工农业生产全部恢复到中国历史上的最高水平，并有了自己的制造工业。其中，钢、煤、棉布、粮食、棉花产量和大牲畜、猪的存栏数都超过了中国历史上的最高水平，最少超过6.5%，最高则超过53.6%。1953年，中国即开始了中国历史上第一个五年经济建设计划。这是中国人民在中国共产党和中华人民共和国中央人民政府领导下，在抗美援朝战争期间，边打边建，创造的一个奇迹。美国人在对朝鲜战争作评论时也指出：共产党领导的中国在朝鲜战争中提高了地位，它再也不是第二次世界大战时的那个软弱无能的国家了。

经过这场战争，中国领导人进一步看到，要改变中国经济落后的面貌，必须发展工业，而首先应该发展重工业。从1953年开始的中国国民经济第一个五年发展计划，就把发展重工业作为重点。经过抗美援朝战争，中国在苏联等社会主义国家帮助下，建立了以重工业为代表的现代工业基础。

（五）

从抗美援朝战争看，局部战争对经济的影响是多方面的。战争本身要付出经济消耗，也会对本国的经济生产造成不利影响，还会引起有关国家和联盟（主要是敌对国家和联盟）的经济制裁。但局部战争如不是在本国进行，或只是在本国的局部地区进行，由于多种因素，如人民的爱国热情、改变经济现状的需求、经济的竞争需求等，也会刺激甚至会促进经济的增长。*

---

* 本书是作者发表在《军事历史》2004年第5期上的文章，题目为《抗美援朝战争与当时的中国经济》，文章的主要观点，在国际军事历史委员会2004年8月上旬于摩洛哥首都拉巴特召开的第30届年会上作了大会交流。

什么是抗美援朝精神

在抗美援朝战争中，中国人民创造了伟大的抗美援朝精神。这种精神可以作如下概括：

一是不畏强敌，敢于斗争，敢于胜利的精神。新中国在各方面都严重困难的情况下，在敌我双方经济力量和军队武器装备对比强弱悬殊的情况下，面对美国的战争挑衅，中共中央能够作出组成中国人民志愿军"抗美援朝、保家卫国"的战略决策，是需要充分的勇气和胆略的，这种胆略是建立在维护国家和民族最大利益的基础上的，是建立在中朝两国人民当时和长远的共同利益基础上的，同时也是建立在科学分析，估计到最好和最坏等几种可能的战争结局上的，并为争取最好结局作了最大的努力。

二是上下一致，同心协力，团结对敌的精神。为抗击帝国主义的侵略，保证战争的胜利，中共中央、中央人民政府、中央军委以及各级党政军组织、各民主党派、各人民团体和全国各族各界的广大人民群众，高度团结和统一，万众一心，同仇敌忾，空前地表现了中华民族的强大凝聚力，表现了中华民族反抗侵略的决心和力量。

三是高度的爱国主义与国际主义相结合的民族精神。这场战争教育了中国人民，唤醒了中国人民，也动员组织了中国人民，提高了中国人民的政治觉悟，增强了民族自尊心和自信心，极大地激发了中国人民的爱国热忱，"国家兴亡，匹夫有责"，除志愿军在战场上直接帮助朝鲜人民抗击美国侵略外，在国内开展了史无前例的轰轰烈烈而又扎扎实实的抗美援朝爱国运动，广大中国人民把自己和国家联系起来，把抗美援朝和保家卫国联系起来，把爱国主义和国际主义高度统一起来，积极参军参战和支前、订立爱国公约、开展生产竞赛，为抗美援朝战争，为国家建设贡献自己的最大力量。

四是特别能吃苦、特别能战斗的革命英雄主义精神。特别是中国人民志愿军在朝鲜战场上的作战，由于敌我双方武器装备对比优劣悬殊，遇到了许多难以想象的困难，战争的艰苦性、艰巨性和残酷性，也是人民解放军战争史上空前的。志愿军广大指战员，在强有力的思想政治工作的保证下，发扬了特别能吃苦、特别能战斗的革命英雄主义精神，战胜了困难，战胜了强敌，取得了战场上的胜利。

2000年10月25日，当时的中共中央总书记、国家主席、中央军委主席江泽民在首都各界纪念中国人民志愿军抗美援朝出国作战50周年大会上的讲话中，从志愿军角度归纳了如下精神："在党中央和毛泽东同志的英明领导下，志愿军充分发挥政治优势和我军的光荣传统，与朝鲜人民军一道，面对世界上最强大的敌人，在极为艰难的条件下，扬长避短，以灵活机动的战略战术和一往无前的英雄气概，进行了艰苦卓绝的作战。志愿军指战员始终发扬祖国和人民利益高于一切，为了祖国和民族的尊严而奋不顾身的爱国主义精神，英勇顽强、舍生忘死的革命英雄主义精神，不畏艰难困苦，始终保持高昂士气的革命乐观主义精神，为完成祖国和人民赋予的使命，慷慨奉献自己的一切的革命忠诚精神，以及为了人类和平与正义事业而奋斗的国际主义精神，这也就是伟大的抗美援朝精神。这种精神永远是中国人民的宝贵财富。"

　　抗美援朝精神是一种非常宝贵的民族精神，表现了中华民族的传统美德，在中国后来的社会主义建设和改革中发挥了巨大的作用，直至现在仍被广为传颂。

志愿军将领被授予将帅军衔的有多少

参加抗美援朝战争的中国人民志愿军将领，在1955—1965年中国人民解放军第一次实行军衔制时，许多被授予将帅军衔。其中，中华人民共和国元帅1人，中国人民解放军大将1人、上将18人、中将52人、少将380人以上。他们是（本节志愿军将领不明确具体单位的均是朝鲜停战后的任职）：

中华人民共和国元帅1人

彭德怀，中共中央政治局委员、中华人民共和国中央人民政府人民革命军事委员会副主席、中国人民志愿军司令员兼政治委员、中国人民志愿军和朝鲜人民军联合司令部司令员兼政治委员。

中国人民解放军大将1人

陈　赓，先后任中国人民志愿军第3兵团司令员兼政治委员、志愿军第二副司令员兼第3兵团司令员和政治委员，1952年4月上旬至6月上旬代理彭德怀在志愿军的一切职务。

中国人民解放军上将18人

邓　华，先后任中国人民志愿军第13兵团司令员兼政治委员、志愿军第一副司令员兼第一副政治委员、中国人民志愿军代司令员兼代政治委员、志愿军和人民军联合司令部副司令员、志愿军和人民军西海岸联合指挥部司令员兼政治委员、志愿军司令员兼政治委员；

洪学智，先后任中国人民志愿军第十三兵团副司令员、志愿军副司令员、志愿军副司令员兼志愿军后方勤务司令部司令员；

韩先楚，先后任中国人民志愿军第十三兵团副司令员、志愿军副司令员、志愿军和人民军西海岸联合指挥部司令员、志愿军第十九兵团司令员；

宋时轮，先后任中国人民志愿军第九兵团司令员兼政治委员、志愿军第三副司令员兼第九兵团司令员和政治委员、志愿军和人民军东海岸联合司令部司令员；

杨得志，先后任中国人民志愿军第十九兵团司令员、志愿军第二副司令员、志愿军司令员；

甘泗淇，中国人民志愿军副政治委员兼政治部主任；

李志民，先后任中国人民志愿军第十九兵团政治委员、志愿军政治部主任、志愿军副政治委员、政治委员；

李　达，中国人民志愿军参谋长；

周纯全，先后任志愿军前方后勤指挥部部长、志愿军后方勤务司令部政治委员；

杨成武，中国人民志愿军第二十兵团司令员；

董其武，中国人民志愿军第二十三兵团司令员；

王建安，中国人民志愿军第九兵团司令员、志愿军和人民军东海岸联合司令部司令员；

许世友，中国人民志愿军第三兵团司令员、志愿军和人民军东海岸联合司令部司令员；

黄永胜，中国人民志愿军第十九兵团司令员；

杨　勇，先后任中国人民志愿军第二十兵团司令员、志愿军参谋长、志愿军副司令员、司令员；

王　平，先后任中国人民志愿军第二十兵团政治委员、志愿军副政治委员兼政治部主任、志愿军政治委员；

刘　震，中国人民志愿军空军司令员、志愿军和人民军空军联合司令部司令员；

李克农，中华人民共和国外交部第一副部长兼中央军委情报部部长，主持朝鲜停战谈判朝中代表团工作、志愿军谈判代表团党委书记。

中国人民解放军中将52人（以姓氏笔画为序）

王必成（志愿军第九兵团副司令员）

王近山（志愿军第三兵团副司令员、志愿军和人民军东海岸联合司令部副司令员代司令员）

王尚荣（志愿军第四十六军副军长）

王紫峰（志愿军第六十六军政治委员）

王道邦（志愿军第六十五军政治委员、军长兼政治委员）

韦　杰（志愿军第六十军军长）

卢　胜（志愿军第二十三军政治委员）

皮定均（志愿军第二十四军军长兼政治委员）

成　钧（志愿军空军副司令员、志愿军和人民军空军联合司令部副司令员）

匡裕民（志愿军炮兵司令部副司令员、志愿军炮兵指挥所主任）

刘西元（志愿军第三十八军政治委员）

刘浩天（志愿军第二十七军政治委员）

杜　平（志愿军第十三兵团政治部主任、志愿军政治部主任、志愿军政治部副主任、志愿军谈判代表团党委副书记、志愿军和人民军西海岸联合指挥部副政治委员兼政治部主任）

杜义德（志愿军第三兵团副政治委员、志愿军和人民军东海岸联合司令部副政治委员）

李成芳（志愿军第十五军代军长）

李寿轩（志愿军铁道兵团副司令员、中朝联合铁道运输司令部副司令员兼抢修指挥局局长、前方铁道运输司令部副司令员）

李雪三（志愿军第三十九军副政治委员兼政治部主任、政治委员，志愿军后方勤务司令部政治部主任、副政治委员）

旷伏兆（志愿军第六十七军政治委员）

吴先恩（志愿军后方勤务司令部副司令员）

吴信泉（志愿军第三十九军军长、军长兼政治委员、志愿军和人民军西海岸联合指挥部副司令员）

吴瑞林（志愿军第四十二军军长）

邱创成（志愿军炮兵司令部政治委员）

张　震（志愿军第二十四军代军长兼代政治委员）

张天云（志愿军第四十七军军长）

张仁初（志愿军第二十六军军长）

张南生（志愿军第二十兵团政治委员兼政治部主任、志愿军政治部副主任）

张祖谅（志愿军第六十军军长）

张翼翔（志愿军第二十军军长兼政治委员）

陈先瑞（志愿军第十九兵团政治部主任、副政治委员兼政治部主任）

周　彪（志愿军第四十二军政治委员）

周赤萍（志愿军空军政治委员、志愿军和人民军空军联合司令部政治委员）

郑维山（志愿军第十九兵团副司令员兼参谋长、第二十兵团代司令员）

姚　喆（志愿军第二十三兵团参谋长）

秦基伟（志愿军第十五军军长）

袁子钦（志愿军第六十军政治委员）

袁升平（志愿军第四十军政治委员、志愿军干部部副部长）

聂凤智（志愿军空军代司令员，志愿军和人民军空军联合司令部代司令员、司令员）

倪志亮（抗美援朝战争期间任中国驻朝鲜大使）

徐斌洲（志愿军第三十九军政治委员）

陶　勇（志愿军第九兵团副司令员、志愿军和人民军东海岸联合司令部副司令员）

萧新槐（志愿军第六十六军军长）

黄新廷（志愿军第一军军长）

曹里怀（志愿军第四十七军军长）

常乾坤（志愿军空军副司令员、志愿军和人民军空军联合司令部副司令员）

崔田民（志愿军铁道兵团副政治委员，中朝联合铁道运输司令部副政治委员兼政治部主任，前方铁道运输司令部副政治委员、政治委员）

梁兴初（志愿军第三十八军军长、志愿军和人民军西海岸联合指挥部副司令员代司令员）

覃　健（志愿军第九兵团参谋长）

温玉成（志愿军第四十军军长、军长兼政治委员）

曾泽生（志愿军第五十军军长）

曾绍山（志愿军第十二军军长、第三兵团副司令员、志愿军和人民军东海岸联合司令部副司令员）

曾思玉（志愿军第六十四军军长、第十九兵团副司令员兼参谋长）

谢有法（志愿军第九兵团政治部主任）

另，梁必业在朝鲜停战后曾任志愿军副政治委员兼政治部主任。

中国人民解放军少将381人（以姓氏笔画为序）

丁　盛（志愿军第五十四军军长）

丁本淳（志愿军炮兵第二师政治委员）

丁甘如（志愿军司令部作战处处长）

丁先国（志愿军后勤第二分部部长）

丁莱夫（志愿军第二十兵团政治部组织部部长、志愿军政治部副主任）

于敬山（志愿军第三十八军一一三师政治委员）

万振西（志愿军第二十三军参谋长）

马　辉（志愿军第六十七军二〇一师师长、第六十七军副军长）

马卫华（志愿军第六十四军参谋长、副军长兼参谋长）

王　直（志愿军第二十六军政治部主任）

王　新（志愿军第十五军二十九师政治委员）

王扶之（志愿军第三十九军一一五师副师长、师长）

王希克（志愿军后勤第二分部部长、政治委员）

王良太（志愿军第三十九军一一五师师长、第三十八军副军长兼参谋长）

王茂全（志愿军第六十六军一九八师副师长）

王定烈（志愿军空军第十八师师长）

王学武（志愿军空军第十师政治委员、志愿军和人民军空军联合司令部政治部主任）

王诚汉（志愿军第六十军一八一师师长、第六十军副军长）

王政柱（志愿军副参谋长、志愿军和人民军西海岸联合指挥部参谋长）

王香雄（志愿军空军第四师副师长）

王振东（志愿军第四十六军一三三师师长）

王海廷（志愿军第六十四军一九二师师长）

王海清（志愿军空军后勤部政治委员）

王淮湘（志愿军第四十二军一二五师政治部主任、代政治委员）

王道全（志愿军第四十二军一二五师代师长、师长）

王毓淮（志愿军空军第十四师师长）

王蕴瑞（志愿军第三兵团参谋长、志愿军和人民军东海岸联合司令部参谋长、志愿

军参谋长）

　　车敏瞧（志愿军第十五军政治部主任）

　　韦统泰（志愿军第五十四军一三五师副师长）

　　尤太忠（志愿军第十二军三十四师师长）

　　文　击（志愿军炮兵第一师师长、志愿军炮兵指挥所副参谋长）

　　方之中（志愿军第六十七军参谋长）

　　方子翼（志愿军空军第四师师长）

　　方毅华（志愿军第四十七军一三九师政治委员）

　　邓　岳（志愿军第四十军一一八师师长、第四十军副军长兼参谋长）

　　邓东哲（志愿军第五十四军副军长）

　　邓仕俊（志愿军第六十军参谋长、副军长兼参谋长）

　　孔令甫（志愿军铁道兵工程第十一师师长）

　　石　瑛（志愿军第三十九军一一六师政治委员、第三十九军政治部主任、代政治委员）

　　龙道权（志愿军第六十三军政治委员）

　　帅　荣（志愿军第三十七军政治委员）

　　叶运高（志愿军政治部保卫部部长）

　　叶松盛（志愿军空军第四师政治委员）

　　叶荫庭（志愿军第四十军副参谋长、参谋长）

　　叶泰青（志愿军空军副参谋长、志愿军和人民军空军联合司令部副参谋长）

　　叶建民（志愿军第四十七军一四一师师长、第四十七军参谋长、副军长兼参谋长）

　　田维新（志愿军第十六军三十二师政治委员）

　　史进前（志愿军第六十五军一九三师政治委员）

　　史景班（志愿军第三十三师政治委员）

　　兰文兆（志愿军第五十四军一三四师政治委员、代师长兼政治委员）

　　兰庭辉（志愿军铁道工程某师政治委员）

　　宁贤文（志愿军第四十军参谋长）

　　成少甫（志愿军第六十六军一九七师师长）

　　吕士英（志愿军第四十七军一三九师师长）

　　曲竟济（志愿军第六十四军一九〇师副政治委员）

　　朱　光（志愿军炮兵第二师师长、志愿军炮兵指挥所参谋长）

第六部分
抗美援朝战争的结局和影响

朱声达（志愿军某师副师长）

朱启祥（志愿军第二十军五十八师副政治委员、政治委员）

朱直光（志愿军后方勤务司令部卫生部副部长）

朱绍田（志愿军铁道工程第五师政治委员）

伍瑞卿（志愿军某军后勤部长）

任　荣（志愿军政治部组织部部长、志愿军政治部主任）

任茂如（志愿军第三十九军一一六师政治委员）

任思忠（志愿军第五十四军一三五师师长、师长兼政治委员）

向守志（志愿军第十五军四十四师师长）

邬兰亭（志愿军第二十七军八十师师长）

刘　克（志愿军铁道兵第一师师长、中朝联合铁道运输司令部抢修指挥局代局长、局长）

刘　苏（志愿军第六十六军参谋长、第六十七军参谋长）

刘　何（志愿军炮兵指挥所政治委员）

刘　春（志愿军炮兵指挥所政治委员）

刘　瑄（志愿军第十二军三十一师副政治委员、政治委员）

刘子云（志愿军第四十七军参谋长）

刘玉堂（志愿军后方勤务司令部运输部部长）

刘有光（志愿军第三兵团政治部主任、志愿军和人民军东海岸联合司令部政治部主任）

刘光涛（志愿军第四十军一一九师政治委员）

刘光裕（志愿军第十九兵团某师师长）

刘贤权（志愿军第四十七军副军长、政治委员）

刘居英（中朝联合铁道运输司令部副司令员兼军管局局长、前方铁道运输司令部司令员兼政治委员并兼军管局局长）

刘佩荣（志愿军第一军一师政治委员）

刘春山（志愿军第二十三军六十七师师长、第二十三军副参谋长）

刘振华（志愿军第四十军一一八师政治部主任，志愿军和人民军游击支队司令员，志愿军一一八师副师长，第一二〇师政治委员，师长，第一一八师师长）

刘善本（志愿军空军第十师师长）

刘禄长（志愿军火箭炮第二十一师政治委员、志愿军炮兵干部部部长）

刘静海（又名萧镜海，志愿军第二十七军七十九师师长兼政治委员）

刘德才（志愿军第六十四军一九〇师师长）

齐钉根（志愿军第十六军师长）

江　潮（志愿军第三十八军一一三师师长、第三十八军副参谋长、副军长）

江含章（志愿军第一军参谋长）

江拥辉（志愿军第三十八军副军长、代军长）

江鸿海（志愿军第四十六军一三六师政治委员）

许　诚（志愿军第六十三军一八九师师长）

阮汉清（志愿军后方勤务司令部卫生部副部长）

孙　三（志愿军装甲兵指挥所副主任）

孙端夫（志愿军第二十七军八十一师师长兼政治委员、副军长）

纪亭榭（志愿军空军第三师副师长）

杜　屏（志愿军第二十三军副军长）

杜海林（志愿军第十六军师长、副军长）

杜瑜华（志愿军第六十三军参谋长）

杨　弃（志愿军第三十九军一一七师政治部副主任、副政治委员兼政治部主任）

杨　恬（志愿军后勤部副部长）

杨　森（志愿军第六十五军一九三师师长）

杨大易（志愿军第三十八军一一二师师长、师长兼政治委员）

杨中行（志愿军第四十七军政治部副主任、第五十军政治部主任）

杨文安（志愿军第一军参谋长）

杨有山（志愿军第六十六军一九六师师长）

杨尚儒（志愿军空军后勤部部长）

杨俊生（志愿军第十六军副军长兼参谋长）

杨家保（志愿军第二十军六十师政治委员）

杨银声（志愿军第六十五军一九五师政治委员）

苏克之（志愿军第四十二军一二四师代师长、师长）

李　元（志愿军第二十七军参谋长）

李　贞（志愿军政治部秘书长）

李　伟（志愿军炮兵政治部宣传部部长）

李　明（志愿军政治部组织部副部长、干部部部长）

李　真（志愿军第六十三军一八八师政治委员）

李　健（志愿军第二十兵团炮兵主任）

李　静（志愿军第六十七军二〇〇师师长、政治委员）

李　震（志愿军第十二军副政治委员、政治委员、军长）

李人林（志愿军第四十七军政治委员）

李元明（志愿军战防炮第三十一师副师长）

李开湘（志愿军第十二军政治部主任）

李木生（志愿军第二十三军六十九师师长）

李少元（志愿军第三十九军一一七师政治委员、第三十九军政治部副主任）

李水清（志愿军第六十七军副军长）

李丕功（志愿军第四十六军一三六师师长）

李世安（志愿军空军政治部副主任、志愿军和人民军空军联合司令部政治部副主任）

李布德（志愿军第六十七军二〇一师政治委员）

李光军（志愿军第二十一军六十三师师长）

李克忠（志愿军第六十三军一八九师政治委员）

李呈瑞（志愿军第六十八军代政治委员、政治委员）

李伯秋（志愿军第四十军政治部主任、副政治委员）

李际泰（志愿军第三十八军一一二师政治委员）

李忠信（志愿军第三十八军一一二师副师长、代师长）

李树荣（志愿军空军第十七师师长）

李俭珠（志愿军炮兵政治部副主任）

李振邦（志愿军炮兵第八师政治委员）

李振声（志愿军空军第十八师政治委员）

李致远（志愿军第六十八军二〇三师政治委员、第六十八军副政治委员）

李家益（志愿军第二十四军参谋长）

李彬山（志愿军第二十四军政治部主任）

李雪炎（志愿军空军后勤部政治委员）

李德生（志愿军第十二军三十五师师长、第十二军副军长）

李懋之（志愿军第三兵团副参谋长）

李耀文（志愿军第二十六军政治委员）

严　政（志愿军第二十一军政治部主任）

严庆堤（志愿军第六十八军政治部主任）

吴　忠（志愿军第十二军三十一师师长）

吴　岱（志愿军第三十八军政治部主任、代政治委员）

吴　肃（志愿军空军参谋长、志愿军和人民军空军联合司令部参谋长）

吴　恺（志愿军空军第八师师长）

吴　涛（志愿军炮兵政治部主任）

吴子杰（志愿军第一军七师师长）

吴仕宏（志愿军第六十军一七九师师长）

吴咏湘（志愿军第二十一军军长）

吴树声（志愿军第二十兵团后勤部长）

吴荣正（志愿军火箭炮二十一师师长）

吴保山（志愿军第四十六军政治委员）

吴瑞山（志愿军第五十四军副军长）

吴融峰（志愿军第一军政治部主任）

何友发（志愿军第六十四军一九二师师长）

何运洪（志愿军第五十军政治部主任、副政治委员）

何振亚（志愿军空军参谋长、志愿军和人民军空军联合司令部参谋长）

何辉燕（志愿军新建铁路指挥局副局长兼铁道工程第五师师长）

何德庆（志愿军后勤第四分部部长）

邱　蔚（志愿军第二十兵团副参谋长、第六十七军军长）

邱相田（志愿军第二十军政治部主任）

佘积德（志愿军炮兵政治部主任）

余光茂（志愿军第二十军参谋长）

谷景生（志愿军第十五军政治委员）

闵学胜（志愿军新建铁路指挥局副局长）

闵鸿友（志愿军第一军师长）

况开田（志愿军后勤第六分部部长兼政治委员、第三分部政治委员、志愿军后方勤务司令部财务部部长）

汪　易（志愿军第五十四军师政治委员）

汪　洋（志愿军第三十九军一一六师师长、第三十九军参谋长）

汪克明（志愿军第十九兵团组织部副部长）

汪祖美（志愿军铁道兵第一师副师长、师长）

沈启贤（志愿军第三十九军参谋长、志愿军空军参谋长、志愿和人民军空军联合司令部参谋长）

沈鸿林（志愿军铁道工程第九师师长）

宋玉琳（志愿军第六十六军一九八师师长、第六十八军副军长）

宋学飞（志愿军第六十八军参谋长、志愿军和人民军西海岸联合指挥部副参谋长）

宋承志（志愿军炮兵第二师师长）

张　英（志愿军炮兵第一师政治委员）

张　政（志愿军政治部组织部副部长）

张　峰（志愿军第三十九军一一六师副师长、师长）

张万春（志愿军第四十六军参谋长）

张子明（志愿军第三兵团政治部组织部部长）

张天恕（志愿军公安第十八师师长兼政治委员）

张文舟（志愿军代理参谋长）

张文碧（志愿军第二十七军政治部主任）

张水发（志愿军某军副师长、某军副参谋长）

张玉华（志愿军第四十军一一八师政治委员、第四十军政治部副主任）

张世珍（志愿军第三十七军军长）

张吉厚（志愿军铁道工程第十师师长、新建铁路指挥局副局长）

张百春（志愿军空军第二师政治委员）

张向善（志愿军第六十军一七九师政治委员）

张志勇（志愿军空军第六师政治委员）

张秀川（志愿军第四十六军副政治委员兼政治部主任）

张英辉（志愿军第六十三军一八八师师长）

张明远（志愿军前方后勤指挥部部长、副部长、志愿军后方勤务司令部司令员）

张宗胜（志愿军第六十七军二〇〇师政治委员）

张春森（志愿军第六十军一八一师政治委员）

张显扬（志愿军第十五军二十九师师长）

张逊之（志愿军第三十七军政治部主任）

张晓冰（志愿军第五十四军一三四师师长、第五十四军副参谋长）

张海棠（志愿军第四十军一二〇师政治委员、师长兼政治委员）

张梓桢（志愿军第五十军政治部副主任、志愿军政治部敌工部部长）

张铚秀（志愿军第二十六军副军长）

张雷平（志愿军炮兵第三师政治委员）

张雍耿（志愿军空军第十六师政治委员）

张竭诚（志愿军第三十九军一一七师师长、第三十九军副军长兼参谋长、代军长）

张蕴钰（志愿军第十五军参谋长）

陈　力（中朝联合铁道运输司令部政治部副主任）

陈云开（志愿军第十六军政治委员）

陈仁洪（志愿军第二十四军七十师师长、第二十四军副军长）

陈发洪（志愿军第四十七军政治部主任、副政治委员、代政治委员）

陈亚夫（志愿军第六十五军一九四师政治委员）

陈仿仁（志愿军第六十六军副军长、第六十八军军长）

陈忠梅（志愿军第二十六军七十六师师长）

陈宜贵（志愿军第六十五军政治部主任、副政治委员）

陈绍昆（志愿军第三十九军一一六师政治部副主任、一一五师政治委员）

陈信忠（志愿军第六十四军一九〇师师长）

陈挽澜（志愿军后勤部副部长兼财务部部长）

陈福章（志愿军第四十七军一四〇师师长）

范保顺（志愿军第六十八军二〇四师政治委员）

范普权（志愿军第二十兵团政治部民运部部长、宣传部部长）

范富山（志愿军第六十六军一九六师政治委员）

欧阳奕（志愿军后方勤务司令部卫生部副部长）

罗　文（志愿军后方勤务司令部副参谋长、参谋长）

罗　平（志愿军空军第三师政治部主任、政治委员）

罗　杰（志愿军装甲兵指挥所副主任）

罗　斌（志愿军空军第十七师政治委员）

罗亦经（志愿军第六十六军政治部副主任）

罗坤山（志愿军第一军一师师长）

罗洪标（志愿军第十二军三十四师政治委员）

金振钟（志愿军第五十军一四九师政治委员、师长）

周长胜（志愿军第二十一军副军长）

周发田（志愿军第十五军副军长）

郑三生（志愿军第六十五军一九三师师长、第六十五军参谋长）

宗凤洲（志愿军第十二军三十五师师长）

官宗礼（志愿军后勤第四分部政治委员）

官峻亭（志愿军第二十七军九十四师副师长）

胡　炜（志愿军第二十一军参谋长）

胡立声（志愿军第十六军四十六师政治委员）

胡炳云（志愿军第九兵团参谋长）

胡继成（志愿军第四十二军副军长）

茹夫一（志愿军第四十二军一二五师副师长、志愿军和人民军游击支队副司令员、志愿军独立团团长）

查玉升（志愿军第六十军副军长）

赵　杰（志愿军装甲兵指挥所主任）

赵文进（志愿军第六十五军一九四师师长、第六十五军副军长）

赵兰田（志愿军第二十二军三十一师师长、第六十军副政治委员）

赵国泰（志愿军第五十军一五〇师师长、第五十军副军长兼参谋长）

赵冠英（志愿军第二十兵团副参谋长）

赵章成（志愿军炮兵第二司令员）

赵鹤亭（志愿军第五十军一四八师副师长、代师长）

钟　池（志愿军第五十四军干部部部长）

钟　辉（志愿军炮兵指挥所政治委员）

钟发生（志愿军第六十军一八一师师长）

钟国楚（志愿军第二十三军军长）

钟炳昌（志愿军第六十六军一九七师政治委员）

段苏权（志愿军空军副司令员、志愿军和人民军空军联合司令部副司令员）

姜林东（志愿军第二十一军政治部副主任、主任）

姜茂生（志愿军第四十七军副参谋长）

姚国民（志愿军第五十四军一三〇师政治委员）

贺　明（志愿军第六十三军一八八师副政治委员兼政治部主任、第六十五军一九三师政治委员）

贺大增（志愿军第三十九军政治部副主任、第三十九军副政治委员、志愿军后方勤务司令部政治部副主任）

贺光华（志愿军第十二军副参谋长）

贺晋年（中朝联合铁道运输司令部司令员）

桂生芳（志愿军公安第一师政治委员）

桂绍忠（志愿军第三兵团后勤部副政治委员兼卫生部部长）

耿道明（志愿军第九兵团政治部保卫部部长）

袁　光（志愿军铁道兵第二师政治委员）

袁　彬（志愿军空军第三师师长）

袁佩爵（志愿军第六十四军政治部主任、副政治委员）

袁福生（志愿军第四十七军一三九师政治委员）

聂济峰（志愿军第十五军四十五师政治委员）

栗彬成（志愿军第六十四军一九〇师政治委员）

贾若瑜（志愿军第二十三军参谋长）

夏伯勋（志愿军空军第四师副师长）

柴成文（中国驻朝鲜大使馆参赞、志愿军谈判代表）

徐　明（志愿军空军第十八师政治委员）

徐　信（志愿军第六十三军一八七师代师长、师长）

徐　斌（志愿军铁道兵第三师政治委员）

徐介藩（志愿军司令部办公室主任）

徐文礼（志愿军第一军一师副政治委员）

徐文烈（志愿军第五十军政治委员）

徐国夫（志愿军第四十军一一九师师长、第四十军副军长）

徐国贤（志愿军第一军副军长）

郭　强（志愿军第十六军四十七师政治委员）

郭玉峰（志愿军第六十四军一九一师副政治委员）

郭成柱（志愿军第四十二军副政治委员）

郭延林（志愿军铁道兵第一师政治委员）

郭维城（志愿军新建铁路指挥局局长）

高占杰（志愿军第六十七军一九九师政治委员、二〇〇师政治委员）

高存信（志愿军炮兵指挥所司令员）

高厚良（志愿军空军第三师政治委员）

唐子安（志愿军第六十四军副军长、军长）

唐金龙（志愿军第一军军长）

涂学忠（志愿军第十六军三十二师副师长）

萧大荃（志愿军后方勤务司令部财务部部长）

萧文玖（志愿军第二十兵团参谋长）

萧永银（志愿军第十二军副军长兼参谋长、代军长）

萧全夫（志愿军第四十六军军长）

萧应棠（志愿军第六十五军军长）

萧选进（志愿军第二十四军七十四师师长）

萧剑飞（志愿军第四十二军一二四师副师长兼参谋长、志愿军作战处处长）

黄　厚（志愿军某师副师长）

黄文明（志愿军第六十四军副政治委员、政治委员）

黄玉庭（志愿军空军第十五师师长）

黄连秋（志愿军第六十六军一九八师政治委员）

黄经耀（志愿军第四十二军一二六师师长）

黄炜华（志愿军空军参谋长、志愿军和人民军空军联合司令部参谋长）

黄振棠（志愿军第六十三军副政治委员兼政治部主任）

黄朝天（志愿军第二十军五十八师师长）

黄鹄显（志愿军装甲兵指挥所主任）

曹玉清（志愿军第六十八军二〇四师师长）

曹德连（志愿军政治部组织部副部长）

常　勇（志愿军第二十七军七十九师副政治委员）

崔文斌（志愿军空军第十五师政治委员）

崔建功（志愿军第十五军四十五师师长）

符先辉（志愿军某军副军长）

康　林（志愿军第二十四军七十二师师长）

康健民（志愿军第三十六军政治委员）

梁仁芥（志愿军第一军政治委员）

梁金华（志愿军第二十四军副军长）

彭　飞（志愿军第二十军六十师师长）

彭　盛（志愿军第十九兵团组织部部长）

彭龙飞（志愿军第四十二军副军长）

彭清云（志愿军第四十七军一四一师政治委员、第四十七军政治部主任）

彭德清（志愿军第二十七军军长）

董永清（志愿军后勤第四分部部长、第五分部部长）

蒋克诚（志愿军第四十七军副参谋长、五十军参谋长）

蒋润观（志愿军第五十四军一三〇师师长）

程登志（志愿军第四十六军一三七师师长）

傅崇碧（志愿军第六十三军军长）

舒　行（志愿军第五十军参谋长）

童国贵（志愿军第三十三师师长）

游好扬（志愿军第一军二师师长）

曾如清（志愿军第二十七军副政治委员、代政治委员）

曾昭墟（志愿军第二十军五十八师副师长）

曾保堂（志愿军第二十三军副参谋长）

曾雍雅（志愿军第四十六军副军长、第五十军副军长）

谢　明（志愿军第五十四军政治委员）

谢　斌（志愿军空军副参谋长、志愿军和人民军空军联合司令部副参谋长）

谢云晖（志愿军第九兵团干部部副部长）

谢正荣（志愿军第六十四军一九一师师长、第六十四军副军长）

谢锡玉（志愿军空军第四师政治委员）

谢振华（志愿军某军军长）

谢家祥（志愿军第五十四军政治部主任）

谢福林（志愿军第二十一军政治委员）

赖光勋（志愿军第十六军三十二师师长）

蒲大义（志愿军第十六军四十六师师长）

路　扬（志愿军第六十三军政治部主任）

解　方（志愿军参谋长、志愿军谈判代表）

詹大南（志愿军第二十七军副军长）

慕　湘（志愿军第三十六军一〇七师副政治委员）

蔡　永（志愿军空军前方指挥所参谋长）

蔡长元（志愿军第六十三军一八九师政治委员、师长）

裴周玉（志愿军第二十三兵团政治部主任）

管松涛（志愿军第三十八军参谋长）

廖仲符（志愿军第四十二军参谋长）

廖政国（志愿军第二十军副军长）

廖海光（志愿军第二十四军政治委员）

廖冠贤（志愿军某军政治委员）

廖鼎祥（志愿军第六十八军副参谋长）

漆远渥（志愿军后方勤务司令部政治部主任）

谭友林（志愿军第三十九军副军长）

谭文帮（志愿军第四十二军一二五师政治委员、第四十二军政治部副主任）

谭佑铭（志愿军第二十军副政治委员、政治委员）

谭善和（志愿军工兵指挥所主任）

黎　光（志愿军第六十六军一九八师师长）

黎　原（志愿军第四十七军一四〇师副师长、师长）

黎同新（志愿军第九兵团后勤部政治委员）

樊学文（志愿军第四十六军政治部副主任）

颜　伏（志愿军炮兵第七师师长）

颜文彬（志愿军第三十九军一一五师副师长、师长）

颜金生（志愿军第一军政治委员）

颜德明（志愿军第四十七军一三九师师长）

潘　焱（志愿军某军军长）

薛克忠（志愿军第十九兵团副参谋长）

戴克林（志愿军第二十军五十九师师长）

戴金川（志愿军第一军七师政治委员）[①]

---

① 本节整理参考了《星火燎原》编辑部编、解放军出版社1987年出版的《中国人民解放军将帅名录》和有关志愿军序列表，但由于没有一个完整准确的志愿军师职以上领导干部名录，因此作者统计整理的志愿军将领被授予少将军衔的人员肯定有缺漏，已统计在内的也会有个别在志愿军中任职不准确问题。但无论如何，这是目前为止国内公开出版物中志愿军将领被授予将帅军衔唯一一个较系统、完整的统计。

后记

  本书为纪念中国人民志愿军抗美援朝出国作战60周年而作。

  本书是一部关于抗美援朝战争的史书，但不是按历史进程完整反映抗美援朝战争的史书，只是选择这场战争进程中或与这场战争有关的60余个问题进行撰写，包括不为人们所熟知的历史情况和有不同认识的历史问题等。相当一部分题目的内容，是在传统史书中因体例风格限制而难以写进去的，所以将这本书的名称叫做《你不了解的抗美援朝战争》。选择的这些问题在书中基本是按历史进程先后排列，从问题排列的连贯上可以看出抗美援朝战争的基本脉络，每个问题也可以独立成篇。书稿框架于2009年4月拟就，但一直没有动笔。10月，辽宁人民出版社要求为纪念中国人民志愿军抗美援朝出国作战60周年提供有关书稿，作者遂于11月中旬开始动手撰写。

  本书选择的若干问题，有20余个题目是作者自20世纪80年代以来发表过的文章，占全书题目约1/3，其余题目的撰写也参考利用了作者自著《巨人的较量——抗美援朝高层决策》和作者主编的三卷本《抗美援朝战争史》等已有成果。由于选择的这些问题性质各不相同，所以各个问题撰写风格也不相同，个别内容难免有所交叉。

  本书特点是题目选择和内容撰写灵活、新颖，集知识性、资料性、可读性和学术性于一身，既适合一般读者欣赏，也适合学者研究。

  为便于读者有个总体把握，作者对选择的这些问题作了大致分类：第一部分是概况；第二部分是朝鲜内战爆发和美国武装干涉朝鲜内战；第三部分是中共中央决策出兵抗美援朝；第四部分是抗美援朝战争基本过程；第五部分是战争和志愿军总体情况；第六部分是抗美援朝战争的结局和影响。

  在撰写过程中,辽宁人民出版社和作者的爱妻张素香给予大力支持、鼓励,军事科学院宣传部包国俊副部长,军事历史研究所所长曲爱国研究员、副所长郭志刚研究员,毛泽东军事思想研究所所长姜铁军研究员在撰写和出版过程中提供了帮助,在此一并表示感谢!

  由于能力水平所限,不妥之处在所难免,欢迎广大读者提出宝贵意见。

作 者

2010年2月于北京